直击战争战场 再现一战风云

插图升级版

第一次世界大战战史

张卉妍◎编著

北京联合出版公司
Beijing United Publishing Co.,Ltd.

图书在版编目（CIP）数据

第一次世界大战战史：插图升级版 / 张卉妍编著 . — 北京：北京联合出版公司，2015.10（2024.3 重印）

ISBN 978-7-5502-6247-8

Ⅰ . ①第… Ⅱ . ①张… Ⅲ . ①第一次世界大战—战争史 Ⅳ . ① K143

中国版本图书馆 CIP 数据核字（2015）第 222553 号

第一次世界大战战史（插图升级版）

编　　著：张卉妍
出 品 人：赵红仕
责任编辑：孙志文
封面设计：王明贵
内文排版：陈　萍

北京联合出版公司出版
（北京市西城区德外大街 83 号楼 9 层　100088）
鑫海达（天津）印务有限公司印刷　新华书店经销
字数 690 千字　720 毫米 ×1020 毫米　1/16　28 印张
2015 年 10 月第 1 版　2024 年 3 月第 3 次印刷
ISBN 978-7-5502-6247-8
定价：29.80 元

前言

20世纪初，是一个躁动与不安的年代。自从以机器与大都市为代表的工业文明出现以来，各殖民大国及其利益集团，就开始了一场世界范围内的新角力。老牌殖民帝国英、法、俄同德、日、美等新兴国家在争夺资源和殖民地上产生了不可调和的矛盾，同时，资本主义国家周期性的经济危机和国内阶级矛盾的尖锐也使各国统治不稳，于是纷纷扩军备战、寻找同盟，企图通过对外战争来缓和国内矛盾。

第一次世界大战发生于1914—1918年，主要战场在欧洲但波及全世界。它是一场帝国主义国家间的争霸战，也是人类历史上一次空前的劫难。战争主要在同盟国与协约国这两大军事集团之间进行，德国、奥匈帝国、土耳其、保加利亚等属同盟国阵营，英国、法国、俄国等则属协约国阵营，后来发展到共38个国家、15亿人卷入这场全球性军事冲突。

1914年6月28日的萨拉热窝事件引爆了欧洲的火药桶，随着奥匈帝国向塞尔维亚宣战，欧洲列强纷纷全面动员，倾其全国之力，投入这场前所未见的残酷血战。绵延千里的铁丝网和壕沟阵地，成为列强厮杀拼搏的角力场。数以百万计的军人在弹片四溅、血流成河的泥泞战场，试图打出一个世界新秩序。曾经历过两次世界大战的丘吉尔这样评价本次大战：“政府和个人都按照这悲剧的韵律，摇摇晃晃地进入到无效的暴力之中，屠杀和破坏的规模日益增大，使人类社会所遭到的伤害，在一个世纪内都难以恢复。”本次战争的战场主要分为东线（俄国对德、奥作战）、西线（英、法对德作战）和南线（又称巴尔干战线，塞尔维亚对奥匈作战），其中以西线的战事最为惨烈，如著名的马恩河战役、索姆河战役、凡尔登战役。

这场悲壮惨烈的世界大战，利用了人类科技发展的新成果，使人深刻体会到了文明的负能量。两个集团都疯狂扩军，并建立起发达的军事工业，许多新式武器被投入了战场，飞机、坦克、机枪和毒气的首次使用，完全改变了以往的战争形式，大大增加了这场战争的残酷性，不过客观上也促进了许多军事理论的产生。在海战方面，无畏级战列舰、潜艇及航空母舰的初次使用，则拉开了新型大洋海战的序幕。

德国依靠它先进的军事工业基础，率先发起了进攻，但交战双方都低估了对方的经济和军事潜力。本来都只准备打一场速决战，没想到大战持续了一年又一年，其残酷性和持久性是各参战列强始料不及的。机枪、大炮喷吐着铁雨，战壕如同一个粉碎人体的巨大磨盘，无数青年的鲜血，喷涌而出，汇成了河，构成了一幅惨不忍睹的末日画卷。

随着1918年11月11日德国投降，第一次世界大战终于以协约国的胜利告终。人类在这次浩劫中蒙受的损失之大，令人瞠目结舌。共有3000多万人死伤，欧洲几乎失去了整整一代的年轻人；经济损失则可能高达1700亿美元（当时币值）。

这次大战，使帝国主义各国的力量对比发生了巨大变化：德国战败，被迫割地赔款；奥匈、奥斯曼、沙俄等帝国遭到摧毁和瓦解；英、法虽取得了胜利，但在战争中受到削弱，元气大伤；只有美国在战争中牟取暴利，一跃成为战后世界上的头号金融强国。战后列强奴役掠夺战败国和宰割弱小国家的《凡尔赛和约》等分赃条约，虽暂时调整了各当事国之间的关系，但没有消除它们之间的根本矛盾，这场号称将结束一切战争的战争，造成的结果，竟是下一场更大规模的世界大战。

本书循着战争发展的脉络，以时间为经、地点为纬，细述战争的详细过程，各条战线兼顾。不仅介绍战役经过、主要将领、武器装备等，更以专业眼光分析战争形势和战略战术，辅以300余幅历史照片，尽量还原第一次世界大战的本来面目，生动述说这段血与泪、罪与罚、生与死交织的悲剧历史。回顾这次空前浩劫，重温那段血与火的岁月，不仅可以丰富知识，更可以吸取历史教训，更深入地反思人类的生存与发展、战争与和平等问题，从而更加珍惜生命、珍惜和平。

目录

第一章

大战策源地

——从大炮中“孵化”出来的德国

德国崛起的源头
——普鲁士异军突起

德国，位于欧洲西部，它东邻波兰、捷克，南接奥地利、瑞士，西接荷兰、比利时、卢森堡、法国，北与丹麦相连，并与挪威隔海相望。德国的领土面积虽然只有357000多平方公里，但它却是一个颇具影响力的世界大国，也是欧洲的核心国家之一，自中世纪以来，德意志国家就是欧洲历史发展中的一个强有力的因素。作为德国历史上的第一帝国，神圣罗马帝国曾经称霸西欧，势力盛极一时。但是在17世纪爆发于欧洲大陆的“宗教战争”中，法国一举打败了哈布斯堡王朝统治下的奥地利，从而确定了法国在欧洲大陆的霸主地位，而从属于奥地利治下的神圣罗马帝国，则从此陷入了长期分裂的局面。在其后的一百多年中，德意志陷入了分崩离析的状态。当西欧的英、法等国早已形成统一强大的民族国家之际，在德国的土地上，却散落着三百多个大小不等的独立诸侯和一千多个骑士领地。用法国著名学者伏尔泰的话说，这时的神圣罗马帝国既不神圣也非罗马，更谈不上什么帝国，它已经成了名存实亡的地理概念。

就在德国陷于四分五裂的时候，在德国东部地区，一个以柏林为中心的边陲小邦勃兰登堡却在不断发展壮大，进而形成了普鲁士王国。普鲁士王国的统治者霍亨索伦家族推行了一种实用主义的政策，把领土扩张和保持一支强大的军事力量当作自己的根本任务，到了18世纪中期以后，普鲁士王国已经建立起了一支远远超过德意志各邦的常备军。由于继承了条顿骑士团的军事专制传统，普鲁士王国的军队向来以教育素质高、纪律严明、骁勇善战而著称。在老威廉一世担任普鲁士国王以后，他对不是花在军队上的每一分钱都十分吝惜，他在赴柯尼斯堡举行加冕典礼的路程上，总共只花掉2547个银币，而他父亲为此曾经花了银币500万个。威廉一世以爱护军队著称，他所制定的全部政策都是用来为军队服务的，而他本人则是一直身着制服露面的第一位普鲁士国王。在他在位期间，大大强化了普鲁士的军事国家色彩，当时普鲁士人口只居欧洲大陆各国的第13位，领土居第十位，而军队却居第四位。到威廉去世时，普鲁士军队已经达到83000多人，普鲁士国家收入的 80% 被用于军队，而同期欧洲大陆霸主法国的军费开支仅占国家收入的 60%。

18 世纪末到 19 世纪初，法国大革命就像一声惊雷，撼醒了沉睡于封建社会的德意志民族，法国军队对于奥地利和普鲁士两大德意志邦国的胜利，终于使德国人认识到，德国在欧洲已经严重落伍了，只有改革德国内部陈腐的政治、经济和社会结构，德意志民族才有可能重现中世纪的辉煌，德意志国家才能重返欧洲舞台的中心。1806 年后，普鲁士首相卡尔·施泰因开始推行了一系列的改革，1809 年在柏林创办了柏林大学，同时又开始对普鲁士军队进行改革，经过在工业、农业和商业等各个领域里的改革，到 19 世纪上半期，德国经济已经出现了前所未有的发展势头。这个时候，德意志的分裂状态已经严重阻碍了社会的进步，经济的发展迫切要求德意志民族的统一。到 19 世纪中期，普鲁士的爱国主义情绪高涨，要求结束分裂割据状态、建立一个统一的民族国家的呼声不断高涨。虽然德国民族统一问题一直没有得到解决，但民族主义作为一股强大的思潮和一种运动已经极大地震撼了德国社会的各阶层，从而为德国的统一奠定了思想基础。

在德意志众多的邦国之中，根深叶茂的奥地利历来居于主导地位，与奥地利争夺德意志霸权一直是普鲁士统治阶级所追求的梦想，自 18 世纪以来，普鲁士一刻也没有停止过与奥地利争夺德意志霸主地位的斗争。1848 年 3 月，德意志联邦的各邦代表，在美因河畔的法兰克福召开了预备会议，会上对以谁为核心组成统一的德国问题，出现了两种意见。多数的代表主张，应该由奥地利来领导，建立一个统一的大德意志帝国，称为“大德意志派”，由于当时的奥地利疆域辽阔，民族众多，所以这个“大德意志帝国”将是一个由多民族组成的国家。少数代表则认为，应把奥地利排除在外，建立一个由普鲁士领导的统一的小德意志帝国，称“小德意志派”，这个“小德意志帝国”则是一个纯粹由日耳曼民族组成的单一民族的国家。这次预备会议上奥地利占了上风，选出了奥地利的约

1870 年间普鲁士的主要首脑：国王（中）左边的是俾斯麦首相和毛奇伯爵。

翰大公担任临时帝国的首脑，但是在实际上，约翰大公并没有任何实权，德意志各邦的王公们依然是我行我素，根本不听他的调遣，所以这个首脑形同虚设，德意志仍然无法实现真正的统一。

在德意志各邦中实力较强的普鲁士几次尝试统一德国，但都遭到了失败，因为欧洲各国是决不愿意看到一个新的强国出现的，而奥地利也决不会轻易地放弃它在德意志联邦中的霸主地位，德意志各中小邦的统治者们为了保住自己的独立统治地位，更是不会自愿放弃他们数百年来一直捍卫的权利。当时还是普鲁士亲王的威廉一世在 1849 年以后就已经得出了结论：“谁要统一德国，就必须先征服德国”。1861 年，威廉一世登上普鲁士国王的宝座，当他即位之后，在所发表的第一次训词中就说：“在将来，普鲁士的陆军就要变成普鲁士的武装民族。”这句话改变了欧洲的命运，也改变了世界的命运。为了实现统一德意志各邦的目的，普鲁士立即扩充军备，计划建立一支拥有 37 万常备军和 13 万后备部队的小型军队，并在全国储备 16 万人的国民预备兵。这在当时的欧洲，可以说是无与伦比的。同时，威廉一世任命具有新思想的人物罗恩为军政部长，杰出的军事家赫尔穆特·毛奇为总参谋长，着手进行军事改革。1862 年，威廉一世又任命以“铁血”著称的奥托·冯·俾斯麦为首相兼外交大臣，这一任命，标志着普鲁士王国加快走上了用王朝战争统一德意志的道路。

奥托·冯·俾斯麦是坚决主张用武力统一德国的强硬派，早就声称若任命他担任首相，他将不惜一切强行推行陆军改革和新兵役制度。上台后的俾斯麦竭力推行他所谓的“铁血政策”，着手策划德意志的统一大业，从此致力于德国的统一事业，并且由于他在实际中所取得的成绩而成为了 19 世纪后期德国乃至欧洲最著名的政治家。俾斯麦特别欣赏德国著名军事理论家克劳塞维茨的观点，认为要实现德国统一的道路只有一条，那就是“通过剑，由一个邦支配其余各邦”。1862 年 9 月 30 日，出任首相不久的俾斯麦在普鲁士议会上发表了著名的“铁血演说”，他声称：“当前的重大问题不是通过演说和多数人的决议能够解决的，而是要通过铁和血。”在俾斯麦的领导下，普鲁士王国在 19 世纪中后期，通过与丹麦的战争、与奥地利的战争和与法国的战争最终完成了德意志的统一，从此，在欧洲建立起了一个令欧洲各国侧目的强大国家——德意志帝国。

俾斯麦的戎装照

统一德国的序幕
——普丹战争

俾斯麦统一德国的第一场王朝战争是1864年与丹麦的战争。1848年，丹麦与普鲁士曾因石勒苏益格和荷尔斯泰因这两个公国问题发生了冲突，为了解决丹麦与德国在两公国问题上的矛盾，欧洲列强于1852年签订了伦敦议定书，规定这两个公国在丹麦国王的个人领导下与丹麦联合——当时的丹麦国王是这两个公国的国王。丹麦的老国王去世后，德意志人认为，这两个公国中德意志居民占大多数的荷尔斯泰因应该归属德意志。面对德意志统一派咄咄逼人的宣传攻势，1863年11月13日，一个“黑色星期五”的晚上，由年轻的丹麦国王领导下的丹麦议会作出了一个重大决议，取消了石勒苏益格和荷尔斯泰因的传统特权，强行将两个公国并入丹麦。此事引起了两地德裔人士的愤怒，俾斯麦在德意志邦联提出动议，最后达成决议，德意志邦联派出军队占领荷尔斯泰因公国。1863年圣诞节时，普鲁士军队占领了荷尔斯泰因，第二年1月，局势持续紧张，但没有发生战斗，丹麦军掌握艾达河北岸，德军则在南岸。

两公国争端的出现，成为俾斯麦检验其“铁血政策”的良机。他的目标是利用有利时机吞并这两个公国，作为统一德国的序幕。当时的国际形势也有利于俾斯麦推行自己的政策：俄国由于普鲁士支持其镇压1863年波兰起义而心存感激，表示“绝不出兵打普鲁士”，法国则正兵陷墨西哥，自顾不暇；英国虽然威胁要干涉，但没有大陆盟国的配合，难有作为。俾斯麦利用欧洲各列强之间的矛盾，稳住了英、法、俄等国。为了避免成为众矢之的，俾斯麦联合奥地利共同出兵，并许诺奥地利可以获得两个公国中的一个——荷尔斯泰因。在俾斯麦的精心策划下，普鲁士与奥地利这两个德意志最重要的邦国站出来为荷尔斯泰因的德意志同胞“讨说法”来了。1月16日，俾斯麦向丹麦发出最后通牒，要求它在48小时之内废除合并两个公国的决议。但这在政治上是不可能的，尤其因为限时太短，丹麦政府拒绝接受。两天后，普鲁士和奥地利军队渡过艾达河，

绘画作品中的普丹战争场景

到达石勒苏益格，战争已无可避免。从表面上看，普、奥联手对付一个小小的丹麦，可谓胜券在握，可是当时的丹麦手中握有强大的海军，陆军虽弱，但在本土作战，亦占有有利的因素，更重要的是，丹麦与英、俄这两大强国的关系不错，故而这场战争的最大未知数就是英、俄的干涉。俾斯麦的解决办法是将战火严格限制在石勒苏益格与荷尔斯泰因境内，同时争取速战速决。

1864 年 1 月普丹战争爆发后，普奥联军几乎未遇太大的抵抗就占领了石勒苏益格，迅速击败了丹麦军队。奥普两国原先没有计划入侵丹麦，但在 2 月 18 日，一些普鲁士轻骑兵受到一场骑兵遭遇战刺激，横越边界并占领科灵。俾斯麦决定利用这一情况扭转局势，他向奥地利力陈采取强硬政策的需要，以期彻底解决公国以至德意志邦联的问题。丹麦以 4 万士兵对奥普 6 万联军，结果战败。丹麦政府在求援无望之下，被迫签订《维也纳和约》，丹麦国王放弃对公国的所有权利，将之让与奥地利皇帝和普鲁士国王。8 月，普奥签订加斯坦因专约协议，石勒苏益格割让给普鲁士，荷尔斯泰因割让给奥地利，荷尔斯泰因首府基尔港由普鲁士托管。其实只要看一下欧洲地图就会发现，普鲁士正处于荷尔斯泰因与奥地利之间，奥地利得到的是一块“飞地”。奥地利要进入荷尔斯泰因，必须要经过普鲁士。其实通过停战协议，俾斯麦已为普奥战争埋下了伏笔。在这次战争中，普鲁士首次动用整顿过的军队，并充分显示了实力。不过，奥地利忽略了普军的力量，这使它在 18 个月后付出代价。奥普两国对于公国的管理和未来地位，不久后就起了龃龉，俾斯麦就以此为由，在两年后策划了普奥战争。奥地利在克尼格雷茨战役失败后，德意志邦联被解散。奥地利撤出荷尔斯泰因，结果普鲁士兼并了荷尔斯泰因和石勒苏益格。

“用铁与血”统一德意志
——普奥战争

发生于 1866 年的普奥战争又称七周战争，是近代战争史上发生在中欧地区的一场著名战争，是普鲁士为争夺统一德意志领导权对奥地利进行的一场战争。这次所进行的战争，不是一次普通意义上的侵略战争，也不是一次征服性的战争，而是一次外交性的战争。普鲁士的目的不是想屈辱奥国，也更不想削弱它，而只是要使奥国认清，在日耳曼，民族主义已经是大势所趋，它要求统一，不准奥国加以反对。进行对奥战争，是普鲁士领导德国统一的关键性一步，俾斯麦对此花费了巨大精力。从1864年10月即对丹麦的和约签字开始，俾斯麦就领导普鲁士政府积极投入战争准备工作，决心使用军事力量来解决普鲁士在德意志的霸权问题。这场战争的爆发，对于双方来说都不意外，而且阵线早已分明。19世纪初，德意志分崩离析，四分五裂，随着时代的发展需要，已面临着一个统一的问题，在统一德意志领导权这个问题上，普鲁士与奥地利相争由来已久，普鲁士虽然在德意志各邦国中实力最强，但比起疆域广大的奥地利来说显然尚逊一筹，长期以来，中欧大国奥地利一直居于领导地位。1848年3月，德意志联邦的各邦代表，在美因河畔的法兰克福召开了预备会议，会上选出了奥地利的约翰大公担任临时的德意志帝国首脑，但这个首脑形同虚设，并没有任何实权，各邦的王公也根本不听他的调遣。

1862年，俾斯麦被普鲁士国王威廉一世任命为普鲁士的首相，主张用“铁”与“血”来实现德意志统一的俾斯麦马上开始策划统一德意志的活动，要建立一个由普鲁士主宰的德意志。在普鲁士与丹麦的战争胜利后，俾斯麦又开始策划对奥地利的战争，他认为只有通过一场战争，才能完成统一德意志的宏图大业。在发动与奥地利的战争之前，俾斯麦先做好了许多外交上的努力，先是跟与奥地利有冲突的意大利结成了反奥联盟，让它在战争开始后从奥地利的背后出击，使奥地利处于两面作战的地步。随后又稳定了当时的欧洲霸主法国，使法国答应不加干涉。当时的奥地利帝国在欧洲是一支强大的军事力量，在法国的拿破仑三世看来，俾斯麦是在自掘坟墓，所以拿破仑三世不仅没有做好干涉的准备，反而担心万一普鲁士输得太惨，会不会使法国丧失对奥地利的战略优势。俾斯麦就是利用了拿破仑三世的这个心理误算，加上又与俄国交好，成功避免了自己的多线作战。在一切准备就绪后，俾斯麦向奥地利提出了貌似公允却难以被对方接受的条件：两个从丹麦夺来的公国由普鲁士亲王管理，但是不并入普鲁士。奥地利对普鲁士吞并这两个公国的背后企图心知肚明，为了打击普鲁士的野心，奥地利于1866年6月1日提出将两公国的前途交由德意志联盟议会表决，以便使普鲁士与整个联盟为敌。这正是俾斯麦等待着的机会，他立即宣称，奥地利将两公国前途交由德意志联盟裁决的决定破坏了奥普两国共管两公国的加斯坦因协定，遂命普军于6月7日开进了由奥地利管辖下的一个公国——荷尔斯泰因。

6月14日，当奥地利组织召开的德意志联邦议会以9∶6的票数通过了反对普鲁士的方案后，俾斯麦立即公使声明：联邦议会无权以这种方式对待它的成员，并坚决要求解散联邦议会。同时向萨克森国王、汉诺威国王等三个德意志邦国提出最后通牒，要求他们接受普鲁士提出的《联邦改革纲要》，并且允许普军自由通过他们的国土。普鲁士的过分要求自然遭到三个邦国的拒绝。当日，俾斯麦请一位法国记者和他共进晚餐，席间他将对三国下最后通牒一事透露给记者，那位记者当即将消息发往巴黎，这等于是公开向奥地利发起挑战。奥地利在德意志联邦中也是有盟友的，在德意志境内，中南部的邦几乎一边倒地追随奥地利，在北部也不乏它的追随者，但是奥地利的指挥体系效率太低，各邦之间的协调也大成问题。反之，普鲁士则在开战之初就利用它战略性的铁路系统快速抢占要点，迅速控制了汉诺威与库尔黑森诸邦，并占领了德意志联邦议会所在地法兰克福。

14 日，普奥战争终于在俾斯麦的策划之中揭开了序幕，20 日，意大利按照意普盟约对奥宣战，普鲁士利用同意大利的结盟，将部分奥军吸引到南部战场。普鲁士方面战争的指挥者为总参谋长毛奇将军，他根据自己制定的作战计划，利用先进的铁路运输实施战略输送，使用先进的电报手段进行统一指挥，在很短的时间内，就将 25 万余兵力和 800 门火炮集结到了萨克森和奥地利的边境地区，使之在宽约 420 公里的正面上，完成了集结和展开。俾斯麦万万没料到的是，意大利的军队居然不堪一击，开战没多久就因失败而失去了对奥军的威协力，这就使得预计中让奥军两线作战的设想落了空，普军在战场上的优势已然不再存在，战局变得难以确定了。但在南部意军失利的同时，北部的普鲁士军队在短时间内还是控制了整个北德意志。

7 月 3 日早晨，一大批步行的士兵和骑马的军官簇拥着四个骑马的首脑站立在奥地利杜布村的一个山头上，在中间的是威廉一世，右边是沉着而自信的毛奇将军，左边是普鲁士的战争部长罗恩和忐忑不安的俾斯麦。在他们的眼前是比斯特里茨河谷及周边的大片荒原，在这里即将进行一场决定命运的生死拼搏。8 时整，卡尔亲王的第一军团奉命向奥军阵地发起攻击，欧洲有史以来参战人数最多、流血牺牲最惨的一仗打响了！这一天在此参战的双方人数共有

1866 年 7 月 3 日的萨多瓦会战中，普鲁士重创奥军主力，历时 7 个星期的战争以奥地利的失败结束。

45万之多。普军第一军团自西向东对奥军发起了正面攻击，由于地形有利和炮兵的有效支援，奥军很快挡住了普军的进攻，并且展开了反击，第一军团随之陷入危急之中。卡尔亲王极为恐慌，曾要求派预备队支援第一军团战斗，建议第二军团立即投入交战。然而，毛奇对于自己的部署却信心十足，他拒绝改变原定计划。事实上，毛奇的决策是正确的，他之所以用第一军团去做正面攻击，就是要以此吸引和牵制奥军主力，而以易北河军团和第二军团攻击敌军的两侧和后方，对奥军实行南北夹击。午后一时，俾斯麦忽然发现东边地平线处有一行树林似的东西向萨多瓦方向移动，有深入奥军炮火火力范围之势，他问毛奇这是怎么回事。毛奇用望远镜观察了一会，然后神色庄重地向国王报告：“陛下已经赢得了这场战役，而且也将赢得整个战争。是太子的军队到了，他们正在十分出色地分割奥军，您将马上获得全面胜利，维也纳即将俯伏在陛下面前。”

从侧翼杀来的普军劲旅使毫无防备的奥军整个阵线顿时陷于崩溃之中，奥军各部溃不成军，三个小时后，萨多瓦战役以普鲁士全胜结束。此战奥军伤亡、被俘人员虽达45000余人，虽然是溃败，但奥军总司令贝奈德克率领的15万人总算是从战场上安全撤退了。普军在作战中伤亡达1万人。此役决定了战争的命运，奥地利军队已无力再战。胜利之际，普军上下兴奋不已，军事将领纷纷主张长驱直入占领维也纳，迫使对手缔结城下之盟。俾斯麦毫不客气地指出，那样只能是让法国渔翁得利，只怕普军未入维也纳，法军已过莱茵河。再者俾斯麦还有更深远的用意，打败奥地利只是开头，普鲁士真正的敌手是法国，俾斯麦绝对不想把奥国变成一个死敌，因为他知道有一天为了欧洲的霸权，德法之间势必要做一次决斗，所以到了那时，他希望奥国能保持中立。因此俾斯麦不仅不进军维也纳，反而主张与奥地利签订极其宽大体面的和约。当普鲁士国王选择与军人保持同一立场时，俾斯麦断然递交了辞呈。最终在王储的斡旋下，普鲁士国王终于决定按照俾斯麦的意思办。事实证明俾斯麦是英明的，在随后的普法战争中，奥地利果然没有乘机对普鲁士下手，从而使普鲁士避免了两线作战之忧。

7月26日，德奥缔结停战协定，8月23日奥普签订了《布拉格和约》，普鲁士获得了石勒苏益格－荷尔斯泰因及汉诺威等地，而奥地利退出了德意志联邦，昔日奥地利在欧洲的政治地位就此一去不复返了。普鲁士因获得汉诺威、石勒苏益格、黑森和纳绍而大大扩张了自己的版图，与德意志南部各公国也分别订立了有利的军事盟约，次年以普鲁士为首建立了北德意志联邦，基本完成了德意志的统一。对当时的欧洲而言，普鲁士取得的是一个魔术般的胜利，正在坐山观虎斗的法国完全没有料到普奥之间的战争会是这样一个结局，完全没有给这个欧洲霸

勃兰登堡门上的雕塑。勃兰登堡门是一座古典复兴建筑，由普鲁士国王腓特烈·威廉二世下令于 1788 年至 1791 年间建造，以纪念普鲁士在普奥战争取得的胜利。

主插手的机会战争就结束了，拿破仑三世到这时才明白，一个新的强劲对手已然出现了。普奥战争后，由普鲁士控制的北德意志联邦成立了，但是南部的巴伐利亚、符腾堡、巴登、黑斯－达姆斯塔四邦仍然置身于联邦之外。俾斯麦没有因为它们在普奥战争中站在奥地利一边而惩罚它们，也没有强迫它们加入北德联邦。俾斯麦只是把普奥战争后法国对莱茵河诸邦的吞并野心通知给巴伐利亚国王及南德意志诸邦政府，从而在南德诸邦中造成了恐惧法国的心理。利用南德意志诸邦的这种心理状态，俾斯麦获得了它们的支持，促使南德诸邦与其缔结同盟，为下一步的普法战争做好了准备。现在，德国统一已经只剩最后一个障碍，当然也是最大的障碍，那就是拿破仑三世和他的法兰西帝国。

在奥普战争中，普军广泛使用装弹方便、发射速度快的线膛后装炮，并充分发挥了火车和电报在战争中的作用，第一次成功地体现了“闪击战”的军事思想，更为重要的是，这场战争的计划是由普鲁士参谋总部事先经过周密计划设计出来的，一反从前那种全靠战场指挥官的临场发挥的作战方式，从而使德军的参谋总部从此在战争中开始发挥重要的作用。当然，普鲁士两个杰出的人物也就此展现到了世人面前，他们就是首相俾斯麦和参谋总长毛奇将军。

种下仇恨的种子

——普法战争

普法战争的主因有二：一方面普鲁士有统一全日耳曼的决心，另一方面法兰西也有阻止这种统一的决心。此外还包括高卢与条顿之间的积年仇恨。日耳曼与法兰西为邻，可以说很少有几个国家曾经有过这样恶劣的“邻人”：从 1675 年到1813年间，法国人侵入日尔曼的次数不下14次之多——平均是每10年一次。

1870年开始的普法战争，是以法国为一方，与以普鲁士及北德意志联邦和德国南部其他邦为另一方发生的战争。这次战争是普鲁士和法国之间的深刻矛盾所引起的，是普鲁士王国为统一德意志并与法国争夺欧洲大陆霸权而爆发的。普鲁士力图统一德国并将其置于自己的保护之下，竭力削弱法国及其在欧洲的影响。法国则力图从根本上挫败普鲁士，使它无法建立一个统一强大的德国，从而保持法国在欧洲大陆的优势地位。这场战争是由法国发起的，但到了战争的后期，普鲁士将战争由自卫战争转化为侵略战争。这场战争普鲁士大获全胜，因为战役发生在德法两国，因此又称为“德法战争”。

地处中欧的德意志在19世纪上半期只是一个松散的号称德意志邦联的政治结构，1864年，号称“铁血宰相”的俾斯麦当政后，普鲁士联合奥地利发动了对丹麦王国的战争，丹麦战败，普鲁士得到了石勒苏益格，奥地利也得到了荷尔斯泰因。随后普奥之间的关系开始迅速恶化，俾斯麦要建立一个统一的德意志国家，下一个要对付的目标就是奥地利了。

1866年6月，普奥战争开始，普军在萨多瓦大败奥军，这是关键的一仗，奥地利承认“没有奥地利帝国参加的新德意志组织”，同意在美因河以北成立一个德意志国家联邦，1867年北方德意志联邦正式成立，这是德国统一的前奏。在普奥战争中，俾斯麦一举击溃奥军，由于他估计到法俄此时定会出面干预，再加上从长远考虑，他拒绝了攻下奥地利首都的建议，而是和奥地利签订了宽松条约，以求以后与法国争斗时奥地利不会成为自己的敌人。

这是曾先后担任法兰西第二共和国总统和第二帝国皇帝的路易·波拿巴。

在早期，四分五裂的普鲁士对欧洲其他国家并没有太大的威胁，它和英国、俄国甚至结成联盟共同击败过拿破仑的法国。但是，等到1871年普鲁士统一德国之后，一切都不一样了。统一的德国，人口和工业潜力都非常巨大，其发展战略非常明确，要成为欧洲大陆上最强大的国家。

它的迅速强大，使其可以压倒周边的任何一个国家——包括法国。

在俾斯麦对付奥地利时，为了让欧洲霸主法国保持中立，曾许了很多好处给法国，法国也乐得坐山观虎斗，坐收渔人之利。但随着普鲁士的迅速取胜，法国人开始坐不住了，其迅猛崛起，已经开始对法国的霸权构成了威胁，法国这时才突然惊觉普鲁士已不再是以前弱小的邦国了。

法国此时不愿意德意志强大起来，便竭力阻止德国的统一。这时对法作战就成为了统一德意志最后的关键，俾斯麦在等待着有利的时机。普鲁士王国为统一德意志并扩张领土，便把枪口指向了企图保持欧洲霸权地位的宿敌法国，企图削弱法国势力并占领矿产丰富的战略要地阿尔萨斯和洛林。法国为保持其在欧洲大陆的霸权，并企图占领莱茵河左岸的德意志领土，双方矛盾激化，战争一触即发。

普法战争前夕，实行普遍征兵制的普鲁士军队是西欧兵力和战斗力最强大的军队。北德意志联邦军队(包括德国南部诸邦军队)的兵力战时可达100万以上，其中作战军队70余万人。战时各军统一编为若干个集团军，德军炮兵装备有克虏伯兵工厂制造的钢管线膛炮，其有效射程为3.5公里。下一步是策划对法国的战争，俾斯麦寻找着、等待着、制造着有利的时机。

俾斯麦利用南部德意志诸邦对法国的恐惧心理和它们之间的矛盾，以此促进南北德意志的民族感情，1870年，时机到来，俾斯麦毫不迟疑地一手策划了普法战争这出历史大戏。这一年7月，普王威廉一世的亲属霍亨索伦家族的利奥波德亲王，应西班牙政府之邀同意继承西班牙王位，法国因担心普西联合反法而极力反对，要求普王书面保证永远不赞成霍亨索伦家族的亲王登上西班牙王位。普王虽感屈辱，仍表示将在柏林继续讨论这一问题，并将有关情况电告了俾斯麦。俾斯麦不甘心自己的如意算盘因为普王的忍让而落空，他将埃姆斯电文加以删节和压缩，使原先表示委屈和解的电文在含义上转变，似乎普王粗暴地拒绝了法国大使的要求。电文传到法国，导致了法国人的愤怒，从而诱使法国于7月19日首先向普鲁士宣战。

企图保持欧洲霸权地位的法兰西第二帝国，历来竭力阻止德意志的统一，同时还想侵占莱茵河左岸的德意志领土，因而对于普鲁士的挑衅，不但没有回避，反而迫不及待地向普鲁士宣战。

法军的作战计划是：集中兵力先行出击，越过莱茵河向法兰克福推进，迫使南德意志各邦保持中立，尔后联合奥地利取道耶拿直取柏林，最终击败普鲁士。然而路易·波拿巴的一切作为都无一不在俾斯麦计算之中。甚至在布拉格条约尚未签订之前，他就曾经要求以莱茵河的左岸作为普鲁士获胜的补偿，现在他又重申前议。因为害怕法国，南部邦联自动投入了北部邦联的怀抱中，于是它们之间缔结了一个秘密的攻守同盟，而以普鲁士国王为盟主。现在所需要的就只是一个对付共同敌人的战争，以使分裂的日耳曼合而为一。

早在1868年的冬季，普军参谋总长毛奇将军就已拟定了对法国的战争计划，计划规定对阿尔萨斯和洛林发动坚决的进攻，在总决战中歼灭敌人主力，尔后将其残部逼至比利时边界，并占领巴黎。该计划还规定，一旦奥、匈两国站在法国一方参战，普军将对其采取军事行动，法军总兵力战时不超过60万人，其中作战军队不到35万人。

8月2日，法军以三个师在萨尔布吕肯地区首先向普军发动进攻，但并无有力的作战行动，仅同敌人前卫部队进行一些小规模接触。普军旋于8月4日转入进攻，越过德法的国境线。法军虽然在初战中有些小的失利，但并未遭到太大的损失，不过初战失利后立即产生了意想不到的政治影响，由皇后摄政的巴黎政府

1870年9月1日普法两军在色当会战，法军被困色当，9月2日法军失败投降。

出于维护本身统治的政治需要，担心撤退会引起巴黎民众的革命，所以一再干预前线指挥员的作战部署，阻止一线部队向战区纵深后撤，而身在前线指挥的法皇竟然也附命于巴黎，从而铸成了自吃苦果的大错。毛奇在获悉拿破仑三世随军督战后，命令普军第三军团和新编第四军团北进迎击。法军接连败北。

8月31日，法国沙隆军团被普军第三、第四军团围困在色当。在9月1日的色当之战中，法军几次突围，均被击退，次日，拿破仑三世率军9万余人向普王威廉一世投降。

法军在色当战役大败，拿破仑三世连同在色当的法国官兵全部做了俘虏的消息传到巴黎后，巴黎广大人民对拿破仑三世统治的不满，立刻像火山一样爆发了。工人和小资产阶级纷纷拥入波旁宫立法团会议厅，要求废除帝制，恢复共和，共和派议员甘必在市政厅正式宣布成立共和国，建立临时政府，法兰西第二帝国垮台，法兰西第三共和国建立。从此以后，帝制在法国结束，共和逐渐稳固下来。

但普军仍长驱直入，包围巴黎。1871年1月底巴黎失陷，两国签订了停战协定。2月26日，双方在凡尔赛签订初步和约，5月10日在法兰克福签署了正式和约。这次战争使普鲁士完成了德意志统一，结束了法国在欧洲的霸权地位。进入巴黎的普王威廉一世在凡尔赛宫加冕为皇帝，德意志帝国宣告成立。

为了镇压巴黎的革命运动，法国政府与德国签署的《法兰克福条约》规定：法国赔款50亿法郎，割让阿尔萨斯全部和洛林大部地区。法国政府以此换取德国从法国撤军和释放战争中被俘的10万法国战俘，并随即用于镇压巴黎公社。在此期间，巴黎人民于3月18日再次举行武装起义，成立世界上第一个无产阶级政权巴黎公社，但72天后即遭镇压，巴黎公社无力抵挡法国正规部队的进攻，被法国政府消灭，成员大多被处决。

在普法战争中，南北德意志并肩作战，到战后，南部四邦便与北部联邦合并，成立了“德意志帝国”，俾斯麦此举可谓一石二鸟、一箭双雕。本不想做皇帝的普鲁士国王威廉一世“黄袍加身”，在俾斯麦的运作和鼓动下，在法国凡尔赛宫正式即位为德意志帝国皇帝，德国统一运动终于完成了，它的出现，改变了整个欧洲的态势，欧洲从此进入了各强国角逐的时代，直到第一次世界大战爆发。

德国的兴起意味着法国的衰落。在那以前，法国这个欧洲大陆上的头号政治大国，在几个月的普法战争中遭受了惨重失败，并付出巨额赔款，从此种下了旷日持久的复仇种子。普法战争中使法国蒙受屈辱的老毛奇警告说：“我们在半年之中用利剑赢得的东西，必须在今后半个世纪用利剑来捍卫。”

第二章

“挑战海上霸主”

——走向大洋

霍亨索伦王室的终结者
——威廉二世

德皇威廉二世继承了一个欧洲最强大的帝国——德意志帝国。他有着旺盛的精力和聪明的头脑，在其全盛时期，他的一言一行都足以震动世界，在声势显赫如日中天地统治三十年后，却被参谋总部架空，被人民抛弃，最后凄凄惨惨地躲到外国苟延残喘地度过余生。

1888年6月15日，在德意志帝国首都柏林举行了一场隆重的加冕典礼，当天，一位踌躇满志的年轻人戴上了尊贵的皇冠，他就是德意志帝国的第三位也是最后一位皇帝、霍亨索伦王室的终结者——威廉二世。威廉二世于1859年1月出生于波茨坦，是腓特烈三世和维多利亚皇后的长子。维多利亚皇后是亚历山德拉皇后的姑妈，英王爱德华七世的姐姐。威廉从小就接受了良好的贵族教育，大学毕业后，他按皇家惯例到军队服役，并于1885年被任命为波茨坦第一近卫军团司令，可谓少年得志。但可叹的是威廉二世出生时左臂因病而萎缩，失去了手臂的正常功能，这对一个崇尚武力的国家的继承人来说是一个令人烦恼的缺陷。也许是生理上有病所致吧，威廉二世显得过度虚荣和喜欢炫耀自己，他常炫耀自己的数百套军装，高兴的时候一天能换装十几次。有一则在柏林圈子流行的笑话："他不挂上海军上将徽章就不逛养鱼池，不打扮成英国陆军元帅的样子就不吃葡萄干布丁。"在第一次世界大战爆发时，五十多岁的威廉已经统治德国长达二十多年了，可是他仍然保留着一股孩子气。许多人宣誓效忠于他，却觉得他既不成熟也不可靠，这一点都不奇怪。在很多相片中，威廉

德皇威廉二世总是身着军装，还特别喜欢佩戴各种绶带和勋章。

经常用左手拿着一对手套，让左手看起来长一点。他也喜欢用左手倚在剑或拐杖上，达到比较体面的效果。

霍亨索伦家族在普法战争后站到了欧洲的巅峰，外表冷漠的德皇威廉一世，做事非常井然有序，柏林人习惯于根据他出现在窗前的时刻调自己的表。他统治着欧洲最强大、最具活力的国家。威廉二世的母亲是英格兰维多利亚女王最喜爱的女儿，在她的劝说下，威廉二世的父亲决定在继位后将以英国为榜样把德国改造成一个民主的君主制国家。威廉一世逝世后，威廉二世的父亲被加冕为腓特烈三世皇帝，但仅几个月便死于咽喉癌，威廉二世继承了一个欧洲最强大的帝国，成为了德意志帝国的皇帝。威廉二世和俾斯麦一样，在年轻时代对自己的母亲充满着敌意，而且事实上，他的母亲的确有一部分的责任。作为一名英国贵族，这位维多利亚女王的女儿总是感到自己和普鲁士人格格不入，在她眼中，这些普鲁士人都是野蛮人，因而常常向儿子灌输英国地位至上的概念，使这位未来的皇帝从小就对英国有一种复杂的感觉，并可能影响了他后来对英国的态度。威廉二世是霍亨索伦家族中第三个登上德国皇位的人，与哈布斯堡家族不同，霍亨索伦家族在 1914 年所统治的国家正处于上升时期，而且这个家族表现得更加精力充沛，更加好战。德国的崛起过程并不像哈布斯堡家族那样依靠婚姻，而是依靠武力和机智。不夸张地说，才华横溢的俾斯麦帮助霍亨索伦家族创造出了现代德国。

威廉二世是一个性情冲动、头脑硬化的人，虽然也很勤勉、诚恳和具有爱国心。他理想多于实际，爱慕虚荣，一向以一个独裁者自命。即位不久，他就曾经宣布说："这个国家只能有一个主人，那就是我自己。"母亲的争强好胜和普鲁士人要求未来的国王首先是个战士的思想无形中结合在了一起，尽管威廉的左臂天生太短，完全残废，但他还是要接受很残酷的训练，他要和所有的军官一样，骑马，游泳，击剑，射击，而且他必须还要干得更出色。作为一位年轻的帝王，威廉二世在治国方面还是颇有才能和建树的，然而这些成功也助长了威廉二世的狂妄和自负，并直接导致了他与开国元勋俾斯麦的决裂。

1890 年俾斯麦提出了辞呈，德皇在两日后批准，俾斯麦正式下野，自此德国的政权牢牢地掌握在了野心远大于能力的威廉二世手里。他一手把俾斯麦精心构制的外交政策全部拆毁，其政策与俾斯麦相比可谓大相径庭。提到俾斯麦，后人常用一种崇拜的口吻，似乎他的才华震烁欧洲外交政坛，一生纵横捭阖，几近于神。俾斯麦在欧洲外交上合纵连横，建立了"三帝同盟"和"三国同盟"，极大地孤立了与德国仇恨最大的法国，使德国处在一个优势的位置，然而随着他的被罢黜，德国的这种优势地位也就渐渐消逝了。

有关宫廷对威廉二世出生之记录指出，他的脑部可能患过病，以致造成脑部损害。如此的健康问题，可能令他培养了具有野心、冲动鲁莽的性格，以及在对待问题或别人时显出傲慢的态度，造成他的施政弊病，例如罢黜俾斯麦的事件。虽然威廉在未当皇帝前，也曾很仰慕俾斯麦，但他登位后，马上就与这位“铁血宰相”发生了冲突。其实，这位少年皇帝是不甘受制于人的，他要亲自掌握统治帝国的最高权力。于是，他在 1890 年迫使盛气凌人的俾斯麦去职，任命冯·贝特曼·霍尔维格为首相。威廉尤其尊重贝特曼·霍尔维格的意见，并肯定他对内政事务的远大目光，例如他对普鲁士选举法的改革。

至于俾斯麦，则自信地以为无人能替代他的位置，甚至宣称：“皇帝是一个最能迁就人的主子，无论什么政事他都不敢反对我。”但重要的是，二人在内政外交政策方面出现了巨大分歧，俾斯麦抱怨说：“皇上像只气球，不把线抓紧，就不知道过一会儿他会飞到哪里去。”这一切成为导致他们决裂的主要原因。威廉二世奉行帝国主义，以显示德国蒸蒸日上的国力，积极推行著名的世界政策而一改以往俾斯麦以德国为核心的欧洲中心主义。在帝国议会的讲演中，威廉二世以无比热情的口吻说：“俾斯麦推行的欧洲大陆政策十分狭隘，而今我奉行的是世界政策，世界各地都应体现德国政策。”帝国议会为此爆发出雷鸣般的掌声。对外政策由俾斯麦时期的大陆政策转为威廉二世对外扩张的世界政策之后，德国便加入了欧洲国家的造舰比赛的行列，俾斯麦曾告诫德国要以陆上力量为满足，威廉二世则对意大利国王说：“我在位多少年来，我的幕僚们、欧洲的那些君主们总是把我的话当作耳边风。要不了多久，有我伟大的海军做后盾，我的话就会有人洗耳恭听了。”

威廉二世刚即位不久时，他的大臣们甚至怀疑他不能胜任工作，不过威廉是个头脑聪敏的人，他善于取悦于人，很快就把这些大臣摆平。可以说，他把母亲的智慧和父亲的耐心在一定程度上结合起来，这一点的确吸引了很多人。有人说威廉二世毫无政治才能，那无疑不符合事实，如果威廉二世真的不懂得玩弄政治手腕、操控民意和培植党羽，就不可能在 1890 年的政治危机中一举搞垮俾斯麦。俾斯麦是德意志的创立者，事实上的民族之父，也是欧洲近代最受尊敬的政治家之一，可是他已经老了，虽然俾斯麦根本没有认真反抗，但威廉二世的胜利仍然是很难得的。由于天生的缺陷，威廉一直都在当演员，他扮演着既敏捷又强健的军人，当参加典礼时，他总是使劲地挥舞右臂以掩饰自己孱弱的左臂。由于担心被人看成弱者，威廉二世一直保持昂首阔步、虚张声势的架势，在几乎 1/4 世纪的时间里，他一直面对世界高谈阔论，这位年轻的统治者行使权力的后果就是将他那神经质的性格发挥到了极致。马克斯 – 韦伯对威廉二世时期的德国政治评价如下：“我觉得我们处在一群疯子的统治之下。”为首的“疯子”就是皇帝本人，在他的脑海中，英国人、法国人、俄国人企图联合颠覆德意志帝国，用威廉二世的话来说，德国感到他们处于刺刀的包围之中，于是用人们所谓的“愤怒的沙文主义”来作出回应。“当在会议桌上发生争论时，德国总是在开口前把一支左轮手枪摆在桌面上，结果使别的国家望而生畏，联合起来对付它。”事实上，英国、法国和俄国之间错综复杂的利益冲突使它们很难联手对付德国，但威廉二世的疯狂外交手段居然把它们逼到了一起，真的搞出了一个针对德国的三国协约，而这在俾斯麦当政时是被巧妙避开了的。

1890 年德国同俄国的条约即将到期，威廉二世没有成功地继续与俄国结盟。沙皇尼古拉二世曾说过：“威廉是一个没有教养的恶少。”可以看出沙俄对德国新主人的反感和敌意。此后俄国逐渐向法国靠拢，终于在 1893 年同法国正式缔结了军事同盟。也许其中的原因也不能完全归咎于威廉二世，各国之间的关系原本也是伴随着利益的变化而变化的。在俾斯麦时期，德国国力尚弱，除陆军外无力涉及更多领域，伴随着德国公海舰队的建立和德国在世界范围内开始争夺殖民地，英国人于是选择了与法国人结盟来对抗德国。俄国本来是德国盟友，但在巴尔干地区与德国盟友奥匈帝国发生冲突，德国在协调巴尔干问题上不能有效平衡各方利益，终将俄国推向了英法一边，这也是历史的发展使然。威廉二世是一位狂热的军国主义者，其政治野心就是称霸世界。1895 年，他宣称德意志帝国要成为世界帝国，即建立起所谓的“大德意志帝国”。

1914 年，欧洲局势风云变幻，大战一触即发，威廉二世处在至关重要的位置上，他的一言一行都有可能影响局势的发展和变化。6 月 28 日，震惊世界的萨拉热窝事件发生后，威廉二世欣喜若狂，极力鼓动奥匈帝国发动战争。在他的煽动下，第一次世界大战爆发了，与他预期的相反，战争最终以德国的惨败告终。战败后的德国发生了十一月革命，当时威廉正在比利时的德军总部。兵变令他十分惊讶，此时的帝国已经失去最后的支持，就连兴登堡这个一生拥护皇帝的将军，也只能劝谕威廉退位。霍亨索伦王朝结束了，退位后的威廉二世流亡到了荷兰，在那里度过了自己暗淡的余生。但他并没有忘记德意

1914 年，德皇威廉二世视察东线战场。

志，当“二战”爆发后，希特勒德国打败了英法联军，法国在贡比涅森林中签署了向德国投降书后，闻讯的威廉二世给希特勒发去了热情洋溢的贺电。1941 年 6 月 4 日，这位曾叱咤一时的战争狂人终于在“德国将征服世界”的美梦中去世了。

威廉二世的遗愿有两个：一个是他死后葬礼上不能出现纳粹标志，但纳粹德国并没有按照他的遗愿去做，在威廉二世的葬礼上出现了纳粹党党徽。第二个是王朝不复辟他的遗体就不运回德国安葬，这个遗愿得到了纳粹德国的尊重，直到今天，威廉二世的遗体还安葬在荷兰。

高悬的达摩克利斯之剑

——欧洲两大军事集团形成

欧洲的稳定在德国统一以后发生了变化，自从 13 世纪以来，日耳曼就分裂成了几百个小国，因为一盘散沙而羸弱不振，而普鲁士最初只是德意志诸邦国中的一个小邦，地域狭小，主要是霍亨索伦王朝在小渔村柏林附近的一些领地。在政治上，普鲁士更加微不足道。到 19 世纪下半期，普鲁士在“铁血宰相”俾斯麦的治理下，迅速强大起来，开始了统一日耳曼联邦的进程，法国不愿意看到日耳曼的统一，出来阻止，因而于 1870 年爆发了普法战争，这场战争以普鲁士大获全胜、建立德意志帝国告终。

战争是争夺利益的最激烈形式，人类历史的经验表明，大国的崛起和衰落往往都伴随着战争。1871 年德意志帝国建立，德国统一后迅速崛起，而新兴大国需要更加广阔的生存空间。从 1871 年到 1914 年的 43 年间，德国日益强大，德皇威廉二世欲当欧洲霸主，英法俄等传统大国的利益受到新兴大国德国强有力的挑战。

普法战争结束后，德皇威廉一世以胜利者的姿态在战败国法国巴黎的凡尔赛宫被加冕为德意志帝国的皇帝，一个曾经分裂为无数小邦、彼此征战不息、内耗不断的民族，在俾斯麦手中奇迹般地在短短几十年里一跃成为欧洲最强大的国家。欧洲大陆的中心突然出现了一个统一强大的德意志帝国，对所有的欧洲大国都造成了巨大的冲击，英国很快发现，统一的德国已经在欧洲大陆上占据了支配地位，并且很快成为了欧洲最强大的国家，比之前拿破仑三世统治下的法兰西第二帝国更难以捉摸，更难以对付。

俾斯麦在统一战争中的战略上的胜利，以及其后娴熟的外交政策，曾一度将新帝国领入了欧洲一个独一无二的地位，但是他的后继者们没有看到德国位置的优越性，而且也未意识到，任何使德国成为欧洲霸主的企图都将使其他国家联合起来对抗它。自普法战争之后，普鲁士与法国结下了不解之仇，俾斯麦担心法国报复，因此采取结盟政策来围堵法国。他本来使德国与奥匈帝国及俄国结成了“三帝同盟”，可是后来俄国在巴尔干半岛与奥匈帝国发生利益冲突，加上俄国的内心也不希望普鲁士强大起来，德国最终选择了奥匈帝国作为盟友，与奥匈帝国缔结德奥联盟。与此同时，俾斯麦又看上了与法国在殖民地事务上有利益冲突的意大利，这样就有了后来的“三国同盟”。

图为结成同盟的三国君主画像。

俄国得知德奥两国签订了“德奥同盟”后，十分愤怒。但俾斯麦是一个老练的政治家，为了保持与俄国的良好关系，于1887年与俄国签订了“再保险条约”。这一协定承诺：当协约一方和第三方发生战争时，另一方应保持中立。俾斯麦一被免职，从大臣及法官干预下解放出来的那些德国外交部的专家们就说服威廉取消了1887年与俄国共同签署的“再保险条约”，他们相信法兰西共和国和沙皇俄国绝不会结成联盟。然而1891年沙皇在演奏法兰西革命歌曲时居然脱帽肃立，加上法国在财务上支持俄国工业化后，1894年，两国结成同盟，是为“法俄同盟”。至此，倘若大国之间的冲突爆发，德国将面临两面作战的可能。英国由于与法国之间有互保条约，并且英国也希望俄国能够从背后牵制德国这个新兴的强劲对手，最终也成了俄国的盟国，这样，法、俄、英结成了“协约国”，而德国和奥地利加上后来的意大利是“同盟国”，两方对峙的力量开始形成。欧洲从此分为两大阵营，只要有任何风吹草动，都有演变为世界大战的可能。

19世纪末，德国外交政策发生了重大变化，抛弃了俾斯麦的“大陆政策”，开始推行对外扩张的“世界政策”。德皇威廉二世宣布：“德国在古老欧洲的狭窄边界以外有很多任务要完成。”德国的海军大臣提尔皮茨坚持认为，德国的工业化和海外征服“就像自然法则那样不可抗拒”。威廉二世实行的“世界政策”引起英国的恐慌，因为大英帝国的生存基础就是世界性贸易和对海外殖民地的控制，德国的扩张政策，注定要损害英、俄等老牌殖民主义国家的利益，英国人开始坐立不安。

1890 年，马汉的《海权对历史的影响》一书问世，他的理论受到各海军大国的欢迎，对激烈的海军军备竞赛起到了推波助澜的作用。1905 年的日俄对马海战，把“大舰巨炮”致胜理论和战列舰主宰海洋理论推向了新阶段。自此，拥有战列舰的多少和主炮口径的大小，就成了衡量海军战斗力的标志、国家实力的象征。进入 20 世纪，欧洲的两大军事集团开始了激烈的军备竞赛，德国开始大张旗鼓地发展海军。在所有欧洲国家中，战前德国在工业发展上最为惊人，并且具有很高的经济和文化水平，对此英国很是紧张，为了保持自己在海上的优势，从 1905 年开始，英国开始建造“无畏”舰。德国不甘落后，1907 年，德国也开始建造“无畏”舰。倍感压力的英国不得已，遂采取“以二对一”的海军政策以相应付。

自普法战争结束后，法国失去了欧洲大陆霸权，不仅失去了阿尔萨斯和洛林地区，而且还屈辱地让普鲁士皇帝在法国凡尔赛宫的镜厅里加冕为德意志皇帝，这导致法德之间的仇恨不共戴天。法德两国的决策者推行互相仇视的外交政策，也造成了欧洲对立的两大政治军事集团不可缓和的格局。德国迅速崛起以后，不满足于旧的世界秩序，企图凭借强大的军事实力重新瓜分世界；英国想要消灭德国这个竞争者，同时削弱法国和俄国；法国则打算收复阿尔萨斯和洛林。由于奥斯曼土耳其帝国的衰落，巴尔干地区出现利益真空，巴尔干地区的国家纷纷获得了独立，奥匈帝国和俄国都把手伸进了巴尔干。1900 年，巴尔干地区出现了 5 个独立国家：罗马尼亚、保加利亚、塞尔维亚、希腊和黑山。波斯尼亚虽名义上还属于土耳其，实际上已经被奥匈帝国控制。俄国于是想阻止奥匈帝国在塞尔维亚、黑塞哥维那和波斯尼亚的扩张，并企图攻占博斯普鲁斯海峡和达达尼尔海峡，巩固自己在巴尔干地区的地位。各自的野心，使得第一次世界大战前的欧洲战争阴云密布，山雨欲来，已经变成一只巨大的火药桶，只是在等待着某一根导火线的引爆。

走向大洋

——崛起中的德国海军

“德国的目标是求得这样一个地位——在那些欧洲文明范围之外的国家，在他们的人民中间，德国的影响、德国的资本、德国的商业、德国的工业和德国的聪明才智可以和其他强国在平等条件上进行竞争……”这段话出自 19 世纪末柏林大学历史学教授德尔布吕克所写的《为什么德国建造军舰》，字里行间反映出当时德国迫切追逐海外利益的要求。

德国位于欧洲中部，北部濒临北海和波罗的海，南靠阿尔卑斯山脉，海岸线长1300公里。但德国海军不仅力量较弱，而且偏于西欧一隅，其主要任务局限于国内防御，使其活动和作战区域仅局限于北欧地区，也就是德国海军舰船通常只在自家门口打转。

19世纪末，由于经济的迅猛发展，英国不断进行对外扩张，强占殖民地，掠夺财富，米字旗在世界各地飘扬。为了加强对殖民地的统治，更多地进行掠夺，英国加强了海军力量的建设。当时英国海军是世界上最强大的海军，且有效地控制了世界贸易航道。

1889年9月，登基仅一年多的威廉二世接受英国邀请，以海军名誉元帅身份率领一支德国舰艇分队，出席了盛大的皇家阅舰式。英格兰南部怀特岛外斯皮特海德洋面浩大壮观的皇家海军战舰群，令威廉二世所挑选的“德国海军最好的战舰”相形见绌，盛大的典礼强烈刺激了威廉二世的自尊心，皇家海军的霸主气势使其羡慕不已。1895年，年轻的威廉二世公然宣布：“德国是个世界强国。”“德国的未来在海洋上。”当然，他在大言不惭地说这番话时，根本不顾及英国人已经海上称雄的这一事实。他不顾这些，开始致力于建造一支庞大的海军。他利用英国对布尔共和国的战争在整个欧洲引发的对英国的敌意，竭力推动建立一支庞大海军的计划，这一计划与德国在非洲和太平洋的迅速扩张，引起了英国的震惊和不安。

俾斯麦时期的德国，在海洋方面一直采取防御态势，此时的德国海军的规模，比起英、法、俄等国均要弱小得多，完全属于近海防御力量，需要依托海岸掩护，但能够有效保卫重要出海口和港口。不过，它缺乏公海航行和作战的能力，也无法威胁到其他列强的远洋交通线，对于德国的海外利益不能有效地维护和支援。1898年，俾斯麦时期的大陆政策转为了威廉二世的对外扩张的世界政策，国会通过了威廉二世扩充海军的政策，其中明确指出：“这种强大海军的目的，是要使最伟大的海权国家都不敢向它挑战。”这无疑强烈地刺激了英国的感情。虽然德国并无意对英国发动战争，但是英国人却感受到了某种威胁，并由此导致了英德关系渐为紧张。随着德国海军战略的不断调整、新型武器装备的陆续服役、海军作战实力特别是远洋作战能力的逐步增强，德国海军越来越多地参与到国际军事行动中去，日耳曼战舰开始出现在世界各地。当时德国的常规潜艇技术独步天下，在1913年德国就率先研制出了潜艇专用柴油机，成为常规潜艇的典范动力。德国由此一直保持着常规潜艇建造技术上的优势，并建立起一支强大的水下力量。

海外贸易对于一个资本主义国家的存在和兴盛是不可或缺的，德国迅速从农

图为 1914 年大战开始后英、德两国在福克兰群岛战役中交战的场景，这首先源于德国海军的发展。

业国转变成工业化强国后，海外扩张成了其通向帝国道路上不可避免的一个环节，因此其寻求殖民地的野心也不可能得到满足，扩张的欲望只会随实力的逐步膨胀而高涨，小心谨慎的发展策略已经难以满足利益阶级的需求。威廉二世梦想使德国成为拥有广泛海外领地的世界帝国。

在德国所面临的海洋挑战中，它不可能也没有实力以夺取制海权作为主要作战目标。然而，它的主要海上敌人——英国皇家海军，虽然有着庞大且实力强悍的舰队，却又有漫长的海上航运线需要守卫（这些航运线给英国运来了其遍布于全世界各殖民地的丰富的物产），因此战时只要切断英国的海上交通线就可能赢得一半的胜利。

作为世界海运业的绝对霸主，英国对德国的行动一直冷眼旁观。这是因为与法、俄、意大利等强国相比，德国海运业还相对弱小，难以威胁英国的海外殖民利益。另外德国在大力发展海运业的同时，其海军发展仍然相对保守，沿海防御的战略思想一直没改变。此时德国对于海外殖民地的追求，主要通过施展高超的外交手段获得。随着工业力量的不断壮大，德国希望在每一个领域赶上或超过英国。那时，两国海军力量的较量是最明显的标志。英国不断在军舰改进上领先，而德国持续在军舰的工程、技术质量方面占据优势。威廉二世曾说：“我不把我的海军建立到和我的陆军同等水平，我决不停息。”面对这一威胁，英国自然不敢掉以轻心，德国加强舰队建设对英国控制权所造成的威胁促使英国议会决心赶上“提尔皮茨计划”的每一步。

1890 年 5 月起，德国先后开工四艘“勃兰登堡”级战列舰。与以往的德国铁甲舰设计思路不同，该级舰突出了公海战斗的要求，将舰队海上思想放在首位，与英国划时代的“皇权”相似，是海军发展史上第一批真正意义的铁甲战列舰。就在德国海军开始走向大洋的同一时期，影响深远的“制海权理论”诞生了，并立即在西方世界引起轰动，为帝国主义国家的海外扩张找到了理论依据。在1900年至第一次世界大战开始的几年里，世界目睹了前所未有的最大的海军军备竞赛。这一时期，德国的舰队开始壮大起来，准备与俄国、法国进行一场海上交战。这时，在如何对待英国的态度上它犹豫了：是对英国采取强硬态度呢，还是试图和解？德国有些举棋不定。1913年，英国政府建议双方在一年内停止建造军舰，但德国拒绝了这项建议。德国在海洋方面的跃跃欲试，尤其是建立至少世界第二的海军的作为，从长远看是很不明智的。威廉二世非常热爱他的海军和他的地位赋予他的这套海军制服，然而他的帝国为他所做的那个漫不经心的“世界帝国”之梦付出了沉重的代价——德国制定的排斥英国海军的作战计划，促使英国警醒并与法俄结成了同盟，以封锁德国走向欧洲霸权的道路。

其他国家对待德国的崛起，是根据自身的利益得失来决定的，德国的所为，从根本上打破了欧洲一百年来维持的均衡态势。考虑到德国强大的陆军已是大陆上无人能敌的现实，而德国政府又希图建立一支同样可怕的海军，这就迫使受威胁的国家联手与它抗衡。德国不断加强海军促使英国在1904年和法国达成了和平协议，这解决了两国之间的许多突出矛盾。德国于是在摩洛哥问题上挑起一场外交危机，以此作为回答并试图瓦解增进中的盎格鲁—法兰西的友谊。但这个举措使这两个国家走得更近。1907年，作为对德国政策的反应，英国又与俄国达成了和平协定，同样解决了彼此间许多突出的争端。

“德国海军之父”
——永远的提尔皮茨

1894年，威廉二世读了美国海军力量的先见者阿尔弗雷德·赛耶·马汉的著作后，坚定地认为德国要想登上世界帝国的位置，必须建立一支庞大的舰队。皇帝的这种热情毫无疑问是由他和他的英国表亲们之间的爱恨关系所激发出来的。直到1897年，他才找到他的海军上将阿尔弗雷德·冯·提尔皮茨，这个人既有野心又有杰出的政治天才去实现自己的梦想，有“德国的费希尔”之称。

提尔皮茨1849年5月10日生于勃兰登堡的科斯琴，他的父亲是一个普通的

“德国海军之父”阿尔弗雷德·冯·提尔皮茨

公务员。1865年，16岁的提尔皮茨加入普鲁士海军，紧接着普奥战争爆发，北德意志联盟成立，他成为基尔海军学校的一名军校生，并于1869年被任命为一个小型鱼雷舰队的指挥官，负责在英吉利海峡巡航。在普法战争期间，弱小的海军大部分时间待在海港中，这令德国人十分尴尬。后来他成为这个舰队的监察长，在任职期间，他对于潜艇在战争中的潜在威力产生了浓烈的兴趣，到19世纪80年代，他已成为德国海军中的主要鱼雷专家。当时的德国海军部长列奥·冯·卡普里维很支持他发展鱼雷。后来提尔皮茨说，在鱼雷部队这十年是他一生中最美好的时光。1887年提尔皮茨护送威廉王子去英国参加他外祖母维多利亚女王继位50周年庆典，这是威廉第一次知道提尔皮茨。

提尔皮茨在1895年成为海军少将之后，在东亚指挥远东巡洋舰队，参与了对中国青岛的侵略。1897年提尔皮茨被任命为帝国海军大臣，这次任命标志着他与威廉二世亲密合作关系的开始。1895年，年轻的威廉二世开始致力于建造一支庞大的海军。提尔皮茨在1897年宣布了第一个舰艇建造计划。1900年，德国再次宣布，计划建造两倍于当时的舰艇数量。数百年来独霸海洋的英国受到了无可回避的挑战。作为回应，1906年英国首次建成全新的“无畏”级战列舰，意图以更强大的火力、更厚重的装甲和更快的巡航速度重新统治海洋，然而此举却导致新兴的工业强国德国开始和英国展开规模庞大的海上军备竞赛。

当时的德国海军只是一支近海防御力量，实力上仅和瑞典、丹麦相当，或者略强少许，对于野心勃勃的德皇而言，具有优良传统的德国陆军不值得担忧，他所唯一不放心的就是海军。当时的英国皇家海军正处于全盛时代，不但拥有规模庞大的舰队，而且全英国最优秀的人才都被吸引到海军，英国皇家海军的战斗力对德国具有绝对优势。德国要想实现其世界野心，必须认真考虑这一严酷的事实。在英国自诩为世界第一大海军强国的问题上，德国也决不等闲视之。提尔皮茨严峻地指出：“没有强大的海军，德国的世界作用就如同没有壳的软体动物。”于是，德国在1898年就通过了为期20年的庞大的“提尔皮茨计划”，第二年又增加了一倍，目的是与英国在大海上一争雌雄。到1914年，德国已拥有各种战舰232艘，面对这种威逼，英国迅速寻找盟友抗德。

德国在海上的跃跃欲试，尤其是建立至少世界第二的海军的作为，从长远来看是很不明智的，其组建计划极大地刺激了英国，并引发了新一轮的海军军备竞赛。英国人本来计划在1906年下水了新式“无畏”级主力战列舰后，稍稍放缓步伐，减少对财政的压力。但面对咄咄逼人的提尔皮茨，英国人开始加快了他们造舰的速度，因为英国海上霸主的地位是容不得挑战的。到1914年夏天宣战时，德国已经能够集合29艘战舰来对抗英国的49艘。在这样的力量对比下，德国舰队显然不能在公开行动中有效地克制英国舰队。

提尔皮茨是一个极有胆魄的人物，他不但决意为德国创建一支真正的远洋舰队，而且还希望这样一支舰队能与英国皇家海军相匹敌。威廉二世对提尔皮茨的胆略和雄心十分欣赏和信赖，全力支持他的扩充计划，并在不久后封他为伯爵。这种信赖是如此深厚，以至于提尔皮茨最后获得了“永远的提尔皮茨”这样一个称呼。这个称呼是因为当他身边的人如走马灯一般来来往往时，提尔皮茨却始终保持着他的权力。随着德国海军战略的不断调整，新型武器装备的陆续成军服役，海军作战实力特别是远洋作战能力的逐步增强，德国海军越来越多地参与到国际军事行动中去，日耳曼战舰开始出现在世界各地。威廉二世曾说：“我不把我的海军建立到和我的陆军同等水平，我决不停息。”根据提尔皮茨的建议，新建成的德舰全都舱室狭窄，重重设置水密门，水线以下的一切隔板都不开联络门，以防区域进水后脆弱的联络门被压破。德舰的贮煤舱也尽量设计在舰体两侧，以起防护作用。面对英国海军的优势，提尔皮茨追求舰艇在战斗中的生存性和稳定性，他的努力收到了效果，在“一战”中，德国战舰较英国战舰而言在生存能力上明显占有上风。在1900年至第一次世界大战开始的几年里，世界目睹了前所未有的最大的海军军备竞赛，这一时期，德国的舰队开始壮大起来，准备与俄国、法国进行一场海上交战。

提尔皮茨的最大错误在于，他未意识到英国的地理优势赋予了它一个几乎不可攻克的海洋地位——英国的许多小岛正好位于德国进入大西洋的通路上，在英吉利海峡和北海出口封锁德国对英国皇家海军来说易如反掌。但什么也不能阻挡德国继续推行其计划的疯狂念头。1911年，提尔皮茨被提升为舰队总司令，1914年战争爆发时又出任德国海军司令。虽然得到威廉二世的全力支持，但是提尔皮茨明白英国在海军军事力量上远远领先，他对于两军舰队作战的结果持悲观态度，并从此把作战的重点放在无限制潜艇战上，即采用隐蔽的消耗手法对付英军舰队，以达到平衡两军舰队力量的目标。虽然提尔皮茨有许多“可行”的计划和愿望，但严酷的客观现实总是不以他的意志为转移的。由于“无限制潜艇战”危害了中立国美国的利益，原本就要介入战争的美国以此为借口要与德国断交，为了不使

“提尔皮茨”号战列舰

美国加入协约国一方，德国不得不在“无限制潜艇战”上做出种种让步，而这些让步使德国的“无限制潜艇战”执行起来束手束脚，以至于根本无法行动。提尔皮茨因此提出了辞呈以示抗议，但这次威廉二世接受了他的辞呈。

德皇也很无奈，战争发展到这个地步，面对着过于强大的敌人和过高的期望，“永远的提尔皮茨”最后还是失去了宠爱。第一次世界大战结束后，英国、美国等国彻底肢解了德国的公海舰队，提尔皮茨毕生的努力付诸东流。战后的提尔皮茨出版了他的自传《我的回忆》，在魏玛共和国中已失去影响力的他此后没在政治上发挥什么作用。1930 年提尔皮茨死于伊本豪森，被葬在慕尼黑的一个公共墓地。在历史上，提尔皮茨被称为“德国的海军之父”。希特勒上台后，以他的名字命名建造了“提尔皮茨”号战列舰，但该舰也如提尔皮茨一样，虽然一度辉煌夺目，但最终也没发挥什么根本作用，仅仅成为了德国海军存在的一个象征，直到最后被炸沉为止。

挑战“海上霸主”

——阿加迪尔危机

普法战争以后，虎虎有生气、野心勃勃的德国在欧洲的心脏地区日益壮大，到“一战”前，德国的人口已上升到 7000 万，超过了法国或者英国的人口，其钢产量已经超过英国，开始在海外殖民地的问题上向英法发起挑战。在俾斯麦时代，鉴于统一的德意志帝国初立，故对殖民地的争夺较少参与，由于国内商人势力兴起，商人日益要求德国政府争取海外资源和市场。威廉二世即位，俾斯麦被罢后，德皇认为德国殖民地太少，原料产地及商品市场不足，于是开始实行“世界政策”，要求重新划分全球势力范围。这触犯了老牌殖民大国英国和法国的利益。阿加迪尔是摩洛哥的一个港口，摩洛哥北临地中海，西接大西洋，它的重要港口丹吉尔扼大西洋进入地中海的门户直布罗陀海峡，具有重要战略地位，是欧洲列强争夺的要地。欧洲经历过紧张和松弛，但没有经历过安宁，1905年和1911年的两次摩洛哥危机，几乎使英、法卷入对德战争。

19世纪时，得意忘形的英国殖民者曾狂妄宣称：“大英帝国无落日。”当时英国倚仗其经济和军事实力，运用炮舰政策，疯狂地推行强权政治，侵略魔爪伸到了世界各地，把凡是能够抢到的土地都攫为己有。英国人主张获得无限制的海权地位、对海域的管辖权，以及远洋贸易特权，主张对地球上所有财富的利用。“我们是世界第一的民族”是每一个英国人的信条，他们简直不能想象这一信条遭到质疑。一百多年以来，象征着英国的强大和其在世界上重要性的建筑物一直矗立在著名的特拉法尔加广场上，广场的兴建是为了让人们记住过去大英帝国海军的荣耀。广场西南角有一座巨型“海军拱门”，正中耸立着庄严的纳尔逊纪念柱，顶端是全副戎装的纳尔逊塑像，高近六米。纳尔逊曾是击败拿破仑舰队的英国海军名将，纪念柱基座四壁是他曾指挥过的四大著名战役的铜雕，英国人小心谨慎地使它免遭破坏。

1904年4月，英法签订协定，法国承诺不干涉英国在埃及的行动，英国则承认摩洛哥是法国的势力范围。1905年2月，法国要求摩洛哥苏丹在法国监督下进行“改革”，企图使摩洛哥成为法国的“保护国”。1905年3月31日，德皇威廉二世访问摩洛哥的丹吉尔，表示支持摩洛哥独立，以此公然挑战法国在摩洛哥的影响力。德皇的言论令法国民众普遍震怒。法国外长德尔卡塞采取强硬态度，并得到英国的支持，局势顿显紧张。1906年在西班牙阿尔吉西拉斯举行会议，由于英、俄支持法国，德国被迫让步。会议宣称摩洛哥“独立”，同时又承认法、西对摩洛哥拥有警察权。危机虽告结束，但危机加强了英、法结盟，也加剧了法、德的对抗。随后法国在摩洛哥的势力日益扩大，引起当地人民的强烈抵抗。1911年春，摩洛哥首都非斯爆发反对苏丹和法国侵略者的人民起义，当年5月，法国以保护侨民为由，乘机占领摩洛哥的非斯及其他城市，1912年法国宣布摩洛哥为其保护国。德国认为法国侵犯了自己在摩洛哥的殖民利益，对法国在摩洛哥问题上的不满日益加剧，德国政府宣称，他们在摩洛哥海岸的大西洋沿海地段一个港口及其腹地拥有巨大的利益，德国外交大臣冯·韦希特

这是一张名为《布尔人伏击英军火车》的版画。布尔战争成为英国殖民体系瓦解的拐点。

向法国人提出这个意见。当年7月1日，德国派出“豹”号战舰到摩洛哥港口阿加迪尔，借口是“保护德国的利益”。其实这是一种拦路抢劫的行为，德国人提出，如果他们能得到法属刚果，就可以在摩洛哥问题上有所让步。7月9日，法德两国开始谈判，最后达成协议，德国承认法国在摩洛哥的地位，法国则把法属刚果中南部及邻近地区转让给德国。这次危机总算过去了，但英国与法国联合对德国施压，迫使德国打了退堂鼓，因此毛奇将军在他的回忆录里留下了“如果再次出现这种示弱的举动，将对德意志帝国的未来绝望”的记录。

英国人最显著的性格特征就是实利主义，他们追逐权力和财富。这种商业精神鼓舞着作为独立个体的英国人，同时也影响着整个民族的政治和军事行为。英国人主张海权，这对他们自己来说是理所当然的，但他们竟然从来不允许其他国家占有优势，摩洛哥危机加重了英国对德国的敌意，英国不能容忍德国在直布罗陀附近建立海军基地。伦敦太全神贯注于巩固它的洲际帝国，以致无力策划战争，但德皇威廉的不断增长的海军力量，却是英国的政策制定者感到焦虑不安的一个问题。阿加迪尔危机使英国人开始琢磨，非洲大西洋海岸出现一个德国海军基地会对其海运安全有什么影响？英国人搞不清楚，德国人此举是在找寻对法国作战的口实呢，还是仅仅试图通过制造压力和不安定以改善其殖民的地位呢？7月21日，英国财政大臣乔治发表了暗示英国不惜因摩洛哥问题与德国一战的演说，并进行相应的海军作战动员，面对英国的强硬态度，德国人保持了沉默。

英国是一个岛国，海权对英国来说是一个非常敏感和至关重要的问题，特别在科学技术还不够发达的19世纪，海权不仅意味着国家的安全，更意味着殖民地，意味着资源、财富和势力范围。自从1805年英国海军在海军将领威尔逊的率领下打败了法国与西班牙的联合舰队，一举夺得世界海上霸主的地位之后，英国不允许任何国家威胁这一海上霸主的地位。所以，欧洲大陆任何一国的海军建设和扩充，大英帝国都视为对自己海上霸主地位的挑战而不能容忍。英国与德国的关系，早已因军备竞赛而变得甚为紧张，它视德国在阿加迪尔的举动是企图挑战它的海上霸权，德英海军竞赛迫使英国承认，即使新建了无畏舰队，但是如果没有法国的协助，还是无法保护大英帝国的海上通道。在阿加迪尔危机之后，英国强化了与法国的关系，使三国协约渐渐从殖民地协定变为军事联盟，可以说，阿加迪尔事件是第一次世界大战爆发前的第一次危机。德国不断加强海军，促使英国在1904年和法国达成了和平协议，这解决了两国之间的许多突出矛盾。德国于是在摩洛哥问题上挑起一场外交危机，以此作为回答并试图瓦解增进中的盎格鲁–法兰西友谊，但这个举措使这两个国家走得更近了。

第三章

欧洲火药库

——动荡的巴尔干

被肢解的“西亚病夫”

——奥斯曼土耳其帝国的瓦解

奥斯曼帝国，是土耳其人建立的国家，创立者为奥斯曼一世，初居中亚，将伊斯兰教定为国教，极盛时的奥斯曼帝国地跨欧亚非三大洲，包括整个巴尔干半岛、小亚细亚半岛、整个中东地区及北非的大部分，西达摩洛哥，东抵里海及波斯湾，北及奥匈帝国和罗马尼亚，南及苏丹，控制了整个西欧到东方的通道，是一个名副其实的大国。奥斯曼土耳其帝国长期以来自认为自己的文明最优越，轻视工业和贸易，从18世纪后期开始，逐渐落后于欧洲，到了20世纪初，远远落后于西方列强，沦为半殖民地，被西方的殖民者称为“西亚病夫”。

19世纪刚开始，拿破仑曾断言土耳其的命运便是听凭列强瓜分。到萨拉热窝事件发生时，土耳其有着许多敌人，而无一个盟友，因为谁都认为不值得和它结盟。一百年来，它一直被窥视左右的欧洲列强看作已奄奄一息，只等它死后下手。可是年复一年，这个令人难以置信的“病人”却不甘死亡，衰弱的双手依然牢牢抓住巨大家当的钥匙不放。国势日蹙的奥斯曼帝国由此被迫寻求改革之路，几经折腾之后，改革无果而终。一度称霸欧洲的奥斯曼土耳其帝国，到19世纪上半期迅速衰落，中央政权不断削弱，被奥斯曼帝国长期统治的地区处于四分五裂状态之中，已成为昔日帝国的“遗产”，这为早已觊觎的欧洲列强大开了争夺的方便之门。尽管欧洲列强都企图利用奥斯曼帝国的衰弱为自己攫取更多的利益，但它们都清楚一旦奥斯曼帝国崩溃，谁都没有足够的力量拿到全部遗产。由于列强特别是英俄在奥斯曼的利益难以相容，他们无法就瓜分帝国遗产达成一致。所以保持奥斯曼的存在并使有关大国在近东的势力保持一定程度平衡，便成为他们都能接受的一项权宜之计。

进入20世纪，垂暮的奥斯曼帝国更是江河日下，首先是刚刚统一的意大利向奥斯曼帝国在非洲的最后一块土地利比亚提出了领土要求，1911年9月29日，意大利出兵5万多人，在20多架飞机的配合下，对利比亚发动了进攻。战争进行到第二年的10月15日，迫于巴尔干地区战争的威胁，奥斯曼帝国与意大利在瑞士洛桑附近的乌希签订和约，将利比亚割让给意大利，同时割让的还有多德卡尼斯群岛和罗得岛。

地处欧、亚、非三大洲地带的巴尔干半岛，是三大宗教和古代文明的发祥地。这里的大部分地区曾先后属于波斯帝国、亚历山大帝国、罗马帝国、阿拉伯帝国、蒙古帝国和奥斯曼帝国，自古以来就是强者逐鹿、兵马驰骋之疆。在漫长的历史长河中，众多民族、各种文化在这里冲突、交融，众多王国或帝国的版图随着时间的推移在不断地变化，形成历史上极为复杂的民族和宗教问题。奥匈帝国乘奥斯曼帝国陷于国内斗争，在 1908 年吞并波斯尼亚和黑塞哥维那。在 1911 年的意土战争之际，巴尔干同盟向奥斯曼帝国宣战。奥斯曼帝国在巴尔干战争里失去了巴尔干的领地，除了色雷斯及埃迪尔内，经过两次巴尔干战争，奥斯曼帝国丧失了它在欧洲的几乎全部领土。土耳其有一个无价之宝，就是它的地理位置，因为它正好处在各条权力之路的会合处。奥斯曼帝国的领土尽管失去了许多，但在 1914 年"一战"爆发的时候还是要比法国、德国、奥匈帝国加在一起还大。1914 年 10 月，德国送给土耳其的战舰"戈本"号突然袭击了俄国在黑海的港口塞瓦斯托波尔和敖德萨，揭开了土耳其参战的序幕，土耳其最终倒向了同盟国。

在"一战"中，土耳其也打过许多可以称道的战役，其中加利波利半岛登陆战役作为第一次世界大战中最大规模的登陆作战，其在战法运用、武器和兵种投入上，都具有了现代意义上的登陆作战的特色，被誉为"最具现代意义萌芽的登陆作战"。此役可以被称为"西亚病夫"土耳其的崛起之战，一直瞧不起土耳其的英军遭到了惨重损失，狼狈而归，英法联军唯一成功的是，他们在撤退时无一伤亡。这一战结束了英国"诗人将军"伊恩·汉密尔顿上将的军事生涯，丘吉尔被调离内阁，战役的直接后果是导致保加利亚加入了同盟国。

这是俄土战争中被俘的土耳其伤兵。

土耳其与俄国是世仇，加利波利战役后，土耳其于 1914 年底在高加索与俄国展开了搏斗。庸碌无能的土耳其陆军大臣恩维尔帕夏，亲自统率约 15

万人的第三集团军与约 10 万人的俄军对垒。在恩维尔帕夏的光荣之梦的驱使下，土耳其人在卡尔斯和阿尔达汉遭到惨败。第三集团军大部战死或冻死。到第二年初战役达到高潮时，土耳其一个完整的军又被歼灭。高加索之战，使土耳其又受到了沉重的打击。1916 年，土耳其的内政部长穆罕默德·塔拉特对帝国内的亚美尼亚人成立第五纵队的可能表示忧虑，下令逮捕亚美尼亚领袖，要求实施特西尔法，开始大规模驱逐及屠杀亚美尼亚人，强行将数千人带到叙利亚沙漠的营地，事件最后演变成种族灭绝。在战争时估计有 150 万亚美尼亚人因饥饿、缺水、暴晒、盗贼掠夺而死亡，这场种族大屠杀在战后一直遭到人们的非议。

1917 年英国人发动了加沙战役，土耳其以 3.5 万左右的兵力，抵挡英国 12 万人的军队，俘获英军 9000 人以上，但其余人的下落没有报告，他们大概不是被杀就是逃走了。这是一次代价很大的战役，英军伤亡了 4 万人，疾病也给部队造成重大损失，莫德将军本人则罹霍乱而死。英国人新派到巴勒斯坦来的一位绰号叫“公牛”的艾伦比将军于月末集结他的兵力，向加沙发动第三次进攻，土军防线后缩而且崩溃，耶路撒冷成为了“公牛”艾伦比献给英国的圣诞节礼物。艾伦比的一击，使土耳其人的士气低落到无法补救，据记载，逃兵在人数上远远超过仍服军役的人，土耳其从此已不再成为中欧强有力的成员。

在战争初期，奥斯曼帝国取得了多次重要的胜利，也遭遇不少挫败，战后，《色佛尔条约》确立了奥斯曼帝国的分裂，这时，在奥斯曼帝国土地上建立起来的新国家达 40 个，奥斯曼帝国就此瓦解。“一战”后，土耳其沦为战胜国的半殖民地，凯末尔领导人民革命，取得独立后，在土耳其开始了改革，向西方学习。凯末尔认为真正的工作刚开始，获得独立只是第一步，接下来是如何振兴民族经济，走上富强，只有改革才能消除土耳其“西亚病夫”的称号，才能使土耳其崛起于世界。

巴尔干战争的前奏曲
——意土战争

1911 年，在非洲爆发了意大利和奥斯曼土耳其帝国之间的战争，这场战争又称为的黎波里塔尼亚战争或利比亚战争。它是意大利为夺取奥斯曼帝国的北非省份——的黎波里塔尼亚和昔兰尼加——而发动的一场侵略战争。在这场战争中，意大利开创了使用飞机完成军事任务的首例，引起了世界各国的瞩目和效法，从而大大促进了军事航空事业的发展。

意土战争中第一次使用了飞机。

1911年的奥斯曼土耳其帝国，巨大而腐朽，周边的国家就像一群鬣狗，都想从它庞大的身躯上撕下一块肉来。号称欧洲五强之一的意大利早已对土耳其帝国在非洲的领地垂涎三尺，它一直在观望着其他欧洲势力向地中海及巴尔干半岛不断扩张的情景。法国继占领了阿尔及利亚和突尼斯后又开往摩洛哥。与此同时，英国控制了塞浦路斯、埃及和苏伊士。鉴于当时意大利人强大的民族主义运动，占领当时在土耳其统治下的的黎波里塔尼亚，是重新确立在地中海平衡地位的唯一可行的途径。但要达到这一目的，意大利必须得找到一个理由、一个借口。意大利对奥斯曼帝国北非属地的黎波里早就抱有野心，占领的黎波里是意大利争夺地中海霸权、向北非扩张的重要步骤，它的这一行动事先得到英国和法国的支持。1911年7月发生的摩洛哥危机为意大利的进攻提供了有利的时机。1911年9月28日，意大利政府以它在的黎波里和昔兰尼加的利益受到侵犯为借口，向土耳其发出最后通牒，要求土耳其同意它进驻的黎波里，在遭到拒绝后于次日向土耳其宣战。

在为宣战做准备期间，意大利军事新闻媒体和民族主义媒体均不停地报道的黎波里和昔兰尼加的“军事骚乱”，但事实并非如此。在卡内瓦将军的率领下，意大利两万多人的部队分别于10月1日和10月12日两次登陆的黎波里。但他们遭到4000多名土耳其部队，特别是柏柏尔骑兵的猛烈抵抗。登陆本格哈兹时，发生了一场激烈战斗，600多名意大利士兵战死。入侵的意大利部队迅速增扩至10万人，与2万名利比亚人和8000多名土耳其人作战。10月29日，意大利海军开始炮击土耳其伊庇鲁斯地区海岸城市普雷韦扎，并击沉了土耳其鱼雷艇数艘。11月5日，意大利海军登陆部队炮击并占领的黎波里和图卜鲁格。11日，意军进驻的黎波里，并在胡姆斯、德尔纳和班加西登陆，至月底占领利比亚重要滨海城市，但遭到阿拉伯部落军队和来自埃及、突尼斯等地阿拉伯志愿军的有力抵抗，向腹地的进攻进展迟缓。

在这场战争中，人类战争史上第一次使用了飞机，意大利驻西西里空军基地的飞机向敌人进行了轰炸。当陆地战争成为一场消耗战时，意大利发动了闪电般的海上进攻——五艘驱逐舰成功穿越达达尼尔海峡，与此同时，海军司令米洛率领的一支远征部队占领了罗得岛和位于爱琴海的 12 个土耳其岛屿。两万余人的意大利军队在飞机配合下，在的黎波里登陆并控制沿岸，意海军占领罗得岛和土耳其沿海的多德卡尼斯群岛的一些岛屿。这时适逢巴尔干战争即将爆发，土耳其处境危急，不得已只好被迫让步。1912 年 10 月，意大利和土耳其两国在洛桑签订了《意土和约》，土耳其放弃了对的黎波里和昔兰尼加的主权，恢复两地的旧称利比亚，并承认意大利继续占有佐泽卡尼索斯群岛，经过近一年的战斗，意大利终于从土耳其的身上割下一块肉来。

意大利的这一行径令奥匈帝国感到慌恐，他们害怕这件事会对巴尔干半岛的局势产生连锁影响。奥匈的担忧并不是没有依据的，看到意大利如此轻松地击败了软弱的奥斯曼帝国，在意土战争结束后不久，巴尔干同盟成员就袭击了土耳其帝国。1912 年 10 月，巴尔干半岛的黑山王国紧随保加利亚、塞尔维亚和希腊之后，也向土耳其宣战，引发了第一场巴尔干战争。巴尔干战争打破了欧洲各方势力的平衡局面，导致了地区局势的动荡不安，最终引发了第一次世界大战。

奥斯曼帝国的“遗产”
——动荡的巴尔干

没有人会对欧洲东南角爆发动乱感到奇怪，也没有人会对塞尔维亚是动乱的中心感到奇怪。1914 年的巴尔干半岛，是欧洲最不稳定的地区，这里杂居着许多因边界定义不清而时常爆发武力冲突的小国家，相互仇视的民族混杂在一起，各方都坚持自己有扩张的权利。虽说塞尔维亚王国很小，却难以忍受野心和怨恨的煎熬，从来不愿被排除在冲突之外。1914 年，由于拼凑而形成的国家相互之间不安定的疆界，使巴尔干半岛成为欧洲极特别的地区。在那里，各地都在自由地说着自己的语言，而语言是认同感的主要支柱，且每一个地方都拥有自己的风俗习惯和宗教信仰。19 世纪以来，巴尔干地区就是各种势力相互角逐最激烈的地方。第一次世界大战爆发前，巴尔干地区被称为欧洲的火药桶，在整个战争期间，巴尔干地区也是介入比例最大、战事最复杂的地区。要了解第一次世界大战，首先就要对巴尔干地区的情况有个了解，而在大战爆发前发生的两次巴尔干战争尤为重要。

巴尔干半岛位于欧洲的东南部，地处欧、亚、非三大洲的汇合处，既控制着地中海和黑海的门户，也控制着通往印度洋的航路，战略地位十分重要，而且有着丰富的自然资源。自14世纪以来，这一地区一直处于奥斯曼土耳其殖民统治和奴役之下。在奥斯曼帝国长达四五百年之久的残酷统治中，巴尔干各国人民进行了英勇的斗争，于19世纪先后走上独立发展的道路。奥斯曼帝国在19世纪时已变成“西亚病夫”，成为第一个失去掌控力的帝国。巴尔干半岛各省一个接一个地宣称民族自治，或者脱离土耳其独立：1817年塞尔维亚取得自治权，1829年瓦拉几亚与摩尔达维亚也争取到地方自治的权力；1832年希腊独立；1878年塞尔维亚完全独立，而瓦拉几亚和摩尔达维亚也在同一年独立；保加利亚则于1878年取得地方自治权，并于1908年独立。尽管如此，在20世纪初，包括阿尔巴尼亚、马其顿、色雷斯、克里特、爱琴海诸岛屿等，巴尔干地区仍有很大一部分领土处于奥斯曼土耳其的统治下。随着奥斯曼土耳其帝国的日益衰落，其就像草原上倒下的一头大象，吸引了一大群的狮子、鬣狗和秃鹫。它统治下的巴尔干半岛，遂成为各国瓜分的重要目标。

各国的独立，使巴尔干半岛极不稳定。它的两个邻近的帝国——奥匈帝国和沙俄帝国——无法置身事外，都希望能在瓦解的奥斯曼帝国取得新附属国、新贸易伙伴甚至新领土，这使得它们经常爆发冲突，互不相让，在巴尔干半岛展开长达40年的暗中较劲。以德国为首的其他列强，则利用“利益均沾”的方式卷入这场地区冲突。面对着衰老的奥斯曼土耳其帝国的大片土地，意大利首先发难，它对位于地中海南岸的土属的的黎波里早已怀有野心，于是在1911年发动了对土耳其的战争。战争进行了一年，奥斯曼帝国对意大利的挑战显得无可奈何，充分暴露了奥斯曼帝国在军事上的软弱无力。但同时，巴尔干国家也看到，在分割奥斯曼帝国在巴尔干的领地方面，又多了一个竞争者意大利，于是，它们开始寻求结盟。这时候俄国也担心巴尔干地区被别的列强抢占，便竭力说服和促使巴尔干地区的斯拉夫国家结盟。20世纪初的欧洲大陆战争阴霾密布，已是山雨欲来，各列强之间以及列强与殖民地之间矛盾不断加深，斗争愈演愈烈。巴尔干地区已经成为了这些矛盾的交汇点，1912年终于爆发了以保加利亚、塞尔维亚、希腊、黑山等国所组成的“巴尔干同盟”反对奥斯曼土耳其帝国的战争。由于各列强在巴尔干地区有着重大利益之争，所以这些交战国的身后，都有着大国的插手和较量。

巴尔干地区位于欧亚两洲的接壤处，是欧洲的下腹部，扼黑海、地中海的咽喉，战略位置十分重要，长期是各大国觊觎的对象。俄国自从15世纪以来一直打着解放“斯拉夫人”的旗号在巴尔干地区争夺势力范围。19世纪中期，奥匈帝国也开始将巴尔干的西北部地区纳入自己的统治之下，并从土耳其人手中接管了一些地盘。1878 年的柏林会议削减了俄罗斯的新附庸国保加利亚的领土，奥匈帝国所得到的补偿是对塞尔维亚王国拥有强大的间接影响力，以及管理半自治的波斯尼亚与黑塞哥维那的权力，而这些地方又正是塞尔维亚人想要得到的。由于错综复杂的历史原因，巴尔干地区的历史遗留问题难以解决，特别是领土问题，各个民族都想建立单独的民族国家，扩大自己的领土范围。“巴尔干同盟”向奥斯曼帝国提出给予马其顿和色雷斯自治权，奥斯曼土耳其的基雅米尔政府拒绝了这些国家的要求，但这构成了“巴尔干同盟”对土宣战的直接口实，在沙皇俄国的支持下，黑山国首先对土耳其采取军事行动，“巴尔干同盟”的其他几个国家也随后向土耳其宣战。

巴尔干同盟国把重点兵力指向各自预先想夺取的地区，黑山军队进入阿尔巴尼亚北部，保加利亚军队攻打东色雷斯，塞尔维亚军队出击马其顿北部，希腊军队开赴马其顿南部。巴尔干同盟军情绪激昂，乘胜前进，达到了预定的目标，而奥斯曼帝国军队则丢城弃地，节节败退。巴尔干同盟各国在兵员数量和武器质量，尤其是在炮兵质量和军队战斗训练水平上，均胜过奥斯曼帝国军队。这些国家的军队在民族解放斗争目标的鼓舞下，士气高昂。经过激战，塞尔维亚和黑山两军进占马其顿和亚得里亚海沿岸，保加利亚军控制伊斯坦布尔以西地区，希腊军进占爱琴海诸岛，土耳其军败退到埃迪尔内、约阿尼纳和斯库台等地。战争爆发后不久，被几个凶悍的巴尔干小国联手打得狼狈不堪的奥斯曼土耳其政府顿感处境危急，为了集中兵力于一线作战，遂向意大利表示让步，以求尽快结束意土战争。意大利也无意再战，于是交战双方于 1912 年 10 月 15 日在洛桑草签和约。18 日正式签订《意土和约》，根据和约规定，土耳其割让的黎波里和昔兰尼加给意大利，并同意意军占领佐泽卡尼索斯。

巴尔干同盟军一连串的军事胜利并不符合一些大国的利益，俄国在支援巴尔干国家的同时，又担心保军进抵伊斯坦布尔不利于自己解决黑海海峡问题，德国和奥匈帝国则认为塞尔维亚和希腊是站在协约国一方的，因此不希望它们强大，却把土耳其看作是自己潜在的盟邦，因此竭力防止奥斯曼帝国覆灭。在各大国的压力下，1912 年底，奥斯曼帝国与保加利亚、塞尔维亚签订了停战协定。1913 年 5 月 30 日，交战各国在伦敦召开和会，原属土耳其的马其顿被塞尔维亚、保加利亚及希腊瓜分，塞萨洛尼基则被并入希腊，随后奥匈帝国加入和会，奥匈帝国恐怕塞尔维亚得到塞国西南面的阿尔巴尼亚后会变得更加强大，坚持阿尔巴尼亚必须独立。奥匈的动议与塞尔维亚的梦想相违背，塞尔维亚一直希望通过夺取土耳其在欧洲的领土建立一个包含塞尔维亚、黑山、波斯尼亚、黑塞哥维那及阿尔巴尼亚的“大塞尔维亚”。

在第一次巴尔干战争里，塞尔维亚所得甚丰，但是奥匈帝国竭力主张阿尔巴尼亚独立，以再次封锁塞尔维亚进入亚得里亚海的通道。在这几个月内，第一次巴尔干战争的胜利者们因为战果的瓜分问题而争吵不休。5月30日，经过交战双方讨价还价和大国间的背后交易，土耳其与巴尔干同盟四国签订了《伦敦条约》，第一次巴尔干战争以签订《伦敦和约》而告终。根据这项条约，奥斯曼帝国丧失了它在欧洲的几乎全部领土，巴尔干各国人民摆脱奥斯曼帝国压迫的愿望得以实现。《伦敦条约》的签订，虽然结束了第一次巴尔干战争，却加深了巴尔干同盟国家之间的矛盾，参战各国几乎都不满足，认为自己从奥斯曼帝国那里得来的不够，从而为第二次巴尔干战争埋下火种。《伦敦条约》的墨迹未干，仅过了一个月，“巴尔干同盟”内部就起了纷争，1913年6 ~ 8月，又爆发了第二次巴尔干战争，这一回敌对的双方不同了，塞尔维亚、希腊、罗马尼亚、黑山和奥斯曼帝国联合起来对付保加利亚了，保加利亚接替奥斯曼帝国成为了众矢之的。

保加利亚号称“东方的普鲁士”，在巴尔干同盟四国中它的战斗力也是最强的。保加利亚认为，在第一次巴尔干战争中，它出力最大，应分得更多更好的领土，应占有马其顿中部的斯科普里城，以及萨洛尼卡等地，甚至独霸马其顿。为此，它决定动用武力，驱赶希、塞等盟国军队。而塞尔维亚一心想得到马其顿的亚得里亚海出海口，希腊也希望牺牲保加利亚以扩大自己的领土，罗马尼亚则向保加利亚提出对多布罗加的领土要求。战利品的分配不公，使得“巴尔干同盟”国家中的三个国家都对保加利亚有意见。为了共同对付保加利亚，希腊和塞尔维

图为一群保加利亚军官的合影。

亚经过秘密谈判，于1913年6月1日缔结了共同对付保加利亚同盟条约。正当这些巴尔干国家为分享战利品争得难分难解时，几个帝国主义大国又插了进来。在奥匈帝国和德国的唆使下，保加利亚于1913年6月29日夜间，对在马其顿的塞尔维亚军队与希腊军队采取军事行动，此时协约国集团则公开站在希腊和塞尔维亚一边。在欧洲的两大军事集团的唆使下，巴尔干那几个小国又开始了你争我夺的战争。

对于保加利亚先发制人的进攻，塞尔维亚、希腊和黑山三国早有预料和准备，所以并不感到突然。它们很快便动员了六十万人的军队，全力应战。保加利亚错误地估计了形势，它原以为几天之内便可以打败对手，但事实恰恰相反，保加利亚军队的进攻一开始就遇到有力的抵抗，它的各集团军前进受阻，被迫转入防御。紧接着罗马尼亚利用保加利亚的困难处境，趁机向保加利亚宣战，奥斯曼帝国亦卷土重来，出兵东色雷斯。结果，在短短一个月时间里，保加利亚腹背受敌，危在旦夕，陷入了四面楚歌的困境，首都索非亚告急，保加利亚只好被迫求和，签订了割地赔款的和约，重新划定巴尔干各国的新边界。结果保加利亚不仅失去了它在第一次巴尔干战争中获得的大部分土地，而且还失掉了一部分原有的领土。虽然塞尔维亚人在战争中攫取了在规模上两倍于自己国家的土地，但奥匈帝国却阻挡了他们进入亚得里亚海和世界海洋的通路，德国又一次阻止俄国支持塞尔维亚，而在德奥建立了强权联盟之后，塞尔维亚被迫做出了让步。

第二次巴尔干战争的结果是巴尔干半岛的力量重新改组。罗马尼亚脱离了三国同盟，而与协约国靠近；因失去许多领土而大大削弱了的保加利亚则加入德奥同盟；以俄国为后台的塞尔维亚几乎把领土扩大了一倍，成了扎进奥匈帝国身边的一根刺。从此奥匈帝国和塞尔维亚的争斗日益激烈起来，一年后，奥匈帝国皇诸斐迪南大公在它们之间有纠纷的地方萨拉热窝被刺，直接引发了第一次世界大战。

风雨飘摇的奥匈帝国

——哈布斯堡的黄昏

在欧洲，哈布斯堡是个响亮而高贵的名字，从13世纪末期开始，其家族成员曾出任过神圣罗马帝国皇帝、奥地利帝国皇帝、匈牙利国王、波希米亚国王、西班牙国王、葡萄牙国王等，几乎统治过全部欧洲。哈布斯堡王朝的发展是靠联姻来实现的，哈布斯堡家族成员一般不是武士或冒险家，他们天生地讨厌冒险。

他们很少依靠手中的刀剑来扩张家族财产，更多的是依靠婚姻。

弗朗茨·约瑟夫一世

奥匈帝国是匈牙利贵族与奥地利哈布斯堡王朝在争取维持原来的奥地利帝国时所达成的一个折中解决方法，有各自的首府，奥地利首府在维也纳，匈牙利首府在布达佩斯。奥匈帝国是当时仅次于俄罗斯帝国的欧洲大陆的第二大国，人口仅次于俄罗斯帝国及德意志帝国，居于第三位。它是一个多民族国家，内政主要由组成它的 11 个主要民族之间的商议来决定。这种安排也产生了一些问题，即使决策过程变得极为复杂，重要的决定不仅需要获得维也纳的批准，也需要获得匈牙利首府布达佩斯的批准，而匈牙利总是寻找理由反对任何有可能削弱其在帝国内部地位的变革。

1848 年欧洲革命取得了部分的胜利，哈布斯堡家族只得推举出年轻的弗朗茨·约瑟夫一世出任皇帝。加冕时，踌躇满志的继位人年仅 18 岁，但他却在皇位上度过了 68 个春秋。约瑟夫一世执政期间，奥地利再一次走向繁荣。当时欧洲各地民族独立思想不断发展，虽然奥匈帝国在其成立期间不断有民族起义和其他纠纷，但在它所存在的约 50 年间整个国家的经济不断发展，国家实现了现代化，许多开明的改革得以施行。

奥匈帝国成立以后，国内多民族的纷争和对外战争的失败令哈布斯堡王朝的势力再被削弱。1859 年的意大利独立战争使奥匈帝国失去在意大利的所有领地，1866 年的普奥战争迫使奥地利退出德意志联邦，结束了哈布斯堡家族统领德意志各城邦的时代。内政方面，匈牙利对维也纳的统治也非常不满，国内其他许多地区民族主义思想也不断加强。随着在萨多瓦的战败，奥匈帝国恢复在德意志区域的影响力的希望化为泡影，之后开始努力向东南巴尔干方面扩展影响力，企图攫取奥斯曼土耳其帝国退出东欧后留下的以斯拉夫人为主体的地区，这就使得奥匈帝国和它几个世纪以来的亲密盟友——以斯拉夫人保护者和老大哥自诩的俄国——反目成仇，从此不得不把自己绑到德国的战车上，来对抗强大的沙皇俄国。

奥匈帝国有三个不同的政府，皇帝的中央政府负责陆军、海军、外交和对外贸易。身为奥地利皇帝兼匈牙利国王的约瑟夫，理论上是帝国军队最高统帅，实质上由于帝国已经立宪，君主对帝国战争部长的影响力已经不如帝国宰相，更由于他已经垂垂老矣，军令指挥权实质上是由总参谋长在行使，在战争初期灾难性的惨败之后，军令指挥权又落到了德国顾问手中。

1914 年，奥匈帝国的皇诸斐迪南在萨拉热窝遇刺，导致了第一次世界大战的爆发，1916 年，约瑟夫一世未能见到第一次世界大战的分晓就离开了人世。斐迪南大公与妻子索菲亚属于贵贱通婚，所生子女没有皇位继承权，皇储之位传给了他的侄子卡尔一世。卡尔一世在四面楚歌声中登上皇位，他年富力强，又是颇有经验和成就的野战军官，这使他拿回了部分军令指挥权。奥匈帝国民族众多，语言混杂，一个军官不可能通晓帝国所有二十余种语言，发展到最后，甚至连排长也无法让他所搜罗来的那一大堆乱七八糟的人全部听懂他发令的地步，整个基层作战指挥趋于瓦解，整个帝国国防军——预期中的帝国主力部队——变成了一头患有神经末梢麻痹绝症的庞大怪兽，根本无法正常运转，更不要说作战了。到了 1918 年夏，战事对同盟国越来越不利，此时的奥匈帝国已经无法将这众多民族联合在一起了，其他成员也对帝国丧失了信心。

第一次世界大战最终使风雨飘摇的奥匈帝国解了体，1918 年，在奥匈帝国瓦解前夕，卡尔一世公开表示："只要保留皇位，可以放弃一切政治活动。"但建立了共和国的奥地利不眷恋皇帝，卡尔一世全家被驱逐出境，而匈牙利也拒绝接受他们，从此，奥匈帝国的末代皇帝携全家开始了国外流亡生涯，卡尔一世举家逃亡瑞士，哈布斯堡王朝自 1278 年以来的统治到此寿终正寝了。

"一战"导火索
——萨拉热窝的枪声

1903 年，一群激进的民族主义军官掌握了塞尔维亚的权力，他们追求一种激烈的反奥匈帝国政策。这使奥匈帝国越来越将法俄支持下的塞尔维亚视为其生存的直接威胁。1908 年，在一种离间塞尔维亚和俄国愿望的驱使下，奥匈帝国与俄国达成了一个协议，通过这个协约，奥匈帝国吞并了波斯尼亚和黑塞哥维那，而俄国由于其他帝国的反对却一无所获。塞尔维亚在当时是个最具雄心的国家，它在俄国的支持下一心要建成包括波斯尼亚和黑塞哥维那在内的"大塞尔维亚"，此时生活在波斯尼亚的塞族也一直企图摆脱奥匈帝国的控制，同塞尔维亚合并。奥匈帝国对波斯尼亚的吞并让由俄国支持的塞尔维亚非常愤怒，因此塞尔维亚和奥匈帝国的军队在边境上互相对峙，战争一触即发。

巴尔干半岛地处欧、亚、非三大陆之间，南临地中海重要航线，东有博斯普鲁斯海峡和达达尼尔海峡扼黑海的咽喉，是欧、亚联系的陆桥，地理位置极为重要。从 19 世纪起，沙皇俄国就渴望打通南下地中海的通道，奥匈帝国企图向南扩张通至亚得里亚海，英、法则要保护通往印度洋和远东的交通命脉，因而巴尔干半岛成为俄、奥、英、法激烈争夺的地区，多次发生战争，素有“欧洲火药库”之称。

19 世纪末，奥匈帝国的国内政治处于一种微妙的平衡，匈牙利的马扎尔人残暴地统治他们的少数民族，而奥地利的日耳曼人则寻求与某个民族结盟，以对抗其他民族。对于奥匈帝国来说，阻止俄罗斯人渗入巴尔干半岛上与他们同源的斯拉夫人居住地区是不够的。奥匈帝国是通过扑灭所有的民族独立运动才得以幸存的，所以阻止塞尔维亚人向奥匈帝国的南方扩展，变成维也纳的第一要务。20 世纪初，一系列民族国家在巴尔干地区兴起，塞尔维亚在巴尔干地区强大起来，成为南部斯拉夫人反对外国统治、争取民族统一的核心。居住在被奥匈帝国吞并的波斯尼亚和黑塞哥维那两地的斯拉夫人，强烈要求摆脱奥匈帝国的统治，与塞尔维亚合并，建立统一的南斯拉夫国家。而一贯自命为“斯拉夫兄弟”保护人的俄国，对奥匈帝国入侵巴尔干半岛各国也表示不满，做了塞尔维亚的后台支柱。

以塞尔维亚为中心的南斯拉夫民族统一运动的发展，使哈布斯堡王朝的统治者极为不安。塞尔维亚是巴尔干半岛上唯一对奥匈帝国具有威胁的国家。继 1903 年改朝换代之后，塞尔维亚领袖尼古拉·帕西奇采取公然反抗奥匈帝国的政策，塞尔维亚政府不阻止反奥匈帝国的秘密组织黑手党的任何活动，1903 年以后的塞尔维亚，已经变成“猛咬奥匈帝国致命弱点的豺狼”。巴尔干战争的胜利，让塞尔维亚加强了自信心，同时也点燃了波斯尼亚的斯拉夫人的民族主义热情，塞尔维亚和奥匈帝国的敌对情绪日益上升，波斯尼亚自然成了斗争的焦点，同时奥匈背后的德国和塞尔维亚背后的俄国也摩拳擦掌，此时的巴尔干半岛已经成了一座随时可以爆炸的火药库，而 1914 年刺杀奥匈皇储斐迪南的事件，就成了点燃这个火药库的导火索。

对于哈布斯堡皇位的继承人弗朗茨·斐迪南大公和他的妻子索菲亚来说，1914 年 6 月 28 日本来是个吉祥日子，这一天是他们结婚 14 周年纪念日，为了表示庆祝，他们要到在 6 年前并吞的波斯尼亚—黑塞哥维那去做一次特别访问。奥匈帝国从来是靠贵族联姻而发展的，是一个极为讲究身份等级的国家，而索菲亚原本只是斐迪南大公堂姐妹伊萨贝拉公主的宫廷侍女，只是她博得了斐迪南的欢心而成为了大公夫人。于是，在弗朗茨·约瑟夫看来，出身低微的她同侍女差不多，在哈普斯堡皇室的古老宫廷中，索菲亚一直受到冷遇，这次斐迪南大公带着他的妻子索菲亚一同到波斯尼亚—黑塞哥维那访问，也是想让索菲亚改善一下心情。

斐迪南在到波斯尼亚视察之前，先到科诺皮施特的城堡中同德皇威廉二世举行会谈，讨论塞尔维亚的局势，他们都认为，此时俄国国内困难较大，无法插手巴尔干战争，德皇建议奥匈帝国利用这一有利形势进攻塞尔维亚，威廉二世还明确向斐迪南保证，假如俄国插手奥塞冲突，德国将援助奥匈帝国。会谈结束后，斐迪南赶赴波斯尼亚，他要视察在那里进行的一场军事演习，然后这位皇位继承人还要在夫人的陪同下正式访问波斯尼亚首府萨拉热窝。

由于在维也纳索菲亚一直受到冷遇，宫廷的礼仪禁止她和她的丈夫同坐大公的马车，她也不能和他同坐在剧院的皇族包厢里，每逢宫廷大典，当索菲亚进入时，折门只开一半。访问波斯尼亚—黑塞哥维那省的动机之一，就是斐迪南大公想使他的妻子得到她在维也纳得不到的皇室荣誉。他定于6月28日这天入城，但6月28日是塞尔维亚和波斯尼亚联军在1389年被土耳其军队打败的日子，是塞尔维亚人民的国耻日，奥匈帝国选定在这一天演习显然是具有挑衅意义的。皇储斐迪南要亲自检阅这次演习的消息，早已于当年4月传出，萨拉热窝的市长已经发出了通告，表示对奥匈帝国皇帝派皇储访问波斯尼亚感到欢欣鼓舞，并代表市民表示忠心，市民们在住宅和商店门前张旗饰花，橱窗里处处可见斐迪南的肖像。20世纪以来，奥匈帝国用武力吞并了波斯尼亚，又想把邻近波斯尼亚的塞尔维亚纳入帝国的版图，塞尔维亚民族主义者对此早已义愤填膺，塞尔维亚的一个激进民族主义组织黑手党认为这是一个千载难逢的机会，决定派人去暗杀前来视察这次演习的奥匈皇储。风闻此事的塞尔维亚当局为避免事端的发生，曾通过本国驻奥匈公使提醒奥匈政府注意，如果斐迪南前往波斯尼亚，将会有生命危险，但是奥匈政府对这一警告置若罔闻。

1914年6月28日，弗朗茨·斐迪南大公和他的妻子在萨拉热窝向欢迎的人群致意。

当萨拉热窝的简短访问开始时，6辆车篷折叠起来的游览车都停在火车站，第一辆车里坐的是萨拉热窝市长楚尔皮茨和他的警察专员盖尔戴博士，第二辆车载着皇储费迪南，索菲亚坐在他的右边，波斯尼亚军政府长官波蒂奥雷克将军坐在左边可以折叠的座位上，司机的旁边是大公的侍从官哈拉希伯爵。九点刚过，斐迪南大公夫妇乘坐敞篷车穿过萨拉热窝的街道向市政厅驶去，他身穿白色军装，笔直地坐在车里，和储妃索菲亚一起欣赏着这美丽的城市。斐迪南大公是个身材魁梧的职业军人，有着极高的智慧和意志，但都被掩藏在呆板冷漠的外表之下，无论谁看他的照片，不仅能感受到他的冰冷，还能感受到一种奇怪的空虚。波斯尼亚是在六年前被奥匈帝国吞并的，萨拉热窝市政当局为了讨好主子，把欢迎仪式搞得十分隆重，由奥匈帝国的近百名士兵组成的仪仗队，迈着正步走来，在缓缓行驶的敞篷汽车上，兴致勃勃的斐迪南大公和他的妻子索菲亚不时频频地向路边的人群挥手致意，他没有想到，一群刺客此刻在他所行走的路线上怀揣炸弹和手枪，正静静地守候着他。

皇室汽车的长列缓缓地驶过人群拥挤但疏于保卫的街道，数千名本地区的部队都在野外演习。按照大公的请求，萨拉热窝宣布禁止军人进入，费迪南不想使他的访问与炫耀军事力量联系起来，按常理来看，在这种情况下，原本是应该采取最紧迫的军警预防措施的，然而保卫措施的疏忽和漫不经心竟严重到了如此程度，以至于只有稀疏的宪兵警戒线布在路旁，所以有人猜疑皇储的性命在奥匈帝国政府最高层并不受到重视。波蒂奥雷克将军作为波斯尼亚的军事长官，对皇储访问波斯尼亚首府期间的安全负有比任何人更大的责任，不知是心怀恶意还是纯粹无能，他竟然完全忽略了他的职责。有 7 名塞尔维亚的暗杀者埋伏在预告要经过的道路旁，他们发誓要干掉大公，他们当中最年长的 23 岁，5 个都是 19 岁，还有一个 17 岁。虽然大公本人并不对波斯尼亚的被奴役负责，许多人却把他看作是奥地利压迫的象征。共谋者利用马虎的安全防卫措施，隐身在与米利亚茨卡河并行的阿佩尔码头这条大路旁的人群中。暗杀者中第一个付诸行动的是印刷工查卜林诺维奇，当斐迪南大公的敞篷车行驶过来时，他鼓足勇气向车里投掷了一枚炸弹，但可惜的是他没有投准，炸弹在敞篷车的后面爆炸了，斐迪南大公毫发未损，只是炸伤了路边的几个老百姓。行刺后的查卜林诺维奇迅速吞下一个氰化物胶囊，然后纵身跃下运河，由于运河的水很浅，很快，奄奄一息的他就被几个警察打捞上来，而斐迪南大公的车队连忙开足马力，向市政厅驶去。

斐迪南在市政府参加完欢迎典礼之后，按照原定的安排，欢迎仪式之后去约瑟夫街参观博物院，波蒂奥雷克和警察局长为保险起见，改变了原定的路线，迅速通过亚帕尔码头，直接前往博物院。斐迪南大公的高级随员哈拉基伯爵亲自站在大公汽车的左踏板上，预防来自河边的可能袭击。当车队走到一个叫拉丁桥的路口，司机放慢速度向右转弯时，一个塞尔维亚青年向斐迪南夫妇连开两枪，一

图为审判萨拉热窝事件刺客的场景。所有刺客都被判有罪，很多人被判死刑，而包括普林西普在内较为年轻的同谋者则被判监禁。

枪打在斐迪南的脖子上，另一枪打在斐迪南妻子的腹部，斐迪南的汽车立即转过头来，迅速越过拉丁桥，向总督官邸驶去，15分钟后，斐迪南夫妇相继死去，遗体被运回维也纳举行了国葬。那天较晚些时候，德皇在他的游艇“霍亨索伦”号上获悉这个消息，那时德皇威廉正在庆祝连接北海和波罗的海的运河建成19周年，在停靠在旁边的一艘汽艇上，一位海军将军把电文折叠在一个金制烟盒里，把它掷给等候在那里的人。威廉二世是真心喜爱他的朋友兼猎伴斐迪南的，得到这个报告后，他脸色发白，一声不响地回到他的特等舱房里去。

开枪打死斐迪南夫妇的是一位名叫普林西普的波斯尼亚青年，当时他只有17岁，还是个中学生。普林西普其实并不机警，完全是一系列偶然因素使他成为刺杀斐迪南的塞尔维亚的民族英雄。刺杀王储斐迪南时，普林西普的身份是贝尔格莱德的一名学生，事后他被判20年有期徒刑，于1918年4月死于监狱中。塞尔维亚人为纪念普林西普的爱国行为，在他行刺的十字路口铺上一块石板，上面刻着他的两只脚印，在路旁的墙上用塞尔维亚文写着：“1914年6月28日，加·普林西普在这里用他的子弹表达了我们人民对暴虐的反抗与对自由的向往。”斐迪南大公的遇刺深深地鼓舞了塞尔维亚人，就在大公遇刺的第二天，塞尔维亚人开始大规模游行庆祝，在奥地利境内的塞族人有的急切盼望“回归”。当时欧洲列强正准备重新瓜分世界，相互利用和勾结，已经形成了同盟国和协约国两大军事集团，战争爆发已经不可避免，暗杀斐迪南夫妇事件破坏了欧洲本来就难以保持的平静，成了引爆欧洲火药库的火星。

战争倒计时
——奥匈帝国的最后通牒

“我认为不会有大战，法国和俄国还没有准备好。”德皇威廉二世的这句话只说对了一半，法国和俄国的确是没准备好，但被逼无奈，被形势拖入了战争。当德皇对国际环境忧心忡忡之时，奥匈帝国也陷入了绝望之中。哈布斯堡王朝是欧洲唯一不是建立在民族主义基础之上的政权，在国家内部，捷克人、波兰人和斯洛伐克人都在闹独立，甚至匈牙利人也不完全可靠，而在边疆的意大利人、塞尔维亚人和罗马尼亚人都在为生活在哈布斯堡王朝异族统治下的弟兄们要求自由。正如那句令人发冷的德国警句所言，“一个悲惨的结局胜于没有终止的恐惧”，如此四面树敌，战争岂非唯一的选择吗？

斐迪南大公遇刺身亡后的第一天，有大量非塞尔维亚人群举着奥匈帝国的国旗和遇刺斐迪南大公夫妇的遗像在萨拉热窝的大街上游行。当地一些主要东正教教士家里的窗户也被砸坏。实际上，萨拉热窝的游行仅持续了几小时，维也纳政府也立刻承诺补偿受害者，维也纳很快便恢复了平静。在萨拉热窝暗杀事件后一个多星期，奥地利外交部保持沉默，但许多报刊和其他机构却鼓动反塞尔维亚情绪，维也纳的广告牌宣称：“所有塞尔维亚人必定灭亡。”但这些似乎都是一时的爆发，在被杀害的皇位继承人和他的妻子埋葬两天之后，弗朗茨·约瑟夫皇帝没有参加葬礼就回到他的夏季别墅去了。7月份的绝大部分时间，奥地利人都在那儿沉默，因此失掉了欧洲的许多支持者，当他们终于采取行动时，这一刺杀事件已经被排在欧洲报纸的最后几版了。当斐迪南大公遇刺的消息传来时，德皇威廉二世正在挪威海边他的游艇上，威廉二世立刻结束在挪威的航海度假，返回国内。他这样做，更多的是因为斐迪南大公是他的好朋友，而不是因为他预见到了什么紧急情况，几周前，他和夫人还在斐迪南夫妇的乡村别墅里做客。

在斐迪南大公遇刺后的一段日子中，维也纳很平静，世界其他地方也很平静，斐迪南大公遇刺产生的震动似乎已经消散了。事情的真相变得越来越清楚，刺客是波斯尼亚的塞尔维亚人，他们是在贝尔格莱德进行刺杀准备活动的。虽然奥匈帝国的领导层下决心对塞尔维亚采取行动，但是此时准备工作还没做好。领导层对于开战还是不开战意见很不统一。但是他们有一点共识，那就是必须先满足一些基本条件，然后才能采取行动。为此，奥匈帝国皇帝约瑟夫取消了例行的访问计划，他写了一封私人信件，于7月5日由帝国外交部特使转交给它的同盟国德意志帝国的皇帝威廉二世，他得先探寻一下德国的意向。对奥匈帝国而言，估计这次战争的限度是很重要的，俄国可能会介入支持塞尔维亚，这是一个很严重的问题，只有德国的支持可以让俄国保持中立，因此，约瑟夫给威廉二世发去了私人信函，力劝德国支持奥匈帝国“摧毁塞尔维亚，使其不复为一个势力”的计划。

德皇威廉二世认为，只有坚决的行动，才能吓阻俄国的介入，7月初，威廉二世收到一份德国驻维也纳大使的电报，大使在电报中说，他本人已经要求奥地利不要过快地对塞尔维亚采取行动。德皇威廉暴跳如雷，他在评注中写道：“撒谎！胡说！谁给他权力那样做？塞尔维亚必须受到惩罚，立刻执行！”德皇威廉的这番话很快传开来，维也纳的官员也听到了。威廉二世在与奥地利特使的会面时说：“机不可失，我们必须永远把塞尔维亚消灭掉，如果奥匈帝国与俄国之间的战争果真爆发，德国会以其惯常的忠诚站在你们一边，奥地利尽可以放心。”后来，温斯顿·丘吉尔谈到此事时说，威廉的保证是“以整个德意志帝国资源为担保而随便填写的一张空白支票”。德皇威廉刚刚结束与奥地利特使的会面，法金汉便问威廉是否应该进行军事准备，威廉说不，随后，他马上动身返回挪威去玩游艇度假去了。他走前对他的海军上将们说：“我认为不会有大战。沙皇的注意力不在斐迪南大公遇刺上，此外，法国和俄国也没有做好战争准备。”但当弗朗茨·约瑟夫收到德皇的空白支票时，他的和平感突然化为乌有，他喃喃自语地说：“现在我们不能再回头了，将要有一场可怕的战争。”

俄国沙皇尼古拉二世

奥匈帝国政府并没有确切的证据，证明塞尔维亚政府事先知悉普林西普及其同伙的计划。最多也只能说，有些塞尔维亚的内阁成员与军官知道一些恐怖分子的秘密计划，而塞尔维亚政府既没有意愿也没有能力阻止他们的行动。不论如何，维也纳政府视这次的暗杀行动为“展现力量并一劳永逸地处理塞尔维亚问题”的时机。刺杀事件发生时，沙皇尼古拉二世在他的游艇“史丹达”号上宣布为期三周的哀悼，此举是为了向被杀的大公表示敬意。除此之外，他没有兴趣做更多的安排，直到奥匈帝国向塞尔维亚发出了那封类似于战书的最后通牒后，沙皇才开始有些担心起来。7 月 29 日，沙皇尼古拉给德皇威廉发去一份电报，电文表达了“对一个弱国发动一场不光彩的战争”的愤慨。他质问德皇威廉：“能不能阻止他的盟友不要走得太远？”德皇威廉给沙皇尼古拉发去的回电中，表白了自己对和平的期待，并说：“我正在利用我的影响力促使奥地利人直接与你达成令人满意的谅解。”当然他所做的和他所说的并不是一回事。威廉对此说：“尼古拉承认自己懦弱，却又想把战争的责任放在我的肩膀上。”

德皇认为，俄国政府可能无力参战，他要让奥匈帝国在巴尔干半岛上取得压倒性优势，以削弱俄国在那里的势力。而且他的参谋总长小毛奇也曾向他保证，即使出现最坏的情况，德国在 1914 年与俄国和法国交战，仍然要比日后交战更为有利，所以他认为这场战争的风险似乎是可以接受的。必须展开有力的行动，以维护他们日益扩展的世界势力，否则终将面临自行衰退的命运。对于在巴尔干半岛使用武力的问题，奥匈帝国一直在犹豫不决，但是这次暗杀王储事件以及德国人的支持结束了这种举棋不定的状况，有了德皇全面支持的许诺，终于挺直腰杆的奥匈帝国随即向塞尔维亚政府发出强硬的最后通牒，提出十条苛刻条件，限令塞尔维亚在 48 小时内答复。英国外交大臣爱德华·格雷指出，此项最后通牒是“有史以来一个国家对他国发出之最可怕的文件”，一般认为，文件的条款难以实现，实际上是奥匈帝国用以惩罚塞尔维亚的开战理由。

正当欧洲已经恢复仲夏时的宁静，而德国皇帝也在挪威附近的游艇上度假的时候，维也纳却正在慢慢地制造了这枚将要震惊整个世界的定时炸弹，奥匈帝国决心击败和摧毁塞尔维亚，致使他的最后通牒排除了进行谈判的丝毫可能性。最苛刻的要求之一，是可以在塞尔维亚自由进出并由奥地利的官僚干预萨拉热窝的阴谋的调查。鉴于奥地利对阿皮斯及其黑手党全然无知，这种干涉塞尔维亚内政的行为，是奥地利人的蓄意挑衅。自诩为塞尔维亚“保护国”的俄国在拿到这份最后通牒的消息时，其外交大臣萨索诺夫惊呼：“这是欧洲大战！”塞尔维亚即使要求维护国家主权和领土完整，也不得不屈服于俄国的意志，毕竟奥匈帝国作为中欧大国对塞尔维亚拥有压倒性优势，塞尔维亚政府要求俄国给予“同盟性质”的援助，而欲奋力同奥匈帝国一战。随着维也纳最后通牒的细节渐渐为人们所知，持续了三周半的观望期戛然终止了。此后，事件接连发生，形势变化速度明显加快。战争的威胁越来越真实。不仅维也纳、柏林、彼得堡意识到战争可能性，就连伦敦、罗马、巴黎也朦胧地感觉到这是一次真正的危机。

奥匈帝国和俄国之间在巴尔干半岛的竞争愈演愈烈，两国都想在这一地区扩大它们的势力，奥匈帝国向俄国保证，他们无意永久吞并塞尔维亚，只是想要展示奥匈帝国征讨塞尔维亚的决心有多坚决。但俄国担心奥匈将通过进攻塞尔维亚加强它在巴尔干半岛的势力，而且俄国人面临着这样一种处境：若再次屈服于德奥的压力，将对它在巴尔干半岛的利益造成无法补救的损失。在这种情况下，沙皇尼古拉二世宣布俄国支持塞尔维亚，俄国通知维也纳，攻击塞尔维亚会引起俄国的立即动员。当年奥匈帝国并吞俄国的“斯拉夫小兄弟”波斯尼亚和黑塞哥维那时，圣彼得堡感到无可奈何的愤怒，那时沙皇政权由于在日俄战争中败于日本，仍处于筋疲力尽中。但是到了1914年，俄国感到已经充分恢复过来，可以动员了。而早欲通过战争重新瓜分世界的德皇在巴尔干诸国火上浇油：“德皇完全理解由于奥皇陛下以热爱和平而闻名，进军塞尔维亚对于帝国和他会是困难的决定，但若我们真正认识到对塞尔维亚开战的必要性，那么假如我们没有利用这一完全对我们有利的时刻，以后是会后悔的。”

柏林的外交大臣认为，奥匈帝国的大胆加上德国的支持，“最有可能使俄国安静下来”。而沙皇的外交大臣萨索诺夫对这一威胁的反应是不祥的：“俄国不能容许奥匈帝国打垮塞尔维亚，变成巴尔干半岛诸国中最占优势的国家。”而俄国的战争大臣则认为俄国的战争动员能给予奥匈帝国最严厉的警告，这样一来，开战就如同箭在弦上，一触即发。奥匈向塞尔维亚发出“最后通牒”后，塞尔维亚于7月26日表示接受所有条款，除了第六条，塞尔维亚认为以第六条条款违反了它的宪法规定，而且会损害其主权独立，所以拒绝接受此条款。奥匈帝国驻塞尔维亚大使吉塞男爵，按照事先定下的程序宣布对塞尔维亚的答复不能接受，立刻断绝与塞尔维亚外交关系。他的行囊早已准备好，半小时后便上了火车。又过了10分钟，他跨越边境线进入匈牙利境内。蓄意挑起战争的奥匈帝国终于拒绝了一切调停，借口没有得到满意的答复，于7月28日向塞尔维亚宣战。7月30日，奥匈帝国开始炮击塞尔维亚首都贝尔格莱德，并把它的军队开进了塞尔维亚。与此同时，柏林警告圣彼得堡，如果俄国动用军队支持塞尔维亚，德国将会不惜一战。

“塞壬女妖”的歌声响起
——各国的抉择

在古代希腊的神话故事中，有个叫塞壬的海妖，她住在一个海岛上，漂亮无比，专门用美妙的歌声来吸引过往的航海者，凡是听到她歌声的人都抵御不住她的诱惑，结果他们的航船都毁在了海岛边的礁石上。1914 年欧洲大国的统治者们，仿佛都听到了塞壬的歌声一样被战争给迷住了，他们不约而同地把自己的国家领向了战争的边缘。

7 月 28 日奥地利对塞尔维亚正式宣战，使定时炸弹上的钟声开始嘀嗒作响，如今已没有任何办法可以阻止这颗炸弹爆炸了。开始时沙皇只是半心半意地动员了对奥匈作战的俄军，却没有动员与东普鲁士对阵的俄军，他的将军们使他相信：那样的安排丝毫不起什么作用，而且将把优势拱手给让德国。于是在 7 月 30 日，俄国颁发了总动员令。

奥匈帝国和德国曾经希望奥塞战争可以维持局部化，就如同另一次巴尔干战争，但是，军事同盟与列强竞争从一开始就具有将冲突扩大的威胁，所以沙皇还是做出了反应，不仅调动了军队，而且还下了全国总动员命，在奥匈帝国宣战之后 48 小时，俄国决定实施总动员。进行夏季演练的军队回到军营，休假的军官被召回，喀山军区、基辅军区、莫斯科军区、敖德萨军区受命处于戒备状态。在华沙军区、维尔那军区、圣彼得堡军区也开始展开一些秘密的军事准备活动，这三个军区的准备活动有特别危险的意义，因为它们直接威胁德国。俄国决定增加 90 万现役兵力，同时征召 400 万的后备兵力。这么大的兵力足以吓坏地球上任何国家，沙皇的本意是想借此吓住德、奥，让战车能在最后一刻止住。但结果适得其反，

以预备役军人驻进营地为标志，俄国首都圣彼得堡开始了军事动员。

按照德军事先所拟定的作战计划，一旦开战，就要在俄国进入战争动员之时开始，迟延就意味着战争的失败，现在的德国已然是拖延不起了，是战争还是蒙羞？德国只能选择前者，任何想在最后一刻前平息危机的努力再也没有作用了。

整个7月，威廉二世一直在向他的参谋官们保证说他决不会“退缩”，但在最后一刻，他的激情却冷却下来，他问小毛奇是否军队应该先去进攻俄国而在西面只保持防守，惊骇无比的总参谋长几乎落下泪来，他回答说：只有一个选择——“施利芬计划”。威廉凄凉地回答说：如果是老毛奇的话，他一定还会给我另一个选择。德国那个僵硬的战争计划终于把它拖入了战争，8月1日德国被迫向俄国宣战。48小时后德军就在狂热的欢呼中向战场开拔了。阿道夫·希特勒、坦克之王古德里安、“沙漠之狐”隆美尔和空军元帅戈林等第二次世界大战的知名人物当时就在这些狂热的德国年轻军人之中。

沙皇尼古拉二世是个狡猾的人，他害怕战争产生的过大的社会压力和过重的经济压力引发革命，俄国外交大臣萨索诺夫也持相同看法，沙皇和外交大臣一致认为，俄国再需要几年时间才能与德国对抗，虽然俄国当时正在扩充本来就很大的军队规模，并且在法国的帮助下修建新的铁路系统以改善战时供应能力，但是，这些计划至少要到1917年才能完成。俄国希望借战争动员来迫使同盟国增大对谈判的意愿，但实际上局势的发展违背了俄国的愿望，沙皇并不明白俄国战争动员所具有的内在威胁性，不知道从柏林的视角看，俄国的战争动员是最严重的挑衅行为。一旦德国准备好在西线进攻法国，俄国的战争动员多进行一天，他们就离在东线发动对德国的攻击的日期近一天，而这恰恰是德国的战争方案——“施利芬计划”中最最要害的关键问题。在德国的战争方案中，取胜的关键就建立在俄军尽可能晚进军的前提上。

德国不像其他国家，它发展了一个由军官和军士组成的很有效率的核心，能把一大批新兵和后备军组成一支优秀的战斗力量，战争爆发时，约有200万人结合在受过良好训练的职业士兵组成的核心周围。这是一支训练有素、组织严密、装备精良的队伍，有着极强的战斗力，一经发动，马上就可以进入战争状态。所以俄国的战争动员一发出，便促使德国必须马上出击，延误就意味着失败。经过毛奇多年的努力，他把“施利芬计划”中发动对法国闪电攻击的想法，从一个可选的攻击方式变成战时必须完成的任务。德国向俄国发出最后通牒，要求俄国在12小时之内取消所有对奥匈及德国的军备活动。在隔天最后通牒期限到来之时，德国于8月1日下午五点宣布对俄国开战。

在俄国决定动员军队的时候，法国政府也面临法军技术性要求的压力，总司

1914 年 8 月，大批群众涌入柏林市中心，庆祝战争的爆发。

令霞飞警告政府，除非有充分时间让法军做好准备投入战场，否则他没有办法让法国抵御德国的攻击。考虑到与俄国的同盟关系加上德军的动员对自己的威胁，法国也开始了战争准备，于 8 月 1 日进行了战争动员。虽然法国人对德国大使说法军将乖乖地待在边界线，可是对于德国政府来说，仅此就足够对法国开战了。于是 8 月 3 日德国向法国宣战，德军的战车开始同时往东西两线运兵。事已至此，各方面的军事策划已使战争不可避免。8 月 17 日，德军七个集团军和一个独立支队约 160 万人，火炮 5000 门，在比、卢、法边界从亚琛到上莱茵约 380 公里的战线上全面展开。其中约 110 万人作为突击翼侧部署在梅斯以北 200 公里的正面上，最高统帅是威廉二世皇帝，实际上由总参谋长小毛奇将军直接指挥。

1914 年的欧洲人对于在 20 世纪时列强将兴起什么样的战争毫无概念，人们认为战争的风险似乎都是可以接受的。当第一支渴望作战的军队开赴前线时，随之而来的战争的持续时间、狂热与暴力的程度，都远远超过了人类所既有的任何想象。奥匈帝国与塞尔维亚之间的战争迅速演变成为欧洲两大军事集团之间的战争。8 月 4 日，德军进入了中立的比利时，英国意识到如果德国控制了整个欧洲大陆，对英国是不利的。于是英国以保障比利时的中立地位为借口，向德国发出了撤军的最后通牒，但是德国拒绝了。8 月 4 日午夜，英国向德国宣战。这样以欧洲为主要战场的第一次世界大战终于爆发了，“萨拉热窝事件”由此成为了点燃第一次世界大战的导火索。

从 8 月 18 日起，协约国也完成了它的军事部署，法军的五个集团军和几个师集群约 140 万人，火炮 4000 余门，在贝尔福－伊尔松的 350 公里的战线上集结，比利时军约有 12 万人、火炮 300 多门部署在利勒运河、热特河一线。英国远征军的 7 万人，火炮 300 多门，于 8 月 20 日在法军第五集团军左翼，即勒卡托、莫伯日地域集结。在整个西欧战区，双方共投入 300 多万人和近万门火炮，协约国的军队主要部署在凡尔登西北。

协约国战争计划
——英、法、俄积极备战

法国和俄国的大军为了打击他们最强大的对手德国，分别从西面和东面同时踏上了征程，而英国强大的海军则被用来对德国实行经济封锁。法国的战略源于他们在普法战争中被迫割让阿尔萨斯和洛林两省的耻辱。1911~1914年间，法国总司令约瑟夫·霞飞元帅制订了“第十七号计划”。在这个计划中，若干支法国军队一接到命令就将立刻集结到比利时与瑞士之间的阿洛两省沿线上，从而集中全部火力挺进阿洛两省。霞飞当然知道，这么做会使得法国与比利时之间的地带处于无兵设防的状态，但他认为，德国到时会顾忌战线过分拉长的危险，不可能跨到默兹河西岸来。

根据德国是先入侵俄国还是法国的两种可能性，俄国制订了两个计划：如果德国先进犯俄国，那么在法国出兵阿洛两省的同时，俄国将以抗击侵略的姿态投入战争；但鉴于大多数人倾向于认为法国才是德国的首要目标，故俄国更可能实行“第19号计划”——立刻侵入俄德交界处的东普鲁士省。这个计划是尤里·达尼洛夫将军在后来的战争部长弗拉基米尔·苏科利诺夫将军的支持下制订的，最初成型于1910年。而达尼洛夫对于那些认为奥匈帝国的威胁性不比德国小，俄军应该穿过西里西亚直取德国中心，以及那些反对弃守俄国边境的堡垒、反对俄军到别国开战的声音通通充耳不闻。

达尼洛夫和苏科利诺夫的劲敌有很多，军队领导人尼古拉斯大公爵就是其中最有代表性的一个，而这些反对者的声势在战前愈发强大起来。由于进攻奥匈帝国加利西亚省的构想此时看上去更可靠些，因此在1912年，“第19号计划”被进行了修改。修改后的计划中，仍然保留了进攻东普鲁士的方案，但参与行动的军队由之前的四路降到了两路；俄国边境的堡

1914年8月，沙皇尼古拉二世在俄军出征前检阅军队。

垒再度得到了重视，更有三路大军沿奥匈帝国边境驻扎；余下的军队则可根据需要被派至东普鲁士或是加利西亚。

比利时和塞尔维亚的战争计划都是根据实际的地理环境及地小兵少的情况制订的。两国都想尽可能地将敌人拒于国门之外，等到实在撑不住时，要么就退回到加强了防御的城池之中，要么就退到地形复杂的内陆地区去。两国都希望，比他们更为强大的敌军能够在这种时刻移师他处，或是法俄盟友能来助自己一臂之力。

相比于那些地处大陆的国家而言，英国的陆军规模很小，但其海军规模却比德国大得多。这也是英国的战争计划制定的基础。小小的英国远征军在第一时间里就被送到海对岸，与法军左翼在法国北部会合，以保护远征军在英吉利海峡登陆的港口；而英国的王者之师——皇家海军，则负责对德国实行海上封锁。由于英军舰队中的大部分船只 7 月 18~20 日间正好停泊在母港检修，之前下达的分散作战指令才得以及时撤回，保证了 28 日时有足够的战舰开赴战场，这对英国来说实在是大大的运气。

1914 年以前，德国和奥匈帝国都制订了非常繁杂的战争计划，而这些计划的执行依赖于利用铁道系统进行的快速动员。因此，他们会尽可能地避免两头同时开战的局面。1894 年，法俄两国曾签署了一份可以有效钳制德国的合约。德国陆军总参谋长康特·阿尔弗雷德·冯·施利芬则因此意识到：将来有一天，德国可能要面临一场毫无胜算的双线战争。为了阻止这一情况的发生，他制订了一套战略，试图在俄国调动起规模巨大的军队之前就击败法国，这就是所谓的“施利芬计划”。

施利芬知道，取道阿、洛两省进攻法国的做法不仅起效慢，而且要付出很大的代价：这在很大程度上是由于法国人自从在普法战争中失去阿、洛两省后就在共有国界附近修筑了很多复合堡垒的关系。

1914 年夏末，英国被战争的狂热笼罩，志愿者们纷纷入伍，成为“新军”的一员。

但如果从瑞士阿尔卑斯山推进，那么多山的地形又会让军队太过吃力。考虑再三，施利芬决定派一支奇兵，穿过边境防御较为薄弱的荷兰南部和比利时。

接任施利芬职位的是陆军元帅赫尔姆斯·冯·毛奇，但他也是让施利芬计划惨淡收场的人。

施利芬的计划是：在梅斯和瑞士国境之间的阿洛两省布置一支军队，再联合各路大军，利用崎岖的地形和德国的边境要塞来拖延法军的进攻。他在梅斯北面布置的主要军力可以在西线和南线间摆动作战，这样就能限制法军朝阿、洛两省的推进；而一旦法国战败，德国大军就将通过铁路迅速转向东线，与留守东普鲁士的小股军队会合，并进而举全德之兵力进攻俄国。

1906年，施利芬退休，赫尔姆斯·冯·毛奇将军接任了他的位置。由于俄国采取军事行动的速度比施利芬预计的要快，同样不肯舍弃半寸领土的毛奇在审时度势之后，觉得原计划应该进行修改。他将在梅斯和瑞士之间的德军从总体数量的5%加至25%，又将驻扎在东普鲁士的守军从总数的10%加到了15%。这样一来，原先由90%的德国陆军驻扎的梅斯北部现在就只有60%的军队了。由于毛奇误以为英国会在比利时的中立地位受到侵犯时按兵不动，因此放弃了原本借道荷兰的作战计划。一系列的变动，将德军的前进之路限制得十分狭窄，而他们面前，还要面对列日的复合堡垒。

施利芬计划的关键即在于“时机”二字。毫无疑问，德国高效运行的铁道系统和灵活机动的军队调度都是其在边境迅速集结大军的有力保障，但德军千里急行的最高目的竟然就只是为了遵循参谋总部那份严格的时间表。这个计划也使得人们对于法俄两国在战争爆发时会作何反应产生了许多猜想。

奥匈帝国的应对之策有两种思路：其一，只考虑自己在巴尔干地区与塞尔维亚之间的局部战争的话，怎么办？其二，假定塞尔维亚及其强大的俄国盟友让奥匈帝国腹背受敌的话，又怎么办？在当时的环境之下，后者出现的可能性明显更高一些。奥匈帝国也因此决定：一旦两线同时开战，那么奥匈帝国就遵守承诺挺进波兰，缓解德军在东普鲁士的压力，真正与德国盟友同进同退。

第四章

西线狼烟

——旋转的右翼

一个无法完成的神话
—— 奇正结合的“施利芬计划”

俾斯麦所缔造的统一的德意志帝国改变了整个欧洲的政治格局，老牌欧洲强国无不对其恨之入骨，必欲除之而后快。同时，德国地处欧洲中心，列强环绕，战略上处于不利地位，因此在德意志统一不久，德国参谋本部便开始着手研究如何应对未来全面的欧洲大战。在普法战争后不久，当时的总参谋长老毛奇就已经预见到了将来德国有可能会处于两线作战之苦。他的计划是在未来的两线作战时，对法国先取守势，快速击败迟缓的俄国后，再反攻法国。瓦尔德泽接任参谋总长后仍遵循老毛奇的观点。可是到了施利芬伯爵接任总参谋长时却发生了巨大的变化，施利芬彻底摒弃了老毛奇的思想，把作战的顺序整个改变了，他制定了一个“先西后东”的战略，也就是被后人所津津乐道的“施利芬计划”。

施利芬认为俄国疆域的广袤将阻碍他们取得确定性的胜利，但由于法国依赖一条沿着法德边境修建的坚固防御线与德国对峙，这使在西线取得迅速成功也同样成为问题。所以他建议入侵比利时，这样可以扫清法国防御工事的周围地区。通过比利时的德军就可以从侧翼包抄法国防线和巴黎，从而摧毁法军。法国被消灭之后，德国就可从容对付俄国了。

德军总参部是一架高效的战争机器，它的参谋人员的水平都很高，身为德国总参谋长的施利芬伯爵，跟所有的德国军官一样，深受克劳塞维茨“法兰西王朝的心窝在巴黎和布鲁塞尔之间”这一训示的熏陶，但这句名言存在一个问题，那就是它指引的那条路由于比利时的中立，是条涉足不得的禁途，何况比利时的中立，又是德国同另外四个欧洲大国所永远保证的。法国以法德边界的四个城市为中心，构筑了一系列长达约 200 公里的堡垒，堡垒的东南从瑞士的天然屏障阿尔卑斯山开始，以坚固的混凝土堡垒从贝尔福、厄比纳尔、土尔和凡尔登伸展，凡尔登以北 30 多公里，是卢森堡、比利时和阿登崎岖的山路和森林。要想进攻法国，施利芬认为不要指向这些大型要塞，因为攻克这些要塞需要大量的攻城装备、时间和精力，以致有可能无法达成包围，况且攻城只能从一面进行，因此，进攻者倒不如从其间隙中推进，为达此目的，必须破坏卢森堡、比利时和荷兰的中立。1891 年，施利芬一上任就提出了第一号《对法战争备忘录》。施利芬认为德国要掌握战争主动权就必须先迅速打败法国，因为战争一旦爆发法国会立刻侵入德国，而对付俄国可以利用其动员速度慢的缺点与之周旋，等到打败法国之后再全力和俄国交战。

施利芬在第一次世界大战中是一个奇怪的角色，他在任期间没有经历过大的战争，在第一次世界大战开始之时他已经去世了，但他却对整个第一次世界大战的进程都产生了巨大的影响，甚至包括在 20 世纪上半叶德国所有的军事行动中，都能看到他的影子。作为一个战略军事家的施利芬曾制定了一个著名的计划，被称为“施利芬计划”，其核心在于德军通过比利时中部做一大迂回运动，兵锋指向巴黎西侧，德军兵力的右端从里尔附近突入法国迫使法军主力向东南撤退而德军则从其侧背进攻，以同时完成了两个战略重心——占领法国首都巴黎并消灭法军有生力量。至于比利时的中立，施利芬认为那只是“一个不足道的障碍”。

康特・阿尔弗雷德・冯・施利芬是德国战争策略框架的制定者。

对德国威胁最大的莫过于东面的俄罗斯、西面的法国与海上的老牌强国英国，对于德国陆军而言，欧洲战争意味着同时与法国和俄国两面作战，因此德军参谋本部研究的课题便是如何同时打赢两场战争。“施利芬计划”假设德军面临两线作战，即东线和西线，因为俄国不可能很快击败，所以他计划首先要在西线集中大量兵力，迅速通过比利时和荷兰，以侧翼的移动击溃法国。考虑到俄国的原始铁路系统会造成战争动员缓慢，只需在东线安排 10 个师以推迟沙皇部队的前进，直到法国被压倒为止。施利芬认为，法国虽然在普法战争中失败，但其陆军雄风不减，是德国在欧洲大陆上最大的敌人。反观俄罗斯，虽有 600 万常规部队，但装备落后，施利芬判断，俄罗斯落后的军事动员体制至少需要 6 ~ 8 周才能完成对德国的军事集结，而在这段时间内，德国完全有能力迅速打败法国。这份计划的日程表在时间上精确到每一天，在地点上精确到了每一条铁路和公路，即 150 万人的德军必须在动员令后 12 天内夺取列日，19 天之内征服布鲁塞尔，22 天之内越过法国边界，39 天内攻占巴黎，也就是说，要在开战 6 周之内就将法国踢出战争——这是施利芬所估计的俄国完成全国动员所需的精确时间。

“施利芬计划”实施的时间表就像火车时刻表那样准确、刻板，他对整个西线战事所定下的时间正好是预计中的俄国进行战争动员所需的时间，但在实际开战中，俄国人未等战争动员完毕，就提前把军队投入了战争之中，这个变化在“施利芬计划”中却没有被提及，而这又恰恰是“施利芬计划”是否能成功的关键之处。这位伟大的战略家在大战爆发的前一年临终时一再跟他的继承人毛奇将军强调：“战争一定会来，一定要加强右翼。”当战争真正开始的时候，这个计划在被修改之后付诸实施。根据当时的战争局面，毛奇不得不削弱右翼力量以应付始料未及的战况，以致部队开到巴黎的东面而没有完成包围，几个星期后，当德国人企图用正面突击攻占巴黎时则在马恩河战役中被击退了。施利芬的计划在实战中功亏一篑，终于没能得以成功。实际上，“施利芬计划”是一个纯粹的意念中的战争，在一开始就已埋下了失败的种子，因为计划的成功施行依赖于敌对各方都要按照其为自己设计的“舞蹈动作”而行动，也就是法国要把其全部力量用以对阿尔萨斯和洛林的入侵，德军还得顺利通过比利时领土，俄国还不能提前进攻，一条出错就可能导致满盘皆输。

对于 20 世纪两次世界大战的指挥官们而言，施利芬备受推崇，他制定的第一次世界大战的计划也被奉为“施利芬神话”。但如此伟大的计划为什么会以失败而告终呢，是不是计划本身存在着某些缺陷和不足呢？很多历史学家都把责任归咎于执行者小毛奇的无能和自作主张，但战争中没有一成不变的计划，后人必须要根据当时的实际情况去制定计划，“二战”时的曼施坦因也是因改动了施利芬的计划而获得了成功。在“一战”中，被誉为“德国战神”的兴登堡和鲁登道夫就主张先东后西，而从实际情况来看，更容易先被解决的恰恰是东线的俄军，而且“施利芬计划”的关键之处即俄军进攻的时间也出现了问题，由此看来，也许小毛奇所面对的“施利芬计划”原本就是一个无法实现的神话。

僵硬的德国战争计划

——小毛奇的折中方案

由于地理环境所决定，一旦战争爆发，德国无可避免地要处于两面受敌的状况，依德国参谋本部的判断，德国人必须在东西两方面同时作战，这已成为一种无可避免的厄运，承担打破这个厄运的参谋本部的历届参谋总长，都为此大伤脑筋，殚精竭虑地制定了相应的作战计划。在 1890 年的“两线作战”计划中，老毛奇打算对法国采取守势，而把德军主力投入对俄国的战争。但在过去23年后，俄国已改善了通信并加快了动员，且对俄国的入侵将会是场持久战。法军虽比俄军强大得多，所受训练也好得多，但德国不能放弃在西线的一切主动权和攻势。如若对法国采取攻势，那将会是一场速决战，就会很快决定胜负，如果德国胜了，德军很快就可腾出力量向东转移，这些是施利芬将军改变老毛奇战略的主要理由。

继任参谋总长的施利芬将军认为，俄国拥有幅员广大的领土，如果对俄采取攻势，假如俄国沿用1812年的“规避战略”，不与德军决战，德军可能要重蹈拿破仑征俄的覆辙。故此，他制定了一套犹如列车时刻表一样准确而刻板的先西后东的作战计划，决计先在西方决战，而后再转移主力于东方击破俄军。

1906年，施利芬退休，小毛奇接任参谋总长。到了1913年，也就是“一战”爆发的前一年，八十多岁的施利芬临终时仍念念不忘地一再叮嘱：“必有一战时，切莫削弱我的右翼。”不过他九泉有知，一定会失望，他的继承人小毛奇是个生性多疑且又谨小慎微的人，他并不具备施利芬那种作乾坤一掷式豪赌所需的自信、决断、冒险精神和非凡气魄。自从小毛奇成为德军参谋总长后，自知能力不足的他将“施利芬计划”当成德军唯一的作战方案，直到开战前夕，小毛奇沉浸在这个计划中已经有十年之久。小毛奇在这十年内可以说生活在一种矛盾之中，他明知世界情况正在改变，“施利芬计划”即令毫无缺点，也还是不可能完全适应十年后的情况，但另一方面他又没有能力对这个计划作彻底的改变。此间，他不断

德国军队期待速战速决地获得胜利。从这些涂鸦可以看出他们的攻击目标是巴黎。

修补这个计划，整天冥思苦想如何使这个计划更加完美。但无论他曾做过多少次的修改，这个计划永远保留着一个核心论点，即速度就是胜利，德国的任何拖延都将是致命的，如果俄国在法国被击败前参战，那也将是致命的。

“施利芬计划”规定从一开始就以最快速度将德国全部兵力通过比利时直接进攻法国，必须要在6周内彻底击败法军，为此目的，一切牺牲都应做出，一切危险都应接受。即使阿尔萨斯－洛林遭到入侵，即使东普鲁士甚至西里西亚遭到俄军的践踏，即使比利时的中立地位被破坏，英国作为敌对力量进入战争，一切都在所不惜。施利芬信奉的是腓特烈大帝的名言：“宁可牺牲一省，但在寻求胜利时决不可分散兵力。”小毛奇主持参谋总部后，开始担心东普鲁士的安全和西线左翼的安全，而那两个方面正是施利芬的大胆之处，如果战争按计划打赢了，那两个方面将成为施利芬的伟大之处，以及大气魄、大手笔的象征。但现在小毛奇的个性特征使他越来越担心这两个方向上，薄薄的防线会不会被对方一下子戳成大窟窿，甚至在短时间内被撕成碎片。小毛奇对“施利芬计划”做了一些改动，加强了阿尔萨斯－洛林和东普鲁士方面的力量，因而削弱了主攻方向的右翼，这实际都是与原计划的精髓背道而驰的。严格地讲，1914年德军的作战计划应叫作“施利芬－小毛奇计划”，后来在战役中，由于右翼的削弱以及阿尔萨斯－洛林方向上的法军深入不够而得以回救主战场，最终导致了马恩河会战的失利，从而使整个计划彻底破产。

严格说来，小毛奇对于施利芬的基本思想几乎是完全接受，只是做了一点小小的修改，但也可以说是致命的一点，那就是兵力的分配。施利芬计划的最大特点就是其兵力的分配非常不平均，其计划的一切精髓也由此产生。小毛奇在这一战上改变了施利芬原来的计划，患得患失的他加强了德军左翼的力量，并主张在德军左翼挫败法军攻势之后，再将左翼余裕兵力调往北方，在右翼后跟进，参加决战。显然，小毛奇的部署的是个两翼进攻的方案，而按施利芬的意图，左翼在开战初应且战且退，引诱法军深入东进，使右翼更便于旋转，猛击法军后背，现在左翼却反而向西推进，这足以使施利芬在九泉之下捶胸顿足！可以说，力量的分配实为“施利芬计划”成败的关键，若不这样分配“施利芬计划”也就不可能有效执行。小毛奇一方面改变兵力分配比例，另一方面又还是照原方案执行，其结果当然是两面不讨好。平心而论，小毛奇改变兵力分配也并非没有理由，但要改变则必须连计划也要改变，总而言之，二者不可两全。

小毛奇不是参谋本部军官出身，他被大多数人认为是一个不折不扣的庸才，这多少有些过分，只是和施利芬的气魄相比他确有相当的差距。施利芬的风格是大胆、再大胆，小毛奇信奉的则是不要过于大胆。小毛奇无论在个性上还是在政治上都不是一个懦夫，对军事形势的许多方面的判断都比较准确，他的不幸在于：让一个一贯谨小慎微的他，去勉强执行一个胆大包天的人制定的冒险计划。“施利芬－小毛奇计划”还有个致命的无法回避的缺点，那就是把对法国实施闪电式攻击的想法，从一个可选的攻击方式变成战时必须完成的任务。一旦战争动员后，德军的任何拖延，就不只是一个危险问题，而是一种绝对的不可能。对于德国来说，动员就意味着战争。在大战爆发前，所有的国家，无论是俄国、奥匈帝国还是法国，他们的战争动员都是有灵活性的，也就是说他们的战争动员可以作为一种为达政治目的而采取的手段，收放自如，而德国的则完全不同，一旦发动，就刻不容缓，否则就意味着失败。大战爆发前，德国人终于发现陷入了自己设计的陷阱之中，由于没有退路，德军最高领导层只能告诉德皇，沙皇尼古拉正在要求德国做一件德国做不到的事，只有俄国才能避免战争，办法就是同意“双重最后通牒”，而这是俄国绝对无法接受的。德国的战车一经发动，就只能一往无前了，而这辆战车的指向就是德法两国边界处的中立国比利时的军事要塞列日。

野战炮
——运动战中的基本武器

战争伊始，由骡马牵引的轻型速射野战炮是最重要且数量最多的大炮类型。但由于使用大型炮弹的重炮更有利于克敌制胜，这种野战炮的地位逐渐降低了。

轻型野战炮一般按师分配，而较沉较慢的重炮则是为高级将领的部队预留的。野战炮主要有两种类型：普通大炮的炮弹速度快，但弹道较平，多用以攻击平原开放地带炮手可以瞄准的敌人；榴弹炮的炮弹速度较慢，但弹道呈抛物线形，可以攻击有掩护的敌人。两种炮都可以通过炮管的孔径或炮弹的重量来加以区别，前者属于欧洲大陆的常用分类系统，后者则基本只在英国使用。1914 年，法军装备得最多的是 1897 年版的 75 毫米口径大炮，支援英国步兵团的炮兵连使用的则是 MarkI 型 8.2 千克 84 毫米口径大炮，骑兵的支援则是依靠较轻型的 5.9 千克 75 毫米口径大炮。

大部分大炮都属于可以在一分钟之内连续发射若干枚炮弹的速射型。其中最厉害的莫过于法国大名鼎鼎的 75 炮。正是这种大炮开创了反后坐系统的先河，

1914年末，比利时伊普雷附近的一台英国8.2千克野战炮及其旁边的拖车和弹药箱。

即发射时只有炮筒向后运动，而炮架不受影响。75炮的操作由一队训练有素的炮兵联合完成，一分钟之内可以进行25次发射，是名副其实的速射炮。类似的炮兵小队如果使用英军的8.2千克大炮的话，一分钟只能完成8次射击。

参战的其他国家也配置了类似的大炮。例如，德国惯用一种从他们的盟友那里进口的77毫米口径野战炮，而俄国则购置了76.2毫米口径的M1902型大炮。无论属于哪种类型,野战炮的重量一般都在900~1350千克之间。各种普通大〖JP+1〗炮和榴弹炮的最远射程通常在6500~8000米之间，但实际作战时由于受到地形的影响，大炮跟目标之间的实际距离都没那么长，一般要比最大射程短三分之一以上。尽管各国炮兵连配备的大炮数量各不相同，但大多数国家都是给每个连配备四台野战炮，英国骑兵和步兵师是唯一给每个炮兵连配备六台野战炮的部队。

野战炮在作战中使用的炮弹也有两种：一种是对人伤害极大的子母弹——这种炮弹内部填充了很多的金属球，炸药由保险丝引爆，引爆时间被设定在炮弹飞到敌人上空时；另一种是高爆弹——这种炸弹的保险丝只会在受到撞击时引爆炸药，因此必须落到敌军阵地上或是撞到什么坚硬的物体才会爆炸。高爆弹爆炸时的冲击力将摧毁一切无生命的物体，这种冲击和炮弹爆炸时产生的碎片对人来说也是致命的，但如果这种炮弹落到柔软或泥泞的地面上，则有可能不会爆炸。

野战炮是运动战中的一种基本武器，但其重要性却随着堑壕战的发展而逐渐降低：子母弹对于掩体内的目标杀伤力有限；高爆弹只能进行浅层打击，对于深埋在地下的防空洞等坚固的军事目标则无能为力。尽管火力有限，但整场战争中西线战场上的野战炮数量却一直都非常大。不久，炮弹的保险丝被改良，野战炮

◎**法国的 75 野战炮**

1897 年，这种武器的诞生就是一次革命。这是一种重量轻、移动便捷的大炮，最重要的是它的反冲系统意味着开炮时只有炮筒而不是整个炮身需要向后运动。因此，这种炮不需要在每次发射后重新校准目标，这也使得一队训练有素的炮兵可以在一分钟之内完成 20 余次弹药填充。75 炮是为快速移动的进攻而设计的一种武器，因此在堑壕战中并没有扮演主要的角色。

口径：75 毫米
炮重：1160 千克
炮长：2.7 米
炮弹重量：7.24 千克
炮弹初速度：530 米 / 秒
最大射程：8500 米

因此可以有效地破坏由带刺的铁丝网围成的防线。1916 年的索姆河会战中，在开战前就展开炮击的英军出动了 1600 台大炮，其中 1200 台要么是野战炮，要么就是稍大一些的中型重炮。1918 年，德国展开其最大的攻势——“米歇尔行动”时，可用的大炮有 6473 台，其中有 3965 台是 77 毫米口径或 100 毫米口径的野战炮。

不屈的小国

——比利时为荣誉而战

比利时位于欧洲西北部，东与德国接壤，北与荷兰比邻，南与法国交界，西临北海，属海洋性温带阔叶林气候。境内主要河流有默兹河和埃斯考河，是 19 世纪初欧洲大陆最早进行工业革命的国家之一。比利时拥有完善的港口、铁路和公路等基础设施，为与邻国间的交通创造了有利的条件。在列强争夺世界霸权的斗争中，小国通常被列强任意摆布，各列强为了自身的利益，往往把小国当成争霸的工具或牺牲品。地处要冲的比利时自然也无法例外。欧洲列强出于争霸的需要，一直对小国比利时十分关注。

作为一个岛国，英国在某种程度上，是被大陆边缘化的，为了介入欧洲事务，而又不被联盟条约束缚住自己光荣的独立地位，英国伙同其他各怀心思的国家，由维也纳体系承认比利时永久保持中立。1831年，欧洲的奥匈帝国、俄罗斯帝国、法兰西王国、联合王国及普鲁士王国五强在伦敦会议签署了条约，《伦敦条约》中承认了比利时的独立，并确保其永久中立国的地位。承认比利时为“永久中立”国，这相当于将英国的前哨基地推进到大陆边缘，通过对大陆边缘地带的控制，影响欧洲均势。到“一战”爆发前，比利时的独立经有关国家保证已经有75年之久，他们由此享受了有史以来持续最长的一段和平时期。他们希望邻国能让这种安乐境况长此下去，不受干扰。中立的义务和对于中立的信念使他们忽略了自己的军队、边防、国防工事的建设。直到最后时刻，他们依然难以相信自己会卷入战火之中，而是依然坚信，保证他们中立的国家不会侵略他们的家园。

英国虽然承认比利时永久中立，但并没有义务帮助比利时赶跑德国人，主要是德国入侵比利时可能会造成法国的连锁反应。但法国人没有重视比利时的边界，致使德国人一旦借道比利时，可能会致使法国失败，从而导致德国的一家独大。当然，如果法国人能顶得住越过比利时边界的德军攻势，并且战事胶着，谁都没有绝对优势，英国也就不会参战了。说英国是因捍卫比利时的中立地位而参战，那不过是个借口，就如同美国要借德国的无限制潜艇战而参战一样，大国的参战原因只能有一个，那就是利益。

比利时的国王阿尔贝一世在1909年继承其叔父利奥波德二世的王位，阿尔贝在青年时代受到良好的文化和军事教育，他的社交技巧让他成为欧洲上流社会最受欢迎的人物之一，在1913年访问柏林期间，阿尔贝获知了德皇威廉二世的战争计划，他立刻通知法国政府，并于1914年7月向威廉二世递交了一份私人信函，声明比利时将严守中立的立场。

8月2日晚上，比利时首都布鲁塞尔接到了德国送来的照会，照会一开始说，德国收到可靠情报，法国拟欲通过比利时国境进犯德国，不能指望比利时军队可以阻止法军的推进，因此根据“自卫之需”，德国有必要“先发制人，以阻止这种敌对性的进攻”。一句话，德国人要借道比利时攻击法国。当然，德国人保证只是借道，如果比利同意，那么德国可以保证比利时不受任何损失。事情已经摆明了，比利时面临着战争的选择。阿尔贝国王代表的比利时回答说：“我们将誓死捍卫自己的中立。”

8月3日，阿尔贝国王亲自出任了比利时武装部队的总司令，他这时已不存任何幻想。虽然比利时的军队无法与德军相比，但比利时还有个倚仗，那就是它与德国之间有一道“大门”——列日要塞，那是个坚固无比的要塞，比利时人希望它能不负重托，挡住德国人的进入。阿尔贝国王亲自提名由63岁的陆军大学校长勒芒将军担任第三师师长兼列日军事长官，国王还给勒芒写了一封私人信件，要他“坚守托付给他的阵地，死战到底”。比利时人明白，如果他们屈服于德国的要求，那将等于听任德国占领比利时，而一个战胜了的德国，是很少有可能还会把撤退放在心上的。不仅如此，他们还将使比利时成为进攻法国的帮凶，成为自身中立的破坏者。不论选择哪条道路，比利时都要被德国占领。但如果屈服，还得丧尽荣誉，“如果我们必然要被化为齑粉，就让我们光荣地化为齑粉吧。”比利时的政府要员巴松皮埃尔这样记述着他们当时的情绪。

1914 年 8 月，比利时枪骑兵出发抵御德国对其家乡的入侵。

列日要塞就像一座城堡的吊闸，守卫着从德国进入比利时的大门，它雄踞在默兹河左岸高达 150 多米的陡坡上，这一带的河道，宽约 180 米，是它的天然城壕，方圆 50 公里，都有堡垒卫护，是一座有口皆碑的、全欧洲最固若金汤的城池。全世界的舆论都寄希望于列日，即使它不能无限期地坚守不屈，至少也能坚持到英法援军的到来。阿尔贝国王下令炸毁列日要塞附近默兹河上的桥梁，以及与卢森堡交界处的铁路隧道和桥梁。但他此时依然未向英、法两国发出呼吁，要求军事援助和结盟。他还多少心存一丝侥幸想法——德国人是危险的，但还不是疯子，难以想象德国人会明知错误，还要自绝于人，蓄意发动战争。

1914 年 8 月 3 日，一支约 3 万人的经特别训练的德军第二军团特遣部队在艾米赫将军的率领下，在阿登高原和荷兰边界之间越过比利时边界，进入列日要塞防卫范围内狭窄的通道，比利时的列日要塞守军率先开炮，轰击正在渡河的德军。德国与比利时之间的战争爆发了，这也是第一次世界大战真正的开端，德军给列日要塞的守将勒芒发出了劝降信，但遭到了勒芒将军的回绝，两天后，在德国巨炮的轰击下，德军攻占了列日要塞，勒芒受伤被俘，德军通过列日要塞开向了比利时的首都布鲁塞尔，比利时政府被迫流亡法国。虽然失败了，但比利时的顽强抵抗推迟了德军的推进速度，还是为协约国作出了它的贡献。在整个第一次世界大战期间，阿尔贝国王率领的比利时政府与比利时人民英勇作战，为协约国的胜利立下了汗马功劳。“一战”结束后，阿尔贝一世积极参与国家的重建，在他的努力下废止了欧洲列强强加给比利时的《伦敦条约》。1934 年，阿尔贝一世在登山时遇难，他的长子利奥波德三世继承了比利时的王位。

“一战”中的边境要塞
——几乎等同于形同虚设

为了抵御外敌入侵，欧洲有很多国家都在本国脆弱的边境地带设置了精巧的堡垒工事。但在重型榴弹炮的面前，这些堡垒却不堪一击，而且还成为了防御的累赘。

尽管 19 世纪时的许多欧洲国家对修建、翻新防御工事乐此不疲，但在边境上的敏感地带建造御敌要塞实在不算是什么新潮的事。不过，虽然大家都在修，但最为集中的要塞群还是非法德交界处莫属。

虽然边境要塞的设计并没有一套既定模式，但各国的堡垒实际上仍有很多共通之处。譬如，堡垒多半选址于战略上较为重要的城镇周围，一般都是沿河而建，在距城镇中心数公里之外形成一个包含了若干等距排开的堡垒的防御圈，将城镇团团护住。大堡垒之间，既可以再建小堡垒，也可以根据需要在两个堡垒之间挖掘战壕。一般布置在这种要塞里的守军都很少，千人部队的规模就算很大了；在需要支援时，则可由中央预备队来增强要塞守军的火力。

在当时的要塞堡垒建造业中，最重要的人物当属比利时人亨利・布里欧蒙特。安特卫普、列日和纳慕尔最现代化的防御工事都是布里欧蒙特的作品；同时，他在要塞建造中的一些基本理念还为他国所借鉴。布式堡垒可根据地形分别呈现为三角或五角形，其核心部分是一个处于地上武装炮台掩护之下的加固型混凝土地下中心——这里的混凝土厚达 2.5 米，掩埋在 3 米深的地下。地下中心的上部环绕着一圈齐胸高的矮墙，地上炮台里的步兵可以躲在墙后指挥堡垒内部的运作，也可以从墙体上方向袭击者开火；地下中心外围还有一条两面都是斜坡的无水深堑，而深堑与矮墙之间有许多可以架设大炮和机关枪的炮台，堑底则是乱麻一般的铁丝网；整个堡垒外沿还围有一圈难以爬越的铁栅栏。

但是，在布里欧蒙特的设计图里，人们只能看到地下中心露出地表以上的部分以及炮台的单体设计。一些军事评论员认为，这种炮台在敌方的炮火攻击下根本就不堪一击，并相信伸缩炮台才是更优秀的设计。“伸缩”二字表示的是这种新型炮台在炮兵给大炮填充弹药或是不攻击时都可以收起来。法国的圣查蒙德和

图为纳慕尔城外的九层堡垒防线中，被德军炮火重创的一层。此图清楚地展示出该城为何在被包围不到一周的时间里就被攻克了。

德国的格鲁森两大工程公司都参与了这种炮台的开发，而他们的设计随后即被不计其数的欧洲要塞所采用，其中甚至包括了法国的凡尔登、贝尔福和俄国的布雷斯特·立托夫斯克。

第一次世界大战中，有许多堡垒盛名在外，却让对之充满信心的人大失所望。它们当中，有像列日和纳慕尔的堡垒一样在重炮轰击之下被迅速瓦解的，有形同虚设、进攻者可以直接绕道去别处发动进攻的，还有一些空有堡垒之名，竟将大炮移到露天空地之中进行战斗的。根据史料记载，第一次世界大战中唯一有效地拖延了敌军围攻进程的，只有奥匈帝国加利西亚的普热梅希尔要塞，而这项“纪录”的诞生竟主要是因为围攻该要塞的俄军缺乏重炮支援。1916年，在整个大战历时最长的凡尔登战役中，双方交战的首要任务竟不是占领城外的堡垒，而是消耗对方的兵力。

打开比利时的大门
——毁于巨炮下的列日要塞

第一次世界大战的初始之战是由德军入侵中立国比利时揭开序幕的，而其中比利时的列日要塞首先接受了战火的洗礼。列日城是从德国进入比利时的大门，连接德国、比利时和法国北部的四条铁路线都在这个战略城市中汇集，然后向比利时平原作扇形展开。控制这些铁路干线是实施“施利芬计划”的先决条件，因为德国的120多万迂回大军的后勤补给主要依赖这几条铁路线的运输，只有拿下列日，组成旋转右翼的德国第一、第二和第三集团军才可以行动。

1914年8月4日清晨的雾气尚未散尽，按照“施利芬计划”，西线德军前锋第一集团军和第二集团军共10万余人，携带200门大炮，在司令官艾米赫的指挥下，突进比利时，迅速冲向比利时境内的默兹河天险，直奔比利时最重要的列日要塞。德军如果冲过默兹河，那么通向比利时首都布鲁塞尔的大门就被打开了，按照德国的战略设想，是几乎不停顿地通过比利时，预计没有或很少遭遇抵抗。在柏林，毛奇依然希望比利时人在为了面子起见开了几枪之后，或许仍会接受劝告，“达成谅解”，正是因为这样，德国最后一份照会只是说“以兵戎相见”，暂时还避不宣战。英国签订的比利时中立公约，并不单单是对一个弱小国家的崇高关怀，它的海上优势不能容忍一个强大的大陆国家德国控制极为重要的海峡沿海地区，比利时可以说是英国国防线的延伸。当德国人侵入比利时时，英国决定正式参战，成为当时唯一对德国宣战的国家。英帝国的领地加拿大、澳大利亚和新西兰也随之变成交战国，南非也于 1915 年 1 月参战。

比利时的阿尔贝国王新动员的军队由 16.5 万人组成，其中大约半数部署在列日和布鲁塞尔之间，比利时的战略目标是依靠列日和那慕尔的炮台推迟敌军的前进，直到法、英军队能够到来。列日指挥官热拉尔·勒芒将军，得到派来的后备军的增援，使他的兵力达到 4 万人，并奉阿尔贝国王之命，防守列日到底，直到英法援军的到来，但事实上他们是不可能坚持那么久的，这一点每个人都心知肚明。英国人是行动了，派出了由约翰·弗伦奇率领的人数为 6 个师的远征军奔赴欧洲战场，但日期是 8 月 14 日，是在比利时失陷以后。英国远征军到达了法国的亚眠，这支部队的主要目的是支持和配合法国陆军阻止或击退德军入侵法国或比利时领土并最终恢复比利时的中立。但在临出发前弗伦奇受到嘱托，一定要尽最大努力把死亡和损耗减到最低限度，在被要求参加任何调动时，如果有风险，弗伦奇应当首先请示本国政府，并且一再向弗伦奇强调，他的指挥权是完全独立的，在任何情况都不受任何联军将领的节制，这样的安排显然是把英军作为核心力量来加以保存而一笔勾销了统一指挥的原则，这些原则决定了英国远征军在以后的作战中以保存自己实力为主的作战风格，毕竟他们是在为别国打仗。

列日要塞位于默兹河与乌尔特河汇合处，它北邻荷兰边界，南靠阿登森林，是德军取道比利时进攻法国的咽喉。要塞周围筑有 12 座炮台，环形炮台群周长 50 余公里，炮台间隔 3 ~ 6 公里，部署有各种火炮 400 门，各炮台筑有厚度为 3 米的钢筋混凝土永久工事，是一座有口皆碑的全欧洲最固若金汤的城池。列日要塞的几座桥梁是默兹河上仅有的几条公路的渡口，列日要塞又是把比利时、德国与法国北部连接起来的四条铁路线的枢纽，因此它是向前推进的德国部队运输给养的必经之地，所以在占领列日要塞并将其周围的堡垒打哑以前，德军右翼部队将无法行动。为迅速夺取列日要塞，德军参谋总部从比洛第二集团军抽调 6 个旅加上两个骑兵师组成一支 3 万人的部队，由艾米赫将军指挥从东、南、北三个方面向列日进攻。

冲到默兹河边的德军发现河上的桥梁都已被破坏，便立即架舟桥渡河，这时驻守列日要塞各炮台的比利时守军立即用大炮和机枪向德军猛烈开火，渡河德军猝不及防，纷纷落水，死伤无数。艾米赫见状一面命德军继续发起进攻，一面调来两百门大炮向列日要塞的各炮台轰击，顿时，默兹河两岸炮声隆隆，硝烟弥漫，双方进行了激烈的炮战与攻防战。德军的巨大数量带给了守军莫大的恐慌，这是德军的大型军团首次出现在比利时人面前，尽管德国人没有高估自己的军力，但是显然低估了比利时人的勇气，在优势敌军面前比利时军队决心抵抗到底。

艾米赫直到此时仍然认为比利时人会不战而降，他派了一位使者打着休战的旗帜，要求列日投降，否则的话，他宣称，这座城市将遭到空袭。勒芒服从他的国王的命令，拒绝投降。德国的齐柏林飞艇出现在了列日的上空，这是世界上首次空袭，飞艇丢下了十多颗炸弹，只是给列日的守军一点威慑作用，几小时后，德军大炮开始狂轰东面炮台和城市本身，但坚固无比的炮台仅仅被削去一些混凝土而已。德军日夜进攻列日，不顾一切再次投入大量兵力，几乎是需要多少就投进多少，以便按期攻克目标。但三天三夜却毫无进展，德军参谋总长小毛奇闻报大惊，再这样下去势必要延误整个西线的德军的进攻行动，他马上派德军第二集团军副参谋长鲁登道夫上校率军前去增援，并从参谋总部调运巨型攻城武器运往列日。鲁登道夫接过该旅指挥权后，于第二天下午奇迹般地突入到堡垒圈内的制高点，在制高点上架起大炮向周围比军堡垒猛轰。是日，鲁登道夫又派人打着休战旗帜前往劝降，但仍然被拒绝。鲁登道夫又派人冒充英军混到要塞司令部门口，企图绑架勒芒将军，结果也没有得逞，派去的官兵反被全部击毙。

小毛奇在开战时对奥匈帝国军队的总参谋长康拉德说过，他预期到战争第 39 天西线便已决出胜负，因此答应从第 40 天开始派遣德国部队到东线支援奥匈。尽管德国人估计比利时人不敢应战，但是德国人的彻底性要求做到对于一切可能发生的情况都要有所准备。问题就在于要设计一种用于攻克堡垒的能在陆上运输的重型大炮。德军攻击列日要塞初期的野战炮对列日的钢筋混凝土地下工事有如挠痒痒，反而被杀伤了大量的战斗人员，只好等待大炮到来，而大炮再慢也终究有到达的那一天，到了那一天所有的账都会被结算清楚。

当攻城炮尚在途中时，德国政府作了最后一次努力，试图说服比利时人在其国土上让出一条通道，以便过境。8 月 9 日，杰勒德先生受托向他在布鲁塞尔的同僚转送一份递交给比利时政府的备忘录。“既然比利时部队不顾力量悬殊，对优势兵力进行了英勇抗击，从而保持了它的荣誉”，备忘录写道，德国政府“恳求”

比利时国王陛下和他的政府别让比利时“继续忍受战争的恐怖”。如果德国部队能获得一条自由通过比利时的走廊，德国准备与比利时缔结任何有关协定，并“庄严保证”它绝无意侵占比利时领土，一俟战争形势发展许可，德国部队将撤出该国领土。美国驻布鲁塞尔和海牙的两位公使都婉拒转达这个建议，最终通过荷兰政府的协助，该份备忘录在 8 月 12 日送达阿尔贝国王手中，但国王表示拒绝。

德国人的进攻利器终于运来了，就是 5 门绰号“大贝尔塔”的巨炮，这是有着 50 厘米口径的攻城榴弹炮，可以把一吨重的炮弹射到 15 公里外，每颗穿甲弹有一个定时信管，只在目标被穿透后才定时爆炸，再坚固的炮台在它的轰击下也将化为瓦砾。毛奇仍然希望不必动用这些大炮而能顺利通过，可是如果比利时人执迷不悟，真的不惜一战，德国人指望用它一举攻克这些堡垒。炮击开始了，一吨重的炮弹自天而降，炮弹爆炸时的尘土、碎片和硝烟形成巨大的圆锥形，升入 300 多米的高空，地动山摇宛如发生了地震。在“巨无霸”的连续轰击下，到 8 月 16 日，12 座炮台中的 11 座遭到连续猛轰后屈服了，勒芒指挥部所在的隆森炮台是最后的一座炮台，被直接命中而摧毁，勒芒本人也被炸昏后被俘，被救活之后送到艾米赫将军面前，他交出指挥刀说：“我是在昏迷中被俘的，务必请你在战报中说明这一点。”“你的指挥刀并没有玷污军人的荣誉，”艾米赫答道，同时把指挥刀还给了他，“留着吧。”

战争中往往会出现意想不到的坚点，所谓坚点就是本应该很快达成的小目标付出巨大的代价也迟迟不能达成。如果没有巨型攻城炮，列日将毫无疑问地成为坚点，列日将至少阻挡德军一个月，如果援军及时赶到，马恩河战役就可能不复存在，而被列日战役所代替。因攻克列日之功，鲁登道夫和艾米赫被德皇威廉二世授予功勋十字章，这是德军最高军功奖章，鲁登道夫更是开始了他一生事业的飞跃，成为了德国军界一颗耀眼的新星。列日之战终于以德军取胜而告终，但德军在要塞前伤亡惨重，损失超过了上万人。

德军只用一发榴弹炮就解决了比利时列日市的隆桑堡垒。

8 月 20 日，胜利的德军开进布鲁塞尔。一队队手持旗杆矛、戒备森严的德国枪骑兵骤然出现在街头，但他们只是可怖的

1914年8月20日，当德国大军从布鲁塞尔的街头穿过时，惊恐的比利时平民只能呆呆观望。

军事示威游行的几乎难以置信，精良绝伦，不禁茫然咋舌。刚入城时的德军还是比较文明的，但由于遭到了比利时人的冷枪袭击，他们开始枪击平民，以报复冷枪狙击。人质都被处死，房舍遭到炮击或烧毁。如果发展成为逐屋战斗，野炮立即把村庄夷平。

毛奇写信给康拉德将军说："我们在比利时的进军肯定是残忍的，但我们是在为我们的生命而战，谁挡路，谁就必须自食其果。"根据"施利芬计划"，德军5个集团军穿过布鲁塞尔，向法国西北部边境直扑了过去，法国和英国对德军行动判断错误，只有法国的一个军和少量的英国远征军部队在抵挡这支德军主力部队，英法联军不得不后撤，很快德国军队就打到了法国边境。

以攻对攻战略的失败

——法军"第十七号计划"的破产

当德国人按照"施利芬计划"进入比利时的时候，法军也在执行他们自己的战略方案——"第七方案"，这是由法国参谋部总参谋长约瑟夫·霞飞制定的。正像施利芬所期望的那样，8月中旬，法国第一军和第二军戴着白手套的军官们，将各旅集结起来，威风凛凛地开向了阿尔萨斯–洛林。对德国展开复仇之战，收回被割让给德国的阿尔萨斯和洛林，是法国自普法战争结束以来久已期待的事情。开战之初，法国军队最早执行的是由时任总司令的霞飞将军制定的"第十七号计划"，这一计划的主要宗旨就是另一位著名将领福煦提出的"要胜，就要向前进"，即强调不惜一切代价地进攻。按照预定的"第十七号计划"，法军在一片欢呼声中，向他们期待已久的阿尔萨斯和洛林方向冲杀而去，法军的右翼部队沿着一条人迹罕至的小道，突然攻到了德军左翼部队的面前。

从 1914 年 8 月 1 日起，欧洲各国陆军都在动员，几百万士兵沿着公路和铁路涌流，穿过莱茵河各个大桥流动，从俄罗斯帝国最遥远的省份上火车，从法国南部和北非向北奔跑，大量军队在调动或以战斗行列在行军，战争出现了对德国来说早已预见和早已深入研究过的两线作战的情形。对付这个局势，德国人在 1905 年就已经制定出了“施利芬计划”。在“施利芬计划”中，假想法军将会首先夺取阿尔萨斯和洛林，因为这两个地方是在普法战争中被割让给了德国的，法国人对此一直耿耿于怀，必会倾其全力将其夺回，基于这一点德军计划用少量的左翼在阿尔萨斯和洛林牵制法军，用强大的右翼借道比利时、荷兰或卢森堡，包抄巴黎的西部，从而一举拿下巴黎。

法国在普法战争后逐渐形成了一种“攻击主义”的军事思想，摈弃一切有关防御的观点。正如施利芬所预料的那样，战争一开始，法军右翼主力便向德国占领的洛林地区发动了进攻。在霞飞指挥下法国参谋总部制定出新的对德作战计划，对这个计划他们严守秘密，称它为“第十七号计划”。“第十七号计划”规定用法国四个集团军沿默兹河两岸向东和向北发动总攻，用最后留下来的集团军放在它们中央的后面作为后备。制定这个计划的人坚信法国的右翼能深深插入阿尔萨斯和洛林，他们不相信，法国的左翼会被德军通过比利时在默兹河以西迂回包抄，他们绝没想到，“第十七号计划”与“施利芬计划”配合得竟是那样天衣无缝。在进攻的神话下推动着的法军，在 8 月 15 日至 19 日的几天时间里，在东边先后

法国军队的卫生员和自己的救护犬一起列队。每个卫生员都背了两袋必需的药品。

攻占了一些在普法战争后被德国所占领的地方。

在 1914 年，德国陆军的装备和训练最好，其陆军在有效力的中型和重型火炮的数量上占有很大的优势。在军队的背后是结构良好的工业组织体系。尽管在作战思想上强调进攻，但部队亦进行防御战术的训练。德方在洛林阵地的守军，是巴伐利亚王储鲁普雷希特的第六集团军，以及从 8 月 9 日起归他指挥的冯·黑林根将军的第七集团军。鲁普雷希特的任务就是把尽可能多的法军牵制在他的战线上，使它去不了面对德军右翼的法军主力阵地。法军向阿尔萨斯的进攻揭开了法德边境战的序幕，8 月 7 日上午，博诺的第七军从孚日山出击，经 6 小时传统的白刃战，法军攻占了阿尔萨斯边境小镇阿尔特基希，但没能乘胜夺取牟罗兹，第二天在总司令部的严令下才进占该城，德军后撤待援。8 月 9 日，德军向牟罗兹反攻，一天后，法军渐渐不支，为免遭包围而不得不放弃该城。

霞飞解除了博诺军长的职务，专门组成一支“阿尔萨斯军”，召回退休的独臂将军波指挥这个军，准备重新发动攻势。正当波将军所部法军在阿尔萨斯发动攻势的时候，法军迪巴伊将军的第一集团军和德卡斯特尔诺将军的第二集团军正在分别穿越洛林地区的两条天然通道，这是法军进攻的必经之路。一个步兵集团军和一个骑兵师在 8 月 13 日攻入阿尔萨斯后，霞飞开始以右翼的两个集团军攻入洛林，处于中央的几个集团军几天后跟踪进攻，直到 18 日晚上，法军的朗勒扎克将军及其左路军仍然根据命令向东北推进，法国参谋总部的意图是取道美因茨直取柏林。“第十七号计划”的特点就是以攻对攻，无论在战略方面还是在战术方面都采取进攻的作战样式，霞飞坚信法军的进攻是无法阻挡的。法国人并非不考虑德国从比利时迂回过来的可能，但认为如果德国这样做的话，他们在法德边界上的兵力一定非常薄弱，这对法军在这一方向上的进攻会十分有利。霞飞没料到，法德边界上薄弱的德军挡住了法军的攻势，而德国从比利时迂回过来的军队却撞开了法国的大门。

霞飞认为德军现役部队不足以从默兹河以西实施进攻，他们亦不相信德军的预备役部队不经进一步的训练即会被使用。实际上，德军训练有素的预备役部队可立即使用于第一线作战。因此德军实实在在而出人意料地在即将进行的战斗中，对 130 万人的法军形成了 3 ∶ 2 的数量优势。8 月 3 日，在德比边境格梅尼希附近，德军在未经宣战的情况下越过了比利时的边境线，开始入侵比利时。8 月 16 日攻陷了比利时现代化要塞列日，德军强大的右翼开始全面启动。这时霞飞似乎仍然没有意识到德军的战略对法国的威胁性，更不曾企图阻止强大的德军右翼，他正努力去切断德军主力与其后方之间的联系。“我们要把他们拦腰截断”，法国这

图中显示的是成排待葬的尸体，但对死伤无数的国境之战来说，这不过是九牛一毛。

方面的对策是：只要德国人远道迂回包抄法军侧翼，法军就发动钳形攻势，在德军设防的梅斯地区的两侧突破德军中路和左翼，并乘胜切断德军右翼同后方基地的联系使其无法出击。

如果说德国小毛奇的作战计划过于小心，那么法国人的想法实在过于大胆，8 月 14 日，波将军的“阿尔萨斯军”重新向阿尔萨斯发动进攻，迪巴伊第一集团军和德卡斯特尔诺第二集团军也同时向洛林地区的萨尔布尔和莫日朗出击，德军驻守洛林的是巴伐利亚王储鲁普雷希特第六集团军和黑林根的第七集团军。在迪巴伊和德卡斯特尔诺进攻的头 4 天，德军按照计划且战且退，仅与法军作后卫战，蓝衣红裤的法国军队从梧桐夹道的宽阔笔直的公路上源源而来，尽管德军一使用重炮就能把法军战线打得七零八落，可是法军却未遇到德军的坚决抵抗。殊不知，就在此时此刻，“第十七号计划”正式破产——事实上，这个计划早已破产好多天了。

右翼法军两个集团军企图从 8 月 14 日起在洛林地区发起进攻，8 月 19 日他们到达萨尔布尔、韦尔加维尔、欧龙地区，第二天便同转入进攻的德军第六和第七集团军遭遇，迪巴伊的第一集团军和德卡斯特尔诺的第二集团军在进攻萨尔布尔和莫朗日两地德军严阵以待的防线中，被打得焦头烂额，吃尽了苦头。对配有重炮、铁丝网以及隐蔽在掩体中的机枪的防御阵地，殊死进攻的局限性立即暴露无遗。法国人此时一直在犯一个极大的错误，那就是法国步兵上战场穿着蓝裤子和红上衣，在平地上十分显眼，他们的炮兵军官穿黑色与金色的制服，目标更是特别清楚，为此他们受到了残酷的教训。一位目击者回忆道："法国军队以19世纪最好的队形出现在战场上，戴了白手套、修饰得漂漂亮亮的军官走在他们部队前面18米处，就像阅兵行进那样安详，他们都很勇敢，不断冒着可怕的炮火冲锋前进，但毫无用处，没有一人能在向他们集中射击的炮火中活下来。到目前为止，我没有看见一个人能前进45米以上而不被打翻的。"在德军猛烈炮击下，莫日朗要塞满山遍野的法国士兵的尸体，扑灭了法国军事教条"进攻主义"的灿烂火焰。

图为法军为了配合军队的精神而设计的各种花色的军服。

德方洛林阵地的守军，是巴伐利亚王储鲁普雷希特的第六集团军，以及8月9日起归他指挥的冯·黑林根将军的第七集团军。按照"施利芬计划"，他们必须先行退却，将法军引入"口袋"，拉长法军的交通线，然后把它咬住，而这时候，决战就在别处打响了。鲁普雷希特亲王原本就不甘心在这样一场决定德国命运的会战中，仅扮演一个次要角色，更不愿当别人进攻时自己却在后撤，即使出于战略上的需要。现在法军进攻受挫，他开始对参谋总部施加压力，要求立即反攻。小毛奇的思想深处一直存在着两面合围法军主力的想法，只是担心力量不足而未敢实施，这时见到自己左右两线都取得了胜利，于是改变了原来的诱敌深入的计划，同意第六和第七两集团军立即向当面法军发动反攻，并向厄比纳尔方向追击。战事从8月20日开始，当时法军右翼的两个集团军前进到梅斯以南，他们遇到前方准备充分的德军防御工事的抵抗，而从要塞出发的经过辐射状公路和铁路运来的巴伐利亚军猛烈攻击他们的左翼，全线陷于苦战的法国第二集团军，这时其左翼正遭到梅斯德国驻军分遣队的猛攻，法军的左翼垮了，后备队业已全部投入作战，德卡斯特尔诺意识到进攻的全部希望已成泡影，于是停止战斗。霞飞只好命令第二集团军跟友邻军一并撤退，好容易打了7天才拿下的地方，如今又被迫放弃了。

正如施利芬所预料的那样，法军开始进攻洛林，法军主力和德军左翼在德法边境上不断上演着进攻和反攻的大戏，最后德军的大炮和机枪占了上风，法军在两周的作战中损失惨重，只得撤退，而德军右翼这时却从比利时打到了法国边境。

蒙斯和莱卡托之战

——英德第一次交手

1914 年 8 月，穿过法比边界向前挺进的英国远征军在经历了德军的频繁袭击后，意识到面前是数倍于己的敌军，于是开始向着法国东南部实行战略性撤退。

英国对德宣战三天之后，即 8 月 7 日，陆军元帅约翰·弗伦奇的英国远征军第一分队抵达法国东北部，而12.5万人的大军则直到16日才全数渡过英吉利海峡。英国远征军集结在法国东北的莱卡托，并于 8 月 21 日向比利时南部移动。

远征军的第一场战斗不过是次日双方骑兵侦察员之间发生的一次小冲突。但 48 小时后，施利芬计划中负责统领左翼的亚历山大·冯·克卢克将军率领德国第一集团军，在蒙斯附近对英军发动了全力进攻。以克卢克那种呆板的思考方式，虽然他吃惊于英军出现在法国，却也没有向上级汇报这一情况。

23 日，英军在蒙斯战役中用高速来复枪让德军损失惨重；第二天，备受鼓舞的弗伦奇打算坚守阵地。但他却收到命令，夏尔·朗雷扎克将军率领的法国第五集团军正从比利时桑布尔河战场撤退，他必须连夜撤军与这支部队会合。于是，大约在几天之内，英军就沿着不久前他们去比利时南部时才走过的路又回到了法国东北。弗伦奇真的很想把军队直接撤到英吉利海峡边的港口去，但他的上司菲尔德·马修·霍雷肖·基齐纳却坚持要让远征军退到马恩河去，和朗雷扎克保持联系。

从蒙斯撤退的途中，英国第十一路轻骑兵在稍作休整。

蒙斯战役后，克卢克的部队就一直紧紧地跟在撤退的英国远征军后面，时不时地打一下英军的屁股。27 日，筋疲力尽的远征军第二军在霍勒斯·史密斯·多利恩将军的率领下坚守莱卡托阵地，不想却被卷入了一场一百年来英国军队所面临过的空前大战。

德国第一集团军试图从两翼包抄英军，于是只有 7 万人的英军只得和 16 万敌人血战了整整一天。战斗由于夜幕的降临而结束，已死伤 7800 余人的英军继续撤退。途中，他们得到了在英军右翼平行撤退的朗雷扎克

出生于伦敦的炮兵连军士梅杰·乔治·多勒尔由于在内里之战中作为第十二炮兵连一员的英勇表现获得了维多利亚十字勋章。

◎**内里之战**

这场战役发生于1914年8月英国远征军穿过法国东北部的撤军途中，它是整个第一次世界大战期间最卓尔不凡的小范围战役之一。9月1日，英军第一骑兵旅的后卫部队和第十二炮兵连的皇家骡马炮兵部队开始面对整个德国第四骑兵师的猛烈攻击。英军拼死抵抗，尽管伤亡无数，但幸存者却坚持战斗直至弹尽粮绝。第十二炮兵连中有三人因此获得了维多利亚十字勋章。

法国第五集团军的支援。这时，法国总司令约瑟夫·霞飞元帅却命令朗雷扎克掉转90度，向西进攻克卢克毫无防备的德军右翼。

协约国在29日发动了自认为胜券在握的吉斯战役，却并没有成功地减慢德国第一集团军的步伐；与之相对的，作为该战役的补充，一次袭击德国第二集团军左翼的次级行动却给其统帅卡尔·冯·布罗将军带来了相当大的麻烦。布罗向克卢克求援，而后者竟在没有获得上级批准的情况下就同意了。同时，克卢克还作出了一个致命的决定：带领军队掉头向东南进发——这条线路直通巴黎，却违背了施利芬计划的安排。9月2日，德军第一集团军大踏步地行进到了塞利城堡和尚蒂伊之间的马恩河畔。克卢克误以为自己右翼的巴黎附近并没有集结大规模的敌军，而这一错误的判断深刻地影响了整场战争后来的进程。

保卫巴黎

——老将加利埃尼当机立断

1914年9月2日，德军即将打到巴黎，巴黎的法国政府官员们纷纷收拾行装，踏上逃亡之路。法国把防守巴黎的任务交给了65岁的加利埃尼将军。让约瑟夫·西蒙·加利埃尼防守巴黎是法国的幸运，他是一位卓越的战略家。巴黎守军在城里城外构筑堑壕路障，枕戈待旦，准备迎击德军。美国著名战史专家米德尔顿在论及协约国将领中谁对马恩河会战的贡献最大时说：“历史表明，要求得到‘马恩河战役得胜者’这一称号的颇不乏人，但加利埃尼比起大部分人更加名正言顺。”

加利埃尼于 1849 年 4 月 24 日生于圣比特的一个意大利移民家庭，后就读于著名的圣西尔军校，1870 年参加普法战争，曾被普军俘虏，普法战争结束后被释放返回巴黎。1873 年，加利埃尼离开法国，在非洲留尼汪岛开始了他在殖民地的军旅生涯。可以说，加利埃尼是一位“殖民地元帅”，他的功勋几乎都是在殖民地建立的。19 世纪 70 年代中期，加利埃尼被任命为法属苏丹的总督，镇压苏丹人民的反抗，1892 年被派往法属印度支那进行殖民活动，后又改派往马达加斯加，在那里他镇压当地人民的反抗后“载誉”归国。在 1911 年竞争法军总司令的角逐中，加利埃尼因年老体弱败给了他曾经的部下约瑟夫·霞飞之后，于 1914 年 4 月退役，住在圣拉斐尔。第一次世界大战爆发后，加利埃尼被召回军中，就任巴黎卫戍司令，在法国的防务中，巴黎长期以来起着战略作用，所有主要铁路线都通过这个政治文化中心，9 月 2 日，德军克卢克集团军的先头部队已挺进到距巴黎仅有约 30 公里的地方了，霞飞指挥的法军主力为阻遏德军右翼所作的努力已告失败。

加利埃尼的无限精力使人看不出他 65 岁的年龄和业已衰退的健康，他对这座一半已经荒废的城市，发表了一份值得纪念的声明：“共和国政府的成员已经离开巴黎，去给国防以新的推动，我受命保卫巴黎和抵抗入侵者，这个责任我将贯彻到底。”几小时后，一支由士兵组成的队伍开始构筑堑壕和路障，并增援周围的炮台。法军在被迫退到桑布尔河以前，很少想到要保卫巴黎，只有 4 个师和 1 个本土军旅，1 个独立骑兵旅和 6 个炮群，组成了巴黎驻防军队，尽管这些军队不久就增加了一倍，驻防军队要成功地抵抗克卢克的第一集团军的攻击也是不够的。1914 年 9 月 3 日，被胜利冲昏头脑的德国第一集团军，为了追击败退中的法军，居然改变了行军方向，绕到巴黎的东南部，孤军冒进，将自己的右翼暴露在了法军面前。按照“施利芬计划”，处于最外侧的德国第一集团军应该从西面包抄巴黎，但是德军没有按计划乘势攻入巴黎，而是调转方向去追击向巴黎东南方退却的法军。

加利埃尼本人并不满足于仅仅防守巴黎，一位飞行员在 9 月 3 日晚些时候回来报告说，德军纵队正在改变他们的进军路线。第二天清晨，空中侦察和骑兵侦察都证实，德国人的确修改了他们从正面攻击巴黎的计划，已经转向首都的东南郊。德军的新路线给法军提供了一个侧翼攻击的大好机会，加利埃尼喊道：“我不敢相信有这样的事情，这太好了，使人不敢相信这是真的！”在还未取得霞飞同意的情况下，加利埃尼就向他下属的第六集团军发布预令，让他们先做好战斗

战场上的加利埃尼将军

准备，然后他给总司令部打电话，请霞飞下达攻击的正式命令，但霞飞未置可否。其实，霞飞也是有反攻计划的，只是霞飞希望再有一天时间，好让增援部队赶到，让他的第五集团军做好部署，以有较充裕的时间争取英军的配合。出于对霞飞及早作出决定的能力感到绝望，加利埃尼本人乘车驶往英国人驻防的默伦，希望赢得他们的支持。加利埃尼的外貌不像军事人员，他从一副夹鼻眼镜斜眼看人，在他争辩着想争取英国人支持时，眼镜不牢靠地颤动着。当参谋人员注视着他的不整洁的制服、蓬松的小胡子、黑纽扣的长筒靴和黄色的护腿时，怀疑的态度增加了。后来一位英国将军评论说：“英国军官决不会同这样一个丑角式人物谈话的。”

当加利埃尼再次打电话时，霞飞终于批准让他的第六集团军从马恩河北岸发动进攻，并且于当晚10时下令法军其他部队停止后撤，于9月6日开始发动全面反攻。然而，英国人却拒绝执行这项反攻计划，霞飞着急了，亲自前往英军司令部说服英军司令弗伦奇爵士，最终，弗伦奇答应了霞飞的要求，表示将“竭尽全力”参加战斗。9月6日，法军的第六军团率先向德军发起了猛烈的攻击，战斗进行到第二天，法军兵力不足，如不及时补充兵力，就可能全军覆没，情况十分危急。但是，法军车辆的运输能力极为有限，短时间内不可能把内地的士兵都运往前线，加利埃尼马上发布命令征用巴黎所有机动车，包括出租汽车在内。在巴黎的各个地区，警察拦住出租汽车，命令乘客下车，共征用了大约700辆汽车，整个夜间，征来的汽车驶往前线，只走了两个来回，就输送了整个师，这件事被称为“出租车运输队”。霞飞也向部队发布了一项简短的动员令：“我们马上就要参加一个会战，这是关系我们国家命运的一战，撤退的阶段已经结束，现在我们应全力以赴，向敌人进攻并把他们驱赶回去，部队倘若不能再前进，那就不惜一切代价守住阵地，宁可战死也决不后退，在当前情况下，任何示弱的行动都是

这是一支行进中的法国军队。1914 年末，战场在法国以内向南迁移。

不能容忍的。”

英法联军与来势汹汹、攻势凌厉的德军展开了自大战爆发以来第一次大会战，战到 9 月中旬，孤军深入的德军终于后撤了，英法联军终于止住了德军的进攻，开始稳住阵脚。作为法军最高统帅，这次胜利的功绩自然要算在霞飞的名下。不可否认，加利埃尼虽然最早发现战机并提出了作战计划，但毕竟协调指挥全局的是霞飞。1915 年底，加利埃尼担任了法国陆军部长，此时他与霞飞的关系势如水火，常常在办公室里与霞飞拍着桌子争吵。1916 年 5 月，大战正酣之际，壮志未酬的加利埃尼在巴黎因病去世。1921 年，法国政府终于承认了加利埃尼的功绩，追授他元帅军衔，现在在巴黎有以他名字命名的车站和他的青铜塑像。

重炮

——战争的利器

大战之初，对任何地方而言大炮都是稀缺物资。但随着各国为了适应堑壕战而纷纷构建防御工事，大炮就成了各个兵工厂里制造的最主要的武器。

1914 年，大炮的稀缺可以部分反映参战各国最近的作战经历。法国人还是热

1917 年，英国在西线战场设置的一门 152 毫米大炮。这个武器可以打出 45 千克的炮弹，射程达 12500 米。

衷于 19 世纪初那种拿破仑式的快速机动作战；英国人在那段时间则较常采用 1899~1902 年第二次英布战争中使用过的那种隐蔽的骑兵突击战。鉴于这两种战术对速度的要求都是越快越好，所以这两个国家都不需要那种由马匹拖曳、与步兵及骑兵齐头并进的机动野战炮。

德国和奥匈帝国的指挥官们从 1904~1905 年的日俄战争中了解了日军所使用的重型榴弹炮。1914 年，考虑到要对付敌军的要塞必须使用重炮，两国的军事高层都为自己的军队装备了野战炮，使得他们的军队开赴战场时在装备上就占据了优势。普鲁士的军队早在普法战争中被包围时就已经意识到自己缺乏充足的火力。法军应对德国施利芬计划的取胜手段是建造并改良一系列的要塞堡垒，以拖延德军的快速移动。而德军要穿过的比利时则跟着法国走。奥匈帝国有可能要面对两个敌人　　俄国和意大利，无论和谁开战，战场都会有一部分在喀尔巴阡山脉和阿尔卑斯山脉之中，而要在山区内作战，就需要有高射程的炮弹。

奥匈帝国的军队率先使用了斯柯达制造的 305 毫米口径榴弹炮“苗条的艾玛”，德军的克虏伯则发展出一种 420 毫米口径的武器并亲昵地称之为“丰满的贝莎”。1914 年 8 月 12 日，两者在号称拥有世界最坚固复合要塞的列日首次展开了角逐。让德军无比欣慰又让比利时军惊愕不已的是，12 台“艾玛”和“贝莎”在短短 4 天时间里就把所谓坚不可摧的钢筋混凝土防线撕成了碎片。

1914 年末，沿西部前线修筑的战壕，所有的战斗都是为了让重炮撕裂带刺的铁丝网，破坏并填平所有为了包围战而准备的战壕，更有大批的重炮被造出来对付余下的要塞。例如，1914 年时，法军只有 8% 多一点的大炮属于重型炮，但 4 年后，这一比例就升至接近 50% 了。

经由各种部件改良过的重炮，有的本身就有轮子，可以作为一个整体在战斗

◎27.2 千克的大炮

这种武器于1905年被引入英国，炮弹重达27.2千克，在大战之初作为基本重炮配置给了英国所有的师级部队。其后虽然一直沿用到战争结束，但在后期被重新定义为重型炮，需以重炮作为补充。

口径：127毫米
炮重：〖HTK〗4.3吨
炮长：〖HTK〗4.29米
炮弹重量：〖HTK〗27.2千克
炮弹初速度：〖HTK〗634米/秒
最大射程：11250米

◎克虏伯210毫米迫击炮/榴弹炮

通常是指210毫米口径的迫击炮，这种重型榴弹炮于1916年投入使用。最早一版的炮身外还覆盖了一层盾牌，但这种设计在后来的改良中没有被沿用。

口径：210毫米
炮重：6.57吨
炮长：2.3米
炮弹重量：113千克
炮弹初速度：393米/秒
最大射程：11100米

中移动；也有的被分拆成各种零部件，运到战场之后再在加强过的底座上进行组装。像法军使用的220毫米口径的施奈特型那样的重炮可以把重达90.7千克的炮弹发射到22400米以外的地方，但大多数重型榴弹炮的射程都要比这个短。简单来说，就是射程和炮弹重量之间呈反比关系。为了提高杀伤力，当时各方势力都把炮弹越做越重。1914年时，德军野战炮的标准炮弹只有6.8千克重；而到了1916年时，口径210毫米的战壕臼炮使用的就是113千克的炮弹了。

◎克虏伯 15 厘米野战榴弹炮

这种炮于1913年首次登上战场，但第一次世界大战期间克虏伯还制作了该炮的升级版——FH17。除了由于缺乏某种原材料而造成的炮身较轻外，这种炮和之前的炮没什么区别。德军直到第二次世界大战都还在使用这种炮。

口径：150 毫米
炮重：2.17 吨
炮长：2.1 米
炮弹重量：42 千克
炮弹初速度：365 米 / 秒
最大射程：8500 米

“法国的镇静剂”
——霞飞

约瑟夫·雅克·塞泽尔·霞飞，法国元帅。霞飞生于法国里夫萨尔特一个啤酒桶匠家庭，20 岁时毕业于巴黎综合工科学校，后投笔从戎，作为一名工兵少尉参加了普法战争。在侵略越南和非洲的殖民战争中，多次主持建筑军事工程，先后任旅长、师长、军长、最高军事委员会委员、最高军事委员会副主席兼总参谋长等职。身躯魁伟，大腹便便，穿着宽肥的军服，面容丰腴，点缀着已近霜白的浓浓的髭须和天生匹配的两道粗眉，肤色白嫩，两眼碧蓝安详，目光诚挚恬静，霞飞的模样活像个圣诞老人，叫人一见便有慈祥朴直之感——尽管这两个品质在他的性格中很难见到。霞飞第一次显露他的指挥才华是在 1892 年，当时他正奉命在塞内加尔修建铁路。这年，塞内加尔的陶里格人发生叛乱，法军兵力被起义军击败，一溃千里。霞飞赶上了溃军，自告奋勇地接替指挥官尼尔上校的职务，平定了这次叛乱。他因功晋升中校，然后返回法国，相继任师长、军长等职。

霞飞性格稳重，木讷寡言，虽略显迟钝，却极其坚韧，人称“迟钝将军”。1911 年法、德两国为争夺摩洛哥而剑拔弩张，战争一触即发。新上任的法国陆军部长阿多福·梅西米举荐贤才，把当时并不出众，但比较年轻，而政治上属温和派的霞飞推上高位，让他当了最高军事委员会副主席兼总参谋长，霞飞从此圆了统率三军之梦。在总参谋长任内，霞飞为法国击败德国、取得世界大战的胜利打下了坚实的基础。可以毫不客气地说，没有霞飞，就没有法国最后的胜利。他决定了革新法国陆军的主要路线，加强军队训练和军官培训，组建了一只能适应工业时代的陆军，拟定了几乎一切军需生产计划——尽管到1917年这些计划才被大量投入生产。1911年的欧洲已走到了战争的边缘，面对德国咄咄逼人的气势，霞飞主持制定了新的对德作战计划，即“第十七号计划”。计划规定法军主力直取阿尔萨斯和洛林，正好掉进“施利芬计划”的陷阱中。与其对手小毛奇相比，霞飞显得不够大胆，也缺乏足够的想象力。他认为德法边境将是未来德军入侵法国的唯一方向，因此把法军主力部署在这一地区，而在法比边境和法国北部只部署很少的警备部队，基本没有设防。

第一次世界大战爆发时，霞飞被任命为法军总司令，德军执行“施利芬计划”，从法军设防薄弱的方向攻入，法军在边境交战中接连失利，在8月的边境交战中损失30多万，全军溃退，在每个人都惊慌失措的时候，只有霞飞若无其事，沉着冷静，近乎迟钝地继续指挥部队一边撤退一边抵抗，在整个战争中，霞飞从未有过惊慌失措，无论战局是多么的火烧眉毛，他每天准时吃两顿美餐和每晚10时一定上床就寝的习惯上从来没受过影响。霞飞那超人的冷静就是这种情况下最有利的武器，他成为了“整个法国的镇静剂”，这与他的对手小毛奇、比罗甚至克卢克形成了鲜明对比。当然他也不是完全迟钝，至少在这个时期，他雷厉风行地撤掉了许多作战不力的将军，并破格提拔了贝当、福煦、德斯佩雷三位后来的法国元帅。当两路德军在巴黎城下由于配合不良，出现巨大空隙且把侧翼暴露出来的时候，战机稍纵即逝，不慌不忙的霞飞在约瑟夫·加利埃尼的再三催促下发动了反攻。

约瑟夫·霞飞元帅（左起第二）与英军高级官员交换意见。

9月6日，霞飞向部队发出了命令，同时号召法军士兵：“正值国家存亡在此一战之际，必须提醒大家不得瞻前顾后，应当全力以赴，进攻并打退敌人，部队倘若不能再前进，那就不惜一切代价守住已经占领的区域，宁肯就地战死也决不后退，当前情况下，任何怯懦都是不能容忍的。”在霞飞的一声令下，100万把刺刀转变了方向，1000门大炮指向了德军，英法联军的大反攻开始了。至9月9日，德军右翼主力受挫，德第一集团军30万大军陷入被分割包围的境地，这时小毛奇才如梦初醒，慌忙下令全线撤退。马恩河战役的失败宣告了德军速决战略的破产，法国得救了，德意志帝国的丧钟敲响了，霞飞则因此名声大震。但要说霞飞完全是一个英明的名将，倒也不合适，开战初期恰恰是他的“第十七号计划”完全配合了德军的“施利芬计划”，导致了法军兵败如山，政府迁都，当加利埃尼向他指出战机出现时他又拖拖拉拉，几乎全部延误。但他能处乱不惊，败中取胜，的确也算是了不起。谁都会有失误，问题在于看谁能抓住对手的失误，霞飞抓住了对手的失误，所以胜利的桂冠还是落到了他头上，真是有福之人不用忙，该出名的时候推都推不掉。

法军在马恩河会战中阻止了德军的进攻，粉碎了德军“速战速决”的计划，接着霞飞再指挥军队进行一系列迂回行动，1915年春季，他发动了香槟和阿尔图斯攻势，但遭到了极大的伤亡，而所得甚少，从此西线战争从机动作战转入持久的阵地战阶段。1916年2月，德军在东线取得对俄作战胜利后，决定在西线重点进攻法国的凡尔登要塞，把该要塞作为“碾碎法军的磨盘”，要在此让法军把血流干。而霞飞采取“以磨盘对磨盘”的战术，决心集中兵力死守凡尔登，不断地向凡尔登增兵，由于双方死伤惨重，使凡尔登战役获得了“绞肉机”之称。经过六个半月的拉锯和争夺，法军终于转守为攻，夺回了失地，德军的战略企图落空。为减轻凡尔登守军的压力，从7月1日开始，霞飞指挥英法联军在索姆河一带发起对德军的强大攻势，迫使德军降低了在凡尔登的进攻势头。在掌握战役主动权之后，法军于10月和12月实施两次反击，并取得胜利。凡尔登战役和索姆河战役是第一次世界大战中最重大的战役转折点，也是霞飞为法国军事史增添的重要一页。

1916年12月，霞飞被免去实职，改任法国政府军事顾问，同月晋升法国元帅。在大战的后两年任法国驻美国军事代表团团长，后又任驻日本军事代表团团长，1918年12月被选为法兰西学院院士，1922年任法国国防委员会主席，1931年1月12日在巴黎病逝，遗有《战争准备与战役实施》和《霞飞元帅回忆录》等著作。

扭转乾坤的会战
——“马恩河奇迹”

对于法国来说，马恩河会战是一次干净漂亮的战略性胜利，它导致了“施利芬计划”的彻底破产。马恩河会战结束后，第一次世界大战的西线战场从此形成了对峙的局面。1914 年 8 月，德、法两军经过法国边境之战后，法第四、第五集团军和英国远征军于 9 月初撤至马恩河以南，在巴黎至凡尔登一线布防，德军在占领了比利时后，其五个集团军的近百万人马，像一把挥舞的镰刀，从比利时斜插入法国，走在最右面的是克卢克指挥的德国第一集团军，约 30 万人，被视为右翼的主力和向巴黎进军的主攻部队。他们杀开了一条近 130 公里宽的地带，浩浩荡荡向巴黎方向挺进。

随着德军的滚滚南下，巴黎像一条巨大的防波堤隐约地出现在他们前面，这里不但是法国的心脏，还是世界上最大的堡垒，任何人不用正式的围攻不能指望进入巴黎，而德军的大炮此时还部署在安特卫普前线，所以还没有开来足够的军队进攻巴黎。8 月 30 日，克卢克的第一集团军在右翼击退了法军第六集团军的几支分队，在中路发现英军撤退时仓皇丢弃的大批弹药和辎重，他的左翼报告法军第五集团军已被打得抱头鼠窜，克卢克感到决定性的时刻已到来，他决心不让对手获得丝毫喘息之机，决定向巴黎和凡尔登之间进军，以彻底击败法国的第五集团军！这时克卢克的第一集团军的先头部队已挺进到距巴黎仅有 24 公里的地方了，法军总参谋长霞飞指挥的法军主力为阻遏德军右翼所作的努力已告失败，德军即将席卷巴黎的姿态使法国首都陷于一片惊慌中，法国政府也迁往波尔多。老将军加利埃尼出任巴黎军事长官兼巴黎部队司令，他是在政府答应调拨三个军给他的情况下任职的，从洛林新组建的第六集团军主力急忙赶到巴黎附近的亚眠，准备投入保卫首都的战斗。

自开战以来德军似乎是无往不胜的，阿登会战、桑布尔河会战、蒙斯会战，几乎所有重要会战都是以英法的败退为结局。在整个 8 月中，德军的右翼都在不断发出捷报。德军向马恩河和巴黎前进，打击他们路上遇到的任何协约国部队。此时德军大本营和德皇都沉浸在胜利的喜悦之中，人们都认为法军和英军都已被打败了，只有小毛奇忧心忡忡。此时间谍的报告表明，虽然平民都离开巴黎，部队却开到了，但小毛奇并没能及时把这个情报转送给正在前线指挥作战的两位关键性的陆军将领，即德军第一集团军指挥官克卢克和第二集团军指挥官比罗。情

德国第一军总司令亚历山大·冯·克卢克将军（左起第五），与其部下一同拍照。

形正如毛奇所担忧的那样并不乐观，8月25日东线由于俄国提前到来的攻势而告急，而此时西线的战场已被认为胜局已定，小毛奇从第一集团军和第二集团军分别抽调一个军去支援，这样进攻过程中的右翼非但没有得到原计划增援6个军的加强反而削弱了2个军。克卢克的第一军团已将英国远征军赶出战线，在克卢克看来，英军目前已毫不相干了。在其右翼，德军与法军实施了一些轻微冲突。好斗的克卢克认为法军现在处于其左翼，由于他不能和毛奇取得联系，于是他抛弃了最后一点点"施利芬计划"。8月31日，他将进军方向转向东南以进攻法军第五军团。这一转向将使他从巴黎以东通过，他对法军正在首都筑垒地域集结一无所知。到9月2日，克卢克的左翼抵达马恩河畔的沙托－蒂耶里，其右翼抵达瓦兹，靠近尚蒂伊。

8月31日，德国第一集团军的漏洞被法国人发现了，被胜利冲昏头脑的德国第一集团军，为了追击败退中的法军，居然改变了行军方向，绕到巴黎的东南部，孤军冒进，而将自己的右翼暴露在了法军面前。从9月2日起，小毛奇对克卢克向内转后侧翼暴露的情况越来越感到不安，他给克卢克下了一道命令，要求保持与第二集团军的距离，但克卢克根本不愿执行这道命令，他认为这将使法军获得喘息的机会。9月3日晚，克卢克的德军第一集团抵达马恩河，而他所追赶的法第五集团军和其外侧的英国远征军已在当天早些时候渡过了马恩河，克卢克不顾柏林最高统帅部要他与比罗的第二集团军保持齐头并进的命令，准备立即于次日清晨渡河，继续他追逐法国第五集团军的行动。

打从撤退开始时法军总参谋长霞飞就说过“在我的两翼有包抄的有利位置时我将发动进攻”，但是在什么地方、什么时候、怎样才有这种条件呢？到目前为止他似乎还没看到这个时机，但是被授权指挥第六集团军、负责巴黎防务的老将加利埃尼却发现了这个反攻的转折点，加利埃尼的法国第六集团军的职责是防守巴黎，但在 8 月 31 日加利埃尼得到报告说，德军第一集团军正折向东南朝贡比涅进军而不是继续向巴黎进发，“他们把侧翼送上门来了！” 加利埃尼心头不禁一阵狂喜。这个消息第二天得到英国与法国飞行员的证实，到 9 月 2 日夜幕降临时，到达巴黎北边附近的莫努里将军的第六军报告，在桑利斯至巴黎一线之西没有德军，也就是说，由于德第一集团军的冒进，已经造成了德军的战线出现了一个很大的漏洞，加利埃尼立刻看出这一稍纵即逝的机会，他决定尽速对德军暴露的右翼进行侧击，并说服霞飞停止向塞纳河后撤，立即在全线恢复攻势。显然这一战略行动取决于霞飞的同意和英国远征军的配合。此刻，霞飞也在忙着反攻的事，不过不是在考虑具体地点和时间，而是在撤换指挥极不顺手的第五集团军司令朗勒扎克。

9 月 3 日晚，加利埃尼的信使把他的反攻计划带给了法军总参谋长霞飞，他要求霞飞批准他已经命令莫努里的第六军执行的这个行动，并竭力主张巴黎和凡尔登之间的全部法军在他发动攻击时同时进行总攻，但霞飞对他的这个方案并没表现出多大的兴趣。出于对霞飞的绝望，加利埃尼乘车驶往英国人驻防的默伦，希望能赢得他们的支持，但并未如愿。在此时的柏林，从德皇到普通百姓都认为法军即将被彻底消灭，德国的胜利即将到来，只有总参谋长小毛奇心里充满疑窦：“胜利者必然有俘获，但追击法军以来我们的俘虏在哪儿呢？在洛林有两万，其他地方合计起来，也只不过一两万人而已，再说缴获的大炮数量也较少，法国人

德国军队开始渡过马恩河时，法国军队就在河的这边等着与之交锋。

是不是在有计划地撤退呢？”

9月4日晚9时，加利埃尼走到电话机旁打电话给霞飞，再次重申了自己的主张，霞飞感觉到了这位勇敢的下属那种强烈而明显的指导行为，而且显然也看到了这一举动的重大意义，终于同意了加利埃尼可以在5日攻击马恩河以北的敌人。随即霞飞回到他的军官小圈子，对聚集在那里的军官们说：“先生们，让我们在马恩河战斗吧。”然后下令于6日进行大决战。现在骰子已掷下去了，从凡尔登到巴黎，百万大军一齐向后转，把100万把刺刀和1000门大炮指向了入侵的德军。9月5日，当德国的第一集团军到达巴黎东面，可以望见埃菲尔铁塔时爆发了马恩河会战，此时德国人再也无法前进了，法第六集团军先遣部队和德第一集团军的右翼在乌尔克河地区爆发战斗，法军首次使用临时征用的出租汽车把第六集团军一部由巴黎运往前线，克卢克将军察觉到自己的第一集团军的右翼和后方受到了威胁，遂由马恩河阵地抽调两个军加强乌尔克河防务，9月6日，英法联军全线转入了反攻。

撤退到凡尔登与巴黎间的法军要花相当时间转变方向，这些庞大沉重的队伍只有经过好几小时甚至几天才能有效地倒转它们的移动方向。就在法军转过身来开始前进时，迎面碰上了追赶他们的德军，他们极其镇定地立刻停下来向德军开火，德军在其枪弹前纷纷倒下，德第一集团军的攻势被止住了，经过数日的血战，德军从8日起渐呈不支。德第一、第二集团军陷于孤立之中，面临着被法军包抄的危险。9月8日，关键时刻，弗伦奇率领英军的3个军悄悄地插进了德第一集团军和第二集团军之间的缺口，将德国第一集团军与第二集团军隔开了，这使克卢克和比罗陷入被分割包围的境地。但弗伦奇面对两个师的德军警戒部队，总觉得自己正在进入一个巨大的埋伏圈。三天内英军在这个缺口里小心探路，竟只推进40公里，从而

这是乌尔克河会战期间，庆祝巴黎出租车队运送法国军队抵达战场的出版物画面。

成为后世笑柄。如果弗伦奇以一个真正的骑兵老将的姿态，迅速插入，便可轻松地从背后将克卢克集团军包围起来。9 月 9 日，比罗的第二集团军和克卢克的第一集团军不得不于同一天向后撤退，第二天，德军统帅部下令全线撤退，马恩河会战至此结束。

马恩河会战以德军的失败而告终，英法联军在宽达 200 公里的地带内，8 昼夜推进 60 公里，伤亡 25 万人，德军损失 30 万人。这次进攻是一次高度机动的战役，它成为西线战场 1914 年战局中英法联军反败为胜的转折点，意味着德军企图在西线战场迅速歼敌的战略计划彻底破产。在这场战役中，因为德第一集团军的贪功冒进，致使英法联军有机可乘，从而导致了德军主力部队被分割包围，原本想要用分割包围的战术打败法国的德军，到头来却自己败在这一招下。在马恩河会战中，没有公认的战功，也没有产生与之相应的轰动，只是疲乏的军队沿着 300 多公里战线，进行松弛而绝望的战斗，然后一方主动撤出了战场。但这场战役打破了德国人速战速胜的希望，使战争进入了一种持久战和消耗战的模式，由此欧洲便被拖入了战壕战的深渊，无数的人力物力被丢进了战壕的无底洞中。而这正是德国人所拖不起的，在马恩河战役以后德国便再也无法获得绝对胜利的机会了，正如 9 月 10 日小毛奇向德皇报告的那样："陛下，德国输掉了这场战争！"德军从马恩河地区开始撤退了，撤退到埃纳河北岸事先选好的阵地，当联军进一步逼近时，西线战事的前景渐渐变得明朗起来。联军虽没能把德军从埃纳河驱离，但"施利芬计划"的功亏一篑迫使德军中止了他们的前进，毛奇当众落泪，不得不通知德军撤退。当年 12 月下旬，当战线开始稳定下来之后，法国政府及议会均从波尔多迁回巴黎。

马恩河之战，大都由沿着 300 多公里前线无数凶猛的、短促的、混乱的冲突和战斗组成。为了避免在马恩河溃散，德军退得井井有条，成功地击退了协约国的追兵。德军士气依然良好，但在最高统帅部却深感绝望，因为这一场败仗粉碎了德军不可战胜的神话，同时，也使毛奇丢失了前程，因为失利，毛奇随后在 9 月 14 日被解除指挥权，由埃力克·冯·法金汉接替。马恩河战役是法国的一次战略性胜利，协约国军队粉碎了德军的速战速决的计划，保住了巴黎。这场会战的战略性结果非常大，德国人丧失了其优先击败法国再转过身来对付俄国的唯一机会。当德国人的胜利似乎唾手可得、法国人的灾难迫在眉睫时，协约国军队却在马恩河畔转败为胜，所以法国人把这场战役称为"马恩河奇迹"。马恩河战役结束后，第一次世界大战的西线战场就形成了胶着对峙的局面，以机枪和堑壕为核心的堑壕战从此一直延续了四年，直到战争结束。马恩河战役结束后，防线已被勾勒出来，德军在别处寻找着突破口，其军事注意力开始转向北边的佛兰德斯。

伊普雷第一次会战

——以两败俱伤而收场

这是德军于1914年在西线战场发动的最后一波有力攻势。他们本想突破敌方的防线，攻占运河港口，但这一行动却在英国远征军付出了惨重的代价之后以微弱的差距失败了。

图为伊普雷会战中准备出发的英国部队。

埃纳河战役于9月下旬结束后，菲尔德·马沙·弗伦奇领导的英国远征军转到英法大军的最左翼，参与了“奔向海岸”运动战。他们的主要任务是保护布伦、加莱和敦刻尔克，保证对英军的补给和支援十分重要的运河港口不被敌方占领，如果可能的话，还应向佛兰德迈进，与比利时军队取得联系。秋末，“奔向海岸”运动战达到顶峰，人数有所扩增的英国远征军于10月中旬到11月上旬在法国东北的拉巴西和阿尔芒蒂耶与敌军发生了两次冲突。一小部分军队进入比利时南部，在德军占领伊普雷10天之后将其赶了出去。在这个老式的佛兰德小镇上，英国远征军迎来了德军在1914年的最后一次进攻。

德军总参谋长冯·法金汉将军深知运河港口对于英军的重要性。面对协约国的军队，德国已经失败了太多次，而时间却就快不够了。但如果此时德军能够向伊普雷推进并最终占领这块地方，那么英国在这场战争中的未来就不好说了。伍腾堡的阿尔布雷希特公爵领导的德国第四集团军于15日发动了这次进攻。英军使用步枪还击，成功地把敌阵切成了若干小块，但同时也伤亡惨重，其中，伊普雷以北和以南地区的英军被迫收缩队形，形成了一个明显的绕城防线。

到了月底，新一波的攻势形成，伊普雷东西两侧遭受的火力最猛。31日，第四集团军占领了赫鲁维，穿过了梅尼大道。不过不久赫鲁维又被英法占领。莫西

图为在比利时伊普雷城外被俘虏的法国军队。

尼斯山脊是一块重要的高地，这块区域和维西查伊斯外的村庄于11月1日被占领，使得绕城防线的区域大大缩小。伊普雷的沦陷看来是不可避免的了，德皇威廉二世甚至迫不及待地亲临前线，只为了看到德军占领伊普雷的那一刻。但英军的抵抗却在继续，因为赶来的法国援军对此帮了大忙。

为了占领伊普雷，德军又发动了两次进攻。讽刺的是，英军经过深思熟虑之后竟想于9日放弃伊普雷及其附近的整片地区。这一计划最终被驳回，而德军的攻势却愈发猛烈起来。次日，圣埃洛伊失守，但德军第二次试图占领赫鲁维仍旧失败了。德军的最后一击在15日开始后总共持续了一周，最终因双方都精疲力竭和越来越糟糕的天气而结束。

第一次伊普雷会战中，协约国总共损兵折将7.5万余人，英国远征军元气大伤，基本需要彻底重建；德国军队则折损13.5万余人。会战只不过进行了5个月，总体的人员伤亡数字已经上升到触目惊心的地步：比利时有名有姓的伤亡及失踪人员达到了5万人，法国为99.5万人，德国为67.7万人，英国为7.5万人。

这一年结束时，法国还在继续进攻，直到12月20日的第一次香巴尼会战。

每一个参战国都相信自己可以取得一次决定性的胜利，但所有人也都明白：想按照开战之初设想的那样在圣诞节结束战争是不可能的了。战争的前景完全无法激起英军和德军士兵的斗志，有一些士兵甚至在圣诞节时爬出了各自新挖的战壕，向同样爬出战壕的敌军士兵表示友好——这将双方的将军们气坏了。

第五章

东线风云

——“俄国压路机”乘虚而入

“欧洲宪兵”出动

——不可彻底战胜的沙皇俄国

被称为“欧洲宪兵”的俄国，在欧洲有着举足轻重的位置，在欧洲所有的事务中，都离不开它的影子。为了对抗以德奥为主的同盟国，英国和法国把它拉到了自己的一方，组成了协约国，共同对付新崛起的德国。地广人多的俄国巨人，像具有魔力似的迷惑着欧洲。

尽管它在19世纪的克里米亚战争和日俄战争中的惨败暴露出了它在军事上的无能，但是人们仍然认为俄国是不可能被彻底战胜的。俄国凶悍残忍的哥萨克骑兵和取之不尽的兵源，在欧洲已是深入人心，只要一想起德国后背的这个庞然大物，协约国中的英国和法国就感到心中踏实，而德国人则对他们背后的那只“北极熊”提心吊胆，寝食难安。

俄国陆军人数之多，对欧洲任何一个国家来说，都是一支不可轻视的力量，它在平时的常备兵力有150万人，一经过战争动员，马上就可以达到近700万人。当然，腐败的机构和落后的交通，使俄军在开始发动时不免缓慢，但是一旦充分发动后，它那惊人的潜力，将足以拖垮任何敌人。

对此，英国的外交部长爱德华·格雷爵士曾对法国总统普恩加来说：“俄国的资源非常富足，就是我们不去支援俄国，时间一长，德国人也要山穷水尽的。”

在法国人的想法中，一旦战争爆发后，霞飞的“第十七号计划”能不能取得成功，关键得取决于俄国，取决于俄国人到时能不能在德国的东部拖住德军的部分力量，也就是要看俄国人能不能在战争的前半个月内对德国发动进攻。

当然，法国人心里也明白，这样的要求对于俄国来说是不可能办到的，法国人只希望在战争的前半个月中，俄国人将其手头已有的力量投入战场就心满意足了，不管怎么说，一定要让德国在一开战的时候，就要陷入两面作战之中，借以削弱德军在西线所投入的兵力。

为了达到这个目的，法国陆军部的参谋长迪巴伊将军在战争爆发的前三年就被派到了俄国，去给俄国的战争决策者们灌输必须夺取主动的作战思想，并把它变成了两国之间的协议。要求俄国尽早发动攻势的协议在随后的两年中，经过两国的参谋总部之间的商谈而越来越得以确定。

经过日俄战争的惨败，俄国人已经对它庞大的军队进行了一系列的改革，俄国人因为他们的军队蒙受的耻辱而急于重振军威，现在的圣彼得堡充满自信，认为一切都已经准备就绪。

然而，出于俄国人所惯有的惰性，他们只是制定了战略上的计划，而对于这个计划的具体细节，并没有事先制定。井井有条，一丝不苟，那不是俄军的习惯。但俄国人同意和法国人同时对德军展开进攻，法国人派往俄国的迪巴伊参谋长得到了俄国人的保证，一旦开战，俄军对德国的进攻将在动员后的第16天开始，不等动员完毕，俄军将把它的前线部队先行越过德国与俄国的边界。其实俄国人的这个承诺是没有经过深思熟虑的，派出大军进入敌国境内打一场战争，是一件充满复杂而又危险的事情，是需要做好充分准备的，然而俄国人完全没有考虑那些，比如它的战时运输是否对够对此提供足够的保障，俄军的武器弹药到时是否能够得到充分的补充。

开战后这些问题让俄军吃尽了苦头，没有粮食，没有弹药，没有援军，使得俄军因此遭到了败北，但是此举却救了法国人，使德国在西线最为紧张时分兵东线，从而导致了马恩河会战的失败，俄国人这种舍己为人的精神实在是难得。当时的俄军是存在许多不足的，这一点英国的军事观察员早就指出过，俄军在训练以及情报和保密方面都有明显的问题，但对于俄军这些军事上的弱点，英法并不担心，它们所关心的只是要让俄国这个巨人动起来，至于它所发挥的作用则无关紧要，英法对俄军的企望，也只不过是牵制德军。

俄军的优势在于易于管理、吃苦耐劳和视死如归的巨大人力资源，但装备和弹药严重不足。在高层指挥上，除了作为总司令的尼古拉大公和少数人之外，大都是漫不经心和庸碌无能之辈，其参谋总部亦同样糟糕。俄军有个庞大的军官团，其中的军官们基本上都是依仗有社会关系而得到提升的，在俄国的制度下，真正有才干的人是很难被提到重要位置上的，那些高级军官们平时从不锻炼，斗纸牌就是他们平时的工作。

在战争爆发后的一年中，被淘汰的军官人数比法军全部的军官还要多，而真正称职的军官却严重缺乏。曾任英国首相的维特伯爵曾说：“它是集怯懦、盲目、狡诈、愚蠢于一体的大杂烩。”

沙皇尼古拉二世是个既无才智也无精力的人，他所依靠的朝臣们都是出身于贵族世家的官僚阶级，管理政府的就是这批人。这个政体得以生存主要是依靠人数众多的秘密警察，这些秘密警察遍布全国，无孔不入。尼古拉二世在处理国家大事上处处受皇后亚历山德罗的影响，当皇后被一个叫拉斯普京的“妖僧”左右了之后，尼古拉二世便失去了许多人的支持。随着战争的失败，俄国的国家经济濒于崩溃，民不聊生的俄国终于爆发了革命，尼古拉二世失去了他的政权，十月革命后，俄国退出了战争。

东普鲁士之战

——可悲的冯·普里特维茨

在西线即将开战前，德军把普里特维茨将军的第八集团军的20余万人、火炮1000多门，派往东普鲁士，并把沃伊尔施将军的两个后备师派往加利西亚。奥匈帝国在加利西亚派驻三个集团军约75万人，近2000门火炮，还有25万人尚未到达。而俄国则在400多公里的战线上派驻两个方面军共100多万人和3200多门火炮。尽管俄国人才动员了1/3的兵力，而且明显地缺乏补给和支援部队，但他们还是于1914年8月13日发动了攻势。

向东普鲁士的进军兵分两路，矛头均指向德国第八集团军：一路为俄国第一集团军，由帕·伦宁坎普夫指挥，位于马祖里湖区以北；另一路为俄国第二集团军，由亚·萨莫索诺夫指挥，位于湖区以南。两个集团军都受俄国西北方面军司令官吉林斯基将军协调，但是通信装备不足，参谋工作不力，车辆匮乏，加上指挥拙劣，恰恰暴露了这次东普鲁士进攻战役的一个突出特点——缺乏协调。与俄军对阵的是由冯·普里特维茨将军指挥的德军第八军团，分散地配置在从波罗的海南至弗兰克瑙河一线，以柯尼斯堡为基地，根据修改过的“施利芬计划”，其任务是实施弹性防御以迟滞俄军。

俄国在欧洲各国的眼里向来被视做庞然大物，平时常备军有150万人，一经动员可达到300万人，此外还有一支200万人的地方部队和可以征召的后备力量。整个国家可使用的兵员总额达650万人。然而，沙皇的专制政体在制度上不利于最优秀的军人被推上最高层。

这是一个愚不可及的政体，除了数量的优势足以吓坏胆小者外，就其素质而言，几乎没什么可以称道的地方。俄国对中欧强国德国的最大威胁，在于它有600万部队，但是其“蒸气压路机”开动起来效率很差，大多是文盲的部队虽由勇敢的士兵组成，但他们由贵族和有钱人组成的军官团所受到的训练很差，那些人的战争知识，还局限于使用军刀和剑。直到开战前，俄国军官缺额达3000名之多。陆军大臣苏克霍姆利诺夫是个贪污枉法之辈，他压制军队中的改革派，一口咬定俄国过去的失败，只是由于司令官的错误，而不是由于训练、准备和供应方面的不足。他顽固地坚信刺刀胜过子弹，所以根本不肯花力气去增产步枪、子弹和炮弹，以至于俄国在开战时，每门大炮只摊到850发炮弹，成千上万的补充兵员赤手空拳地待在前线战壕里，等着同胞战死后留下的武器。不过在人们的脑海中，俄国军队是个庞然大物，开始时不免臃肿迟钝，但是一旦充分动员起来投入行动，它一浪接一浪永无穷尽的人海波涛，不论伤亡多大，都会不屈不挠，前仆后继，滚滚向前。

问题在于要使俄国人在德、法两国各自在西线发动攻势的同时，在德军后方发动攻势。直到1913年都担任俄国参谋总长并将统率参战军队的伊凡·吉林斯基将军，向法国保证，战争动员后两星期，80万俄军就会做好战斗准备。到了8月中旬，有65万多人已经准备就绪，这一业绩使德国人感到惊愕和担心。初期德国在西线的胜利，引起法国人连续恳求俄国迅速打击德国的东部，承受着德国几乎全部力量的法国后来开始大声求援，按照法、俄之间1911年以来协商一致的安排，如果德国把它的主力投入西线，俄国从一开始就要勇猛地杀入德国，以减轻德国对法国的压力。现在这个情况显然发生了，法国政府提出比战前协议更进一步的要求，敦促俄国直接向德国进军。

俄国早在开战前就开始了总动员，至8月底，俄军已从120万增加到530万。但俄国交通十分落后，集结速度实在慢得吓人。俄军在8月中旬可立即投入东线

这是在东普鲁士东面与俄国接壤的边境线上某处，藏身于战壕之中的德国军队。

作战的只有65万人，多数部队还挤在路上，远东的一些军队甚至要三个月后才能赶到。鉴于西线的严峻形势，俄军统帅尼古拉大公决定提前发动攻势，其中西北方面军负责进攻东普鲁士，西南方面军负责进攻加利西亚。1914年8月上旬，应英法联军指挥部的再三请求，俄军在没有完成动员和集结的情况下就开始了进攻，以粉碎德军主力对法国的进攻。战役的直接目的是歼灭德国第八集团军和攻占东普鲁士，为尔后进攻加利西亚创造条件，以减轻德军对西线的压力。在军事计划的棋盘上面，俄国以其地大人多而被视为庞然大物，尽管它在对日一战中丢脸出丑，但是只要想起俄国“压路机”，法国和英国就感到心宽胆壮，而德国人因害怕在他们背后的斯拉夫人而提心吊胆，寝食难安。

俄国同德国和奥匈帝国有一条共同边界，延伸1800余公里。那时是俄国一个省的波兰，形成一块400多公里宽的突出部，这个突出部向西突出320多公里，在西部和西北部与德国毗连，在南部则与奥匈帝国邻接。它的西部边界离柏林只有不到300公里，它的北面是东普鲁士，这块约130公里宽的德国领土夹在波兰和波罗的海之间，俄国一次胜利的大规模进攻，就能把它同整个德国切断。俄军的集结部署是按照第十九号计划“A”方案进行的，面对德、奥两个方向，俄军编成西北、西南两个方面军，在德国战线上投入吉林斯基的西北方面军，它由莱宁坎普夫的第一集团军和萨姆索诺夫的第二集团军所组成，总兵力为25万人，计划是分北、南两路向东普鲁士发动钳形攻势。

大战刚刚爆发，俄军西北战线的指挥权就交付给了吉林斯基将军，他在一年前出任俄军参谋长时，与法国就现已开始的大战中两个协约国的合作做了最后的秘密安排，吉林斯基从战争动员的第12天起即在比亚韦斯托克的司令部指挥至少10个步兵军和10个骑兵师发起了进攻，他的意图就是要丝毫不失时机地入侵东普鲁士，制服它的守卫者。俄军大本营的计划是以第一集团军从北方切断德军与柯尼斯堡的联系，以第二集团军切断德军与维斯瓦河的联系，把德第八集团军包围在东普鲁士突出部加以歼灭，进而直取柏林。根据方面军指挥部的企图，莱宁坎普夫将军的俄国第一集团军应当从北面向马祖里湖地区实施迂回突击，以吸引德军主力，萨姆索诺夫将军指挥的第二集团军应当从西面对该区实施迂回突击，以切断德军向维斯瓦河的退路并歼灭之。1914年8月，俄军兵分两路，一路直扑西北面的东普鲁士，另一路开向奥匈帝国境内的加利西亚，俄国第一集团军和第二集团军试图通过南北合围的战术歼灭东普鲁士的德国守军。

三天之后，第一军向德军主力发起进攻，迫使德军后撤，与此同时，俄第二军趁势从南面进入了东普鲁士境内，但是，俄第一集团军没有乘胜追击，这就让俄

图为第一次世界大战中德俄两军的首次交锋——斯塔伦普鲁战役的场面图。

第二集团军陷入了非常危险的境地。8月17日，莱宁坎普夫率军在宽广正面上攻击，其中部与弗朗索瓦将军的德军第一军相遇，并遭受严阵以待的弗朗索瓦的重击，被击退到边界一线，损失了3000多人，弗朗索瓦则随后撤至古姆宾嫩。8月20日，俄军再次缓慢地推进。弗朗索瓦猛击俄军右翼并将其驱退了8公里，但德军其他各部的攻击没能成功，战斗打成了平局。德军此刻面临的困难非常严重，俄军南北合围的两个集团军人多势众，似乎难以抵挡。但施利芬为此事预先留下了一套计划。按照施蒂芬制定的计划，把整个集团军放在了一个叫坦能堡的要害地区，俄军两个集团军中不论哪个首先进入有效打击距离，德军都将予以打击，然后再迂回运动打击另一个集团军。这个作战计划充分体现了施利芬的主导思想，那就是集中自己的优势兵力，对敌人给予各个击破，这对当时在总体人数上占劣势的德军来说，是最可取的办法。这要求指挥者有高超的才能，但是也向总司令提供了最辉煌的机会！对于这种任务，德军留在东线的指挥官冯·普里特维茨将军从一开始就感到力不从心。

普里特维茨错误地分散兵力，然后对莱宁坎普夫的第一集团军进行正面攻击而不是进行侧翼攻击，8月19日德国第一军在施塔卢珀嫩的战斗中被击退。次日，在贡宾嫩－戈乌达普一线，俄国第一集团军遭到德第八集团军主力的反击，俄军右翼一度被击退，但中路粉碎了德第十七军的正面攻击，德军遭到失败后，开始向西撤退。随着萨姆索诺夫对其交通线构成潜在的威胁，惊慌失措的普里特维茨没有通知任何下属就拨通了在科布伦茨的德军总司令部的专线，小毛奇说：“你必须不惜一切代价守住维斯瓦河。”对此，普里特维茨认为如果得不到增援，甚至这一点也无法保证，他未加思索就回答说：“河水很浅，有多处可以涉水而过，我只有这么一点人，怎么守得住维斯瓦河？”

关键时刻的一句话足以决定命运，就是这句话结束了他的军旅生涯，甚至影响到了战争的全局。数小时后，普里特维茨回到了他的指挥位置，听取和批准了作战处长霍夫曼所制定的进攻计划，作为一个军人，这个计划必定会给他带来历史性的荣耀。然而就在此同时，小毛奇发来的一个电报也到了，普里特维茨和他的参谋长瓦尔德泽被新的总司令官冯·兴登堡和新任参谋长鲁登道夫取代了，半小时后，第二个电报通知麻木了的普里特维茨和瓦尔德泽退役，荣誉的桂冠已然对他落下。

马克西米连·霍夫曼将军，他是德国驻东普鲁士第八集团军的高级将领。

8 月 22 日，刚接到任命的鲁登道夫匆忙研究了来自东线的报告之后，向第八集团军各个军的指挥官发出电报命令，要求他们朝着萨姆索诺夫的第二军团实施进攻，同时迟滞莱宁坎普夫的第一军团进一步向东行进。当天晚些时候，鲁登道夫与兴登堡一起乘火车赶往东线，并在路上报告了他的计划，兴登堡表示赞同。兴登堡与鲁登道夫这两位人物，可以说是来自不同时代又具有完全不同性格的人。然而，共同的任务和共同的参谋总部思想将他们结合在一起，而且配合默契，成效卓著。兴登堡具有数十年的军队实践经验，在军界享有崇高的声誉、威望和自主权，而鲁登道夫则具有毋庸置疑的战略天才，雄心勃勃，精力充沛，脾气暴躁但外表又表现得镇定自若——这最后一点是权威性领导所必需的。

23 日夜间，当鲁登道夫匆匆走进首长已被免职的第八集团军司令部的时候，他从霍夫曼将军那里接到了实际上正在进行的部队调动的报告，他对这些调动均表示同意，他发现对计划无需作任何增删与修改。鲁登道夫原本预计面对一个瘫痪的参谋部和一支不稳定的军队，但他发现参谋部以罕见的能力和决断为即将进行的战斗做好了一切安排。这本来是命运给普里特维茨的成为英雄的机会，可惜他没能把握住，鲁登道夫因此一举成名，成为了“一战”中的重要人物。普里特维茨给后人留下了一个教训，那就是万万不可对人表现出自己的无能为力，决不言败，纵使失败已然临头。

东线奇迹

——坦能堡会战

由于在攻克列日要塞突出的表现，鲁登道夫被选择接替瓦尔德泽为第八集团军参谋长，德皇和小毛奇接见了他，对他简单介绍了情况。3小时后，他乘一列专车开往东线，专车一路上预定只在一个地方停车，就是在汉诺威，第八集团军的新司令官兴登堡将在那里和他会合。此时的东普鲁士，在东面，莱宁坎普夫的俄军第一集团军有24个超编步兵师，它以无数骑兵为先行，在南面，萨姆索诺夫的俄军第二集团军的实力稍逊于前者，但此集团军对东普鲁士德军仅有的防御力量仍占有优势。面对双重的敌人，德军第八集团军必须一分为二，否则有被两个俄国集团军压碎的危险。德军指挥部利用了俄军两个集团军之间的缺口，并从截获的俄军明码电报中得知了他们的行动计划，于是在1914年8月21日命令部队停止退却，24日，新任德第八集团军司令兴登堡和参谋长鲁登道夫利用发达的铁路网，重新部署部队。施蒂芬在他的计划中已指明一项对此局面的解决策略！鲁登道夫毫不犹豫地采取了这个大胆的办法，在审视了俄国两个集团军在东普鲁士所处的位置之后，决定先攻击萨姆索诺夫的第二集团军，然后在莱宁坎普夫来不及驰援前者之时，转身向其发动进攻。

俄国骑兵侦察的报告说，德国的阵线暗示要进行侧翼袭击，这使萨姆索诺夫减低了追击的速度，他发电给吉林斯基，建议暂停前进。但吉林斯基深信德军正在按照普里特维茨的计划退却，把萨姆索诺夫的警告看成是怯懦。他安然坐在离前线300多公里的沃尔克指挥部里，命令萨姆索诺夫不要再扮演懦夫角色，继续进攻。德军前任指挥官普里特维茨惊慌失措地决定停止贡宾嫩的战斗进而大撤退的行为，蒙蔽了俄军指挥官的头脑，这种欺骗效果是无论怎样仔细策划都无法达到的。此时

坦能堡战役中，德军士兵穿过一个失火的小镇继续向前进发。

的萨姆索诺夫将以他那些疲惫不堪而且后勤严重不足的军队面对德军在东普鲁士的全部力量，鲁登道夫知道莱宁坎普夫所部的俄军第一集团军在他后方，急于先同萨姆索诺夫的第二集团军决一死战，他命令第一阶段的战斗于8月25日打响。德军一直在监听萨姆索诺夫没加密的无线电通信，现在已了解所有俄军部队的部署，并知道了他们明天的行动计划。

德军从马祖里湖区退却的两个军发出了天才的一击，鲁登道夫留下由两个师组成的掩护队牵制来自后方的俄第一集团军，调遣第八集团军的几乎全部兵力去攻打来自南边的俄国第二集团军。经两天激战，德军击退了萨姆索诺夫的第二集团军两翼部队，而对其中路三个军形成包围态势。8月27日黎明开始，对俄军来说是世界末日，德国信号兵截获了萨姆索诺夫求援的电讯，但吉林斯基和莱宁坎普夫都不理睬他的请求，饥饿和士气低落的俄军，无可避免地溃散逃走。尽管处境危险，萨姆索诺夫还是命令他的中央部队进攻，造成德国人的短暂的不安。8月27日，萨姆索诺夫的右翼遭到来自北面的德军第十七军和第一预备役军的打击，他的左翼遭到弗朗索瓦勇猛的第一军的迂回和包围，而他的正面遭到第二十军的打击。八月二十八日，俄军开始了反突击，俄第十三军和第十五军猛攻德第一军阵地，战斗空前激烈，萨姆索诺夫亲临前线指挥，但是饥饿又疲劳的俄军已经达到了耐力的极限，无力突破德军防御，到8月29日清晨，弗朗索瓦将他的部队插入俄军后部，包围圈合拢了，剩下的事就是对试图逃脱大网的一股股乌合之众大开杀戒。俄军被围于科慕辛森林地域，士气彻底崩溃，已经无法进行有组织的抵抗，夜幕降临之际，走投无路的萨姆索诺夫在卡罗利南戈夫的一片小树林里开枪自杀。

鲁登道夫属下的弗朗索瓦军长看到萨姆索诺夫的部队正在解体，他知道剩下唯一要做的事就是拦截因昏乱而失去战斗力向波兰慌乱逃跑的俄国兵，在接下来的三天中，弗朗索瓦的薄弱包围网，一网捕获了6万名俄国战俘，而德国人一共捕获9.2万名俄国战俘，俄国人的总伤亡人数是25万，约有500门大炮被缴获，而德军损失仅1万人。到30日晚，鲁登道夫对取得完全胜利感到心满意足，他也满意于他已经构筑起对付莱宁坎普夫的防线，莱宁坎普夫

德军士兵在马祖里湖附近一个伪装得很好的阵地中各就各位。

的骑兵师此刻终于接近科慕辛地域，几乎可以俯瞰他们的友军刚刚覆灭的战场，下一步就要轮到他们了。8 月 31 日，获胜的德军开始向北转进，准备打击俄第一集团军，将俄军彻底赶出国境。这时从西线来的两个步兵军和一个骑兵师也开始到达，加上这批生力军，德军在数量上也超过了对手。到 9 月 1 日夜晚，坦能堡战役的胜利者已转向新的任务，这个新任务应该是什么，胜利者没有丝毫的疑虑。霍夫曼说得很简洁：“萨姆索诺夫的军队实际上已经被歼。他所率的五个半军，其中有三个半非死即俘，所剩约一个半军不得不返至华沙附近整编，现在我们可以腾出手来对付莱宁坎普夫了。”

直到 8 月 27 日，吉林斯基才开始认识到他的第二集团军已处于真正的危险之中，他命令莱宁坎普夫率第一集团军前去救援，但莱宁坎普夫只是虚晃了一枪，并未及时赶到战场。吉林斯基关心萨姆索诺夫的命运，命令莱宁坎普夫的第一集团军去找现已不存在的第二集团军的方位，因为获胜的德国第八集团军对其部队集中了火力，莱宁坎普夫担心退路被切断，也落得个萨姆索诺夫的下场，他没有费心跟吉林斯基打交道，便命令所部撤退，以两个师的兵力从正面实施反突击，掩护主力撤退。这两个师进行了最英勇的反击，完全成功地达到了目的。这次反击持续了一整天，致使德军围歼俄国第一集团军的企图未能得逞。在随后的马祖里湖战役中，俄第一集团军被俘 4.5 万人，伤亡约 10 万人，损失火炮 150 门，德军肃清了东普鲁士的所有俄军。正如西线的马恩河战役一样，坦能堡－马祖里湖区战役产生了巨大的后果，全世界都感觉到了这场大战役在军事上、战略上、政治上和心理上的冲击波。两个俄国集团军被击溃，总共损失约 30 万人，所谓俄国“蒸气压路机”的神话破灭了。的确，俄国人并不是以压倒一切的力量来对付敌人，而是拖着沉重的脚步茫然地迈向死亡。他们的失误是如此之多，以致成了所有的军事院校都采用的反面战例教材。

兴登堡有意将此次会战称为“坦能堡会战”。坦能堡是德国境内的一个小村子，在历史上 1500 名波兰人和立陶宛人曾在这里给德国骑士团以毁灭性打击。在给他夫人的信中他却写道，他没有因此次胜利而忘乎所以，荣誉是上帝恩赐的。小毛奇把坦能堡会战胜利的消息压了一段时间才公布，以抵消马恩河会战败北带来的消极影响，对德国人来说，坦能堡的捷报有助于掩盖马恩河的败绩。德国人民在兴登堡和鲁登道夫身上发现了英雄，他们将追随这两尊偶像直到土崩瓦解。德军东线指挥官兴登堡元帅一夜之间名声大振，为以后的飞黄腾达打下了基础。在大战期间以及此后数年间，坦能堡之战的荣耀被鲁登道夫成功地据为己有，这是他上升到实际控制整个德国战争的地位的垫脚石。在俄军惨败之时，法国武官德拉吉什将军曾向俄军总司令致以慰问，俄国人回答说："能为我们的协约国作出这样的牺牲，我们很高兴。"俄国人深知他们有无穷的人力资源，多大的灾难他们都惯于泰然处之。俄国的这个牺牲成全了法国，德国从西线调往坦能堡的兵团，将不能参加西线的马恩河战役了。俄军在西北面战场上虽然全线溃败，但西南方面的俄军却进展顺利，俄军打败了在加利西亚的奥匈军队，此刻西线战事愈演愈烈，奥军已无力派兵增援东线，德国感到事态紧急，立即向西南方向派出了援军。

对俄冬季攻势

——将俄国踢出战场！

1915年初，德国在第二次马祖里湖会战中大胜俄国，但与此同时，奥匈帝国却搞砸了在喀尔巴阡山脉的一次战斗，并损失了大批兵马。

为了在1915年之内把俄国从战场上踢出去，德国把大量兵力集中到了东线，计划在东线北部和南部发动两场攻势。1月31日，以一场佯攻为序幕，总计10万人的德国第八和第十集团军联手在东普鲁士发动了第一次攻势。德国第九集团军假意侵入华沙，发动了首次使用毒气的波利莫夫战役。2月7日，东普鲁士最重要的一次战斗爆发：奥托·冯·布罗将军的德国第八集团军在一场遮天蔽日的

俄国军队奔赴前线。

◎**包围普里奇斯米尔**

1915年6月，德军在普里奇斯米尔押送俄军俘虏。

普里奇斯米尔是奥匈帝国在加利西亚地区的一处战略要塞。1914年9月，俄军用很短的时间就包围了该地区，并在10月份稍微放松了包围圈后又迅速地收拢了战线。拯救这个失守的要塞对于奥匈帝国来说刻不容缓，但幸运女神此时却并不垂青于普里奇斯米尔。1915年初，救援行动宣告失败。虽然12万守军一直坚持到了3月22日，但这个要塞却怎样也没能逃出沦陷的命运。不过，俄军的胜利也没能持续多久——6月4日，奥军联合德军夺回了该地，而且这个要塞从此以后再也没有受到过任何威胁。

暴风雪中袭击了独立作战的俄国第十集团军，第二次马祖里湖会战就此开始。

布罗的进攻在一周内就将俄军逼退了96千米。9日，才袭击过俄军右翼的赫尔曼·冯·艾科恩率第十集团军加入战斗。被击溃的俄国第十集团军开始向考纳斯撤退。在此期间，俄军有三个兵团被德军重重包围，但由于其中之一与围军展开殊死搏斗牵制了对方的行动，另外两个兵团最终得以突围。虽然取得了小小的成就，但面对普里赫夫麾下俄国第十二集团军的奋力抵抗，德军觉得没便宜好占，只得退回到东普鲁士境内。此次对阵，俄军总共损失了20万士兵，其中有9万人成为了德军的俘虏。

驻扎在喀尔巴阡山脉沿线的三支同盟国部队发动了第二次攻势。担任主力军的是亚历山大·冯·林辛根的南奥匈联军，他们的任务是穿过喀尔巴阡山进攻西北部的利沃夫，以解除普里奇斯米尔外俄军的包围。斯维托扎·波罗艾维克·冯·伯纳的奥国第三集团军和卡尔·冯·普弗兰泽－巴奥丁的奥国第十集团军则分别担任了南奥匈联军的左右两翼——他们的任务是在攻势中为主力军提供火力支持。

最早得胜的是由普弗兰泽－巴奥丁领导的部队。2月17日，他们在成功占领了捷诺维兹之后，还俘虏了阿列克谢·布鲁斯洛夫麾下俄国第八集团军的6万名士兵。但这股部队的推进却遭到了强烈反攻的阻滞。南联军被大雪困在了山里，可谓一无所获。而普里奇斯米尔要塞在被包围了194天后终于沦陷，所有守军都向俄国投降。接下来的几周里，俄国不断地发动局部反击，但由于军队补给不足，加上乔治·冯·德·马维兹率领德国援军赶到，俄军最后只好于4月10日放弃行动。对奥匈帝国来说，这次发生在喀尔巴阡山脉的战役是一场巨大的劫难。由于恶劣的天气作祟，他们在此战中损失了80万士兵。此时，奥军的士气低落到了极点，甚至还因为队伍内部存在种族差异而渐渐显现出了分裂的迹象。无奈的奥国总参谋长、陆军元帅康拉德·冯·霍兹多夫只好再次向德国求援。

“护国之神”

——兴登堡

陆军元帅兴登堡在制定作战计划。

普鲁士是一个军国主义色彩极为浓重的国家，这个国家及以后的德意志帝国不断涌现出大量的杰出军人，在这些人的头脑中，忠于国家、履行命令就是军人的职责所在，在第一次世界大战中，有一位将领把他的忠于国家和履行命令真正做到了完美的地步，其思想也被后人奉为军人的法则。他，就是保罗·冯·兴登堡。1847年10月2日，兴登堡出生于东普鲁士波森市一个贵族家庭里，父亲是少尉军官，母亲是军医的女儿。兴登堡从小就受到普鲁士黩武精神的熏陶，立志当个军人。他童年时代体弱多病，经常旷课，学习成绩不佳。11岁时，兴登堡被母亲送进了一所寄宿制的陆军少年学校，在那里，他接受了启蒙的军国主义教育，普鲁士那种绝对服从、对上忠诚、勇猛果敢、永不言败的精神在少年兴登堡心里扎下了根，这种心理意识伴随了他一生。当时为了培养忠于普鲁士王室的感情，军事学校的学生有时去王宫实习，1863年兴登堡曾担任腓特烈·威廉四世的遗孀伊丽莎白太后的禁卫，王太后赠他怀表一块，兴登堡对此没齿难忘，每次打仗都要把此表带在身上。

1866 年 3 月，19 岁的兴登堡少尉来到普鲁士驻但泽第三步兵近卫团，参加了随后爆发的普奥战争。普奥战争是德意志统一过程中的关键一仗，也是兴登堡的初出茅庐之战，克尼格雷茨之战中兴登堡表现突出，在进攻奥军炮兵阵地时英勇奋战并头部受轻伤，从而闻名全军，得胜而归的他随着部队第一次通过柏林凯旋门，得到了威廉一世的称赞，把一枚只有上尉以上军官才能得到的赤鹫勋章亲自颁给了他。1870 年 8 月，普法战争爆发，兴登堡作为第三步兵近卫团一营营长的副官参战。不久，该团团长在战斗中负伤，一营营长代理团长之职，兴登堡也跟着晋升一级。“铁血宰相”俾斯麦通过三次王朝战争，统一了德国。1871 年 1 月 18 日，德意志帝国宣告成立，兴登堡作为部队的一名代表，参加了在凡尔赛宫镜厅举行的典礼，这是他毕生引以为荣的一件大事，同年 6 月，他再次通过柏林凯旋门。

普法战争后，德意志帝国宣告成立，声名鹊起的兴登堡也成为德意志帝国一位颇有前途的少壮派军官，1872 年，兴登堡被推荐到陆军大学深造，以优异成绩毕业的兴登堡受到总参谋长老毛奇的赏识，于 1877 年进入参谋总部任职。1879 年他和杰屈德·冯·史伯林在斯特丁成婚，婚后育有两个女儿和一个儿子。1903 年，兴登堡已荣升为中将并在马格德堡之战中指挥第四军。这个时期正是各主要资本主义国家向帝国主义过渡的最后阶段，欧洲形成两大军事集团，即以德、奥为首的同盟国和以英、法、俄为首的协约国，双方为争夺殖民地、重新瓜分世界展开激烈斗争。但是习惯以旧眼光观察国际形势的兴登堡，并不认为会爆发战争。由于年逾花甲，进一步升迁已无指望，他就在 64 岁那一年退伍。

1914 年，人类历史上的第一次世界大战爆发，东线德军形势很糟，德军总参谋长小毛奇决定派曾在比利时列日战役立下赫赫战功的猛将鲁登道夫去东线对付俄军，但鲁登道夫资历太浅，性格专断，难以服众，所以还得选一个威望高、会处事、脾气好的老将和鲁登道夫配合才成，于是，小毛奇马上任命兴登堡为东线德军第八集团军司令。兴登堡临危受命，于 1914 年 8 月在马林堡接管了第八集团军，这是他和鲁登道夫合作的开始，在这个组合中鲁登道夫的智谋和兴登堡的统帅力得以完美地结合在一起。兴登堡采纳了鲁登道夫和霍夫曼拟定的作战计划，于 8 月 25 日发动反攻并从两翼包围歼灭了萨姆索洛夫的俄国第二集团军，取得了坦能堡之战的辉煌胜利。坦能堡之战的胜利不仅提高了德军在这场欧洲战争中的战略地位，更主要的是在心理上激发了德军的士气，使协约国对俄国的信心渐渐减弱。

击败俄罗斯军队为兴登堡带来了许多荣誉，他被晋升为元帅，他的这次胜利后来成为他的名声和传说的基础，但与他共事的人都认为他只是一个傀儡而已，真正运筹帷幄的是埃里希·鲁登道夫将军，在坦能堡之战中发挥了重大作用的德第八集团军司令部参谋官霍夫曼不知是出于什么心理，对来参观司令部的记者介绍时着重地介绍道："这里是战前元帅睡觉的地方，这里是战时元帅睡觉的地方，这里是战后元帅睡觉的地方。"仿佛是在说，元帅在整个战役中所做的只是在睡觉。霍夫曼这么说也是可以理解的，因为作战计划的制定他是起了重大作用的，而功劳却归了只是在睡觉的兴登堡，殊不知其实睡觉也是一种领导艺术——当部下的计划已很完美时，为什么要去画蛇添足呢？兴登堡曾坦率地讲过，他的主要任务之一就是"使我的参谋长的聪明才智、几乎超人的精力和从不懈怠的干劲得到充分的发挥，必要时为他创造条件"。

东线的德军就是在这个只知道睡觉的元帅指挥下，在取得坦能堡大捷后，经过一年多的激战，获得了一连串的巨大胜利，俄军不仅无法染指东普鲁士，而且还被迫放弃了波兰、立陶宛、里加以西的土地和沃伦地区，人员损失超过 170 万人。由于兴登堡取得了一连串的辉煌战绩，他被德国人誉为"护国之神"。兴登堡大智若愚的统帅风格和鲁登道夫锋芒毕露的指挥特色相得益彰，成为 20 纪军事史上经典的名将默契配合、克敌制胜的典范。大战持续到 1917 美国的支持下，经济实力雄厚的协约国开始占据了优势，这时，在西线战线上，法国的尼韦尔将军取代了一向谨小慎微的霞飞将军，他决定用闪电战取得战争的胜利，同时德国方面，用东线取得胜利的兴登堡取代了法金汉，兴登堡鉴于在前一年凡尔登战役和索姆河战役的失败，决定在西线采取守势，而在海上展开无限制潜艇战，他希望通过这种策略迫使英国人因饥饿而投降。

战争后期，虽然兴登堡和鲁登道夫指挥德军取得了不少胜利，但已无力扭转

德国兴登堡防线上带刺铁丝网构成的一排排防护线。

战局了，兴登堡这位“护国之神”和他聪明的参谋长鲁登道夫越来越力不从心了，打到1918年，德国经济几乎崩溃，德军士气也一落千丈，以兴登堡命名的、号称易守难攻的“兴登堡防线”也被协约国军队突破了。德国国内的革命运动也汹涌澎湃地发展起来，11月3日，基尔海军爆发起义，到11月8日，革命红旗飘扬在许多城市的上空，军队内部也有不少士兵倾向革命。在这种形势下，兴登堡不得不劝说威廉二世退位。11月10日凌晨，威廉二世逃往荷兰。11月11日，德国代表在福煦将军的火车车厢里签订了停战协定，第一次世界大战至此结束。

兴登堡签署了停战协议后，这位71岁的老人解甲归田，再次回到了他在汉诺威的庄园。1925年2月28日，魏玛共和国总统艾伯特因病去世，在随后的大选中，78岁的兴登堡获得胜利，于4月26日成为共和国的第二任总统，并在85岁高龄时获得连任。1933年1月，兴登堡任命阿道夫·希特勒为德国总理，虽然兴登堡本人对纳粹反感，但他越来越陷入这些人的影响之中。1934年8月2日，这位87岁的总统在他位于东普鲁士的领地纽代克溘然而逝，为他充满传奇色彩的一生画上了句号。本来兴登堡应该葬在他的庄园中，但希特勒将他葬在他过去战胜俄罗斯的坦能堡战场上，并为他树立了一座雄伟的纪念碑。兴登堡死后，希特勒成为独裁者的障碍也被消除了。

将“总体战”进行到底

——永不认输的鲁登道夫

鲁登道夫，德国将军，军事战略家。历任德军参谋总部作战处长、步兵旅旅长、集团军参谋长、东线德军参谋长、德国最高统帅部第一总军需长等职。在第一次世界大战中率部取得赫赫战功，“一战”后被解除军职，从事政治和写作，他著述甚多，最著名的是《总体战》一书。

鲁登道夫出生于普鲁士的波森省附近的一个小镇，他出身农家，虽然其母属于贵族阶级，严格而言他始终不属于容克阶层。12岁时进入陆军幼年学校，后来他凭借耿直的个性、出色的才智和胜任艰苦工作的能力进入柏林陆军军事学院。17岁时以优异的成绩毕业并获得如下评价：“头脑清楚，思维严密，生活习惯良好，各科成绩都很优秀，战史和战术成绩尤为出色，适应任何工作。”毕业时他被授予少尉军衔。因表现优异，在1894年晋升到德国参谋部。1908年，鲁登道夫调任参谋总部第二处处长，主管军队的训练、装备、动员等事宜。鲁登道夫逐渐成

鲁登道夫像

为了一个精力旺盛、权力欲望极强而又有些神经过敏的军人，他对一切的兴趣都从属于军事，但其缺点主要在于缺乏真正的政治眼光，而且其情绪不稳定，面对困境容易陷入沮丧和失望。德国“一战”前的首相冯·贝德曼评价说：“你不了解鲁登道夫，他只是在成功时才了不起，如果事情变糟了，他就会沮丧起来。”

鲁登道夫的成名之战是德军进攻比利时的列日战役，当时大战刚刚爆发，按照“施利芬计划”，德军打算取道比利时插入法国，但比利时的列日要塞阻住了前进的德军，在遭到重大损失后德军总参谋长小毛奇把鲁登道夫派到战场接替指挥，并给他调去了大口径的攻城重炮，鲁登道夫利用这些重炮一顿猛轰，一举荡平了要塞的12座炮台，率领他的部队在晚上经由弗莱龙和埃夫涅的缺口悄悄地进入列日，对最后反败为胜夺取要塞起到了关键作用。因攻克列日之功，鲁登道夫被德皇威廉二世授予功勋十字章，这是德军的最高军功奖章，鲁登道夫一战成名，从此开始了他一生事业的飞跃，成为了德国军界一颗耀眼的新星。

鲁登道夫的辉煌始于东普鲁士的坦能堡之战。“一战”爆发后，正当德军在西线与法军大战马恩河之际，东线的俄军乘虚而入，攻入东普鲁士，东线德军溃败，形势岌岌可危，在这紧要关头，鉴于鲁登道夫在列日之战的表现，小毛奇任命鲁登道夫接替瓦尔德泽为第八集团军的参谋长，鲁登道夫迅速乘专列在汉诺威和新任第八集团军司令兴登堡会合，并赶往东线。临危受命的鲁登道夫被派到东线战场，德皇本意是指派鲁登道夫成为东线战场的实际负责人，但由于鲁登道夫的中下等阶级出身和德意志帝国军队严格的等级观念，使他不能被任命为指挥官。但是这种安排却形成了兴登堡与鲁登道夫这一对绝妙的搭配，这一搭配在整个“一战”中对德国产生了重大影响。鲁登道夫和兴登堡联手，不少人称其为珠联璧合。作为司令官的兴登堡十分信任他的参谋长鲁登道夫，说他要使“参谋长的聪明才智、几乎超人的精力和从不懈怠的干劲得到充分的发挥，必要时为他创造条件”，因此鲁登道夫得以放手指挥作战。

在第八集团军杰出的参谋官霍夫曼的协助下，鲁登道夫与兴登堡采取诱敌深入、各个击破的战术，先后打败了俄第二和第一集团军，一举扭转了东线的不利战局，在随后的一年中，在鲁登道夫的谋划下，德军获得了一连串的巨大胜利。俄军则损失惨重。由于这些辉煌的胜利，鲁登道夫和兴登堡成为德国民众心中的战神，兴登堡被德皇授予元帅军衔，鲁登道夫则获得一级上将的军衔。1916 年，德总参谋长法金汉不顾鲁登道夫等军事将领的强烈反对，将军事进攻的重心从东线移至西线，并指挥德军从西线发起攻击，结果在凡尔登大败，法金汉引咎辞职，兴登堡继任总参谋长。8 月 29 日，鲁登道夫被任命为最高统帅的第一军需总监及德军副总参谋长，成了德国第三届最高统帅部的要员。自此，鲁登道夫实际上已在行使德军最高军事指挥权，他不仅成为德国军队的主宰，甚至可以说，他操纵着德国的命运。

1916 年，德军最高指挥部特意让列宁秘密乘坐火车返回俄国，结果一如鲁登道夫所愿，1917 年俄国发生革命，1918 年俄德签订了《布列斯特－立托夫斯克和约》，该条约让俄国付出了高昂的代价。由于在和约的签订中发挥的关键作用和在战争中的卓越表现，鲁登道夫被封为贵族，成为埃里希·冯·鲁登道夫。东线战事缓和，这使得德军得以从两面作战中解脱出来，东线的德军开始大批地调往西线战场。鲁登道夫在 1918 年春天对西线发起了攻势，德军采取突袭的进攻方式，取得了一定的进展，但在德国军队向协约国军阵地逼近约 65 公里后，终于因等待补给而停顿下来。尽管战绩辉煌，但这次攻势仍让鲁登道夫付出了高昂代价——25 万德军伤亡。“我们要来个中心开花，其余部分就会跨下来。”这是鲁登道夫 1918 年 3 月发动大规模进攻前，对他的一位集团军指挥官说的一句话，可以说，这正是他军事思想的表露。鲁登道夫思维敏捷，知识渊博，在军事战术上的创新令人叹服。他的新战术运用曾大大减少了德军人员的伤亡，在相当程度上弥补了物力的不足，使德军的军事研究水平高人一等。这时的兴登堡－鲁登道夫组合获得了实际上是军事独裁者的地位，以鲁登道夫为首的军方在国内实行军事专政，

正在参与研究作战计划的鲁登道夫（右）

严格限制集会，动用武装镇压罢工，认为只有军事上的胜利才能避免社会革命的发生。鲁登道夫提出了“总体战”的口号，提出一切为了前线，一切为了战争，并在此同时恢复了无限制潜艇战，指望能在最短的时间内打败协约国。

在前线，鲁登道夫打算趁美军还没到达欧洲之前先把英法军队打残，他用上了包括毒气在内所有的武器在西线与英法血拼，数次重创英法联军，无奈德国力量有限，越打越吃不消，而英法有源源不断的美军支持，越发壮大。此时实力强大的美军也源源不断地加入战场之中，处于强弩之末的德军已经无法改变战争的大局了，虽然也曾取得一些局部的胜利，但最终还是归于失败了。美军与协约国军队的猛烈攻势令德军节节败退，在大势已去的战况下，鲁登道夫的缺点表现出来了：面对困境的他陷入沮丧和失望之中。6月，德军又向协约国军阵线发动两次袭击，结果却被法国和美国军队所牵制。当时的联军战机和大炮猛烈轰击德军占领的桥梁，摧毁其补给线。鲁登道夫气数已尽，他的士兵已经没有再继续奋战的勇气和意愿。而在联军方面，每个月却还将有30万美军持续增援。鲁登道夫后来在回忆录中写道：“我惧怕的所有事情以及我常常受到的警告已经全部变成现实，我们的战争机器不再有效了。”

8月8日开始的亚眠战役让鲁登道夫再次遭遇了“暗淡的日子”。9月26日，当协约国发动了默兹-阿尔贡攻势的时候，保加利亚退出了大战，这对鲁登道夫是一个双重的打击，鲁登道夫的精神很快地垮下来，开始变得焦躁不安。在9月28日参谋总部召开的例行会议上，鲁登道夫为德国的处境，责备除他自己以外的任何一个人。

英军于10月5日成功突破兴登堡防线，德军前线处于崩溃之中，而德国内部的反战呼声日高一日，已经出现了革命的浪潮，除了承认战败，德国政府已别无选择。德军最高指挥部陷入一片恐慌，鲁登道夫确信，由于德国缺乏支援，他又被自己人从“背后插了一刀”，只好提出了辞职。两天后，德国公海舰队发生叛乱，德国人的不满终于爆发了。辞职后的鲁登道夫旅居瑞典，撰写文章和回忆录，不承认失败的他宣称，在战场不败的德国军队是被左翼政客“从背后插了一刀”。战争结束后，鲁登道夫返回德国，成为了魏玛共和国国会中的纳粹成员，1928年后，鲁登道夫因与纳粹党不和，最后退出政坛。

1935年，希特勒想让鲁登道夫担任陆军元帅，但被他拒绝了。鲁登道夫晚年极力主张恢复德国军事实力，建立法西斯专政的国家，但他没有等到希特勒发动战争的那一天，也没有看到希特勒德国失败的那一天。1937年12月20日，鲁登道夫在慕尼黑逝世，终年72岁，希特勒等纳粹党中坚分子参加了他的葬礼。

沿海、边塞及铁道线上的大炮
——灵活机动成为必须

尽管第一次世界大战中采用的大炮中有不少都配备了移动滚轮，但也有一部分是为边塞堡垒之类的固定炮台设计的。如果炮体特别大的话，固定式大炮还可以装在专用的铁道炮台上使用。

在第一次世界大战爆发之前，欧洲大部分国家约有10年都沉浸在一种升级边塞堡垒、建造现代化要塞的狂热之中。相比建了不少新型要塞的奥德俄三国而言，英法两国的建造数量和建造水平显然还要高一个档次。而且除了工事的技术含量高之外，他们在建设选址方面也很严格，只有像比利时的列日和纳慕尔，或是法国的凡尔登和贝尔福之类的战略要地才有资格修建堡垒集群。此外，英法的现代化堡垒集群通常还配有重炮和机关枪，其中大炮一般是安装在圆顶炮台的伸缩钢架上。

不过，随着战前和战时越来越多的新式武器问世，边塞堡垒就渐渐地变成了一群纸老虎，完全无法阻挡重型火力的进攻。1914年8月，列日和纳慕尔这两处号称“坚不可摧”的要塞分别在几天之内迅速沦陷。法国在比利时的溃败中看出了凶兆，鉴于自身本就缺乏重炮的情况，他们决定把既有堡垒中的固定大炮尽可能地改造为移动式野战炮和轨道炮，并从要塞中转移到野战场，为陆军的机动作战服务。

19世纪下半叶，随着武装战船的发展，海岸炮台曾经受了一次严峻的考验。海岸防线上的大炮一般固定在砖土结构的炮台上，不过为了保护重要海港的关键区域，不少炮台后来都改用了混凝土结构。而轻型大炮的移动性较好，所以可安置在临时性掩体之后。除了大炮之外，海岸守军还装备有机关枪、探照灯和防潜栅等辅助武器。武装得如此全面的海岸炮团在整场战争里却鲜有表现的机会，最多也就

正如英德两国一样，法国也采用了轨道炮。图为一门155毫米口径的简易轨道炮正向远处的德军开火。

是偶尔给相距甚远的敌军袭击舰回敬几枚炮弹而已——不过，第一次世界大战里的两栖作战本身就很少，所以连这种机会也不是很多。

英军的海岸卫队在第一次世界大战里从来没真刀真枪地打过一仗，不过，德国用来保卫重要基地的同类卫队倒是有过实战经验。赫尔戈兰岛是前往德军大洋舰队母港的必经之处，而比利时泽布勒赫和奥斯坦德被德军占领的运河入口则是其潜艇返回布鲁日基地的要道——德军在这几处都安排了重兵把守。其中，泽布勒赫和奥斯坦德的守军在1918年4月受到了英军的冲击，不过它们竟几乎毫发无伤地挺了过来。

在地面作战中，为了能够迅速地改变开火位置，吨位最重的大炮一般都是固定在轨道炮台上的。在西线战场上，前沿阵地后的铁道线纵横交错，轨道炮正好以此为契机大放异彩。1914年末，法军第一个把大批的堡垒固定炮改置到平板推车上，轨道炮的雏形由此而生，专业版轨道炮随后即投入生产。不过，轨道炮也有弱点，它们无法自由地左右移动。所以，为了能够精准地打击目标，轨道炮还必须配备一段曲轨以方便移动，而后来的小口径轨道炮配备的曲轨就升级为可供其进行360度旋转的款式了。

◎英军BL型305毫米口径轨道炮

这种炮原是为海军作战设计的。一开始，英军只造出了两门这种型号的大炮，并于1915年末运抵法国战场，1916年，又有两门同一型号的大炮被投入使用。

重量：约170吨

口径：305毫米

炮弹重量：340千克

炮弹初速度：813米/秒

最大射程：30千米

第六章

三方角力的战场

——加利西亚

"他手中的剑是脆弱的"

——奥匈元帅弗朗茨·康拉德

弗朗茨·康拉德·冯·赫岑多夫，奥匈帝国的陆军元帅，第一次世界大战爆发时任奥匈帝国军队总参谋长，比起他所指挥的奥匈帝国的军队来说，康拉德要更出色一些，他是一个比较杰出的战略家，他的许多想法都是很好的，但是他手中的剑是脆弱的。康拉德有着军人的铮铮铁骨，他身材结实魁梧，灰白的头发被修剪成矮树丛状，胡须在嘴角处向上翘起，看上去令人生畏。作为一个军人来说，他有时甚至过于狂热，他是个工作狂，专注于把大杂烩式的奥匈帝国军队转变成一支现代化的高效战争机器。

康拉德出生于维也纳郊区一个世袭贵族的家庭中，他的父亲是一名退休骑兵上校，他的母亲是著名的维也纳艺术家库伯勒的女儿。从 11 岁起康拉德就接受了军事训练，青年时代就因为聪明才智而在军中青云直上。1906 年，在他 54 岁的时候，在皇储斐迪南大公的推荐下出任奥匈帝国总参谋长。在 19 世纪的奥德战争之后，奥匈帝国就已是个衰败之中的二流帝国，却拼命想维持自己在欧洲各强国之间的传统大国地位。尽管在弗朗茨·约瑟夫一世的统治下有些起色，可它仍然是个多民族的松散的集合体，而且还是个二元制的国家，有奥地利和匈牙利两套政府机构，这就使它应付战争的能力大大受到影响。在萨拉热窝刺杀发生前的半个世纪中，奥匈帝国丧失了领导德意志诸邦国的地位，接着又丧失了包括托斯卡纳、伦巴第在内的大片领土，掠夺者是新成立的意大利王国，此时的意大利国势并不强，主要是因为有法国的帮助。

宏图在胸的康拉德是心有余而力不足。

康拉德是一个坚定不移的民族主义分子，狂热的推行军队现代化运动，他认为日耳曼文明与斯拉夫文明之战不可避免，他反对匈牙利贵族在帝国中的特殊地位，认为这会削弱帝国的根基，不过他最大的愿望，就是主张对塞尔维亚王国发动预防性战争。塞尔维亚是巴尔干地区的一个小国，但在俄国的支持下，总是在不断地给奥匈帝国制造麻烦，从康拉德出任奥匈帝国的总参谋长到第一次世界大战爆发这八年间，他提出了不下 25 套对塞尔维亚的作战方案。他不断地草拟和颁布新的命令及作战计划，因为他痛苦地感到奥匈帝国软弱的军队已无法维持帝国在欧洲大国间的地位，他坚信能拯救帝国的唯一办法就是在巴尔干问题上坚持己见，其中最重要的是阻止塞尔维亚人无休止的颠覆活动，如果有机会，就应该消灭塞尔维亚。他不断地向奥匈帝国皇帝弗朗茨·约瑟夫请求进攻塞尔维亚，这使得无心与塞尔维亚开战的约瑟夫皇帝很讨厌他。

对于在东方可能发生的战争，康拉德设计了两种作战方案：如果俄国保持中立，他就把主要兵力投向塞尔维亚；如果俄国卷入战争，就把军队集中到加利西亚战线上去。意大利王国是奥匈帝国的官方盟友，已经从奥匈帝国攫取了不少领土，还觉得不够，康拉德因此多次要求进攻新成立的意大利王国。1911 年，康拉德由于过于好战而被斐迪南大公免去了总参谋长的职务，直到第一次世界大战爆发后才官复原职。在斐迪南大公遇刺 48 个小时后，康拉德以他一贯的好战作风，呼吁给予塞尔维亚一个“决定性的最后清算”。

因为皇储斐迪南大公在萨拉热窝被暗杀，康拉德终于找到了与塞尔维亚开战的借口，可事实证明他的两线作战计划不是一个成功的作战计划。康拉德低估了敌人的力量，塞尔维亚军队明显比他预计的要强，而他自己那支由多民族组成的军队的战斗凝聚力明显不够，致使他在没有击破塞尔维亚军队的情况下被迫转兵北上展开对俄军的加利西亚战役，结果两个战场都没有取胜，在战争的第一年中，就大大削弱了奥匈帝国的军事力量。在加利西亚会战过程中，奥匈军队损失约 40 万人和 400 门火炮，俄军损失约 23 万人和 90 多门火炮。实施加利西亚会战的结果，使加利西亚和奥匈帝国占领的波兰部分领土，落到了俄国人的手中，匈牙利和西里西亚已面临入侵的威胁，奥匈帝国的军事实力则受到严重削弱，奥匈军队如果没有德军的支援已经不能单独作战。

1915 年，康拉德所设计的德奥联合对戈尔利采的突破被认为是成功的，这次战役给俄国军队造成了重大损失，一举收复了在之前所丢失的全部地方，但是从那时起，奥匈帝国参谋总部就越来越从属于德国参谋总部了。1916 年，康拉德在意大利发起的攻击特伦蒂诺的战役也是成功的，但俄军的勃鲁西洛夫攻势使这一切都化为乌有，东线奥军两个月就损失了 60 万人，奥匈部队这一年的总损失超过了150万人，奥匈军队已经不能在没有德国帮助的情况下单独发起攻击了。1916年，弗朗茨·约瑟夫去世，将风雨飘摇中的帝国留给了卡尔一世，卡尔一世是弗朗茨·约瑟夫一世之弟路德维希大公的后人，他在四面楚歌中继承了奥匈帝国的皇位，为了扭转颓势，卡尔一世亲自担任帝国武装力量最高统帅，而刚愎自用的康拉德被继任的卡尔皇帝解除了职务，被派到特伦蒂诺前线担任野战司令官。据称卡尔一世还曾下令使用过毒气，但此时奥匈帝国大势已去，随着战争进程的加速，奥匈帝国军队伤亡惨重，士气极端低落。1917年，俄国因为爆发了“十月革命”而退出战争，奥匈最伟大的战士康拉德终于交了好运，他把部队集中起来，在卡波雷托战役中冲破了意大利军队的防线，赢得了他一生中最大的一次胜利，把他心中最鄙视的“背信弃义的意大利”狠狠地教训了一顿。

1918年夏，战事对同盟国越来越不利。虽然当时奥匈帝国国内的少数民族领导人一直对哈布斯堡皇帝保持忠心，但他们不得不考虑他们自己的利益了。1918年9月和10月，奥匈帝国的许多地区宣布独立。1918年11月3日，奥匈帝国与协约国达成了停火协议。战争的结束也是奥匈帝国的终结。战后，奥匈帝国四分五裂而不复存在了。战争结束后，康拉德退休归隐，晚年著有回忆录《我的开端，1878 ~ 1882》和《我的服役，1906 ~ 1918》。在回忆录中康拉德宣称，他只是一个军事专家，只有发言权，没有关键的决策权。崇拜他的人认为他是一个军事天才，只是奥匈帝国的军队不足以展示他的才华。

挥舞的马刀

——“哥萨克来了！”

“哥萨克人来了！”没想到这样的喊声到了“一战”的战场上还能出现，可见奥匈帝国军队的处境是多么狼狈了，如果它的军队能在阵地上架起机枪狠狠地打，那么哥萨克人也没什么可怕的，但如果你在慌乱的败退中，那“哥萨克人来了”将是可怕的灾难，因为他们将如同旋风一样地冲进来，飞舞的战刀令敌人身首异处。在加利西亚战场上，败退中的奥匈军队就陷入了这种可怕的处境。

哥萨克人是俄罗斯和乌克兰民族内部具有独特历史和文化的一个地方性集团，现多分布在顿河、捷列克河和库班河流域等地，哥萨克并不是一个民族，只不过是一群生活在东欧大草原上的游牧社群，在突厥语中，“哥萨克”就是“自由人”的意思。它们的组织形式是军民合一的部落形式的自治体，他们建筑一种特殊的营地叫“塞契”，由土围子、堑壕、原木围墙和带有射击孔的塔楼组成，营地定期举行全体成员大会，其中以乌克兰的札波罗什哥萨克最为有名。在历史上，哥萨克人以骁勇善战著称。在18世纪初以前，俄国统治者为了利用哥萨克的力量保卫边疆，向他们提供战斗装备、给养以至军饷，哥萨克兵不仅拿着御赐俸禄，免交土地税，而且拥有相当大的行政、司法和外交自治权，成为俄国历史上享有最多特权的群体。但是这种特权是以哥萨克为沙皇效力为前提，以生命及和平生活为代价的。哥萨克军团曾一度成为沙皇俄国向中亚、西伯利亚和中国东北进行侵略扩张的急先锋。

哥萨克人是世界上最具传奇色彩的群体之一，如果说吉卜赛人是大篷车上的民族，那么哥萨克就是战马上的族群。哥萨克人正是凭着一匹战马、一柄军刀在横跨欧亚大陆的广阔疆场上，驰骋数百年，纵横千万里，以英勇善战著称。在俄国历史上，哥萨克人组成的骑兵，是沙俄的重要武装量力。说哥萨克是一个群体，是因为哥萨克人并不是一个真正意义上的民族，只是一个源流成分复杂的“族群”，其成员主要是斯拉夫人，此外还有少数鞑靼人、高加索人、格鲁吉亚人、卡尔梅茨克人和土耳其人等。从14世纪开始形成的哥萨克人主要由不堪忍受农奴生活的逃亡者组成，“哥萨克人”意为“因逃亡而获自由的农奴”，最初生活在连成一片的东欧草原和南俄草原上的各大河流域。他们在肥沃的顿河草原安家后，开始形成了哥萨克。哥萨克从来没有过自己的国家，虽然沙皇为了表彰他们的战功也曾赐给了他们许多的封地和自治权。哥萨克人一般充当沙皇的禁卫军和骑兵野战部队，由于一般家庭比较富裕，因此装备比别的部队好，战斗力也比较强。

哥萨克人是最具有草莽风格的经典骑兵，他们的骑兵马蹄是与沙俄向外扩张的步伐同步飞扬的，多次为俄国开拓疆土立下赫赫战功。第一次世界大战中，俄国大约组建了30万人的11支哥萨克军团，但是由于现代化武器机枪、排炮、坦克等的投入，骑兵注定将成为被淘汰的兵种，所以他们在加利西亚把奥匈军队教训了几次以后，也就没有什么惊人的战绩了。

战场上的哥萨克骑兵

康拉德的悲哀
——奥匈兵败加利西亚

由于俄国在东普鲁士的失败，使它在别处的胜利也失去了光彩。事实上，1914年俄国人主要的精力并非针对东普鲁士，而是针对加利西亚的奥匈帝国军队。在南部，奥匈首先发起进攻。他们的总参谋长康拉德从互相背离的几条线上派遣三支军队进入波兰，在那里他们很快陷入了困境，几乎完全是跌跌撞撞地退回到自己的领土。奥匈陆军是模仿德国的，但其参谋总部水平低劣，并存在语言障碍，大约四分之三以上的军官出身于日耳曼民族，仅有四分之一的士兵能听懂他们的语言，这是一个缺陷。而影响其战斗力最大的障碍是许多不满的斯拉夫人集团，导致士气低落，他们不忠于或很少忠于哈布斯堡君王，有许多人还同情俄国。

哈布斯堡皇室有一个易受袭击的省份加利西亚，它的富饶土地被喀尔巴阡山脉同奥匈帝国的其余地方隔了开来，奥匈帝国的对俄作战计划是把部队集结在桑河和德涅斯特河后面以及喀尔巴阡山脉前面的加利西亚平原，在这里集结军队对于直接攻入俄国领土十分合适，万一失败的话，奥军可通过普热梅希尔进入波希米亚，或者通过波兰与西喀尔巴阡山脉之间称为“摩拉维亚之门”的狭窄走廊进入德国西里西亚。按照奥匈帝国的战争动员计划，奥匈将20个师大约30万人部署在离贝尔格莱德几公里远的地方。加利西亚以北地区只剩下18个师的兵力。这表明康拉德内心里有一个盲目的信念，他相信俄国将置身事外，因而他可以给予塞尔维亚一次沉重的打击。当德军总参谋长小毛奇将军听说康拉德为了追求自己入侵塞尔维亚的梦想而向南线派遣大量多余的军队，他感到一阵恐慌，因为以当时的局势看，如果俄国加入战争，靠近俄国边境的加利西亚奥军将严重不足，小毛奇发了一份电报给康拉德，要求他把主要兵力转移到北线来与俄军对垒。

1914年8月中旬，正当德军大举进攻法国之际，俄国大本营应协约国的要求，在发动东普鲁士战役的同时，发动加利西亚战役，从战略上配合英法军队的行动，俄国本身也企图夺取加利西亚。俄军西南方面军总司令伊万诺夫将军受命围歼奥匈军队在加利西亚的基本兵力。在战役展开前，俄国西南方面军兵力为60多万人，但有些师、团尚在开往集结地途中，故而这个方面军的总数未超过45万人。俄国这两个方面军之间约有200公里的空隙，后来组建了第九集团军来加以充实。西南方面军的总目标是在德涅斯特河东岸围歼奥匈部队主力，阻止奥军撤向德涅斯特河西岸。由于伊万诺夫误判奥匈军主力会在利沃夫地区集结，故计划以该地区为主攻方向，以第三、第四、第五、第八集团军形成大包围态势，歼灭奥匈军主力。在巴尔干方面，奥匈帝国总参谋长康拉德手里可供使用的兵力共8个集团军，他准备用第五集团军和第六集团军进攻塞尔维亚，占领其首都贝尔格莱德。把第一、第二、第三、第四共4个集团军部署在加利西亚方面，以对抗俄国的西南方面军，准备在东普鲁士德军的协助下，攻占华沙。在制定对俄作战方案中，康拉德决定先发制人地发起进攻，在这种情况下，在大约一个月之内其对俄国人的优势会是相当大的。

如果康拉德要他的部队掘壕固守，俄国的冲击是闯不过这些障碍的，但他误信人言，以为俄国人尚未充分动员兵力，易受攻击，他计划从加利西亚发动迅速的攻势，以攻占华沙和布列斯特–立托夫斯克之间的铁路线，他深信，在他的军队抵达布格河时，德军一定会采取行动。小毛奇曾对康拉德说过："奥军在进攻俄国的战斗中，绝对可以指望在东线集结的整个德军的战术支持，向俄国进军越早，延续的时间越长，德、奥联合取得的胜利就越大。"

由于英法联军请求加速进攻，俄国各集团军尚未全部集结完毕，即于8月18日至23日期间先后发起进攻，奥匈军队指挥部计划以第一、第四集团军的兵力，在库默尔将军的集团军级集群和沃伊尔施将军的德国后备军的支援下，向卢布林、海乌姆实施主要突击，粉碎俄西南方面军的右翼。康拉德指望毛奇在战前会谈中许下的诺言，即在他北进的同时，德国将以大军从东普鲁士向南方和东南方的华沙和布列斯特–立陶夫斯克之间的地区猛攻，与他两面夹击。康拉德要求德国第八集团军从东普鲁士发动攻势，这位哈布斯堡的统帅需要德军横扫涅曼河之东，然后打击俄国的右侧翼。他渴望把奥军首战的胜利归功于他的皇帝，因此他继续深信，在他的军队抵达布格河时，德军一定会采取行动。他以想入非非的心情建议，德军至少动用两个或三个师推进100多公里，进入挤满实力不详的俄国部队的敌人领土。但此时小毛奇判断要遭到来自两个方面的人数约为自己两倍半的敌人进攻东普鲁士，因而既不愿也没有

也许图片里的人只是在做个样子，但这张照片却展示了在加利西亚的战斗中俄军是怎样包围普里奇米斯尔的。

力量去冒这个风险，他下的命令是：“除非俄军取防守姿态，否则不应进入俄国。”但这点他没有告诉他的盟友。

奥古斯特·冯·麦肯森将军的画像

俄第四集团军和奥匈第一集团军首先遭遇，23日起，双方在克拉希尼克地区进行了两天的激战，俄第四集团军退守卢布林以南，在随后的五天中，俄第五集团军遭到奥匈第四集团军攻击，退至海乌姆西南弗拉基米尔－沃伦斯基一线，但向利沃夫进攻的俄第三集团军，在第八集团军配合下，以30个师的优势兵力挫败奥匈第三集团军的14个师，强渡格尼拉亚利帕河，9月3日占领利沃夫，奥匈军退至戈罗多克地区。此时，康拉德直接向东线德军指挥官普里特维茨说话了：“总的形势表明，德国东线军队朝锡德莱茨方向发动进攻十分重要，尽速抵达锡德莱茨十分重要，恳请回电告知东线德军司令部的意图。”普里特维茨回电说：“此刻敌人正在从科夫诺、奥科塔及以南一带进攻东普鲁士，德军只有在获胜后才能开始朝锡德莱茨的军事行动。德国东线军队已吸引了大量敌军到它那里去，我们相信，此举可以为奥匈帝国的攻势扫清道路。”

9月4日，俄军三个集团军全部转入反攻，迫使奥匈军队开始退却，俄第五集团军向拉瓦的进攻，开始威胁到奥匈第四集团军向后的退路，奥匈军队指挥部被迫中断在戈罗多克的交战，9月11日夜间，康拉德将军被迫发出极不情愿的撤退信号的时候，他们几乎已经没有战斗力了。恐怖的叫声“哥萨克来了”引发许多人的惊恐和慌乱。奥军退过了桑河之后，俄军的追击放松了，由于对奥匈军队的追击迟缓和组织不善，致使其得以摆脱俄军，免遭全歼。六个星期以前在加利西亚投入战场的90万奥匈军队，现在只有一多半重新渡过桑河。21日俄军停止追击，至此，俄军控制了加利西亚大片地区，东普鲁士的德军并没有南下接应，总计俄方损失约23万人，奥匈损失40余万人，此役双方都没有实现围歼对方主力的计划，但俄军打进了战略要地加利西亚。

在大战爆发之际，俄军被它的盟国法国要求立即同时对德国和奥匈帝国实施进攻，而不顾其缓慢的动员在三个月内不能完成的事实。沙皇新任命的俄军司令尼古拉大公受到来自法军最高统帅层的压力与哄诱，加速其动员并实施仓猝的进攻，结果导致了俄军在东普鲁士的惨败，但俄国对加利西亚仓猝的进攻由于奥匈军队的愚蠢和无能而侥幸取得部分的胜利。

伊万诺夫在加利西亚的胜利，把德国的西里西亚暴露在俄国的入侵面前，因为西里西亚平原直接通向德国心脏，德军新上任的总参谋长法金汉于是命令兴登堡立即援助在加利西亚被打败的奥军，并阻止俄军侵入西里西亚。9 月 28 日，一支由四个军组成的、由马肯森将军领导的德国第九集团军，乘火车前去增援奥军。这支德国援军迅速抵达奥军北翼的克拉科夫附近，9 月 28 日，奥德联军开始对俄军展开了全面反攻。

“一战”中的机枪
——最有效的进攻和防御武器

在整个战争过程中，无论是进攻还是防御，机枪都很常用，并且是最有效的武器。在 1914 年战争刚开始时，机枪还很少，但到战争末期，其使用数量就相当大了。

◎08 型机枪

德国陆军重机枪特遣队使用的 08 型机枪是一款非常有效的武器。这种机枪于 1908 年面世后即被德军纳为主要装备。在 1916 年 7 月索姆河会战的第一天里，英军损失的 6 万人中约有 90% 都是倒在 08 型机枪枪口下的。

口径：7.92 毫米
射击频率：600 发 / 分钟
子弹出膛速度：823 米 / 秒
弹药配置：250 发的供弹带
空枪重量：56 千克

现代的机关枪是从 19 世纪下半叶开始发展起来的。1914 年，几乎所有的军

图为俄军的一挺 M1910“索科洛夫”马克沁机关枪及其操作人员。这挺机枪上用来保护机枪手的防护装置是它的一大特色。

队都配备了机关枪，而装备总数则随着战事的推进而不断增加。一挺重型机关枪每分钟可以发射 400~600 发子弹，对于由 80 或 80 人以上的步兵组成的行动队来说是完成任务的好帮手。由于机枪可以固定在战壕里直接对来袭者开火，所以非常适合用在防御行动中。但它们也能满足进攻行动的需要，只是在这种情况下步兵需要把机枪高高举起，以使子弹从前方战友上方飞过，再在重力的作用下落到敌方目标的头上。

这种武器一般可以分为三个部分：一个用来固定的底座或底橇、机枪主体，以及用来给枪管外裹着的“水套”灌水的水壶——在水套中灌水是为了防止枪管过热。法国从 1914 年开始采用的霍奇基斯型和美国的寇特型（Colt）机枪则属于较为少见的空气制冷型机枪。用来给机枪装弹的供弹带有的是 30 发一条，而用机织布或金属带作为联接、子弹数更多的供弹带则更为常见。

重型机枪名副其实，大多数都在 32~40 千克间——这还不算每挺机枪开火所需配备弹药的重量，例如，英国维克斯重型机枪的标准配置是 16 条 250 发的供弹带（打光了还能再领），每条就有 10 千克重。这么重的东西可不是动动手指头就能推动的，如果士兵们在交战时想要改变一下开火位置，非得你拖我推、齐心协力不可。但在休战时他们则会把机枪拆开，用骡车或者手推车来运，要操作一挺机枪至少需要 2~3 名机枪手进行配合。为了满足机枪快速发射的需要，还得专门安排人来背弹药，所以战场上多数的机枪后都有一个 4~6 人的小组。

为了适应战场的需要，手提式轻型机枪应运而生——这下机枪手总算能赶上步兵的进攻步伐了。这种机枪的重量一般为 10~14 千克，其中接近 10 千克的较多。在理想状况下，气冷机枪每分钟可发射 250~600 发子弹。轻机枪可用供弹带或弹匣装填子弹，而弹匣则较为实用。德军给 08 型机枪加上一个枪垛后制成了 08/15 型机枪，而法国生产的乔奇型轻机枪不仅是法军在第一次世界大战中的标准配备，也在其盟友中流行了好一阵子——协约国军队一共配备了 25 万挺乔奇轻机枪，其中美国于1917年订购了3.4万挺。但由于缺乏行业规范，流行一时的乔奇枪轻是轻了，却不够耐用。

第一次世界大战中最好的轻机枪应属刘易斯型，这种机枪是美国1911年设计的，后来在比利时和英国的军工厂里得以批量制造。虽然这种枪对于战地移动来说还是沉了些，但性能却很稳定，因此不仅是比利时和英国步兵部队的基本配置之一，更被用来武装飞机、汽车和坦克。

◎维克斯马克1型

1884年诞生的马克沁机枪是世界上第一把全自动机关枪。维克斯系列机枪以马克沁机枪为蓝本，但比其更轻更稳定，从1912年起开始为英军使用。

口径：7.7毫米
射击频率：500发/分钟
子弹出膛速度：682米/秒
弹药配置：250发供弹带
空枪重量：33千克

德军自投罗网

——伊万哥罗德战役

俄国在第一次冲击中经历了大规模盛衰无常的命运，在南方，125万俄军取得了巨大胜利，在北方，将近100万人的军队被打得七零八落，陷入一片混乱之中，又退回到他们的边境。法国政府要求俄军开赴维斯瓦河左岸集结，并直接入侵西里西亚，毫无疑问，此举是进入德国心脏的最短途径。

俄军在加利西亚会战中击溃奥匈军队之后，实际上已具备进袭德国东南部的条件，但是德军对东普鲁士北部设防区的胜利控制仍然表明，俄军渴望采取的军事行动会面临来自北方的致命危险。俄军指挥部在拟订进攻加利西亚作战计划时，开始变更部署，把西北方面军的第二集团军从纳雷夫河和涅曼河一线调到华沙一带，而把西南方面军从桑河调往华沙至桑多梅日地段，上述集团军再加上华沙筑垒地域的部队共有50余万人和2500门大炮。此时大败后的奥匈帝国的军队在桑河后面远处重新集结，他们的军队支离破碎、组织涣散、士气低落，呈现出一片令人悲哀的凄惨景象。此时德军的总参谋长法金汉所面对的，不只是奥匈帝国的求援申请，而且还有康拉德的严厉指责，因为他所保证的支援未能及时到达，奥军状况凄惨，存在着单独媾和的危险。好在这时坦能堡大战结束，俄军被赶出了东普鲁士，这使得法金汉得以从兴登堡的第八集团军抽调出4个军组建了第九集团军，南下部署在克拉科夫以北的地区。

德军统帅部计划以新编第九集团军和奥匈第一集团军，对俄军西南方面军北翼和后方迂回突击，阻止俄军进攻并支援奥军。1914年9月28日，兴登堡将军指挥德军第九集团军从克拉科夫和琴斯托霍瓦一带向维斯瓦河挺进，于10月8日进至维斯瓦河和桑河河口，直逼伊万哥罗德，在此遇到俄军第四、第九集团军所属兵团的顽强抵抗，奥德联军多次企图强渡维斯瓦河和桑河均未成功。从9月底到10月，俄国大公着手大规模调动此前用于对付奥匈的部队，集合了四个集团军共计125万人充实了从桑河与维斯瓦河汇合处向北至华沙的防线，这样，大公既有利于向德国进军，又可以迎击德军即将发动的针对俄军防线如今最薄弱部分的进攻，然而就在俄军尚在调动之时，德奥联军就发起了进攻。10月9日，德军在科杰尼采和拉多姆一带组建马肯森军队集群，并由南向北进攻华沙，德第九集团军的其余部队继续在伊万哥罗德至桑多梅日地段发动攻势，以掩护对华沙方向的进攻。

在发起进攻的当天，德军在格鲁耶茨附近的一具俄军尸体上发现的一份命令泄露了俄国的计划，兴登堡已经知道在通往华沙的路上俄军有60个满员的师正对着他18个减员几乎过半的师，但兴登堡还是决定大踏步前进，不过他们采取了一切预防措施，以备一旦遭到失败就逃之夭夭。但德国第九集团军还拖着奥匈帝国第一集团军一起从正面向维斯瓦河防线进攻。10月11日，双方的军队在华沙和伊万哥罗德附近遭遇，德军对华沙的进攻被击退，俄军在伊万哥罗德地区横渡维斯瓦河，并在左岸科杰尼采附近建立登陆场，德军的攻击逐渐减弱，俄军的西北方面军和西南方面军的各集团军由新格奥尔吉耶夫斯克、华沙、伊万哥罗德和桑多梅日一线地区相继转入进攻。

俄国大公非常满意地看到德军的自投罗网，随着德军向前挺进，兴登堡发现自己遭到了不断集结的大军的抵抗，这批军队人数越来越多，马肯森军的4个师离华沙已不到30公里，占领了几乎就在城市边缘的一个重要铁路枢纽站，华沙已经在望。但是，如同巴黎一样，华沙城那朦胧的塔尖却可望而不可即。鉴于俄军人数上的优势和防线的漫长，德军向康拉德提出要奥军给予支援的紧急请求，但得到的是不肯定的回答。兴登堡再也不敢坚持下去了，于是下达了撤退令，将马肯森所率军队集群从华沙附近撤走，在俄军优势兵力进攻下，马肯森军队集群被迫于19日从华沙附近撤退，德军放弃了他们的全部占领区，秩序井然地退到他们的边境，同时炸毁桥梁，实施焦土政策和大规模的破坏，阻止敌人的追击部队，从而结束了波兰西南部战役。10月21日，奥匈第一集团军企图增援德军，向伊万哥罗德发动进攻，但在遭遇战中被击溃。10月27日，德奥军队开始向原出发阵地全面撤退，从19日起，俄军从姆拉瓦河到桑河的整个战线不遗余力地滚滚向西进军，以便占领向德国内地进军的有利地形。

德军在6天之内退却近百公里，中途不止一次停下来作顽强抵抗，大致上说，到10月底他们都回到了出发点。失败引起了相互之间的责备，德军指责奥第一集团军不该在关键时刻作不必要的撤退，从而暴露他们的右翼，但光是找奥匈帝国的过错有什么用？不论好歹它也在作战。虽然德军敌得过两三倍人数的俄军，但是很显然，奥军没有能力与俄军一对一地作战。俄军由于指挥上的失误及后勤工作缺乏准备，各集团军进展缓慢，德奥军队虽损失惨重，但终免于全军覆没，至11月8日，俄军各集团军推进到乌涅尤夫、瓦斯克、普热德布日、梅胡夫和

1914年，最后一个野战阶段中的德国军队。

加利西亚某个小镇的毁灭向人们展示了战争的残酷。

塔尔努夫以西地区，但在此受阻而暂时停止了进攻，德国拥有战争必需的工业和矿产的富饶的西里西亚再次处于危险之中。

刚被任命为奥德东部战线司令的兴登堡被告知，虽然面对俄军将重新实施推进的行动，但不要指望能得到增援兵力，眼下德军唯一可用的机动集团只有第九军团。德军眼前最迫切的需要是粉碎俄军对西里西亚迫在眉睫的入侵，德第九集团军在对华沙的进攻中损失了4万人，它必须毫不拖延地再次出击，对华沙作正面冲击。若不能恢复奥匈的活力，现在从左侧进击，则可以保全德国自身免遭入侵。从波兰南部撤退还不到两个星期，第九集团军已经作好准备向前推进，以完全不同的面貌、目的和方向发动了新的进攻。

猎人变猎物
——罗兹战役

德军自华沙被击退只能是俄军发动最大规模猛攻的前奏，奥军士气极度低落，组织涣散，康拉德又不断地指责盟友不提供援助，法金汉于是派亨奇上校前往奥匈军司令部，将一封重要信件交给康拉德，表示眼下只能派遣3个骑兵师和4万名步兵增援东线，希望在大约两周内使东线得到五六个军的援兵。俄军结束华沙-伊万哥罗德战役后，俄军大本营制定了以西北方面军第二、第五集团军及西南方面军第四、第九集团军继续进攻的计划，目的在于深入德国境内，进攻开始日期定为1914年11月14日，德军指挥部从截获的无线电报中获悉这一计划，遂决定先发制敌，夺取战略主动权。

不知疲惫的德军于11月10日展开了向波兰北部的进攻，马肯森率第九集团军沿维斯瓦河挺进，俄军第二和第五集团军在向西里西亚涌进时，突然发现自己的右肩遭到了来自托伦方向的猛烈攻击。在三天里，马肯森抓获俘虏 1.2 万余人，击退俄军右翼，使其陷入一片混乱，俄军各师甚至各旅分别遭遇了从意想不到的方向袭来的德军，所有的溃败部队都向罗兹后退。俄军总司令尼古拉大公行动果断，当即把第五集团军从南线调来，俄军第二集团军司令依据当前情况将部分兵力北调，并在罗兹以北地域设防，而西北方面军司令鲁兹斯基令第二和第五集团军向北方变更部署。德军为从东、南两面包围罗兹，马肯森派出谢费尔将军的突击集群，该集群不顾重大伤亡迂回到俄第二集团军右翼，进至该集团军后方的罗兹至彼得罗库夫路段，现在德军已经包围了罗兹。大概有 15 万俄军在三面防守该城。德军满怀希望地准备收网，至少有俄国 4 个军被围在一长约 25 公里宽约 13 公里的区域内，他们的彻底失败似乎就在眼前。

11 月 17 日夜间，正当战事高潮行将到来时，俄国大公命令驻守西南防线的整个第五集团军转过身来反方向进军，击退前来包围的德军的左翼，以拯救第二集团军，德军突击集群在此被由南方赶来的普列韦将军的第五集团军所阻。从 11 月 18 日起的三天战斗中，德国的“波森”和“布雷斯劳”两军从西南方和南方迂回到罗兹以便与谢费尔突击集群会合的企图被粉碎了，俄军第一集团军在沃维奇一带组建的突击集群由北方实施进攻，协同第二集团军封闭了罗兹以东布列兹纳城附近的一段战线。结果使迂回到俄第二集团军后方的德军谢费尔突击集群自己陷入重围，谢费尔突击集群被击毙和被俘多达 4 万余人。德军不但未能围困罗兹城的俄国大军，反而遭到包围，四面受敌，德军的大胆迂回运动，不但使它的

一台作战中的俄国 M1902 型 76.2 毫米口径野战炮

正面遭到拥有优势的俄军的攻击，而且使它和第九集团军余部的联系被切断，且使其后方遭到四个俄军师的攻击。俄军封锁了德军的每一条退路，局面就这样完全倒过来了。

德军所下的赌注之高，是战争史上闻所未闻的，他们没有获得成功，而当 11 月 21 日的黑夜降临时，看来他们悲惨的失败是确定无疑的了。但因莱宁坎普夫错误地把沃维奇突击集群大部兵力调往其他方向，仅留西伯利亚第六师扼守被围德军的退路，而该师又无力完成阻击任务，致使在罗兹的德军第二十五后备军进行了一场混乱而又可歌可泣的会战，最后于 11 月 24 日突围成功，战俘和缴获的火炮均全部带出。

罗兹战役结束了，25 万德军与 60 万俄军相对抗，战斗中，德军几乎包围了一个俄集团军，然后他们自己被敌人完全包围了。俄军虽一度包围了 6 万名德军，但最后未能将他们捉住，双方都尽力使自己摆脱了可怕的遭遇，在精疲力尽的情况下，俄军固守罗兹到 12 月 6 日，然后他们在华沙以南重新部署了防线。罗兹战役后，伤亡惨重的俄军不得不进入休整，这使俄军进入西里西亚的希望彻底破灭了。至此，从西线抽调的和新动员的部队开始源源不断地加强兴登堡的实力，到 1914 年底的严冬，东线局势平静下来。奥匈帝国在当年秋的一场极具讽刺意义的失败甚至将其军队作为战争残余物从东线的主要角色中清除出去，但俄国人也彻底衰弱下来——他们已耗尽了兵力。更为危急的是，他们的后勤供应系统已经崩溃。

第七章

盛衰无常

——变幻莫测的东线

奥匈入侵塞尔维亚

——艰难的占领

陆军元帅奥斯卡·波提柯雷克因错误地指挥了1914年奥军入侵塞尔维亚的行动而被撤职。

奥匈帝国本想让塞尔维亚为参与了弗朗茨·斐迪南大公的刺杀行动而付出代价，却没料到即便联合了德国和保加利亚一起进攻，自己还是吃了败仗。

奥匈帝国认为塞尔维亚对于弗朗茨·斐迪南大公之死负有直接的责任，并以此为理由于7月28日对之宣战。次日，塞尔维亚首都贝尔格莱德就遭到了多瑙河上奥军炮艇的攻击；等到8月14日，陆军元帅奥斯卡·波提柯雷克率领20余万士兵穿过萨瓦河及德林纳河，抵达贝尔格莱德以西及以北，塞军部队这才开始行动。奥军的这次行动也是亚达尔河战役的开端。16日，塞尔维亚的拉多米尔·普特尼克元帅率兵19万进行反抗时，发现了波提柯雷克的军队。尽管塞军无论在人数上还是在装备上都比不过奥军，但仍于21日打退了奥军的进攻。

略微修整之后，塞军于9月6日挺进奥匈帝国境内的波斯尼亚。但由于波提柯雷克的军队在接下来的48小时内再次渡过德林纳河，在塞尔维亚侧面建立了据点，普特尼克不得不率部回撤以抗敌军。鏖战十日之后，塞军正面抵抗奥军的这场德林纳河战役因塞军认输而结束。自此，塞军开始退守防御较强的贝尔格莱德西南部。

补充火力之后，奥军于11月5日再度发起进攻。而普特尼克那缺粮少弹的部队只好慢慢地再次后退，想等到奥军的供给消耗得差不多时再发起反攻。12月2日，奥军攻占贝尔格莱德，但普特尼克由于获得了法国的支援也已作好了回击的准备。3 日，塞军发动进攻，而此时奥军背后就是泛滥的科卢巴拉河，真正是“背水一战”，塞军没多久就把对方变成了一头困兽。科卢巴拉河战役于 9 日结束，残存的奥军全数撤过多瑙河及萨瓦河。贝尔格莱德于 15 日获得解放，但普特尼克由于在此战中折损了 22.7 万名士兵而遭撤职，取代他的是尤金大公。

1915 年末，塞尔维亚已经不太可能再抵挡住进一步的入侵了。由于罗马尼亚在 6 月份时封闭了其境内通往土耳其的铁道线，急于向土耳其输送给养的德国瞄上了塞尔维亚，想把塞国变成它的第二个物流中心。而塞尔维亚的宿敌——位于塞国东面的保加利亚，也于 1915 年 9 月 6 日加入了同盟国的阵线。很快，德国总参谋长冯·法金汉将军就策划了一次针对塞尔维亚的联合进攻，负责这次行动的就是德国久经沙场的元帅奥古斯特·冯·马肯森。

10 月 6 日，陆军元帅赫尔曼·科维斯·冯·科维沙扎率领的奥匈帝国第三集团军和马克思·冯·高维茨带领的德国第十一集团军，穿过萨瓦河和多瑙河进入了塞尔维亚境内。5 天后，尼古拉·哲科夫率领的两支保加利亚军队向西攻入塞尔维亚，直取尼什和斯科普里。普特尼克不得不带领队伍在深冬时节艰难地撤到黑山地区。为了这次撤退，他又折损了差不多 50 万兵力。最终，塞军的幸存者们搭乘协约国的战舰于 1916 年 1 月抵达科孚岛，打算不久后在协约国占领的萨洛尼卡继续战斗。自此，塞尔维亚和黑山及其邻国阿尔巴尼亚落入同盟国之手，直到 1918 年才被解放。

◎奥匈帝国的暴行

奥匈帝国军队屠杀塞族平民。

奥匈帝国于 1912 年通过了《战时服务法》，规定国家危难之时军队可以向公民强行征收财物作为军需。该法最早于 1914 年 7 月 25 日在波斯尼亚和黑塞哥维那地区开始实行，接着就轮到了塞尔维亚。那时，所有的塞族人无论是否曾是前波斯尼亚的公民都变成了疑犯。1914 年侵入塞尔维亚后，奥军开始了有组织的烧杀抢掠，约有 4000 名平民在此期间丧生。其后，加利西亚境内也发生了类似的惨剧。

狮子搏兔
——戈尔利采突破

由于在西线的战斗陷入了僵局，难以取得决定性的进展，奥匈帝国的局势开始显得重要起来，一贯主张西线至上的法金汉第一次违背自己的意志开始关注东线了，德皇的希望是能借此一举重创俄军以达到迫使俄国单独讲和的目的。但法金汉不是这样想，他从来也不认为对俄国的作战能够速战速决，他只是想对俄国来一次沉重的打击，只要能在一段时间内削弱俄军的实力就心满意足了，因此只有 4 个德国新编军被派到了戈尔利采前线。

为了不让从法国调离的德军引起敌人的注意，德国人搞了一些小动作用以吸引协约国的注意力，1915 年 4 月中旬，德军在伊普雷施放了毒气，德国人在手头缺乏兵力的情况下，轻率地就将毒气这种致命武器暴露了，英法真是应该好好感谢东线的俄军。为了使这次军事行动获得最大限度的成功，德国人建议奥匈帝国军队应该以退却的方式诱敌深入，将敌人引入匈牙利，但奥军统帅康拉德不同意。他既不愿意放弃自己的领土，也不愿意鼓励他的军队退却。

5 月初，戈尔利采战役开始了。这场战役的打法和德军以往的传统作战方法完全不同，这次德军并没有采取以往那种大规模迂回包抄的战术，而是采用了直接从中间突破。在戈尔利采正面宽约 50 公里的战线上，由四个德国军组成的德第十一集团军在 4 月份完成了战役集结。为了确保战役的胜利，德军还特地为奥军配备了一批优秀的军官并准备了充足的弹药。为了不被俄军发现正在集结的部队，德军让自己的前沿部队都穿上了奥军的军装。

俄国人对即将来临的攻击完全没有察觉，驻防加利西亚的西南方面军指挥部对于敌人准备进攻的情报置若罔闻，他们认为西南方面军的主要任务仍然是对付德国第八集团军以及奥匈第三集团军的部分兵力。而对付这些敌军，俄国人认为完全没有什么问题。关于战场指挥

图为在戈尔利采－塔诺攻势中被俘的上百万俄军士兵中的一部分。

权的问题，考虑到奥匈帝国方面的尊严，战场上的指挥权虽然交给了德国的马肯森将军负责，但又规定马肯森隶属于康拉德的奥军司令部领导。当然，这只是形式上的，事先已经商定，在战斗中康拉德并不向马肯森发出任何指令。4月底，德国第十一集团军已经全部进入攻击位置，这时俄军已经发现了前线骤然增多的德军，但是俄军的指挥官季米特里耶夫并没有请求增援。炮击在5月1日开始了，整整轰击了一天一夜，俄军的大炮几乎没有任何回击，他们的炮弹奇缺，根本没有对战的能力。德国人的炮击摧毁了俄军的所有工事。次日凌晨6时，在一阵异常猛烈的炮击之后，随着德军炮击向俄军后面的移动，德军发起了冲锋。第一线的俄军没有抵抗，拼命向后逃去。直到德军冲到俄军的第二道防线，才开始受到俄军的阻击。

5月4日，俄军的后备军试图进行反攻，但他们的反攻无济于事，只不过是起了掩护前线溃败的部队撤离的作用。德、奥两军并肩出击，全线突破了俄军的防线。经过7天的战斗之后，败退的俄军大部被歼，俄军损失惨重，有14万人被俘，所有的武器都落入了德军的手中。到了6月中旬，俄军被迫放弃加利西亚，退到了布罗德以西20公里和布恰奇以西15公里一线。德奥军在戈尔利采的突破，使俄军在1914年开战以来和在喀尔巴阡战役中取得的胜利全部化为乌有，而且还出现了即将丧失波兰的危险。

俄国1915年的大溃败

——德奥联军节节进逼

到1915年4月，俄国在沿喀尔巴阡山脉的广阔战线上，支配着每一条通向匈牙利的公路，而且俄国的占领城市，威胁着奥匈帝国的后方。康拉德认识到，单靠他的军队，是推不动尼古拉大公的军队的，此外，南面酝酿着的危机，也使奥匈帝国处于危险中。1915年5月，西线相对平静，东线奥匈帝国面临俄军大举入侵的威胁，内部不稳，加上意大利和罗马尼亚即将站在协约国方面参战，对奥匈压力甚大。德国统帅部为支援奥匈，稳定东线，决定从西线抽调兵力，对俄国西南方面军右翼发动大规模进攻，计划突破维斯瓦河上游与贝斯基德山麓之间的戈尔利采地区，围歼俄国第三集团军。

俄军在马祖里湖的冬季战斗中被逐出东普鲁士，为兴登堡赢得了陆军元帅的军阶，由他统领东线的全部军队，鲁登道夫则成为他的参谋长，两个人现在都坚定地认为，如果手头有足够的部队，可以用一场战役中把俄国击败。法金汉不同意他们的观点，他深信战争将在西线取胜，因而决定把他的主力集中在西线，只在奥匈帝国出现困境后，他才勉强把 4 个军从法国调往加利西亚。1915 年夏秋两季，俄军不得不面对德军近 40 个师和几乎全部奥军无休止的进攻，俄军的素质和组织结构因连连受损均已削弱，又处于武器弹药供应最糟的阶段，沙皇的军队在 1000 多公里的防线上遭受到德军时而在这里时而在那里的连续攻击，防线一再被突破，他们被迫做迅速的纵深退却。

马肯森指挥的德军第十一集团军和奥匈的第四集团军负责实施这次战役，由马肯森统一指挥。德奥军队的任务是在戈尔利采和格罗姆尼克一带突破西南方面军的阵地，在萨诺克以西合围德米特里耶夫指挥的俄军第三集团军，并向佩列梅什利和利沃夫发起进攻。在敌对两军之间的无人地带，是一片开阔的丘陵，在德军开始攻势之前几天从这个地区撤退所有非战斗人员时，俄军也显然漠不关心。俄军并不注意德军所挖掘的深沟，而满足于仅足以隐蔽跪着的士兵的堑壕。俄军还选择丘陵和村庄作为支援阵地，这是一个严重的战术错误，因为德国大炮很容易发现这些射击的目标。德第十一集团军担任主攻，奥匈军在两翼配合，在 35 公里宽的突破地段上集中了 10 个步兵师、1 个骑兵师的兵力，俄国西南方面军战线长达 600 多公里，兵力分散，没有应付德奥军发动进攻的准备，俄第三集团军在德军预定的突破地段上只部署有 5 个步兵师，防御工事薄弱，等到战斗开始，德国人才充分认识到俄军的虚弱情况。三分之一以上的俄军连步枪都没有，指挥

在俄国 1915 年的春季攻势中，用马车和速度缓慢的牛车为俄军输送给养的队伍正行进在喀尔巴阡山区。

官为了保存弹药，甚至奉命每门炮每天不得发射炮弹三发以上。

5月2日的闪电式进攻中，德国使用了飞机，丢下了第一次世界大战的第一批炸弹，德军以空前猛烈的轰击，摧毁了喀尔巴阡山到维斯瓦河一线的俄军阵地，俄国第三集团军是这次突然打击的重点对象。到5月4日，该集团军几乎已被歼灭，德奥联军一举突破俄军防线，并不断扩大突破口，俄国大本营匆忙抽调部队增援，但零星投入的部队，无法扭转局势。马肯森在随后两周内向前推进了约160公里。成千上万名感到茫然的俄国士兵被俘虏，整个俄国战线土崩瓦解。俄军费尽九牛二虎之力才得以攻克且只坚守了很短时间的喀尔巴阡山脊终于被迫放弃了。德军粉碎了俄第三集团军主力及零星投入战斗的援军后，向桑河推进，迫使俄军放弃戈罗多克阵地，从侧后威胁部署在喀尔巴阡山脉一线的俄军西南方面军主力。与此同时，德奥联军突击集团对俄军喀尔巴阡山脉防线实施正面进攻，迫使俄向德涅斯特河撤退，6月底更将俄军全部赶出了加利西亚。此役，俄军兵力部署分散，后勤补给困难，损失惨重，仅马肯森的部队就俘获了15.3万名俘虏和300门火炮。

俄国大公军队的随军英国联络军官诺克斯爵士早就预见到了俄国的溃败，因为年轻的新兵只训练了4周，就被送去参战了，他们往往还没有摸过步枪，更不必说射击了。没有武装的后备军蹲在后方，等待从一位负伤或死亡的伙伴那里接过一支步枪，身居高位的俄国军官，不去设法解决这样那样带关键性的军事问题，

在1915年6月的战场上，一名德军士兵给一名受伤的俄军士兵喝了一口水。

而是视若无睹。俄第三集团军的溃退，导致友邻两个集团军的全线后退，俄军西南方面军先后放弃所占领的奥匈要地，于6月底退回俄国本土，第三集团军损失殆尽。由于德奥集中兵力火力在狭窄地段实施正面突破，忽视了迂回包围，俄国西南方面军得以保存了部分兵力。

1915年的夏季战役中，大批德军对俄军防线实施连续的进攻，德军带着奥军长驱直入，这正是康拉德长期梦寐以求的，但是这种作战方式是奥匈帝国的军队从来也没有能力实施的。俄军放弃了一个又一个城市、一条又一条河流，被赶出了加利西亚，被赶出了波兰，整个战线瓦解于德奥联军凌厉的攻势之下，所有的铁路转而为入侵者服务。现在德国人致力于布格河和维斯瓦河之间的广阔防区，大部分俄军集结在那里。在这次两路并进的大规模进攻中，兴登堡向东南前进，从东普鲁士越过那累夫河，直趋布格河，同时马肯森向北方前进，直趋布列斯特地区，同时德皇子莱奥波尔的第九集团军正在迫近华沙，尼古拉大公的唯一选择只能是使他的军队从华沙这个突出部分脱身出来，在敌人发动猛攻前痛苦地奔跑逃窜。

俄国大公并未被捉住，他不失时机地退却，8月5日俄军撤离华沙，德奥军的切断运动仅仅变成了尾追，维斯瓦河整个防线已为俄军所放弃，当秋雨来临，泥浆阻塞道路，隆冬为这个饱受痛苦的民族设起屏障的时候，俄军摆脱了危亡，站了起来，建筑了一条从波罗的海海岸的里加到罗马尼亚边界的寂静的连绵的防线，在他们前面，取得全面胜利的希望并未破灭。1915年8月5日，德军终于开进华沙，并在华沙组建了临时战区政府。从1914年8月23日兴登堡担任德军指挥官到1915年8月5日在华沙组建临时战区政府的一年时间里俄军损失惨重，数十万俄军被打死或者被俘获，军队的补给迅速减少，很多士兵连步枪都没有，德军的胜利让俄军高层无计可施。但法金汉不愿把他的兵力分散得太单薄，他中止了德国在东线的所有主要攻势，把德国在那条战线的活动降低到局部性战斗的规模。

到1915年底，东线从波罗的海的里加到邻近罗马尼亚边界的切尔诺夫策，绵亘900多公里。这一年俄国的损失，死伤逾100万人，还有100万人被俘，加上在1914年5个月期间的伤亡，又是一个200万人。沙皇尼古拉二世撤掉了叔父尼古拉大公最高司令官的职务，尼古拉大公成为宫廷阴谋、政权内部的腐败和战场上的灾难的牺牲品。沙皇受皇后的影响解除了尼古拉大公的指挥权后，把他派到高加索去。沙皇以米哈伊尔·阿列克塞耶夫为参谋长，自己亲自担任最高统帅，并亲自到前线督战。俄国仍在战斗，但沙皇已铸成了他最后的一次大错。

土耳其的“自由英雄”
——恩维尔·帕夏

1881年11月22日，青年土耳其党人领袖恩维尔·帕夏生于伊斯坦布尔一富商家庭，他的父亲埃米尼·阿赫梅德是土木工程师，恩维尔从小就跟随父亲到摩拿斯提，在那里上学，直到进入摩拿斯提的军校，毕业后又到伊斯坦布尔军事学院继续深造。恩维尔从小的愿望就是成为一名军官报效国家，在军校上学期间，他只是专心于学习，而对那些与军事无关的事从不上心。在君士坦丁堡军事学院毕业后，获骑兵上尉军衔的恩维尔被派到马其顿的第三军参加对当地游击队的镇压。当时的马其顿是奥斯曼帝国各种矛盾的焦点，当地的各种势力非常活跃，也是青年土耳其党人的活动中心，那里的现实对恩维尔产生了影响，他渐渐卷入了青年军官的政治活动中，而且还加入了青年土耳其党人的组织。到1908年，恩维尔已成了青年土耳其党人的中央委员。

在1908年时，英国、俄国和奥匈帝国等国家都对奥斯曼帝国虎视眈眈，想要瓜分其所辖的巴尔干地区。为了推翻苏丹阿卜杜勒·哈米德二世的统治，也为了不让土耳其被外国进一步瓜分，青年土耳其党人决定举行武装起义。1909年4月13日凌晨，效忠于苏丹的首都第一军团的部分士兵包围了议会，要求驱逐议长，并取缔青年土耳其党人的组织。苏丹阿卜杜勒·哈米德二世随即下令撤换首相，并责令各省总督保护教法。面对这个局面，在马其顿的青年土耳其党人立即组成由恩维尔统率的“行动军”，在4月23日开进君士坦丁堡，三天后控制了土耳其的首都。4月27日，青年土耳其党人通过议会废黜了苏丹阿卜杜勒·哈米德二世，把他的弟弟穆罕默德·赖希德立为新的苏丹，也就是穆罕默德五世，恩维尔由此成为了全国瞩目的“自由英雄”而受到推崇和赞扬。

德皇威廉二世在战列巡洋舰“戈本”号上会见土耳其战争部长恩维尔·帕夏。

刚开始时，恩维尔很赞成奥斯曼帝国

中的各民族团结平等，曾说从此以后在蓝天之下奥斯曼各民族兄弟一律平等，再也不分什么保加利亚人、希腊人、罗马尼亚人、犹太人，都要以身为奥斯曼人而感到光荣。其实他的这个主张，从根本上来说，是希望奥斯曼帝国不要再闹分裂。可事情并不像恩维尔所希望的那样，奥斯曼帝国属下的各民族是不可能安于现状的，在各种外国势力的插手下，奥斯曼帝国属下的各民族的独立运动风起云涌，越演越烈。青年土耳其党人掌握政权以后不久，就开始推行大奥斯曼主义，镇压各民族的独立运动，对外奉行亲德政策。曾做过奥斯曼帝国驻德武官的恩维尔对于德国人的效率和组织性非常赞赏，是个彻底的亲德派，他曾说“土耳其是土耳其人的，但要有德国的帮助”，把土耳其的命运同德国拴到了一起。

当时被称为“西亚病夫”的奥斯曼帝国被当成一块肥肉，谁都想咬上一口，1911 年秋，意大利利用动荡的国际局势和土耳其的严重困难，决定向的黎波里塔尼亚派遣海军舰队，并对土提出领土要求。遭拒绝后于 28 日以当地意大利人受到伤害为由发出最后通牒，29 日对土耳其宣战，从海上炮击的黎波里、胡姆斯等地，意土战争爆发。战争爆发后，恩维尔自告奋勇亲自前往北非前线指挥战事，在那段时间里，恩维尔同他的部下青年军官凯末尔发生了摩擦。这两个人的性格完全不同，恩维尔是个沉醉于大的计划、大的理想而忽略细节的人，而凯末尔是个现实主义者，他重视可靠的材料和数据，沉醉于大计划而忽略细节的恩维尔后来终于走上了投机冒险的道路。

意土战争正酣之际，巴尔干半岛又起风波。巴尔干地区的诸小国，在列强的支持下，发动了巴尔干战争。疲于奔命的土耳其为了应付巴尔干地区的危机，不得不向意大利让步。1912 年 10 月，意土两国在洛桑签订和约，土耳其放弃了它对的黎波里和昔兰尼加的主权，恢复两地的旧称利比亚，并承认意大利继续占有佐泽卡尼索斯群岛。签订《意土和约》后恩维尔离开班加西回到伊斯坦布尔。由于在巴尔干战争中的连连失败，青年土耳其党人的威望开始动摇，亲英的自由和睦党人趁机推翻了青年土耳其党人的政权，但在第一次巴尔干战争中，自由和睦党人也是接连失败，不得不割地求和，返回首都的恩维尔再次参与并领导了一次政变，使政权再次回到了青年土耳其党人的手中。

在第二次巴尔干战争中，恩维尔担任土耳其军队的总参谋长，在德国的军事顾问团团长奥托·冯·桑德斯将军的帮助下收复了故都亚得里亚堡，赢得了民族英雄的声誉。1913 年建立的恩维尔·帕夏、穆罕默德·塔拉特·帕夏、阿赫迈德·杰马勒·帕夏“三雄”寡头政权，将土耳其拖进第一次世界大战的深渊。1914 年 11 月 2 日，土耳其在德国拉拢下，宣布同英、法、俄断交，12 日宣布开战。

在第一次世界大战刚开始时，恩维尔本来还想观望一下战局的发展情况，但英国的海军大臣温斯顿·丘吉尔欺人太甚，把土耳其用民众的捐款在英国买的两艘大型战舰无理扣下了，而且根本不提赔偿问题，把奥斯曼帝国看得还不如两艘军舰值钱，这种耻辱令土耳其人忍无可忍，正好这时德国由索罗钦率领的两艘战舰“戈本”号和“布雷斯劳”号因受到英国海军的堵截而送给了土耳其，以恩维尔为首的土耳其政府接收了这两艘战舰。1914 年 10 月，索罗钦率领由“戈本”号改名的“亚沃士”号突然袭击了俄国在黑海的港口塞瓦斯托波尔和奥德赛，造成既成事实，迅速把土耳其拖进了第一次世界大战。恩维尔以拯救土耳其的使命自居，在第一次世界大战中为土耳其开辟了三个战场。第一个战场是在自己家中打的，1915年2月，英国人气势汹汹的打上门来了，土英之间爆发了达达尼尔战役，这场战役共打了三个多月，土耳其人固然伤亡惨重，但英国人更是惨败而归，这是一场土耳其的胜仗，后来被称为“土耳其之父”的凯末尔在这场战役中崭露头角。

第二条战线是在高加索地区与土耳其的世仇俄国人开打的。俄国人早就对土耳其的领土垂涎三尺，战争开始后，乘土耳其忙于其他战线，在高加索地区对土耳其发起了进攻。战争之初俄国人取得了胜利，但在 1917 年俄国发生革命后，俄国因为战争而崩溃，土耳其军趁机打下整个高加索，甚至进军南俄草原，这次算土耳其获胜，但其自身离灭亡也没有多少日子了。第三条战线是在中东地区，一战时的中东地区形势异常复杂，当地的阿拉伯人要求独立，而英法又在介入，在这条战线上土耳其军初期取得了许多胜利，但到 1918 年圣城耶路撒冷丢失后，土耳其军在中东一败涂地。“一战”结束后，土耳其彻底失去了它对中东地区的统治权。到 1918 年 10 月，“一战”已进入末期，随着保加利亚退出战争以及英国军队在巴勒斯坦和美索不达米亚战线转入反攻，恩维尔不得不放弃他的大突厥斯坦的梦想，同年 10 月 30 日，土耳其被迫签订了《摩德洛斯停战协定》，这标志着青年土耳其党人政权的终结，11 月 4 日统一进步党举行非常大会，决定自行解散，恩维尔此后流亡国外。

流亡国外期间，恩维尔出版了自己的战争回忆录《的黎波里》，流亡中的恩维尔在政治上一直很活跃，开始时企图与凯末尔争夺民族独立运动的领导权，在凯末尔地位稳固以后，恩维尔先是投靠苏共，但不久又投入了反布尔什维克活动，开展泛伊斯兰运动，1922 年 8 月在帕米尔高原被苏联红军击毙，终年 40 岁。被击毙后的恩维尔被埋在当地，直到 1996 年，土耳其政府才把他的遗骸从塔吉克斯坦运回国。8 月 4 日，在恩维尔死亡 74 周年之日为他举行了国葬，恩维尔的遗骸被安葬在伊斯坦布尔的烈士陵园中。

改写历史的战舰
——传奇的“戈本”号

一艘战列巡洋舰经历了两次世界大战，服务于两个帝国，当两个帝国都从世界上消失以后，它依然像一个老水手一样活得自由自在，这艘战舰就是德国的莫尔塔克级战列巡洋舰“戈本”号，而两个帝国则是德意志帝国和奥斯曼土耳其帝国。这艘服役时间长达60余年的战列巡洋舰本身就是一个传奇，没有一艘战列巡洋舰能够打破它的长寿纪录。“戈本”号，也就是后来土耳其海军的“亚沃士”号战列巡洋舰，于1912年于德国汉堡下水后正式投入服役，在它诞生的时代，战列巡洋舰还是一种崭新的舰种，因为它兼具战列舰的强火力与巡洋舰的高速度而成为各国海军竞争的主要战舰，作为德国海军的新锐战舰，无论进攻还是防御，“戈本”号在当时都是一艘令世人生畏的重型战舰。

服役后的“戈本”号成为德意志帝国皇家海军第四战列舰分舰队的主力战舰之一，1914年初，正是欧洲战云渐渐聚集的时候，协约国和同盟国两大军事集团为了各自的利益明争暗斗、互不相让，战争爆发的危险随时都能来到。作为德国海上力量存在的象征，“戈本”号和它的辅助战舰“布雷斯劳”号被派往直布罗陀海峡，成为德国在地中海地区仅有的水面战斗力量。当时德国舰队的规模在世界虽然仅次于英国位居第二，但是它在亚得里亚海却只有两艘战舰，也就是2.3万吨的战列巡洋舰“戈本”号和巡洋舰“布雷斯劳”号，法英两国的海军部都把眼睛盯在“戈本”号上，认为这艘德舰是英法舰队在亚得里亚海的心腹大患，装甲坚固、火力强大的它随时可能攻击法国航行在地中海水域的运输舰，而这的确也是“戈本”号及其“布雷斯劳”号当初被派到地中海上游弋的一个重要原因。

大战爆发前，“戈本”号收到了绝密电令：“德意志帝国已经对俄国宣战。并立即将对法国宣战。”第一次世界大战爆发了！实际上，早在进入地中海之前，索罗钦就接到命令，德国随时有和法国进入战争状态的可能，一旦出现这种情况，德国地中海分舰队的任务便是立即投入战斗，袭击法属北非的军事设施，然后向西撤退，穿过直布罗陀海峡与德国的公海舰队会合。战争爆发后，“戈本”号和巡洋舰“布雷斯劳”号发现自己远离本土基地，已处在英国地中海舰队的四面堵截之中。德国潜在的敌人英国早就派出一支舰队来追踪德国的“戈本”号和“布雷斯劳”号，英国皇家海军地中海舰队司令官、海军上将伯克利·米尔内奉命咬住这两艘德国战舰，并在英国对德国宣战的第一时间击沉它们。“戈本”号的舰

原德国战列巡洋舰“戈本”号在土耳其服役时被改名为“亚沃士”号，“布雷斯劳”号则被改名为“米蒂里”号。

长索罗钦将军在指挥德国这两艘战舰甩开英国舰队的围剿后，得到了一个新的命令，放弃原有的作战方案，不再返回德国本土，而是向西开往当时还是中立国的奥斯曼土耳其帝国。当德国领导人看到有必要对不愿宣战的土耳其人施加压力时，发现这两艘战舰还有更重要的任务有待完成，那就是用这两艘战舰，去促使土耳其人对协约国开战。

德国人非常希望能在经济不发达但有潜在价值的中东地区进行经济渗透，在奥斯曼土耳其帝国的首都伊斯坦布尔建立自己的影响已经有十多年了，在英国人与土耳其的宿敌俄国人达成公约后，土耳其人更愿意与德国人加强友好关系，后来他们要求德国派一个军事使团训练土耳其军队，作为答复，奥托·冯·桑德斯将军于大战爆发后抵达伊斯坦布尔，任土耳其陆军的监察长，开始训练和整编土耳其的陆军。当时土耳其与德国签订了一项秘密条约，但在参战的问题上土耳其还没有下定决心。德国决计再拉它一把，1914 年 8 月 5 日深夜，索罗钦下令两艘战舰开往土耳其，英国至少动用了 10 艘战舰在等待着“戈本”号，但英国人没有想到德国人已经改变了主意。他们认为“戈本”号会向西返回德国，所以把主力摆在了西边，东方只放了一艘巡洋舰“格雷塞斯特”号，而这一艘巡洋舰是挡不住德国这两艘战舰的，“戈本”号和“布雷斯劳”号顺利驶进了奥斯曼土耳其的伊斯坦布尔港口，德国随后宣布把这两艘战舰送给土耳其海军。

奥斯曼土耳其有一个无价之宝，就是它的地理位置，正好处在各条交通要道的会合处。德国人鉴于两线作战的局面已是不可避免，急于争取这个可以封锁黑海出口的土耳其帝国，以切断俄国从英法得到的补给的海路，德皇宣称：“现在该做的事情就是要让巴尔干各国的枪炮全都做好对准斯拉夫人的准备。”这个时候的奥斯曼土耳其帝国，已经老态龙钟，被称为“西亚病夫”，早已风光不再，它在中东、北非的领土纷纷丧失，强大的俄国从北方不断蚕食这个衰老的帝国。尽管奥斯曼帝国的领土失掉了许多，但在1914年的时候还是要比法国、德国、奥匈加在一起还大，此时的奥斯曼帝国是一个令人垂涎的潜在结盟对象，如果奥斯曼帝国参战，它所控制的地域将会对战局产生至关重要的影响。

第一次世界大战爆发前夕，土耳其为了改善军备，曾经向英国订购了两艘2.2万吨的战列舰，土耳其为此已经付清了全部的款项，然而当土耳其海军人员接收战舰时，英国人却借口欧洲局势紧张，把军舰扣了下来，变成了英国的战列舰。这两艘军舰花了土耳其3000万美元，这在当时是一笔巨款。这笔钱是土耳其在巴尔干战争败北后，深知必须使自己的武装部队重整旗鼓的民众捐款筹措起来的，英国在正式通知土耳其这桩地道的强盗行径时，根本不提赔偿两字，在他们眼中，奥斯曼帝国还不如两艘白抢来的军舰重要。现在，索罗钦的两艘战舰，就是德国在土耳其天平上重重投下的一颗砝码，德国公使和索罗钦中将觐见帝国的统治者苏丹，慷慨地表示愿意将这两艘最新、最好的战舰交给土耳其使用，这一击打中了土耳其苏丹的要害。英国人的强盗行径令土耳其政府十分愤怒，而现在德国人却主动送来两艘如此优秀的战舰，令土耳其人欣喜若狂，“戈本”号于是被改名为“亚沃士”号，“布雷斯劳”号被改名为“米蒂里”号，德国水兵换上了土耳其海军服，而索罗钦将军依然指挥他的战舰，更被奥斯曼土耳其苏丹任命为土耳其海军总司令。

“戈本”号和“布雷斯劳”号驶进达达尼尔海峡，事后很久，丘吉尔凄然承认说，它所带来的“屠杀、痛苦和毁灭，其程度之烈，就一只船来说是空前的”。协约国这时意识到问题的严重性了，为了拉住土耳其保持中立，它们对土耳其许下了许多的好处，但为时已晚。土耳其是以舰炮宣战的，1914年10月，索罗钦率领“亚沃士”号突然袭击了俄国在黑海的港口塞瓦斯托波尔和敖德萨，揭开了土耳其参战的序幕。面对“亚沃士”号的强大火力，俄军猝不及防，布雷舰“普鲁特”号被击沉，4500吨的驱逐舰“普希金舰长”号被击成重伤，塞瓦斯托波尔港口露天堆放的弹药堆栈被击中发生大爆炸，损失惨重，改悬土耳其新月旗的“亚沃士”

号初战告捷。

土耳其最终倒向了同盟国，俄国于 11 月 4 日向土耳其宣战，英国和法国接着在 11 月 5 日也宣战了，这下子战争的血刃便伸展到另半个世界，俄国通向地中海的出口也被堵死了。土耳其的参战自动开辟了几个新战区，协约国不得不分兵于美索不达米亚、苏伊士和巴勒斯坦，奥斯曼帝国的最后瓦解、中东往后的历史，都是“戈本”号这次航程造成的结果。假如“戈本”号不到达伊斯坦布尔，土耳其未必会在德国一方参战，英国便不需要发动土耳其战役来打通对俄国的支援通道，那么就不会有英国人在达达尼尔战役和加利波利战役的惨败，而英国人在达达尼尔战役和加利波利战役的惨败，又对保加利亚加入同盟国起了至关重要的推进作用。如果说一艘战舰改变了一次世界大战的政治格局，那只有“戈本”号可以担得起这个称号了。

11 月 15 日，俄国安德烈海军中将率领黑海舰队主力南下，袭击土耳其港口特拉布宗，俄国舰队的阵容浩大，主力是 5 艘老式战列舰，辅助兵力为 3 艘巡洋舰和 15 艘驱逐舰，但巡洋舰中没有一艘的机动能力比得上“米蒂里”号。索罗钦中将下令“亚沃士”号和“米蒂里”号出发应敌，双方在克里米亚半岛以南的海面上爆发激战，这次战斗，被称为索契角海战。

俄土索契角海战

——索罗钦以一敌五

1914 年 11 月，俄国与土耳其双方的海军在克里米亚半岛以南的海面上展开了索契角海战，11 月 15 日，安德烈海军中将率领俄国的黑海舰队主力南下，袭击土耳其港口特拉布宗。俄国这次派出的舰队阵容庞大，共有近 30 艘战舰，其中有 5 艘战列舰，3 艘巡洋舰和 15 艘驱逐舰。17 日晨，俄国黑海舰队袭击完特拉布宗后，又在海面上搜寻土耳其的运输船队，结果是徒劳一场，就在安德烈下令舰队返航时，他们一心要寻找的土耳其船只出现了，只不过不是土耳其的运输船，而是德国送给土耳其的“亚沃士”号和“米蒂里”号。原来在接到特拉布宗港口的被袭报告后，在对形势做出估量后，索罗钦断然决定出战，尽管在战列舰的数量上是一比五，但索罗钦对自己的“亚沃士”号有信心。

18 日清晨，克里米亚半岛南端的索契角海面笼罩着淡淡的雾霭，索罗钦所指挥的“亚沃士”号和“米蒂里”号追上了正在返航的俄国舰队，俄国的舰队也发现“米蒂里”号发出的黑烟，并发出了“敌舰在我前方”的警报。安德烈马上命令他的 5 艘战列舰互相靠拢。俄国人这样做是有原因的，他们发明了一种远距离多舰协同炮击同一目标的打法，以数量上的优势弥补质量的不足，双方的辅助舰只都知趣地闪开战场，让真正的主角一较高低。“亚沃士”号从间断的雾霭后出现时，正在俄国战舰的右前方。安德烈等的就是这个时机，他下令各舰转舵，和“亚沃士”号夹成 90 度角，占据了有利位置。在距离 7000 多米时，俄国人的 305 毫米重炮可以一显威风了。但由于担任火力指挥舰的“伊万·扎拉图斯特”号看不到对手而没发出射击的命令，当距离缩短到了 7000 米以内时，已经明显看到“亚沃士”号在紧急转向，以便齐射它的 10 门 280 毫米大炮。安德烈再也不能等待了，他自己的那艘战舰“埃弗斯塔菲”号马上开火，索契角海战拉开了战幕。

“埃弗斯塔菲”号的射击还是准确的，在第一轮炮火中，就有一发命中。305 毫米炮弹可不是普通的炮弹可比，它当即炸毁了“亚沃士”号的一门 105 毫米炮，并引爆了它的弹药。俄国人准确又凶猛的打击，使本来充满自信的索罗钦开始担心起来，在对射中他开始怀疑自己以一对五的决定是不是错了，但此时俄国舰队的情况也很不佳，他们从一开始就陷入了混乱，原本是 5 艘战舰统一的作战变成了各自行动。在战斗中真正在和“亚沃士”号对战的，实际上只是设备比较先进的“埃弗斯塔菲”号，“亚沃士”号要远比“埃弗斯塔菲”号先进，它的第一轮齐射也击中了“埃弗斯塔菲”号，这两艘战舰纠缠到了一起，“亚沃士”号挨了数发炮弹后舰上起火。但“埃弗斯塔菲”号的处境更加危急，死伤惨重，而其他的俄国战舰没有对“亚沃士”号形成有效的威胁。就在安德烈焦急万分之时，“亚沃士”号忽然停止了攻击，它加大速度从战场上撤走了。俄国海军的顽强抵抗，使索罗钦的斗志受到影响，他不敢再拿“亚沃士”号冒险了，因为他实在是输不起。

索契角海战打成了平手，俄国人的死伤略多一些，但双方的战舰基本都保住了。经此一战，双方都认识到了敌手的实力，从此不再急于挑起战斗了，黑海方面的海上战斗没再发生，土耳其控制南岸，俄罗斯控制北岸，形成了一种暂时的平衡。这种平衡对德国还是有利的，因为它切断了俄国与英法在海上的联系。但索罗钦对此却并不满意，他到土耳其不是来观赏风景的，在“亚沃士”号修好之后，它又出现在了黑海的海面上。对于“亚沃士”号的出现，俄国人这次不再出动它们航速较慢的战舰了，12 月底，在博斯普鲁斯海峡，“亚沃士”号触到了两枚俄国人为它特设的水雷，从而受到了重创。幸亏“亚沃士”号“皮糙肉厚”，没有被当场炸沉，逃回到港内的“亚沃士”号从此进入了大修时期，在以后的半年中，它再也没有出现在海面上。

土耳其的参战改变了战争的格局，已经为1914年的失败所动摇的俄国，现在几乎完全被切断了来自英法的物资供应，而这些东西正是俄国赖以实施持久战的物质基础，与此同时，西方的协约国也正焦急地欲重新获得通往乌克兰粮食产地的通道。精明强干的英国海军大臣温斯顿·丘吉尔提议立即采取行动，夺取达达尼尔海峡并恢复联接地中海和黑海、经由土耳其海峡到俄国的重要供应线，而英国的陆军大臣、陆军元帅基钦纳伯爵则强烈坚持要在西线一决高低，在英国战争会议上经过一番持久和激烈的争吵之后，一个针对达达尼尔海峡的两栖行动计划被勉勉强强地通过了。

“诗人将军”
——伊恩·汉密尔顿

伊恩·汉密尔顿，英国陆军上将，参加过第二次阿富汗战争、第一次英布战争、马赫迪战争等战役。他被认为是一位极具天赋的军官，因勇敢、有魅力和智慧出众而闻名。他生平最值得称道的一场战役就是在加利波利之战负责指挥命运多舛的地中海远征队。这是一场以英军失败而告终的战役，在这场战役中英法联军唯一成功之处是，他们在撤退时无一伤亡，堪称杰作。伊恩·汉密尔顿在日记中对于加利波利之战这样写道：“这没有什么，只是其中一方一定不会赢得这场战争。”

伊恩·汉密尔顿

1853年出生于科孚的汉密尔顿是克里斯坦·汉密尔顿和玛丽亚的儿子，1856年他的母亲在他的弟弟维若克出生时难产而死，给他带来了深深的悲伤。在1870年提出参军的申请前，他在切姆和威灵顿学院接受教育。1872年汉密尔顿被英国陆军录取，和萨克福团一起在桑赫斯特军官学校参加短期培训，不到一年后，他转调到位于印度的第九十二联队，开始了他长达25年的海外服役生涯。伊恩·汉密尔顿是一个语言天才，被称为“诗人将军”，除了英文，他能说德语、法语和印度语，是个迷人、典雅、亲切的典型英国上层名流。他曾两次被推荐获得维多利亚十字勋章，但在第一次被认为太年轻了，第二次则是军阶太高了。他的左手几乎残废，因为其手腕在第一次布尔战争中受重伤；他的左腿比右腿短是在一次从马上堕下而导致的伤害。在经过参谋学校进修之后，伊恩·汉密尔顿接受了罗伯茨勋爵的邀请，成为他的副官，随后他跟随罗伯茨回到印度，并晋升为上尉。在为罗伯茨撰写报告和演讲稿的工作中，汉密尔顿的文字功夫日趋熟练，1885年，出版了他的第一本书《未来的战斗》，这本书的思想被应用于在印度部队的训练中，尤其使部队的步枪射击水平获得了提升。

在第一次布尔战争中，汉密尔顿不幸受伤后被俘，但在回到英格兰养伤时，却被视为英雄，并被介绍给维多利亚女王。1897他成为第三旅的旅长。在第二次布尔战争中，汉密尔顿在布隆方丹和比勒陀利亚这699多公里的战场上参加了10场对垒布尔人的重要战役。1899年11月，汉密尔顿所部被布尔人围困于莱迪史密斯，由于没能充分加强他所辖防区的防御阵地，结果在布尔人围攻瓦根山时英军损失惨重，尽管如此，他仍被罗伯茨勋爵任命为当地的中将指挥官，率部从布隆方丹向约翰内斯堡进军，并于1902年4月在鲁伊瓦尔取得大捷。1903年伊恩·汉密尔顿返回英国任军需总监，第一次世界大战爆发时被晋升为上将。在1915年的加利波利半岛战役中，受丘吉尔推荐，伊恩·汉密尔顿受命领导地中海盟军远征军占领土耳其的达达尼尔海峡及君士坦丁堡。

汉密尔顿是一位具有相当战争经验的军人，忠诚，有骑士风度，具有想象力和文人气概，但却缺乏激励部队行动的能力，当基钦纳与他讨论情况时，只是这样向他说："假使舰队通过了，君士坦丁堡就会自动陷落，那么你不仅是赢得了一个会战，而是一场战争了。"虽然如此，他却未给予任何具体的指示。当时协约国在埃及和希腊群岛仓促中集结了一支近8万人的远征军，由于缺乏敌方情报及轻视对手，所以整个陆地战役从开始到结束成了一场灾难。由于一开始计划以海上攻击为主而非登陆作战，伦敦的陆军部没有来得及制定作战计划，伊恩·汉密尔顿对于他的敌人的唯一知识，来自于1912年的土耳其陆军操典、一张不完善的作战区域地图和在最后一分钟冲进书店买来的君士坦丁堡旅游指南，在他离开伦敦的时候，他甚至没有选定在半岛的登陆地点。

根据计划，英军和澳新军团在同一天，分别从两个不同登陆点上岸，在掩护舰队实施炮火准备后，协约国部队同时展开登陆行动。但是由于澳新军团士兵缺乏训练，再加上对半岛地形一无所知，军事情报也严重不足，在头两天战斗中损失1.8万人，才勉强登陆并建立了滩头阵地。谁知地图竟然和他开了个不大不小的玩笑，明明标的是1.6公里的海滩，实际却不足1.2公里，而且只有30米左右宽，两端被悬崖峭壁所阻塞。众多的部队、牲畜、炮和补给品，拥塞在这块巴掌大的地方，结果乱成一团，根本无法把部队有效展开，陷入了难以防守的境地，被居高临下的土耳其军队打得狼狈不堪，伤亡惨重。为了扩大登陆场，英国统帅部决定实施第二次登陆，英国从本土向加利波利半岛增调了约13万人，随着援兵的到达，8月，英军再次实施进攻，但再次以失败告终，登陆部队在海滩上处境十分困难，仅8月间的伤亡就在4万人以上。面对这种不利局面，伊恩·汉密尔顿坚持反对撤兵的提议，这导致他在10月被解职并被召回国内。这场战争是伊恩·汉密尔顿一辈子的耻辱，结束了他的军事生涯。在退休后，伊恩·汉密尔顿是退伍军人组织中的领袖人物，也是1928年创立的英德协会的创始成员之一和副主席，这个协会促进了英国亲德的情绪。汉密尔顿与该协会在希特勒崛起后，形容希特勒为“伟大的阿道夫·希特勒”，并以希特勒仰慕者自居。伊恩·汉密尔顿一生以8种语言出版过168本著作，目前有约3000家图书馆珍藏他的作品。

俄土争夺亚美尼亚

——萨勒卡默什之战

1914年10月，索罗钦率领“亚沃士”号突然袭击了俄国在黑海的港口塞瓦斯托波尔和敖德萨，揭开了土耳其参战的序幕。土耳其加入同盟国集团参战后，土耳其的陆军部长恩维尔·帕夏不顾德国军事使团团长冯·赞德尔斯将军明智的规劝，率军进入了与俄国纠缠不清的高加索地区。俄国的沃龙佐夫将军指挥下的10万名俄军，被部署在卡尔斯附近以阻止恩维尔的进军。俄军企图抢先攻入土耳其的亚美尼亚，以粉碎土军的进攻计划。

亚美尼亚，是一个位于欧亚交界处的高加索地区小国，面积大约有3万平方公里，在它的历史上，始终处于俄国和土耳其的占领之中，是俄、土之间一块有争议的地方。俄军高加索集团军主力萨勒卡默什支队也越过了俄土边界，在大雪纷飞的气候条件下，与土耳其军

俄军在严寒的高加索地区行军作战。在苦寒之地的军事行动能否成功，往往与季节有关。

展开了激战，一举击退了土耳其的先遣部队，并于12月初攻至马斯拉哈特、尤兹韦兰、阿尔迪一线。土耳其第三集团军计划以第十一军从正面牵制俄军，以第九、第十军向北经奥尔图、巴尔德兹对俄军萨勒卡默什支队实施深远迂回，切断其与后勤供给基地的联系，将其歼灭在萨勒卡默什地区，进而夺取卡尔斯和格鲁吉亚。当时土耳其军队共有15万人和近300门火炮，而俄军约有10万人和300门火炮，在人数上土耳其军队占有优势。但土耳其军队冬季作战的条件极差，在开战之前，由于冻伤和开小差就使恩维尔的兵力至少损失了1.5万人。

12月22日，土耳其军队对俄军发起了进攻，土耳其军的第九和第十军在初战中取得了小的胜利，击退了俄军的奥尔图支队，并于三天后攻占了巴尔德兹，深入到了俄军主力的后方。俄军萨勒卡默什支队在土军第十一军的突击下，退守边境一线，并增调援军加强萨勒卡默什地域的防御。由于高加索地区山路崎岖难行，风雪交加，寒冷异常，加上指挥不力，根本无法协同作战，在俄军的反击下，深入到俄军后方的土耳其军队遭到了很大损失。从29日起俄军开始实施反击，到月末稳定了战场上的态势，并迫使土耳其军队在两天后开始撤退。这时已是1915年的1月。1月3日，土耳其军队企图包围俄军的两翼，但被俄军的反攻所阻止，并被击溃。俄军在全线展开了反攻，围歼土耳其第九军残部，在十多天中将土耳其军队击退到原来的出发阵地。

俄军在沃龙佐夫的指挥下阻止并打退了土耳其军向卡尔斯的推进，并使之遭受重大伤亡。此役，土耳其军队阵亡了3万多人，在撤军途中还冻死了成千上万的人员，只有大约2万多名有效战斗人员抵达了埃尔祖鲁姆。俄军以伤亡不到3万人的代价歼灭了土耳其军队9万多人，并为进一步向土耳其领土纵深推进创造了有利的条件。这一战结束后，恩维尔放弃了战场指挥权，返回了君士坦丁堡。而沃龙佐夫因为没能乘胜追击败退中的土耳其军队，不久也被调走，他的职务被较具有主动性的尤登尼奇将军所取代。

进攻达达尼尔海峡

——协约国军队遭土耳其重炮挫败

英军压进狭窄的达达尼尔海峡原本是为了逼迫土耳其退出第一次世界大战，并拿到一张往俄国输送给养的新通行证，但这次施压却遭遇惨败。不仅如此，英军的惨败还直接引发了血流成河的加利波利陆战。

俄国大军的给养不力让英法两国焦急万分，但当他们想要给这个盟友一些帮助时，却又发现面前障碍重重。从欧洲前往俄国的路线在当时有两条：北线是经过北海和北冰洋，通往摩尔曼斯克港和阿尔汉格尔斯克港，但是这条航线十分难走；南线则须绕道地中海和黑海，虽然好走，却必须穿过处于土耳其控制下的达达尼尔海峡——土耳其正好是同盟国阵营里的一员。

这是当时的一份法国杂志上刊登的关于达达尼尔海峡战役的插图，但实际上是不可能有那么多土耳其排炮的。

英国人在战前就对这一情况进行了研究，得出的结论是：只要能用战舰对达达尼尔海峡施压——虽然可能有些困难——这条海峡就可以成为一个安全的通道。当英军舰队于 1914 年 11 月重挫了该海峡以外装备落后、防御极差的沿岸堡垒后，这个结论似乎就更站得住脚了。没想到，得到了德军援助的土耳其军却以强势的防守回应了英军正式压入海峡的行动。

1915 年 1 月，英国海军部部长温斯顿·丘吉尔提出了达达尼尔海峡问题。作为一个“东线论者”，丘吉尔认为，战事僵持不下的西线战场是一个无底洞，牺牲再多的士兵也无济于事，但只要打垮了德国的盟友，德国就会变成一个光杆司令，一触即溃。所以，他相信只要能够扼住达达尼尔海峡这条土耳其的咽喉，就一定能进一步克制住德国。基于这样的思路，丘吉尔于 1915 年 1 月首先提出了达达尼尔海峡方案，并于月底获准将该方案作为英法联军的共同行动组织实施。英国皇家海军任命海军上将萨克维尔·卡登负责此次行动，并为了这次行动，出动了最新的无畏舰“伊丽莎白皇后”号打头阵，以及 12 艘前“无畏”舰、3 艘战列巡洋舰。法国方面的阵势相对较小，但也有 4 艘前“无畏”舰参与了行动。

1915 年 2 月 19 日，英军开始轰击达达尼尔海峡以外的沿岸堡垒，但收效甚微，英军战舰只好于 25 日改用近距离进攻的方式，靠近目标继续开炮。可是，英军根本就打不着土耳其军那些灵活的移动式榴弹炮；而土军在夜幕之下用探照灯照着继续开火的时候，英军却无法进行还击。战场的形势让英军头痛不已：照这样

1915 年 5 月 24 日，英国皇家海军的“阿尔比恩”号在躲避炮击时于达达尼尔海峡的戛巴土丘上搁浅。图为“不可抗”号的船员在给“阿尔比恩”号递纤绳。

发展下去，根本就无法按计划清除海峡两边的火力威胁，更别提后续的加利波利陆战了。然而就在这时，却有线报传来：土军弹药已尽。于是，本已垂头丧气的英军又抖擞起精神，发动了新一轮的进攻。

丘吉尔要求卡登不惜一切代价穿过海峡，却不成想这位海军上将竟已因为压力太大而崩溃病倒了。3 月 18 日，作为副司令的海军上将约翰·德·罗贝克只好肩负起接下来几周的指挥重任，但迎接他的只不过是又一轮灾难而已。英法联军的战舰没能打掉海岸上的几门大炮，倒是被剩下的敌军大炮轰得体无完肤；扫雷艇没扫掉几颗水雷，倒是接二连三地闯进雷区报了销；法国前“无畏”舰“白晋”号、“高卢”号和英国的“海洋”号在战斗中沉没，法国的“萨芬”号损伤严重，而其他舰艇在土军炮火的夜袭之下也没有一艘能全身而退。最后，联军只好放弃了海上进攻。

按照原定的计划，海上进攻结束后就轮到地面部队集结进攻加利波利半岛，扫清通往君士坦丁堡的道路。而根据此时的形势，要完成这个任务实在是荆棘遍地、步履维艰。

米字旗下的弯刀战士

——英勇顽强的“廓尔喀旅”

廓尔喀人又称尼泊尔人，是外国人对尼泊尔全体居民的统称，是12世纪从印度移入的雅利安人与当地人的混血后裔。1814年英国借口印度和尼泊尔边界纠纷，出兵尼泊尔。此后，英国开始在尼泊尔招募雇佣兵，并单独建有“廓尔喀营”，其士兵被统称“廓尔喀兵”，亦称“廓尔喀人”。

“廓尔喀旅”是服役于英国陆军中的廓尔喀士兵的总称，19世纪初，最早的廓尔喀士兵以雇佣军身份加入英国东印度公司，其后逐步编入英国正规军。近两百年间，廓尔喀士兵在英国人的旗帜下到处征战，但直到第一次世界大战爆发前，已在南亚为英国征战了近百年的廓尔喀人对于世人来说，还是籍籍无名的，这也难怪，在世人的眼中，廓尔喀兵不过就是英属印度军队中的一些土著雇佣兵。“一战”爆发后，廓尔喀人也被送上了战场，作为印度军团的成员，廓尔喀人第一次走上了欧洲的战场。对于这场突如其来的战争，不管是他们的雇主还是他们自己，都是一样的陌生和难以接受。

祖祖辈辈生活在喜马拉雅山麓的廓尔喀人在刚刚开始远征时是充满新奇感的，浩瀚无垠的大洋和与英国人并肩战斗的场景吸引着他们，然而在开始行动时，他们就被投入到了残酷的现实中了。首先横渡大洋并不像他们所想的那样浪漫，长时间的海上航行对于从没下过海的廓尔喀人来说简直就是一场噩梦：廓尔喀人天生对水都有一种畏惧，更何况在大海中那种时刻都在摇晃的状态下，因此运兵船刚一启行就有许多廓尔喀士兵开始晕船，等他们踏上欧洲的陆地时，绝大部分人比得了一场大病还要严重。

1914年10月，廓尔喀士兵在法国的马赛上了岸，马上就被用火车运到了奥尔良，在那里给了5天的时间进行休整和补充装备。可以说，廓尔喀士兵的武器是十分低劣的，不过就是一支来复枪和他们自己随身携带的那把弯刀。对于将要面对的是一个什么样的敌人，他们一无所知。

11月初，廓尔喀士兵冒着德军炮火，摸进了位于费斯图伯特附近的堑壕，这时的欧洲战场已进入了堑壕战的阶段，这个时候，对于廓尔喀士兵来说，只要求他们会开枪就行。可是谁也不曾想到，一个麻烦出现了，原来廓尔喀士兵所接手的防线是在他们到来之前由英国的曼彻斯特团所挖掘的，它的深度是以英国人为标准的，而身材矮小的廓尔喀人跳进去就面临着没顶之灾，根本无法进行有效射击。这个问题使英军大伤脑筋：廓尔喀人的战壕别人不能用，而别人用的战壕廓尔喀人也无法使用。

就在廓尔喀人还没有完全适应潮湿和充满臭气的堑壕时，伴随着铺天盖地的炮火，德国人的进攻开始了，在这之前只是在南亚随着英国人到处逞威的廓尔喀人此时方才见识到什么是现代化战争的场面，只一天，还没交火的廓尔喀人就伤亡惨重，被曼彻斯特团替换下来进行重新休整和合并，几天后再次被送到了前方的堑壕中。在随后的战争中，随着新的廓尔喀人源源而来，经过不断的补充与合并，廓尔喀人终于在前线站稳了脚，并且以他们的战线，开始获得军功勋章了。

战争进入第二个年头，随着德国分兵东线，英军开始在西线发动一些小规模的反击，在300多公里长的战线上双方相持不下，谁也无力突破对方的防线。1915年4月的一个黎明，微微的清风给守候在堑壕中的协约国士兵带来一种难得的享受，就在这时，在德军的阵地上升起了一道两米多高的黄色烟墙，眼见得这道黄色烟墙随风缓缓地向协约国的阵地飘来，当莫名其妙的士兵被这道烟墙笼罩后，灾难出现了，他们感到眼、鼻、喉灼痛，不多时，有人开始窒息而死，原来这是德军施放的氯气，在烟墙的后面，戴着防毒面具的德军冲了上来，协约国的防线被撕开了几个大口子。这是在西线进行的第二次伊普雷战役，也是化学武器在人类战争史中的第一次使用。廓尔喀人不幸成为了毒气的第一批见识者。不久，协约国的专家们将研制出的防毒面具发给了前线的士兵，生性乐观的廓尔喀人戴着这种猪嘴状的过滤器开始互相取笑，毕竟是山里来的，对什么都是好奇的。

这一年的9月，协约国方面决定发动一场攻势以取得战局的突破，在大战前，士兵们都感受到了大战即将开始的那种紧张气氛，当炮火袭击过后，廓尔喀人随同友军一同跃出了战壕，奋不顾身地冲向德军的阵地，这一天的战斗是无比残酷的，协约国的炮火并没有像人们所预期的那样切断德军的铁丝网，战场上毒气弥漫，不过这次可不是德国人施放的了，而是协约国自己施放后被风刮转向的，冲锋中的廓尔喀人被德国人的机枪像割草般地撂倒，引用印度军团司令詹姆斯·威尔考克斯将军的原话："战争爆发之日的廓尔喀第八团第二营实际上就已经不存在了。"这场战斗的惨烈可见一斑。在法国战场上，所有参战的廓尔喀营几乎都在重复着与八团二营相似的经历，詹姆斯·威尔考克斯将军无数次强调，廓尔喀人是他最好的士兵。

1915年2月，英国人又开辟了一个新的战场，那就是去攻打土耳其的达达尼尔海峡，这次行动的始作俑者是时任英国海军大臣的丘吉尔，面对着僵持不下的西线战况，头脑灵活的丘吉尔说道："难道除了把我们的军队送去啃佛兰德斯的

印军小分队士兵正在用刘易斯防空炮瞄准敌机。

带刺铁丝网以外，就没有其他的办法吗？”丘吉尔把他那环视全球的眼光投向了连接地中海及黑海的咽喉——达达尼尔海峡，那里的守护者是被称为“西亚病夫”的奥斯曼土耳其帝国，丘吉尔半点也没把这个腐朽的国家放在眼中，就在一年前，他还毫无道理地把奥斯曼土耳其向英国定制的两艘战舰据为己有，而那是土耳其人民用捐款买的。占领了达达尼尔海峡的好处自不必说，简直可以说是能扭转战争全局的妙着，而在丘吉尔看来这一战要取胜是很轻松的事。可叹的是，丘吉尔所说的那些战役胜利后可以带来的好处一个也没实现，相反他自己却因此战役而失去了原本的职位。

这一年的秋季，廓尔喀营所在的印度军团被从西线撤了出来，被投入了达达尼尔战役之中。在达达尼尔战役中，由于过分轻敌，英军最初只动用了海军，认为只要派个舰队就可以打过去，可是在土耳其的岸炮和水雷的打击下，多艘英国海军的战舰被击沉，这时英国人才改变了战法，决定派出陆军占领达达尼尔海峡入口处的加利波利半岛。

当时被委派负责攻打加利波利半岛的协约国军司令是汉密尔顿将军，这位有“诗人将军”之称的战地司令官对廓尔喀士兵赞赏有加，当他意识到了登陆战的困难程度后，亲自给英国的国防大臣基钦纳写了一封信，要求得到善于山地作战的廓尔喀士兵，并且以他那诗人般的语句写道：“每一个廓尔喀士兵在加利波利几乎与和他等重的黄金同价，我深信，给我足够的廓尔喀人，我就不会让土耳其人挡在那里。”可惜在这次战役中，“西亚病夫”们倒是大显身手，而汉密尔顿将军特请的“黄金”士兵们却没留下什么记录。不过这不能怪他们，因为这场战役的指挥实在是太离谱了。

加利波利半岛是达达尼尔海峡入口一条长仅20公里的半岛，第一次世界大战期间最大的一场登陆战随后在那里展开了。这场登陆战是英军的一场灾难，原本以为可以速战速决的英军在此也陷入了如同欧洲战场上一样的堑壕战，其残酷性比西线战场上有过之而无不及。这场战役记录了英军的一场失败，也记录了现代土耳其国父穆斯塔法·凯末尔的崛起。作为土耳其的一名师长，凯末尔在这场战役中指挥有方，发挥了至关重要的作用，拥有8万余众的澳新军团在此损失惨重，而在这场战役中同样牺牲惨重的廓尔喀人却很少被人们所提及。

8月，汉密尔顿决定发挥廓尔喀人的特长，在一个夜间以廓尔喀人为先锋发起了一次突袭，在茫茫的夜色中，廓尔喀人手足并用地沿着荆棘密布的山岩攀爬了上去，第二天天刚亮，在海军舰炮的掩护下，进攻部队突破了相对薄弱的防守。然而优柔寡断的英国指挥官没能把握好这次战机，给了土耳其人增援的时机，当协约国的军队缓慢地爬到山顶时，凯末尔已经率两个师把缺口堵上了，协约国军又是功亏一篑。11月间，身陷绝境的协约国军开始从加利波利半岛撤退，虽然在这场战役中的指挥一无是处，但在最后这件事上倒是成为了一个指挥上的亮点——到1916年初撤退完成时，竟然无一人伤亡。

第一次世界大战中，总共有10万多名廓尔喀人先后加入协约国一方作战，他们的足迹遍及法国、佛兰德斯、美索不达米亚、波斯、埃及、加利波利、巴勒斯坦及萨洛尼卡，其中有近1/10的人再也没有回来。“一战”结束后，廓尔喀人以他们的英勇顽强获得了世人的赞誉与推崇，他们终于以英勇的献身精神，为自己赢得了荣誉。

加利波利登陆行动
——一场艰苦卓绝的拉锯战

为了占领加利波利半岛并进而占领土耳其首都君士坦丁堡，英军发起了加利波利登陆行动。但他们的部署却糟糕得出奇，使得行动从第一步起就注定要面对失败的结局。

加利波利战役的爆发可算是英国政坛盛行“东线论”的产物。西线的僵持让英国高层觉得直接对德作战是件特别吃力不讨好的事，既然此路不通，那不如另辟蹊径——也许剪除德国的党羽才是取得战事总体突破的窍门所在。而土耳其之所以被选中，很大程度上是因为英国想要趁机拿下达达尼尔海峡这个运输要道，以方便为俄军输送弹药给养。虽然持有这种观点的人不在少数，但是当英国海军部部长温斯顿·丘吉尔提出这个战斗计划的时候，却并不是所有的人都热烈支持，军队的高级将领中就有不少人是坚持要在西线战场上决出胜负的。

1915年3月，作为加利波利陆战的序曲，英法联军为了占领达达尼尔海峡而发动的攻势到最后却一败涂地。但协约国却依旧决定照原计划行事，让以英军为主、配合了部分法国军队的联军在加利波利半岛登陆，然后迅速北上，袭击土耳其的首都君士坦丁堡（又称伊斯坦布尔）。但事不凑巧，当英军携枪带炮地在地中海一路东进时，土耳其已经发现了他们的行踪。战场上谁也不是傻子，这次的东道主自然在第一时间就开始增强半岛的防御工事了。

土耳其“国父”穆斯塔法·凯末尔

4 月 25 日，协约国军队以 S、V、W、X 和 Y 为代号，分五路在半岛南端的赫勒斯角登陆，并在此之外又派出了一个小队在加利波利海岸外 19 千米处的戛巴土丘开始行动——这个地带的官方代号是“Z 号海滩”，或是以在此登陆的澳新军团命名的“澳新湾”。这是一次胜败交杂的登陆行动。在澳新湾登陆的部队搞错了登陆点，以致上岸后必须爬上一个悬崖才能到达内陆。但就算是这样，他们也没能占领整个半岛的制高点——查努克贝尔。除了 Y 号海滩的登陆部队外，其他几路人马都遭遇了土军顽强的抵抗。天色渐暗时，各登陆部队好歹都占了一块立足之地，而澳新军团的战绩则注定在很长一段时间里都无法提高了。

26 日早晨，赫勒斯的土耳其守军退守位于克里西亚村以南，靠近战略要地阿齐巴巴高地的一块区域。为了突破这道防线，英军总共发起了 3 次进攻：4 月 28 日的首次行动无功而返，还白折了 3000 名士兵；5 月 6~8 日间的第二次稍稍有些进展，往前推进了 730 米；6 月 6 日的第三次进攻却又是得不偿失，伤亡惨重。

阿齐巴巴和查努克贝尔这两块战略高地始终都掌握在土耳其手里，英军和澳新军团一直都只有仰人鼻息的份儿，整个登陆行动也由于人数不足、弹药缺乏等问题而渐入困境。而土耳其军则在年轻军官穆斯塔法·凯末尔的带领下，以规模小、频率高的反击作战屡破联军。所以，到 6 月的第一周结束时，该区域的协约国军队已经彻底陷入了混乱。但此时本该选择撤退的协约国却不肯认输，反而向加利波利半岛派出了更多的部队，想要在接下来的几个月里展开更多的登陆行动。与此同时，君士坦丁堡的战况却大不相同，至少已经形成规模化的堑壕战格局了。

血战加利波利

——协约国军队无功而返

放弃单纯使用海军的方案后，协约国决定采用陆海军联合作战：由陆军攻占加利波利半岛和达达尼尔海峡地区的工事，保护舰队进入马尔马拉海。但英法远征军准备工作既暴露又进展迟缓，洞悉对手战略意图的土耳其统帅部在德国军事顾问冯·桑德斯的帮助下，火速抽调军队至战区，并集结炮兵部队，严阵以待。

一支匆忙集结的英国远征军在汉密尔顿将军的指挥下正在从英国和埃及到加利波利半岛的途中，而汉密尔顿本人这时正在一艘英国战舰上观战。1915 年 3 月中旬，当第一批部队抵达利姆诺斯岛的穆德罗斯湾时，从英国来的先遣队被发现没有按规定装载，火炮和弹药不在同一条船上。1915 年 3 月 25 日，该舰队不得不到埃及的亚历山大港，在那里重新进行战斗装载，将人员、枪炮、弹药等装于同一条船上。这耽误了一个月的时间，与此同时，土军完全警觉到即将迫近的登陆行动，开始完善其防御部署。德军的冯·桑德斯负责全面指挥，他以大约 6 万名守军在半岛上构成弹性防御体系。

在突破达达尼尔海峡的战役中，加利波利半岛登陆战役作为第一次世界大战中最大规模的登陆作战，在战法运用、武器和兵种投入上，都具有了现代意义上的登陆作战的特色，被誉为“最具现代意义萌芽的登陆作战”。丘吉尔的想法不可谓不美妙，可是在实际实行中，却忽视了作战细节，结果这场战役导致了英国的一场大失败。

协约国在埃及和希腊群岛仓促中集结了一支近 8 万人的远征军，其主力由当时在埃及的澳大利亚和新西兰军队组成，即“澳新军团”，英国任命有“诗人将军”之称的英国陆军上将伊恩·汉密尔顿负责指挥这次战役。但这次作战计划一直给人一种漫不经心之感. 向加利波利派去的地面部队从未受过任何水陆两栖作战的训练，

◎“一战”中的澳新兵团

在配合协约国作战的军队中，来自澳大利亚和新西兰的澳新兵团毫无疑问是最出色的一支。无论是在加利波利、巴勒斯坦，还是在西线战场，这支部队都是威名赫赫。澳大利亚的总人口只有 500 万，但他们却为澳新军团派出了 32.2 万人，其中 6 万人战死沙场，22 万人负伤。而新西兰则是从自己的 100 万公民中派出了 1/10 参加战斗。战争结束时，新西兰士兵折损的 5.8 万人中有 1.7 万人丢了性命。

连最简单的问题也还未搞清，如那里有水岸吗？有公路吗？土耳其防御的力量所在和弱点各是什么？汉密尔顿在伦敦受命时，对加利波利半岛的情况更是几乎一点也不了解。英法远征军在亚历山大向登陆地域出发的准备工作既暴露又进展迟缓，致使敌军得以判明战役意图，并采取措施加强了达达尼尔海峡地区的防御。

在海军炮火的支援下，协约国军队于白天实施两路攻击。一个登陆点选在半岛一端的赫勒斯角；另一点选在阿勒角，该点位于半岛的西南，在第一点北边约24公里处。两点的攻击不能相互支援。与此同时，法军一个师在海峡的亚洲海岸实施佯动性登陆的同时，一部分海军在布莱尔实施佯动，该点位于半岛的脖颈处，在赫勒斯东北80公里，以吸引冯·桑德斯的注意力。澳新军团在达达尼尔海峡附近的安扎克海湾的沙滩上登陆，完全是由于幸运，这次水陆两栖的攻击恰好发生在土耳其人认为不具什么战略重要性的地区，所以他们没有派遣重兵防御。然而，俯视着那片沙滩的那些断崖解释了土耳其人信心的依据——在土耳其人来到这里防卫它们之前，安扎克人是不可能攀上那些高地的。协约国3月18日的海上进攻流产后，土耳其政府就把加利波利半岛的指挥权交给了德国驻土耳其的军事使团头目冯·桑德斯将军，冯·桑德斯接受指挥权的条件是把所有能用的火炮都调到加利波利半岛，并在现有的5个师之外再加1个步兵师。当协约国部队在4月25日抵达时，兵力已被对方超过，土军居高临下，火力又占压倒性优势，协约国军队成了名副其实的活靶子。

4月25日夜，在掩护舰队实施炮火准备后，由汉密尔顿指挥的澳新军团主力在加利波利半岛南端登陆，汉密尔顿对怎样登陆并没有周密的打算，只是把登陆地点划定在半岛南端两边的32公里内，至于滩头阵地的选择，由现场指挥官自行决定。远征军中弥漫着一股盲目自信的情绪，但是，海军的大炮并没能压制住土耳其人的抵抗，英军最终被迫在大白天冒险登陆赫勒斯角的五个海岸，并不幸地成为土耳其炮手们的绝佳靶子。

悬崖和峡谷是最有加利波利半岛特色的地形，而这种地形中的绝壁则是设置防空壕的极佳地点。图为新澳军团在其中一个防空壕内。

一战中牺牲的土耳其士兵墓地

澳新军团虽然建立了滩头阵地，但登陆军队根本无法把部队有效展开，土耳其军队在冯·桑德斯的指挥下，随即进行了猛烈的还击，经过一夜的混战，双方死伤惨重，已登陆的1.6万名澳新军团士兵在土耳其军队炮火的压制下，被困在临时掩体中动弹不得，接下来的几天，双方又陷入了僵持局面。形势令人绝望，尽管汉密尔顿收到来自澳新军团的信息，告知“士气极度低迷，如果明天部队还要面对这样的炮火袭击，很可能会以大败收场”，他仍然毫不妥协，回电道：“除了挖土把自己像鸵鸟一样地埋起来，暂时别无他法，现在你们就只管挖吧，直挖到你们安全为止。”

登陆是已经成功了，但是其目标却未能达到，于是战争进入了第二阶段，即一连串的徒劳的正面攻击。5月1日，土军第五集团军向滩头阵地发动反攻，经过三天激战，汉密尔顿的部队死伤近半，但第五集团军也只能控制高地，无法赶走已经登陆的澳新军团。到5月底，狭小的战场上布满了双方的8000多具尸体，空气中充满了恶臭，在医务人员的敦促下，英军指挥官与土军商定，双方实行9小时的安葬休战。登陆最终以要命的僵局告终，现代武器高效的杀伤能力使双方都不可能冲破这个死结，土耳其人占据着高地，协约国军队拥有海岸，任何一方都不能将其敌手从其防御阵地撼动半步。正午的太阳十分炽热，几乎找不到一点树荫，在堑壕中的饮水供给很少，几乎不够解渴。无人地带中的死尸臭味，散布在整个地区之中，尘土结成了浓雾。尽管有了医师的预防措施，到处还是布满巨型的苍蝇，只要打开一听罐头，马上就会围满了苍蝇，在吃饭时和睡觉时，若能有一小块纱帐掩护着，那在堑壕中简直就是天堂了。

这场战役拖了好几个月，但是头几天就决定了它的结局，处于敌人制高点控制下的滩头遭到火力扫荡，旨在摆脱西线式的僵局而采取的翼侧迂回行动也陷入了堑壕战的困境，双方一再发起进攻，但战果甚微，而伤亡巨大。随着地中海炎夏的到来，疟疾和痢疾导致大批人员丧生。在5月间，一艘土耳其驱逐舰用鱼雷击沉英国战列舰“巨人”号，一艘德国潜艇用鱼雷击沉“凯旋”号和“威严”号，达达尼尔海峡变成了英国人逐渐扩大的伤口。直到此时，英国政府仍然不肯改变策略，约3万枚炸弹被送往加利波利，3支英国军团也于8月被派往前线增援。到8月初，联军已增至12个师，8月6日夜，联军在苏弗拉湾登陆并随即转入地面进攻，遭土新编第五集团军14个师顽强抵抗，进展甚微。8月6日，新一轮的登陆战在澳新军团登陆场西北面的苏弗拉湾拉开，由于土耳其人在苏弗拉湾的防守比较薄弱，英军在登陆时未遇到太多抵抗，只是部队上岸后未能及时向内陆推进占领制高点，宝贵的战机再次被错过了。

冯·桑德斯紧急从其他防线抽调了近2万土耳其军队抵达苏弗拉湾，抢先在萨里巴依尔山脊设置了一道临时防线，成功遏制了协约国军队前进的步伐。9月战事开始又陷入僵局，至年底，因巴尔干战线形势不利，联军被迫停止达达尼尔海峡战役，于次年1月撤离。具有讽刺意味的是，英国人进行的这次撤退，比这次战役的任何其他阶段都要出色，在撤退中没有出现任何伤亡。此役，英法联军伤亡14.6万人，土军损失18.6万人。

战役计划不周、准备不足、陆海军协同不力、低估土军战斗力和未达成战役突然性等，是英法联军失败的主要原因，战役的直接后果是保加利亚加入同盟国，丘吉尔被调离内阁。事实上，假如有更雄厚的财力和更细致的战略部署，这次两栖登陆袭击计划便有可能顺利实施，协约国军队便有机会在欧洲东南部开辟新战场。因为在后来的战争中，这种战略被证明是完全可取的，成功与失败，其实仅一线之隔，达达尼尔远征的想法是很好的，但实施的结果是可悲的。加利波利半岛战役也是声誉的创造者和破坏者——基钦纳无懈可击的名声被玷污，费希尔爵士于5月辞职，接着不久丘吉尔下台，汉密尔顿除写回忆录之外永远与军人生涯绝缘。然而在这次战役中指挥土耳其军队的凯末尔则福星高照，被欢呼为“加利波利的救星”。

加利波利战场上的大撤军

——英军不得已的“明智之举”

1915年夏天，英军还在僵持不下的加利波利战场上苦苦支撑着，甚至还在8月间展开了更大规模的登陆行动。但寒冬的降临却明明白白地告诉每一个人：没有什么比全面撤退更明智的了。

英军于1915年4月25日对加利波利地区同时发动水陆两路进攻的目的，就是穿过这个多山的半岛直取土耳其首都君士坦丁堡，从而逼迫该国退出战争。但天公不作美，英军不仅没能迅速地拿下土军的这个老巢，反而从6月初起就跌入了堑壕战的痛苦深渊。在僵持的战场上，英军占领了半岛南端的赫勒斯角，澳新军团则攻下了半岛西海岸的一块地区，并将之命名为“澳新湾”。而土军则守在最有地形优势的高地上，可以随心所欲地向海滩上的协约国部队开火。

英军及其盟友曾发动过许多次攻势，但由于越来越多的协约国军队陷入困境，土军受到的伤害实在有限。

为了打破僵局，英军司令伊恩·汉密尔顿决定在地处土耳其主防线之后的西海岸再布置一次登陆。他打算先在赫勒斯故布疑阵吸引土军的注意力，然后让澳新军团突破土军防线向北推进，最终与苏弗拉湾的登陆部队会合。此次行动的时间是 8 月 6~10 日。一开始，赫勒斯的疑兵很成功地引开了土军的火力，但后来的情况却失去了控制。先是澳新军团陷入了困境却没能突围；接着，由 F·斯多普福特带领在苏弗拉湾登陆的部队就在原地傻等，竟然不知道趁着没有敌军的时候立即向内陆推进。战机稍纵即逝，回过神来的土军立刻增强了海岸的防御，登陆行动就这么失败了。

在苏弗拉孤注一掷的汉密尔顿原本还想申请更多的支援，但这次失败已经让他失去了上级的信任，英国高层以改变布防攻击力量为由，驳回了他的请求。10 月 15 日，汉密尔顿的司令职务被解除。10 月 28 日，他的继任者查尔斯·蒙诺抵达战场。在巡视各个海滩后的第二天，蒙诺就给上级打了报告，建议全面撤退。此时，在英军占领的三个滩头阵地上，多日来一直严阵以待的士兵们已经快被紧绷的局势折磨得疯掉了，而英国高层经过一番讨论也只能承认撤军是最好的选择。12 月 3 日，蒙诺终于获准带领所有部队撤退。

这次撤军分两个阶段进行，行动前经过了精心的设计和筹备，行动过程中各部门通力合作，一切都进行得有条不紊，这和登陆时杂乱无章的情况形成了鲜明的对比。协约国军队中的悲观主义者们曾预言：此次撤军会损失掉这支队伍中 50% 左右的兵力。但实际情况却让他们大跌眼镜：在整个行动过程中，总共只有 3 人伤亡。12 月 10 日至 20 日，苏弗拉湾和澳新湾的阵地上，约 10.5 万人的协约国部队带着 5000 头牲畜和 300 门大炮，在夜色的掩护下最先开始撤离。由于伪装工作十分到位，部队在行进过程中又特别注意控制喧哗，土耳其的十万大军竟误以为协约国的战壕中一直有部队驻扎，完全没有发现他们撤军的动作。12 月底到 1916 年 1 月间，协约国在赫勒斯角的驻军也以相同的招数顺利转移了 3.5 万名士兵和随军的 3700 头牲畜。

图为英军和澳新军团在土军炮火之下运送弹药粮草时必经的海滩之一。

这场多国混战给协约国阵营造成了 27.6 万人的伤亡，其中有很多人是因为感染了多种疾病而被遣返的。土耳其军的具体损失数目不清，但至少也有 25 万人。英国政坛和军界都为加利波利的惨败而大受震动，此次战役的推手、主战派的英国海军部部长温斯顿 · 丘吉尔也引咎辞职。而英国在黑海上通过达达尼尔海峡给俄国输送给养的美梦也就此破灭。

以丘吉尔为首、主张用"削其羽翼、断其臂膀"的策略对付德国的"东线论者"们这下丢尽了脸面，而以军方高层为主、坚持在西线战场上正面冲击德军以取得胜利的"西线论者"则顿觉扬眉吐气。但是，这种争论是不会到此就结束的。

1914~1916 年的中东战场

——英军解除对苏伊士运河的威胁

以埃及为代表的中东地区对英军控制苏伊士运河至关重要。这条运河是英军向印度输送给养的交通要道，易攻难守，非常容易遭到驻扎在巴勒斯坦的土耳其军队的袭击。

土耳其于 1914 年 10 月底对协约国部队发动的进攻很快就得到了英国政府的回应。11 月 5 日，英国占领了塞浦路斯，开始派出军舰对达达尼尔海峡入口处的土军要塞进行轰炸；12 月 18 日，英国宣布对埃及实行保护政策。而苏伊士运河即是促使英国摆出种种姿态的原因——作为大英帝国控制亚洲的基础，这条运河是英军所有运往印度的给养都必定会经过的交通要道。为了保护这条粮道，英军及大英帝国属地联军纷纷出动，这支联合军队的统帅是约翰 · 马克思威尔将军。

图为一支使用维克斯机关枪的英军特遣部队。这种武装力量是英军在巴勒斯坦地区作战的重要组成部分。

土耳其自然也知道苏伊士运河的重要性。1915年初，土军第一次意图占领该运河。1月14日，在海事部长迪耶莫·帕沙的带领下，土耳其第四集团军中一支2。2万人的精英部队从巴勒斯坦地区的比尔谢巴出发。在协助迪耶莫的德国参谋长弗兰德里奇·克莱斯·冯·克莱森斯特恩的巧妙组织之下，该部队成功地穿过了缺水的西奈半岛。但在2月2~3日利用浮桥穿过运河时，土军却被英国守军的炮火击溃，迪耶莫只好又率部退回了比尔谢巴。在这一年接下来的时间里，由于各自的主要精力都分散在了加利波利和美索不达米亚的战场上，英土双方都没能在苏伊士运河地区占到什么便宜。

1916年，英军被两件事情占据了所有的注意力：一件是土军对西奈地区发动了进攻；另一件则是英国后方爆发了叛变。英军在埃及的新指挥官阿奇波德·莫里将苏伊士运河的防线推进到了西奈半岛之内，而建立一道新防线势必也需要建立新的通信网、新的防御堡垒和新的供水系统。英军的建设工作大体上进行得四平八稳，只有一小部分遭到了来自克莱斯·冯·克莱森斯特恩麾下3500人的沙漠军团的骚扰。

1916年7月，土军决定发动一次大型进攻以摧毁莫里建造的一系列工事。这次行动仍由克莱斯·冯·克莱森斯特恩指挥，但总人数却达到了1.6万人；而德国则为之提供了机关枪、野战炮、防空特遣队和12架飞机。7月中旬，大批土耳其军队集结在罗马尼亚之外距离运河约32千米的一个小镇，这里正是莫里工事的最外沿。8月4日，土军对敌发动奇袭，战斗拉开帷幕，但土军在此战中占领的一小块地区第二天就又被英军夺了回去。

由于缺乏饮用水，克莱斯·冯·克莱森斯特恩被迫退往96千米之外的埃尔阿里什。罗马尼亚之战损耗了土军约8000名士兵，而英军却只损失了这个数字的1/8。至此，英军以绝对的优势打消了土军对苏伊士运河的威胁。

“东方的普鲁士”
——保加利亚

著名的东方快车之路——德皇威廉二世曾希望有朝一日它将成为大吹大擂的“柏林–巴格达铁路”的主要连接段——是经过塞尔维亚的，事实上，这个武装起来进行战斗的小国对同盟国的补给线和德国在巴尔干半岛的战略行使着否决权。罗马尼亚不听招呼，土耳其必须得到援助，塞尔维亚则从中作梗，法金汉确信必须消灭塞尔维亚，同时争取保加利亚。

保加利亚国王斐迪南一世

有“上帝的后花园”之称的保加利亚是欧洲东南部巴尔干半岛上的一个国家，它与罗马尼亚、塞尔维亚、马其顿、希腊和土耳其接壤，拥有一支战斗力强悍的陆军，一旦它决定倒向何方，巴尔干的战局必将有重大变化。战争开始时，保加利亚多少有些亲德的嫌疑，其实这也不难理解，在“一战”爆发前，德国和奥匈帝国都曾经给过保加利亚大量的贷款支援。大战爆发之后，协约国和同盟国在巴尔干诸国展开了一系列宫廷活动，双方都对有“东方的普鲁士”之称的保加利亚开出了一系列报价：正企图强行攻占达达尼尔海峡的协约国开出的价码是让它重获1913年丢给土耳其的东色雷斯（君士坦丁堡除外）。由于德军在法国和波兰的胜利，同盟国的报价显得更加诱人——整个马其顿、西色雷斯、南多布罗加和萨洛尼卡全部归保加利亚，塞尔维亚本土的尼什以及阿尔巴尼亚的几小片地区则作为额外的奖赏。

为了彻底击败塞尔维亚，德国急切地要将保加利亚拉到同盟国一边来，整个1915年7月期间，在索非亚举行了德国人与保加利亚国王斐迪南的谈判，在感情上一直亲德的保加利亚政府对俄国所蒙受的巨大灾难及其军队的全面撤退留下了深刻印象，但此时英军在加利波利半岛上的战斗支配着他们的行动，因此，保加利亚不为德军在东线的节节胜利所动，而是静候南方战事的结局，到8月15日，英军全线失败，保加利亚才决定加入同盟国。1915年9月6日，保加利亚与德国签订了秘密的友好同盟条约和参加对塞尔维亚作战的军事协定，规定在德、奥两国沿多瑙河和萨瓦河发动联合进攻一星期之内，保加利亚攻打塞尔维亚前线的东侧。9 月 23 日，保加利亚发布动员令，军队开始沿保塞边境和保希边境集结。

如果说罗马尼亚人是巴尔干的那不勒斯人，那么保加利亚人就是低地苏格兰人，保加利亚人顽强、勤劳、节俭、沉默寡言，以倔强著称，当地有句谚语这样说："保加利亚人可以坐在牛车上猎到野兔。"大战中，保加利亚最想得到的是马其顿，这也是它的国王——在欧洲被称为"狡猾的斐迪南"——的一个目标，因为拥有马其顿不但可以控制爱琴海岸，而且可以掌握连接中欧和南欧以及中东的山谷和铁路。

保加利亚的威胁态度引起了塞尔维亚的密切注意，塞方立即着手做军事准备，英法则努力劝告塞尔维亚将马其顿割让给保加利亚以避开迫在眉睫的危险，但有同样的执着和勇气的塞尔维亚人拒绝了这些建议，并准备迎击他们所痛恨的巴尔干邻国的进犯。塞尔维亚集合它的军队以抵抗保加利亚从东边的入侵，但它不知道可怕的德军正准备从北面进行突袭。对塞尔维亚的致命打击，是由德国一位叫亨奇的上校参谋策划、由德国陆军元帅冯·马肯森指挥的，共有四个集团军，其中奥匈第三集团军、德国第十一集团军从北面进攻，保加利亚第一集团军从东面进攻，另一个保加利亚集团军，即由索非亚直接控制的第二集团军则从东南方向开进塞尔维亚，切断通向萨洛尼卡的铁路线。完成集结后的保加利亚在 1915 年 10 月 1 日对塞尔维亚宣战，斐迪南在他慷慨激昂的宣战诏书中声称："欧洲战争很快将胜利结束，我号召保加利亚武装力量和人民起来保卫国家，向背信弃义的邻居开战，解放遭受塞尔维亚奴役的我国兄弟，我们的事业是正义的、神圣的，上帝保佑我们的军队！"

第一次世界大战中的保加利亚军队

现在，进攻塞尔维亚已经万事俱备，四个集团军即将从三面扑向那个人数很少但凶猛的民族，一个德国集团军和一个奥德混成集团军正在向多瑙河、贝尔格莱德和萨瓦河进军，保加利亚第一集团军已部署到位，准备向历史名城尼什攻击，保加利亚第二集团军准备回身向

罗马尼亚部队在退守东南领土的途中穿过临时人行桥。

南，切断起自萨洛尼卡的铁路，使这个在劫难逃的国家与世界隔绝，得不到任何形式的援助。当时只有400万人口的保加利亚，军队的人数却超过了50万人，全部动员起来可达85万，他们被分为三个集团军，第一集团军在北，第二集团军在南，开赴马其顿前线，协助从北面和西北挺进的德奥军队。保军人数占压倒性优势，而且刚刚参战，士气正旺，毫无疑问地占了上风。从这年秋季起，塞尔维亚受到德国、奥匈和保加利亚三国军队的大举进攻，由于伤寒流行，在这一年的夏天约有15万塞尔维亚士兵染病，丧失了战斗力，三面受敌的塞军无力抵抗，只得向南撤退。塞尔维亚军队被迫通过塞尔维亚和黑山向阿尔巴尼亚方向撤退，塞尔维亚政府和塞军最高指挥部决定将政府、议会和军队一起经阿尔巴尼亚撤退到亚得里亚海滨地区。从塞尔维亚政府认识到他们的危险程度之时起，首相帕希奇就一直不停地呼吁求援，西方协约国必须给他派遣15万人的军队，否则肯定全盘皆输，他强烈要求，最起码协约国应扫清铁路线上的敌人以保证塞军的退路，但是英法两军参谋部表明，采取这样的行动根本不可能。

在此次战役还没开始时，协约国就已预见到了这次进攻，由法国将军萨拉伊指挥的3个师的先头部队就已经在希腊港口萨洛尼卡登陆，但随着保加利亚第二集团军切断了通向萨洛尼卡的铁路线后，就阻止了萨拉伊的部队与处于困境的塞

前往萨洛尼卡的军队。图中只是协约国各种武装力量中很小的一部分。

尔维亚军会合。萨拉伊的部队退却到萨洛尼卡，置身于绰号为“鸟笼”的坚固防御阵地，准备抗击保加利亚军和态度不明确的希腊军队的进攻。总数达42万的塞尔维亚军队中，只有一些零星的小部队得以越过阿尔巴尼亚的群山，逃到亚得里亚海东岸免于被俘，16万军队和900门大炮则成了保加利亚人的“战利品”。

德、奥、保三国对塞尔维亚的威胁所造成的间接后果，是使得英法不顾希腊的中立，于10月5日在萨洛尼卡港联合登陆，但在随后的战斗中败于保加利亚第一集团军，被迫退回希腊境内。置身在萨洛尼卡的堑壕军营中的协约国军队，一面修筑公路、码头和铁路，一面待援，这样度过了1916年的头几个月。他们占领了希腊的领土，而这个国家显然是中立国，他们没有接到明确的指示，伦敦给五个英国师的命令把它们局限于发挥一种模棱两可的、基本上是原地不动的作用。

塞尔维亚全境已被德国、奥匈和保加利亚三国军队占领，1916年8月，罗马尼亚经过几次犹豫后，答应同协约国一起战斗，条件是奥匈帝国垮台后，它要求得到特兰西瓦尼亚的全部领土，布科维纳和巴纳特也要割让给它，同时它还要求俄国军队进入多布罗查地区，以协助它保卫南部边界免遭保加利亚的侵犯。1917年6月，希腊也站到协约国一边投入战斗，使巴尔干战场的形势对同盟国越来越不利。

从摇摆到参战
——“一战”中的希腊

希腊位于欧洲东南部巴尔干半岛南端，陆地上北面与保加利亚、马其顿以及阿尔巴尼亚接壤，东部则与土耳其接壤，东部濒临爱琴海，西南临伊奥尼亚海及地中海，是巴尔干地区一个历史悠久的国家。

协约国坚持增强其在萨洛尼卡的力量，图为英军从运输船上卸下一匹战马。

第一次世界大战爆发的前一年，希腊国王乔治一世在塞萨洛尼基遇刺身亡，康斯坦丁在悲剧的气氛中继承了希腊王位，被称为康斯坦丁一世。康斯坦丁有个身为俄国皇帝的外祖父，从小又在德国受过教育，并且还娶了德国皇帝的女儿索菲亚，因此在“一战”中，他的情感总是向着德国人的，他拒绝了首相奥斯·韦尼泽洛斯要希腊参与三国协约的建议，并且使希腊在第一次世界大战中保持中立地位。

1914 年 11 月，奥斯曼土耳其帝国加入了同盟国，协约国为了进攻土耳其，发动了一场声势浩大的达达尼尔战役，希腊首相韦尼泽洛斯答应协约国派一支军队参与进攻达达尼尔海峡，但他的这一想法遭到了希腊陆军总参谋长约安尼斯·梅塔克萨斯和国王的反对，从此康斯坦丁一世与韦尼泽洛斯决裂，韦尼泽洛斯辞去了首相的职务，国王选择了亲德的季米特里奥斯·古纳里斯组建政府，但是随着 1915 年大选，韦尼泽洛斯所在的党获胜，韦尼泽洛斯于 8 月起又回到了首相的位子。

第一次世界大战期间，协约国军队与同盟国军队在巴尔干半岛南部进行了几次作战。1915 年 10 月 1 日保加利亚对塞尔维亚宣战，10 月 5 日，英法联军 15 万人不顾希腊的中立国地位，在希腊东北部港口萨洛尼卡强行登陆。萨洛尼卡是希腊第二大城市和希腊马其顿地区首府和最大城市，也是马其顿地区和萨洛尼卡州的首府，英法联军企图借此控制希腊并进而增援塞尔维亚和黑山，但由于行动迟缓，英法联军在中途遭到保加利亚军队攻击，未能及时给塞尔维亚军以直接有效的支援，当年底，联军撤到希腊境内的萨洛尼卡固守待援。11月底，塞尔维亚军被迫撤到希腊西部伊奥尼亚海中的科孚岛。12月中旬，英法联军退到预先有防御准备的萨洛尼卡登陆场，因而形成了萨洛尼卡战线。

由于协约国军队在萨洛尼卡的登陆，康斯坦丁一世再次罢免了和协约国站在一起的韦尼泽洛斯首相，任命斯库鲁迪斯为新任首相，1916年4月，为了抗议协约国帮助战败的塞尔维亚军队在希腊的塞萨洛尼基避难，以及意大利进入北伊庇鲁斯，康斯坦丁一世宣布希腊合并北伊庇鲁斯。6月，协约国向希腊发出最后通牒，要求解散希腊军队，斯库鲁迪斯因此下台，扎伊米斯就任首相。

当年9月，韦尼泽洛斯与海军总司令保罗·孔杜里奥提斯在克里特成立了一个与中央敌对的政府，韦尼泽洛斯的敌对政府控制了希腊北部、克里特和爱琴海诸岛，韦尼泽洛斯的支持者纷纷在塞萨洛尼基会合。但是俄罗斯与意大利反对这个政府。俄罗斯反对是因为康斯坦丁一世的母亲是俄罗斯的公主，而意大利人则把韦尼泽洛斯当作他们染指小亚细亚的潜在敌人。英法担心引起希腊内战，所以在表面上没有承认韦尼泽洛斯政府。

与英法远征军对峙的是得到德国几个师加强的保加利亚两个集团军。自从达达尼尔海峡战役后，加利波利半岛的协约国军队一部、意大利军队、俄军两个旅、塞尔维亚集团军调入萨洛尼卡作战。1916年底，双方在斯特鲁马河和莫纳斯蒂尔一带经一系列局部战役后，转入阵地防御。这时协约国驻希腊军队的规模已扩大到约25万人，除英军的5个师以外，还有4个法国师、6个重新编组的塞尔维亚师、1个意大利师，甚至还有1个俄国旅。由于萨拉伊后方的希腊军队态度暧昧，部分地动员，又部分地复员，这就使得协约国的军队在希腊北部也建立了一条从奥尔法尼湾到普雷斯帕湖的防线。

英法开始对康斯坦丁一世及其政府施加压力，但希腊国内的亲德派发动了反协约国宣传，法国上将毛瑞斯·萨拉伊派出军队登陆，并向雅典逼近。12月，双方军队发生交火，因为此次事件，雅典爆发了反韦尼泽洛斯的运动。为了报复，协约国于12月19日承认韦尼泽洛斯政府，萨莱伊的法国海军封锁了希腊。在协约国军队的压力下，1917年5月，希腊国王康斯坦丁一世被迫让位给他的二儿子亚历山大，然后和乔治王储一同流亡国外。年轻的亚历山大王子被另立门户的韦尼泽洛斯首相扶上了王位，亚历山大热衷于建立一个以伊斯坦布尔为首都、以雅典为经济中心的大希腊国家，6月，希腊加入了协约国一方，希腊军队在边境开始对保加利亚采取行动。

1918年9月，英、法联军在萨洛尼卡战线发起了进攻战役，截至9月22日，英、法联军用骑兵和航空兵发动攻势，并于29日占领了斯科普里。至9月底，德第十一集团军陷入合围，9月30日投降。在这种情况下，保加利亚由于爆发了弗拉达亚起义而退出战争，10月初，保加利亚在萨洛尼卡签订了停战协定。

“一战”结束后，希腊获得了小亚细亚的一些土地作为补偿。1919年召开的巴黎和会，韦尼泽洛斯根据战时协议希望能游说各国让希腊获得更大的利益，以实现伟大理想，包括在伊庇鲁斯北部、色雷斯及小亚细亚建立一个庞大的希腊区。当年，虽然面对意大利的反对，但希腊仍能获得巴黎和会允许占领了土耳其的伊兹密尔。

为了镇压人民反抗并防止意大利占领土耳其的士麦拿，协约国支持希腊对小亚细亚的领土要求，希腊于1919年5月15日占领士麦拿，挑起了第二次希土战争，1920年6月间，希腊的军队占领了色雷斯地区。10月，又占领了叶尼舍希尔和伊奈古勒，土耳其军队的反攻非但没能收复失地，反而又丧失了一些重要的战略据点。1920年8月，土耳其被迫同协约国签订了《色佛尔条约》，通过这个条约，希腊获得了包括阿德里安堡和加利波利半岛在内的全部色雷斯地区、爱琴海诸岛以及士麦拿附近地区，希腊达到了自独立以来的最大疆域。

不过，希腊人做梦也想不到，开疆辟土的国王两个月后会死在两只猴了手上，希腊现代史也因此而改变。10月2日，亚历山大一世为了保护他的宠物狗而被两只猴子咬伤，并因此而丧命。亚历山大一世的死，不仅使希腊失去了一位杰出的军事统帅，直接导致了这场希土战争的失败，而且还导致了希腊的内乱。可以说这两只猴子结束了一度强盛的希腊历史。1921年6月，希腊政府拒绝协约国的和平调解，7月占领了屈塔希亚，并企图攻占土耳其新政府所在地安卡拉，土耳其军队撤退到萨卡里亚河东岸，连续激战近一个月，终于阻止了希军进攻。

1922年8月，土耳其军队开始发动反攻，在沙卡利亚河击败了希腊的军队，希腊军队开始全线溃退，土耳其军队夺回了士麦拿，并在16日将最后一批希军赶出了小亚细亚。土耳其在对希腊的战争取得决定性胜利后，法国和意大利随即宣布不承认《色佛尔条约》，并与土耳其大国民议会议和。协约国被迫同意废除《色佛尔条约》，并于瑞士洛桑重新展开和谈，1923年7月签署了《洛桑条约》，希腊被迫将东色雷斯、伊姆雷斯岛和特内多斯岛归还给了土耳其，从此放弃了对士麦拿的领土要求。

英、土、俄三国的能源争夺
——波斯战线

18 世纪，波斯的萨珊王朝灭亡后，陷入了近一个世纪的混乱，最后土库曼恺加部落夺取权力，迁都现在的德黑兰，建立了恺加王朝。但恺加王朝在 19 世纪遭受列强入侵。俄国人夺取了它在外高加索和中亚的部分领土，英国人则夺取了波斯南部部分地区，1907 年英俄协定更是划分了它们两国在波斯的势力范围，波斯政府所能控制的地方仅有德黑兰附近不大的地方。

在第一次世界大战中，波斯宣布中立，但是与它相邻的奥斯曼土耳其帝国则要求它驱逐其领土上的 8000 多名俄军，否则的话它将“代为驱逐”。然而地位跟英俄殖民地差不多的波斯是做不到这点的，于是土耳其的军队就开进波斯，击退了波斯西北部地区的俄军，并占领了波斯阿塞拜疆地区的最大城市大不里士。在波斯的南部地区，土耳其军队占领了英波石油公司在巴格达和巴士拉的全部资产，并进而威胁到英波石油公司当时最大的油田——波斯西南端的阿巴丹。

波斯第五大城市阿巴丹是波斯石油输出的集散之地，也是英波石油公司所在地。在“一战”中，随着汽车、坦克、飞机和军舰等机动性很高的武器装备被大量运用于战场，石油和内燃机改变了战争的各个方面，甚至包括海、陆、空机动作战的基本含意。石油已经越来越多地为英国所倚重，完全可以说，没有石油，

在波斯战场上，英军一门 8.16 千克级 84 毫米口径野战炮正在开火。

战争机器将无法正常运行。为了保护英波石油公司在阿巴丹的油田和炼油企业，1914年底，英军在波斯南部最大的港口城市胡泽斯坦登陆，随后在阿拉伯河一带击退了土耳其军队的进攻。英军登陆前，德国的间谍曾企图在阿拉伯河炸船以堵塞前往阿巴丹的航道，但是这个计划没能得逞。

波斯是中东最早发现和生产石油的国家，从1912年到1918年，波斯的石油产量增长了10倍以上，从每天1600桶增加到近两万桶。到1916年后期，英波公司满足了英国海军全部石油需要的五分之一。布什尔是波斯伊斯兰共和国布什尔省的省会和最大城市，位于波斯湾沿岸，是该国主要的港口城市之一，1915年4月，德国驻布什尔领事、有“波斯的劳伦斯”之称的威廉·瓦思穆斯，利用波斯人仇恨英国和俄国的契机，把当地的各部族争取到了自己一边，在由亲德的波斯军官指挥的波斯军队的帮助下，驱逐了波斯南部广阔地区的英军，攻占了以绿洲花园和文化故都闻名的设拉子城。在德国和土耳其间谍的鼓动下，波斯西南部的阿拉伯游牧部落还切断了马斯杰德·苏莱曼和阿巴丹之间的几处主要输油管道，致使石油运输停顿了近半年之久。

半个多世纪以来，波斯饱受英俄的侵略和掠夺，因此朝野上下自然都同情英俄的敌人德国，而德国也想借着波斯这种反对英国和俄国的民情把波斯拉入同盟国的阵营，好共同对付英国和俄国。1915年，大批俄军在里海南岸的恩泽里港登陆，随后南下包围了波斯的首都德黑兰。波斯政府中的亲德分子带着德国和奥匈帝国的公使匆忙逃出了都城，在位于德黑兰以南约150公里处的库姆成立了“民族保卫委员会”，随即该组织就把总部迁到了300公里外由土耳其军队占领下的克尔曼沙赫城，成立了波斯的“临时政府”，还组建了一支近5000人的军队。

第二年春天到来时，英国的情报官员珀西·赛克斯爵士和少数英属印度当局的军官在南波斯地区招募当地部落的骑兵，组成了一支“南波斯洋枪队”，这只用英国武器武装起来的队伍在不到一年的时间内肃清了波斯南部地区的亲德势力以后，成为了波斯南部地区的霸主，并在实际上独自控制了法尔斯、锡斯坦和俾路支斯坦等几个省，迫使波斯政府不得不在一年后承认“南波斯洋枪队”的合法地位。

1916年夏，在波斯的西部地区，一支2万多人的土耳其军队占领了波斯的重要交通要道哈马丹，并直接威胁到波斯西部地处厄尔布尔士山南麓离德黑兰不到100公里的加兹温城。由俄国将军巴拉托夫指挥的约8万名俄国部队开到了此地，并对土耳其军队展开了反攻，而在南部的英国军队也展开了配合进攻，在英俄军队的两面夹击下，人多势众的俄军迅速攻占了土耳其军队占领下的伊斯法罕、哈马丹以及由亲德人物组成的波斯“临时政府”所在地克尔曼沙赫，土耳其军队被迫从波斯撤回到自己的边境内，由同盟国所支持的波斯“临时政府”也随同迁到了土耳其的首都君士坦丁堡。1917 年 2 月，俄国和英国的军队在克尔曼沙赫会师，自此，奥斯曼土耳其在波斯的势力被驱逐了出去。

但是随后不久，俄国便爆发了“二月革命”，推翻了沙皇政府的统治，留驻在波斯境内的俄国军队失去了来自国内的支持，很快就陷入了分崩离析的状态。8 个月后，俄国又爆发“十月革命”，新成立的苏维埃政府宣布废除了此前沙皇政府在波斯所签订的全部条约。对于英国来说，它在波斯的一个竞争对手消失了，这是它独霸波斯的大好机会。英国随即派出它的军队，解除了驻扎在伊斯法罕、哈马丹等地的俄军武装。至于驻扎在波斯北部阿塞拜疆省并由布尔什维克领导下的俄军部队，英国虽然也派出了军队，但并没有取得什么进展，而此时在法国的正面战场上大战正酣，英军也抽调不出更多的力量投入到波斯方面。

俄国十月革命后与德国签订了《布列斯特条约》，退出了第一次世界大战，随后又发生了内战，高加索地区的局面非常混乱，宗教的、民族的以及与土耳其的纠纷不断，而由协约国支持的白俄军队在这一地区也有着很大的势力。面对这种情形，当时英国内阁中的一些死硬的帝国主义分子和反苏派都极力主张把波斯当作支持白俄分子对新生的俄国布尔什维克政权开战的基地。1919 年 8 月，英国与波斯政府签订了协议，由英国人的顾问去改组波斯的军队，实际上就是由英国人掌控了波斯的军队，以此为条件，波斯得到了英国的一笔贷款，通过贷款，英国人则进一步加强了对波斯的经济控制。英国政府兴高采烈地认为，波斯这个重要的能源产地，已经完全落入了英国人的手中。

但是革命后的俄国也很快显示出了它的力量，它对波斯的影响力在日渐加强，这使得英国人感到，要对付来自俄国的挑战，还需要继续投入代价高昂的力量，而此时才经过大战的英国，在世界各地还有许多其他的事务，而且它还正面临着一个令其头痛的问题，那就是在它控制下的爱尔兰正在闹独立运动，英国人对此使用了大量的军队进行弹压。英国一贯善于去别的国家制造“民族独立”，现在轮到它自己面临这一问题了。在这种疲于应付的情况下，英国人在波斯的企图不得不半途而废，驻扎在波斯的英国陆军开始从波斯撤离，使自己离开那个大泥潭。

第八章

封锁与反封锁

——大洋中的较量

拉开“巨舰大炮”的序幕

——费希尔打造英国海军

1904 年，英国人提高了约翰·费希尔的地位，使他优于海军部其他次官，严厉苛刻的费希尔成为了大英帝国皇家海军的实际负责人——海军部第一次官。海军部第一次官相当于海军参谋长，在海军大臣领导下统率海军，因为这个职务是直接负责指挥海军战斗的，所以在战时他要比海军大臣更有实权。皇家海军被费希尔勋爵一人把持，这是史无前例的。费希尔充分利用了这一变化，尽管当时的海军第一次官对军事行动没有什么控制权，但他却在管理、计划和政策方面行使了很大的权力。费希尔一心想使皇家海军现代化，便开始施行一些改革。1906 年，他发明了一种革命性战船：无畏战舰。这种装备齐全规模空前巨大的战舰令过去的所有战舰黯然失色，靠这种领先技术，英国开始以最快的速度制造新的战舰。

从 1906 年开始，直到第一次世界大战结束，皇帝陛下舰船之“无畏”号都在英国海军里服役。该舰于 1919 年退役。

1911 年，英国的一支由无畏战舰组成的舰队驶往英吉利海峡。在这之后，所有重要帝国当时都加紧将资源投入在这种无畏战舰的制造上，但由于英国起步早并享有技术优势，所以一直在这场竞赛中保持着领先地位。

在第一次世界大战开始前的 10 多年里，世界目睹了前所未有的最大的海军军备竞赛，在费希尔就任第一海务大臣时，正是大英帝国这个“海上霸主”面临挑战的时期，欧洲的后起之秀德意志帝国瞄上了海上霸主的位置，大有挑战英国海军地位之势。德皇威廉二世是马汉“制海权思想”的崇拜者，1895 年，年轻的威廉二世宣布“德国的未来在海洋上”，根本不顾及英国人已经海上称雄的这一事实，开始致力于建造一支庞大的海军，在短时间内就把德国海军的吨位追到了世界第二。这无疑强烈地刺激了英国，虽然德国并无意对英国发动战争，但英国人却感受到了某种威胁，这使得原本想放松一下造舰速度的英国不得不重新加快了造舰的速度，并得出了要使自己的战舰达到两倍于敌的口号。

费希尔对英国的造舰有自己独到的见解，在费希尔看来，英国海军的许多战舰舰都已经过时了，有些舰只压根就是废物一堆！所以，目前皇家海军最迫切的任务就是大更新、大升级，他要的是更新、更大、战斗力更强的全新的战舰。在随后的十多年中，费希尔采取一系列步骤改造了英国海军舰艇的质量，淘汰了大量战斗力很小的舰艇。在他的大海军计划中，把 305 毫米口径大炮改为 356 毫米口径大炮，威力巨大的无畏级战列舰横空出世了，世界海军界由此掀起了一场革新风暴，由他领导设计建造的无畏舰在航空母舰出现之前，一直是海洋上的霸主、海战中的巨星。

费希尔推出了“无畏”级战舰之后，英国本国的战列舰也和其他国家的战列舰一样显得过时了，费希尔的批评者们说，这样一来英国就丧失了自己在造船竞争中的领先地位，使德国人在更近于平等的基础上参加竞争。费希尔反驳的论据是，革新迟早都要出现的，英国走在前面岂不更好？费希尔的这些改革，既遭到非议也有人赞成，他支持军官教育，主张拆毁过时的军舰，赞同能使备用军舰迅速进入临战状态的核心船员制度。为了完成这些改革工作，费希尔在海军中强行推销他的“三 R 原则”，即无情、残酷、残忍。费希尔对皇家海军的升级更新是以冷酷无情的手段进行的，所以海军界甚至政府的不少人都对他很有意见，觉得这个人相当讨厌，他的同事和部下也觉得他是一个专横苛刻、不近人情的独裁者。毫无疑问，费希尔所做的事情十之八九是对的，他的伟大改革使英国皇家海军在其历史最关键时期保持了强大的战斗力。他迫使海军的每一部门审查自己所处的位置和存在的问题，并提醒、敲打和诱导他们开始紧张的工作。但也正是在这样不停的紧张工作之际，皇家海军部成了一个令人不愉快的地方。

费希尔所督造的吨位大、装甲厚、速度快、火力猛的无畏舰一诞生，就轰动了全世界的海军界，这种战舰可以说代表了一个国家海军的实力。在茫茫的大海上，战舰是无处藏身的，这种战列舰简直令其他的战舰在战斗中毫无招架之力。其他国家因此都纷纷仿造，尤其是野心勃勃的德皇威廉二世和德国海军大臣提尔皮茨，开始让德国加紧建造同一级别的战列舰，英德海军竞赛进入白热化状态。到第一次世界大战爆发时，英国海军拥有战列舰 21 艘，德国海军只有 15 艘；英国拥有战列巡洋舰 9 艘，德国海军只有 5 艘。英国皇家海军的力量远比德国海军强大，因而迫使德军的公海舰队在整个战争期间被封锁在基尔和威廉港中，成为了一支影子舰队。可以说，在贯彻这些意义深远的改革中，费希尔是功不可没的，但在同时，他也在皇家海军中为自己树立了许多激烈的反对派，而他引以为荣的方法就是激起反对派们强烈的敌意，然后予以还击。他是很乐意回敬对方的，他要让大家知道，凡是反对他政策的人，不论是哪级军官，必定要毁灭自己的职业生涯。至于那些卖国贼，也就是那些公开或秘密打击他的人，"他们的妻子将成寡妇，他们的孩子将成无父孤儿，他们的家将成垃圾堆"。他一再重复这些话，"冷酷、无情和不能有怜悯心"是他经常挂在口边的言辞。

费希尔是那个时期世界海军史上一位重量级的人物，他冷酷无情、严厉苛刻的个性令人生畏，但他那独一无二的海军统帅和管理才能又令许多人钦佩，至少海军大臣丘吉尔先生在口头上是这么说的——他曾两次出任海军首脑，但两次都以辞职而告终。在费希尔两次出任海军首脑时，他都通过自己的不懈努力使英国皇家海军震惊了世界，他一手掀起的海军革新风暴不但使英国皇家海军实力大增，也直接影响了德、美、日等国舰队的发展，开创了世界海军史上的"巨舰大炮时代"。不管费希尔的工作能力有多强，人际关系永远是重要的，在皇家海军中有不少具有社会势力和背景的军官，他们中许多人对费希尔怀有敌意，他们有接近议会和新闻界的机会，且有很大一部分优秀有才能的海军军官同情他们，尽管不赞成他们所有的做事方法。也就是说，在英国的海军界，从上到下存在着一大批反对费希尔的人，而且他们有着相当强大的势力。在所有反对费希尔的人中，最主要的有当时主力舰队总司令贝雷斯福德，费希尔冷酷无情的高压手段，终于使自己自食其果了。两派的对立，使得皇家海军出现了可悲的分裂，几乎每一名海军军官都被牵扯到这两派的争斗中去，凡是第一海军大臣提出的建议总司令都反对，两派的人相互交错，势均力敌。1910 年，69 岁的费希尔在上上下下一片反对声中辞职了。

1911年，性格同样暴躁的雪茄爱好者丘吉尔成为英国海军大臣，他是个海军外行，曾对费希尔的才能甚为钦佩，常在海军问题上请教费希尔。费希尔在英国海军部是具有一定的威望的，至少海军部不少一线指挥官、中层官员和技术官员都是他的拥护者。基于对丘吉尔指挥能力的不信任，“一战”前夕，英国海军部有不少人要求费希尔重返海军部。第一次世界大战爆发后，丘吉尔干脆直接把费希尔召回来担任海军部第一次官。当丘吉尔作出这一决定时，很多海军将领都强烈反对，因为他们认为丘吉尔和费希尔都属于个性太强的人，一个暴烈冲动，一个冷酷专横，这俩人凑到一起搞不好能打起来。不过丘吉尔认准的事谁也拦不住，就这样，费希尔重返皇家海军，领导他的军舰进入了第一次世界大战的厮杀之中。

在这个阶段费希尔遇到一件意外小事，即培根信件事件：培根舰长是海军中一个能力比较强的军官，也是一个费希尔的追随者。费希尔要求在地中海服役的培根随时写信给他，告诉他所有发生的事情。培根遵命写了些有分量的信，但是在这些信里培根有意无意地含有对顶头上司的批评。费希尔喜欢培根信中提出论点的说服力，就叫人把它们付印并在海军部广泛传阅。结果自然就流入到与费希尔对立人的手中，于是培根的信很快上了伦敦的一份晚报，费希尔因此受到了猛烈的攻击，被指责鼓励下属对他们的顶头上司不忠，这对费希尔来说是一场致命的打击。

对于性格暴躁、办事独断专行的海军大臣丘吉尔来说，他与同样办事独断专行的费希尔的确是难以互容的。当时迫于压力，丘吉尔惺惺作态地重新起用赋闲在家的费希尔，然而丘吉尔绝不会放弃作为海军大臣的无上权柄，文官出身的丘吉尔开始利用职权百般排挤和架空费希尔，反击果断凌厉而且隐蔽。丘吉尔断定性格强势的费希尔是不会与他虚与委蛇的，因此他愤然辞职那是迟早的事。在刚开始的时候，费希尔和丘吉尔合作得还真不错，大战爆发的头一年，英国皇家海军就在福克兰群岛大获全胜，一举击沉了德国远东舰队冯·施佩将军所率领的4艘德国战舰。第二年伊始，费希尔

海上军备竞赛一直在持续着。图为1911年9月间德国“拿骚”级“无畏”舰的演习场景。

手下年轻的海军名将贝蒂又在多格尔沙洲海战中打沉了赫赫有名的德国重巡洋舰“布吕歇尔”号，皇家海军为此威名大振。然而没过多久，费希尔和丘吉尔的“蜜月”就结束了，在攻击达达尼尔海峡的战役中，两人战略对立，发生了激烈的争论，费希尔对丘吉尔的自以为是忍无可忍，就在英国突袭舰队浩浩荡荡杀向达达尼尔海峡的时候，英国海军大臣和其他三位海务大臣都收到了来自第一海务大臣费希尔的辞职信。费希尔辞职的消息让英国海军上下多少有些措手不及，但毕竟是在丘吉尔的预料之中。在达达尼尔海峡惨败的消息传回海军总部后，对于风雨飘摇人心不稳的英国海军部真是雪上加霜，在这之后不久，丘吉尔也黯然离开了他的位置。

对付德军潜艇的新招数

——英国人的防潜栅

开战之初，英国曾为如何对付德军的潜艇而焦头烂额。后来，英国在海床上设置了很多钢丝网以求困住德国潜艇，而水雷和高速战舰则会趁着潜艇被困的当口把它们炸上西天。

战争在 1914 年 8 月刚爆发时，世界上还没有任何舰载武器可以对沉入水下的潜艇造成任何伤害。英国人特别害怕这种水下战舰，因此早早地就开始修筑他们的海底防线，就是在海底修些栅栏，打造所谓的“防潜栅”。栅栏困住的潜艇一般还剩两种选择：或者浮上水面来，接受敌军海上炮火的轰击或对方战舰的冲击；或者小心翼翼地在栅栏上拴着的水雷之间穿行，能不能躲过一劫完全看造化。当时德军有两个潜艇基地，一个在德国本土，一个在被他们占领了的比利时。无论其潜艇是从哪一个基地出来巡逻，或是要回哪一个基地去，要么就得穿过英吉利海峡，要么就得穿过北海，绝对没有第三条路可走。而防潜栅最成功之处即在于把这两条道都给堵了，让德军没有办法在东大西洋的海域之内肆意妄为。

1914 年 8 月，为了保护开往法国的船队不受攻击，英军把他们的第一道栅栏修在了多佛和比利时的海岸线之间。由于第一阶段的工事看起来不是很结实，英军又于次年 2 月在多佛和奥斯坦德之间加修了 25 千米长的栅栏。在这条防线里，有一道足有 100 米长的“指示网”，在其范围之内的海床上，还根据深度的不同固定了许多的浮标。潜艇撞进这个区域之后，有可能就会被网子缠住而不得不浮上海面；而如果该潜艇试图从水下悄悄撤退，那也一定会扯掉网子表面的一些浮

奥克尼郡斯卡伯湾内的防潜栅空中俯瞰图。这里既是英国皇家海军最重要的基地，也是英国大舰队的大本营。

标——这时，高速战船的雷达将对这些浮标作出反应，进而以之作为定位器，然后要么瞄准敌军潜艇向其开炮，要么直接撞过去逼它浮上海面来。

渐渐地，这种防御系统开始得到了大面积的使用，而水雷的加盟则让之彻底脱离了简单防御的水准。早期的触发性水雷可靠性比较低，潜艇的舰长们可以趁着夜色指挥潜艇从栅栏上面偷偷地翻过去。但多佛防线还是颇为成功的。在 1915 年 4 月后的 12 个月里，德国潜艇被这些栅栏烦得要死。他们用尽了优质水雷、频繁的夜间巡航和功率全开的探照灯等各种手段，但却没有有效的解决办法。在多佛的海下防线至少让 12 艘潜艇报了销之后，1918 年 8 月，心灰意懒的德国海军终于彻底放弃了走这条通道的打算。

但经由北海进入北大西洋的水下海路却直到 1917 年 7 月才被堵住。美国海军高级将领、舰队司令亨利·梅奥建议在奥克尼郡和挪威的海岸线之间修建一条巨型防线，并宣称美国的新型磁性水雷可以直接炸掉所有闯入其磁场范围的潜艇——这可比触发性水雷强多了。1918 年 7~10 月间，约有 69000 枚这种水雷被埋到了海底（其中有 80% 的工作是由美国海军承担的），从此情况来看，梅奥实在是一个了不起的推销员。只不过，这些水雷有据可查的贡献也不过是炸沉了区区三艘潜艇而已。

鉴于奥匈帝国和德国在亚得里亚海北部及东部都有海军基地，协约国把第三道防潜栅的工地选在了地中海，想以之阻止上述两国的海面舰队及潜艇部队进入这片海域。这条防线从1915年底开始动工，由意大利靴状领土“鞋跟”处的位置开始，横跨整个奥特朗托海峡，一直延伸到了阿尔巴尼亚的法罗拉。但是这条100千米长的防线却一直没能发挥其真正的防御功能，无数船只在它上方来往穿梭，从头到尾就只有一艘潜艇毁在这里。

雾中出击

——赫尔戈兰湾海战

西欧战争似乎迫在眉睫之际，英国的本土舰队和德国的公海舰队都进入了战斗泊位，英国本土舰队的主要战斗力都集中在大舰队，大舰队的指挥官是海军上将约翰·杰利科勋爵，主要基地在奥克尼群岛中的斯卡帕湾，辅助基地在苏格兰的港湾里。大舰队中包括20艘一级战列舰和4艘战列巡洋舰，它的主要作用是防止德国军舰逃进大西洋，保卫北海，监视公海舰队，在出现有利机会时将德国的公海舰队歼灭。

海上力量对战争的影响从一开始就感觉到了，从大战爆发起，海上封锁的威力尽管动作迟缓，初期不尽完善，但逐渐加强，终于像巨蟒那样无情地越缠越紧。英国人运用他们强大的海上力量来对付德国，同时极大地得益于它那得天独厚的地理位置。英伦三岛恰好与欧洲大陆西侧隔海相望，对北海和德国通向波罗的海之路形成包围堵截之势。1914年战争爆发前夕，英国皇家海军的力量远比德国帝国海军强大。皇家海军一共拥有无畏级战舰21艘，英国的“伊丽莎白女王”号无畏舰上装备了8门380毫米口径的巨炮，射程约13公里，是普通战舰上火炮射程的三倍，德国海军的主力公海舰队，有14艘无畏舰，战争爆发后，德军的公海舰队被封锁在基尔和威廉港中，消极避战。

约翰·杰利科

英伦三岛的位置扼守住北海的出口，德国的公海舰队实际上已成了大舰队的囊中之物，大舰队只要在那儿停泊一个舰队就收到了封锁德国的效果。显然处于劣势的公海舰队是不会出来向集结在那儿的大舰队挑战的。而在另一方面，雷场、潜艇等的威胁也制止了大舰队进到亚德湾攻击德国舰队，英国的目的是把公海舰队引诱出来消灭。而德国人则想运用计谋一点一点地逐个歼灭大舰队的各个部分，以此把它削弱到自己能对付的水平。对这两支世界上最大的舰队来说，战争的大部分时间是在令人厌烦的待机中度过的，英国舰队在奥克尼群岛上的斯卡帕湾和苏格兰的克罗马特阴冷的基地上待机，而德国舰队则藏身于赫尔戈兰岛的火炮和赫尔戈兰湾布雷场的背后，在亚德湾的不来梅港和威廉港待机，较陈旧的舰艇部署在波罗的海基尔港。

随着陆上节节败退，英国海军中求战的呼声越来越高，英国潜艇部队司令凯斯准将接到报告，每天傍晚德国的轻型巡洋舰都护送驱逐舰到赫尔戈兰湾做夜间巡逻，黎明时巡洋舰与驱逐舰在赫尔戈兰湾西北20海里处相会，护送它们回港。凯斯认为这个规律对英国舰队是个机会，就起草了一份突袭敌人的计划，即利用潜艇当诱饵，把强大的水面增援舰只布置在视界以外，把德国人引到赫尔戈兰湾以西的海面加以袭击。由于凯斯的一再坚持，和大英帝国皇家海军传统尊严熏陶下的中下级军官渐渐流露出来的不满，致使英国大舰队司令杰利科上将不得不同意了凯斯的诱敌计划，以己方的3艘潜艇和2艘驱逐舰分队前往德国海域，扮成围歼德国驱逐舰分队的假象，以吸引德军大部队出巢，并继而一并歼灭之。整个计划要求快打快撤，尽量减少暴露在敌人大门口的时间，务必赶在德国援兵到来前结束战斗。为求保险，凯斯要求从大舰队中调出第一轻巡洋舰中队做近接支援，还申请出动大舰队主力做后盾。但杰利科上将不允许因为一次小打小闹的突击而影响到大舰队的正常巡逻，他干脆利落地拒绝了这一“非分”要求。

就在行动开始之前，杰利科审查了作战计划，认为其中的突击兵力不足以应付突发情况，且远在亨伯河口的远距离支援群根本无法及时提供支援，于是在凯斯和蒂里特出发后，他命令贝蒂中将率领第一战列巡洋舰中队“雄狮”号、“玛丽女王”号和“大公主”号及古德诺夫准将指挥的6艘轻巡洋舰与第二战列巡洋舰中队

1914年1月，整齐地停泊在德国基尔运河上的德国鱼雷艇。

会合，紧随蒂里特开赴赫尔戈兰湾。1914 年 8 月 26 日午夜刚过，第八潜艇支队就从哈里奇港启程前往战区，凯斯乘坐驱逐舰“静默猎犬”号随行指挥，蒂里特也在这一天上午 9 时登上了旗舰“林仙”号，轻巡洋舰“林仙”号火力强，速度快，但服役才仅仅 15 天，各种设备还缺乏磨合和调校，所以当 27 日蒂里特舰队动身时，“林仙”号的战斗状态仍令人担心。他们在 28 日凌晨抵达赫尔戈兰湾，并且在大雾弥漫的海面上发现了德国驱逐舰分队的黑影，大雾造成的低能见度使得英国潜艇只发现了 16 艘德国船只中的 6 ~ 7 艘，而 5 公里左右的能见度也让德国人没有注意到英国潜艇发射来的鱼雷，倒霉的德国驱逐舰“v117”号不幸被击中，德国人迅速反应过来，并马上调整了队形。

德国驱逐舰分队司令瓦里斯中校立即下令展开搜索队形向西追去，同时用无线电发出“湾内出现敌潜艇”的警报，停泊在赫尔戈兰岛的第五雷击舰支队随即发动，准备出发去消灭英国潜艇。7 时，双方水面舰艇发生了首次接触，德国第一雷击舰支队此时已经向西毫无结果地搜索了两个小时，突然发现了向南穿雾而出的蒂里特舰队。邻近的担负着保护驱逐舰编队重任的德军两艘轻巡洋舰“斯德丁”号和“弗劳恩洛布”号，加上不远处的第五驱逐舰编队总计 18 艘大小舰只纷纷加入战团，这种场面当然在蒂里特的算计之中，隐藏在浓雾中的他的舰队开始向着中央的团团黑影而去，并率先开火，双方的实力对比如此均衡，这也使得早有预备的蒂里特舰队在一开始的炮战中占据了优势。与此同时，“林仙”号与“弗劳恩洛布”号陷入了苦战，“林仙”号虽然在数据对比上显著优于对手，但它磨合时间太短的缺点却影响了战斗力，两门 102 毫米炮卡壳，另有一门被打坏，鱼雷发射管报废，一时间只有舰首的一门 152 毫米炮能够还击，场面极为被动，所幸击中对手要害，使得“弗劳恩洛布”号不得不拖着右倾的舰体退出战斗。

如同英国人计算好的那样，他们的出击果然吸引了不少的德国船，只要能够按照既定的计划继续发展下去的话，那么胜利几乎百分百地站在自己这一边。蒂里特准将放下望远镜，不由得意起来，但他的好日子也正是在这一刻结束的：同样是由于能见度的问题，他并没有发现德国舰队附近的大批增援部队正在源源赶来。

在与“弗劳恩洛布”的恶战中，“林仙”号的锅炉水管被打了个洞，这时航速已不足 10 节，蒂里特决定利用战斗间隙进行紧急修理。11 时，林仙的航速已经恢复到 20 节，除两门 102 毫米炮以外的全部火炮均恢复使用。当轮机重新轰鸣之时，德国的反击也即将开始。德国轻巡洋舰原本是分散出动，因此都是各自到达并投入战斗，首先出场是“斯特拉斯堡”号。蒂里特准将的旗舰“林仙”号和它身边的 4 艘英舰成为了德国海军从侧翼驰援过来的 7 艘巡洋舰编队攻击的首要目标，“林仙”号等5艘驱逐舰本来是以五对二，与德海军先期驰援过来的“斯德丁”号和“弗劳恩洛布”号两艘巡洋舰对攻本来还算游刃有余，但是德军新生力量的到来让战局一下子扭转了过来，眼见势头不妙，“林仙”号迅速向已经在途中的古德诺夫的巡洋舰编队发出了求援信号。

英国皇家海军战列舰“新西兰”号曾先后在赫尔戈兰湾、多格尔沙洲和日德兰半岛参加过三次战斗，并一直坚持到战争结束。

当蒂里特疲于应付德国舰走马灯式的进攻时，英军此次行动的最高指挥军官贝蒂和他的5艘战列巡洋舰、4艘驱逐舰正徘徊在西北48公里处，他不能坐视蒂里特遭到围攻而无动于衷，但他也清楚地知道德国人在午后不久就可以出动战列巡洋舰甚至是战列舰队，届时他的5艘战列巡洋舰自保尚且存疑，更不用说救援，胜利的天平每一分钟都在向德国一边倾斜。此时近80艘的大小舰只在海面上展开了捉对厮杀，德军由于救援距离近和应急反应机制的完善，在战斗开始时稍稍占据了上风，“林仙”号在数艘德巡洋舰的联合打击下，于一次剧烈的爆炸后结束了它短暂的服役生涯，作为诱饵的蒂里特准将，完成了他诱饵的使命，德国舰队这条大鱼吞没了他。在没有战列舰和战列巡洋舰参战的情况下，轻型巡洋舰就成了这次海战目前的主角了。贝蒂在犹豫中向身边的菲尔德上校征询意见：“你觉得我们该怎么做？我应该前去支援蒂里特，但如果损失一艘宝贵的战列巡洋舰，全国都不会宽恕我。”当时并未肩负责任的菲尔德脑子里只是“急切地想寻找刺激”，便脱口而出：“我们当然要去。”于是贝蒂定下决心，11点30分，贝蒂的战列巡洋舰队向东南方急驰而去。

大战既然已经拉开了序幕，那么在家门口作战的德国人就没有理由有所保留，在这外围由水雷和潜艇联合封锁着的封闭海域，德国人正在继续调兵遣将，他们的目标就是将这批英国舰艇全部困在这里。正当威廉港的巨舰们正在关注战况之余焦急地等待着涨潮来临，以使他们能够出发赶往交战海域的时候，他们得到消息，英国5艘战列巡洋舰编队正在往战场赶来。英军战列巡洋舰队的进入，使战场形势陡转，见势不妙的德国轻型巡洋舰开始逃离。“科隆”号的运气显然不够好，贝蒂凭借战列巡洋舰的速度优势，轻松切断了“科隆”号的退路，几分钟内，“科隆”号就成了一条废船。随后另一艘德国巡洋舰出现在贝蒂面前，这是刚刚抵达战场的“阿里阿德涅”号，它对于战况还懵懵懂懂，在“科隆”号身上刚发生过的一幕再次上演，仅10分钟，它就完全被大火和浓烟包裹。德国人期待已久的潮位终于到来了，随着欢快的汽笛声，6艘战列巡洋舰率先驶往交战海域，而此时英国人的5艘战列巡洋舰已经抵达交战海域，并且凭借着不对称的火力和吨位对海面上的德国驱逐舰和轻型巡洋舰编队展开了绞杀，当然，海面上的德国人也已经得到了后方的消息，他们现在的目的只有一个，宁可自己丧身于此，也要将英国人的这批舰艇留下。由于大雾，许多德国轻型巡洋舰逃脱了厄运，如果天气晴朗，它们在英国战列巡洋舰面前必定是九死一生。

即使是在一边倒的畅快战斗中，贝蒂心中的弦依然崩得紧紧的。此时杰德河口水位已经升高，德国的主力舰队可能已经在途中。下午1时，贝蒂向湾内全体英国舰艇发出撤退信号，此时距离他加入战场还不到40分钟。随着浓雾的渐渐淡去，以“布吕歇尔”号为首的德国6艘战列巡洋舰编队抵达交战海域，为了这一刻的到来，德国人已经付出了惨重的代价。英国舰队得手后并不恋战，捞起部分德舰落水官兵后迅速撤离，当中午涨潮后德国战列巡洋舰赶到现场时，英国人早已踪迹全无。赫尔戈兰湾突袭战是第一次世界大战的第一次海上舰队交战，无疑，英国人在大洋舰队眼皮底下痛击德国舰队的行动，令德国海军颜面尽失，大洋舰队虽坐拥巨舰重炮且近在咫尺，却由于低潮所阻，只能眼睁睁看着英国舰队扬长而去。捷报传遍了不列颠，对于不了解过程、只在乎结果的大多数英国人来说，这个期盼已久的胜利无疑是一针兴奋剂，但对于局内人士来说，这次胜利与灾难之间只有一线相隔。这场海战对于德国的海军战略产生了重大影响，德皇于是下令舰队“保持守势，避免可能导致更大损失的作战活动”。在此期间，德国位于中国青岛的太平洋远东舰队则开始了一场悲壮的海上游击战。

海上袭击舰

——破坏敌人的海上贸易线

德国皇家海军企图利用海面舰船来破坏英国遍布全球的海上贸易线路，没想到，他们派出的船只在开战的头几个月里大多却不是被击沉就是被敌军扣留，再不然就直接失踪了。

1914 年，各国海军都打好了如意算盘，要通过破坏敌人的海上贸易，控制其商船来搅乱对方的行动。当时，潜水艇还不算是正式的作战工具，偶有一两艘投入使用的也没有环球作战的能力。所以，各家都选择了其他航海工具来完成这项任务——有的是专门建造的战舰，也有的是从民用船只改造而来。最有名的三类分别是商业袭击舰、武装商船巡洋舰和辅助性商业袭击舰。大多数战舰的作战地点都远离本土，主要依靠殖民地，特别是指定的货船和中立国的港口来获取补给。

“海鹰”号是德军的袭击舰之一，专门负责袭击商船。从 1916 年 12 月开始，“海鹰”号在大西洋和太平洋中航行了 225 天，其间俘虏协约国商船共计 15 艘。

德国的 8 艘商业袭击舰中，有 7 艘属于太平洋舰队，常年在太平洋海域执行任务，另有一艘“卡尔斯鲁厄”号负责西印度群岛。1914 年 12 月，太平洋舰队在福克兰群岛之战中损失了 4 艘战舰。随后，1915 年 3 月，第五艘战舰“德雷斯顿”号被击沉。舰队剩下的两艘战舰也没撑多长时间。“埃姆登”号于 1914 年 8~11 月间在西南太平洋和印度洋海域转了一圈，收获颇丰，最后栽在澳大利亚巡洋舰“悉尼”号的手上。

另一艘幸存的战舰“哥尼斯堡”号则驶往西印度洋，企图利用苏伊士运河来弄沉协约国的船只。但它刚击沉两艘船，英军就发现了其在德属东非鲁菲吉河三角洲（现属坦桑尼亚）的藏身之处。为了防止有人脱逃，英军凿烂了一艘旧船堵住河口，然后又用火攻战术重创了“哥尼斯堡”号。1915 年 7 月 11 日，德军太平洋舰队最后一艘战舰沉没了。

而被布置在西印度群岛的“卡尔斯鲁厄”号于开战后不久就在大西洋中部击沉了三艘敌船。之后，在 1914 年 8 月 31 日 ~10 月 14 日，它航向大西洋南部，那里有它的 14 艘补给船。接着，“卡尔斯鲁厄”号驶入加勒比海，想穿过巴哈马实施袭击，结果却于 11 月 4 日在停泊期间由于内部发生不明原因的爆炸而报销。

武装商船巡洋舰（AMCs）通常都是为了作战需要，由高速渡轮附加武器改造而来。英法德三国都有这类舰船，其中英国的数量最多，英军负责保卫英国与冰岛之间海域的第 10 舰队直到 1917 年都还有 20 艘武装商船巡洋舰。但由于协约国的这种巡洋舰在水雷和鱼雷面前都很不经打，所以每逢遇上攻击，总是损失惨重——最终，英国和法国分别损失了 12 艘和 13 艘武装商船巡洋舰。从 1916

年开始，剩余的同类舰船纷纷被改造为运兵或是救护之用。

◎**皇帝陛下战舰之“哥尼斯堡”号**

“哥尼斯堡”号在东非海面上行动时，击沉了包括英国旧式巡洋舰“佩加索斯”号在内的两艘敌舰。1915年，“哥尼斯堡”号在东非一个河口三角洲避敌，却被敌人用“瓮中捉鳖”的战术给击沉了。

类型：轻型巡洋舰
下水时间：1907年
排水量：3400吨
船员数：350人
速度：23.5节
主要武器：10门105毫米口径的大炮

但德国对这种舰船的运用却别树一帜，他们以之来攻击敌国商船，不过效果并不理想。不少武装商船巡洋舰都“命短名长”。比如曾击沉过若干船只的高速渡轮“恺撒级威廉大帝”号，它最后是被自己的船员凿沉的，因为之前英国的“翱翔者”号在西班牙的摩洛哥海域重挫了该舰，使之失去了战斗能力，当时是1914年8月26日；又比如“特拉法尔加角”号，击沉它的也是一艘武装商船巡洋舰——英国的“卡玛尼亚”号。而“弗里德里希太子”号和“威廉皇储”号则是被美国在1915年3月和4月分别击沉的。

辅助型的商业袭击舰是以原民用轮船为基础，添置隐藏武器改造而成的。德国经常把辅助布雷舰改造成斯堪的纳维亚货船的样子，挂着中立国的国旗招摇过市。第一次世界大战中经过这种改造的船只大概有10艘为德国服役，而且大部分的战绩都还不错。

国王陛下的舰船“爱德华七世”号在被“莫威”号的水雷击中后沉没。

“莫威”号是这种舰船中最负盛名的一艘。该舰在两次突围行动中共击沉了34艘商船，而在1916年1月，英国前无畏舰“爱德华七世”号也是被它的水雷击中沉没的。

自己遇到自己

——英德海军的伪装巧遇

第一次世界大战刚刚爆发后，英德两国就深深地感觉到本国的海军战舰后备力量不足。为了加强海上的作战能力，他们不约而同地决定征召民用商船以助军力。英国在一艘两万吨级的豪华客轮“卡门厄亚”号上加装了枪炮，把它改装成了武装巡洋舰。但为了起到迷惑对方的作用，就用这条改装后的武装巡洋舰去冒充德国的一艘名叫“特拉法加”号的客轮，并在外形上也做了与“特拉法加”号相似的伪装，然后这艘假“特拉法加”号被开往南大西洋的水面。可英国人万万没想到，出于同样原因，德国也已经把它的“特拉法加”号改成了武装巡洋舰，巧的是，德国人冒充的正是英国的“卡门厄亚”号，而且也开往了南大西洋。1914年9月14日上午11时，这两艘整容化装的敌对战舰相逢在南大西洋的水面上了，它们都是自己遇到了自己。

德国的舰长发现了向他们开来的客轮，他双眼紧盯着这艘客轮，感到十分迷惑：怎么回事？因为，他发现这艘轮船的外形酷似自己原来的模样。也许是属于同一个轮船制造公司建造的姊妹船，为了不造成误伤，他命令本舰的信号员通知对方，迅速表明他们的身份。这时，英国的舰长也同样猜想对方是自己的姊妹客船，为了避免误会，命令部下悬挂起了证明自己的标志。德

英军的海上行动在很大程度上要依赖图中正在进港的这种商船，而这种船也就成为了德军潜艇部队的主要攻击目标。

国“特拉法加”号一见对方悬起英国轮船的旗帜，全速向敌舰冲去。英国“卡门厄亚”号见状，先发制人，向对方开炮。经过一番恶战，德舰被击沉，15名官兵葬身海底，英舰被重创，9人阵亡。最富戏剧性的是，直到海战结束，双方生还的人仍然不识对方的庐山真面目，真可谓一场糊涂战。战斗结束了，可是事情并没完，因为直到战斗结束，英德双方的参战人员都不明白对方的真实面貌是什么。后来，德国舰长及其他逃生者在海上获救，到达布宜诺斯艾利斯，这次海战的真相才一清二楚。然而，英国的舰长却没有德国舰长幸运，他因为被阿根廷当局指控为离港时欺骗了港口检查官，而遭拘禁，最后死在阿根廷的狱中。

“给的船越多，他的胆越大！”
——有勇有谋的戴维·贝蒂

这位总喜欢歪戴军帽的戴维·贝蒂被誉为第一次世界大战中最闪亮的海军将星，此君酷爱冒险，勇冠三军，冲劲十足，只要发现敌舰，他就像猛兽捕猎似的，一旦咬住绝不松口！他的上司杰利科海军元帅对他有一句相当经典的评价：给他的船越多，他的胆子就越大！

英国海军元帅戴维·贝蒂

戴维·贝蒂1871年1月17日生于爱尔兰柴郡的一个小村落，他是戴维·朗费尔德·贝蒂船长的第二个儿子，1844年1月，13岁的贝蒂作为海军军官候补生登上“大不列颠”号训练舰，进入了皇家海军。戴维·贝蒂在军中一直表现出色，不断获得提升，在埃及和苏丹镇压民族解放运动，并逐步被提升为战舰舰长。在对中国义和团起义的镇压中，贝蒂在天津的作战中手臂两次受伤，后被晋升为海军上校。1911年，40岁的戴维·贝蒂出任海军大臣丘吉尔的秘书，深得赏识。然而，为人自负、敢于冒险、极富进取心的贝蒂对办公室的谋划运筹不感兴趣，他渴望到大海上去建功立业。两年后，如愿以偿的他担任了皇家海军的“宠儿”战列巡洋舰分舰队的司令。1913年被任命为大舰队第一战斗巡洋舰分舰队的指挥官后，贝蒂晋升为中将，任此职直至1914年8月战争爆发。第一次世界大战爆发后，在英德海军的几次较量中，贝蒂总是冲在最前面，成为“巨舰大炮时代”最著名的海上突击手。

1914年第一次世界大战爆发时，贝蒂正担任战列巡洋舰分舰队的司令，他的上司也是英国海军史上的一位名将，即英国大舰队总司令杰利科，杰利科的性格和贝蒂截然相反，他是那种特别谨小慎微的人，虽然很欣赏贝蒂的才干，但他也非常担心贝蒂的莽撞个性将战斗巡洋舰部队带入德军的陷阱，所以他交给贝蒂的任务就是巡逻侦察，发现敌人部队并在海湾拖住他们直至主力部队的到达，而不是与敌舰拼命。大战爆发后，英海军决定，立即采取“封打结合”的战法，夺取北海以至大洋远海的控制权。1914年8月28日，已晋升海军中将的贝蒂经过精心筹划，对德国公海舰队的巢穴赫尔戈兰湾实施了一次大胆的突袭。赫尔戈兰湾位于易北河和基尔运河的入海处，因该湾中央有一赫尔戈兰岛而得名，是德国重要的海军基地，德国公海舰队的主力也停泊在距该湾很近的威廉港。

赫尔戈兰湾是易北河和威悉河口外一片三角形水域，每天傍晚德国的轻型巡洋舰都护送驱逐舰到海上来做夜间巡逻，黎明时巡洋舰与驱逐舰在赫尔戈兰湾西北20海里处相会，护送它们回港。按照英国指挥部的企图，英国海军应当突袭警戒赫尔戈兰湾的德国舰艇，切断其返回基地的退路，并将其消灭。8月28日清晨，贝蒂率领他的分舰队在大雾的掩护下悄悄驶进了赫尔戈兰湾，这支分舰队包括战列巡洋舰5艘、轻巡洋舰8艘和一些驱逐舰，为了引诱德国舰艇出海，贝蒂首先派出潜艇在赫尔戈兰岛附近实施佯动。5时，一艘英国潜艇发现了德国巡逻舰，马上实行攻击。这一大胆的挑衅行为果然引来了德国第五驱逐舰纵队，待敌舰驶近，蒂里特海军准将率舰艇支队首先冲了过去，将雨点似的炮弹倾泻在冒失的德舰上。英国人打得其中一艘德国巡洋舰掉转船头，带着50个伤亡士兵向威廉港驶去，这时英国人又向西转回去，发现了另一艘孤零零的德国驱逐舰，很快就把它打成一堆火焰冲天的残骸。此时，这一海域中的5艘德国轻型巡洋舰前来参加攻击。贝蒂的战列巡洋舰又从西北方向冲了过来，用356毫米口径的火炮击沉了2艘，另2艘幸存的德国轻型巡洋舰被打得遍体鳞伤，总算设法溜走了。下午2时，德国战列巡洋舰趁涨潮驶出威廉港，准备增援，可精明的贝蒂早已撤出战场，率舰队顺利返航。

这是“一战”开始后英德海军的首次交锋，结果贝蒂的舰队一下子敲掉了德国的3艘轻巡洋舰和1艘驱逐舰，毙敌700多人，伤150人，俘虏300余人，其中包括一名海军将官，开了大战中俘虏敌国海军将官之先例。英舰未受大损失，

图为皇帝陛下舰船之“伊丽莎白女王”号上380毫米口径的艉炮。“伊丽莎白女王”级“无畏”舰是英国海军在第一次世界大战中所用杀伤力最大的一类“无畏”舰。

仅阵亡30余人。赫尔戈兰湾突袭极大地鼓舞了英国的民心士气，也使贝蒂本人名声大振。贝蒂在1951年1月获得了进一步的战果，这一次是本月24日在多格尔沙洲，贝蒂在德军希佩尔海军中将率领的战斗巡洋舰队第三次袭击英国沿海城镇时，成功截击了他。贝蒂的舰队击沉了“布吕歇尔”号重型巡洋舰，并使希佩尔处于极端不利的局面。但是贝蒂随后也因为旗舰“雄狮”号受创而退出战斗，接手的阿奇博尔德·穆尔少将指挥严重失误，从而使德舰最后得以逃脱。

1916年5月，“一战”期间规模最大的海战——日德兰海战——开打，有意思的是，德英两国舰队都采用了同一种战术，派出小的舰队引诱对方靠近自己的主力，然后再歼灭之。德国公海舰队总司令舍尔海军上将派希佩尔去引诱英舰，而杰利科则派贝蒂去引诱德舰，两支先遣队在海上同时发现了对方并立刻交火，安装了瞄准仪的德舰这次表现出色，不但击沉了英舰“不屈”号和“玛丽皇后”号，还把贝蒂的“雄狮”号旗舰击成重伤。尽管在最初与希佩尔的交战中贝蒂的巡洋舰队损失了“不屈”号和“玛丽皇后”号两艘巡洋舰，但贝蒂仍成功地引诱了德国海军中将舍尔的主力舰队驶向英国海军上将杰利科统率的主力战列舰队。不过由于杰利科作战中过于保守和谨慎，在皇家海军和德国公海舰队的这次遭遇中德国还是获得了战术上的胜利。但是这种胜利依然不能动摇英国此战在战略上的成功，此后气馁的德国舰队再也不敢贸然出击。

由于在历次海战中的出色表现，贝蒂接替杰利科担任了英国大舰队总司令，战后又当上了海军部首席大臣，升为元帅，敢于冒险、机智多谋、头脑灵活的他在皇家海军的历史上占有了重要地位。他在“一战”中重创了德国海军，战后担任海军大臣时他又坚决维护海军航空力量的独立，为日后“二战”期间的英国舰队奠定了基础。1927年，这位歪戴军帽的海战明星退出军界，1936年在伦敦病逝，终年65岁。

“一战”中被遗忘的战役
——日德两军交战青岛

日本和德国为争取其最大的在华利益，终至大动干戈，地点是中国的青岛。这场战争不仅是第一次世界大战一个重要的组成部分，也同样是“一战”中唯一的亚洲战场。英国投入了约2000人的兵力，这是一场帝国主义为了争取和维系其在华的最大利益和特权而爆发的战争。19世纪末20世纪初，为了在世界范围内争夺殖民地，各帝国主义列强之间的斗争几乎到了疯狂的地步。1868年，日本通过一场由上而下进行的改革运动，走上了资本主义道路。为了争夺殖民地和势力范围，日本积极推行对外扩张的政策。在1914年与德国殖民者争夺青岛之前，日本已经通过发动侵略战争，相继侵占了中国的辽东半岛、台湾、澎湖列岛。

19世纪末，德国大力扩充海军，开始参与国际事务。当时，英法等国已基本将世界瓜分完毕，德国便把扩张之手伸向了软弱无能的中国。它尤其重视山东省的资源和胶州湾这一门户。1899年，以杀害德国传教士事件为借口租借胶州湾，修筑青岛要塞，建立东洋舰队的基地，同时加紧在山东省铺设铁路，开采矿山。1914年8月，第一次世界大战在欧洲爆发，自从日俄战争以来，在太平洋上如日方升的日本，于8月22日贪婪地参加协约国一方，其参战的主要目的是趁着德国无暇顾及其在亚洲的殖民地，掠夺德国在亚洲的殖民地利益，用极小的代价捞到很多的东西。它的初期目标是夺取德国在中国的租借地——青岛。对中国青岛早有觊觎之心的日本趁德国陷入欧战而无力东顾之机，趁火打劫，于8月23日对德国宣战，随即派海军封锁胶州湾。日军任命神尾光臣中将为司令官，调动了以第十八师团为主力的陆军5万人，配备了数百门重型火炮和多架飞机，进攻青岛。德军在中国青岛的驻军仅有6000余人，军舰十余艘，后奥国的“伊丽莎白皇后”号参战，但此艘战舰装备落后，并未参与海战，而是将舰载炮搬至德国外围炮台。日本向中国提出要求，划出龙口、莱州及连接胶州湾之若干地域为战争地带，要中国军队保持中立。

9月2日，日军在青岛以北150公里处的龙口登陆，向青岛发起全面进攻。令人费解的是，日本向德国宣战，却不向欧洲派兵与协约国并肩对德作战，也不从青岛登陆直接攻打德国占据的租借地，反而舍近求远从渤海之滨的龙口绕个弯了对青岛德军发动进攻。从这里不难看出，日本真正的险恶目的是肆意践踏侵略中国。青岛炮台曾名“俾斯麦炮台”，是德国侵占青岛期间在青岛构筑的军事要塞的总称。其前身是清朝末年清军在青岛口一带修筑的胶澳炮台工程。1897 年德国强占胶州湾后，在清军炮台的基础上进行了大规模的军事设施建设，此炮台地下指挥部总面积 1600 平方米，三层立体结构，顶部装有可旋转瞭望铁塔，是列强在中国近代修建的体系完备、规模庞大的海陆军事要塞之一，成为德国侵略中国和争霸世界的重要军事基地，在“一战”爆发以后，德皇威廉仍然没有忘记他在远东的这块地盘，驻守“俾斯麦炮台”的德军对炮台进行了紧急加固。

作为中立国，中国要求日本和德国把战事限制在租借地境内，然而，日军司令部根本无视中国的合法要求，它的军事行动开展得远远超出了租借地，不是从德国人已设防的海上，而是从后方、经过筑有工事的胶州地区去攻打德军在青岛的驻地。9 月 18 日，日军堀内支队在崂山仰口登陆，侵占中国的李村，在此与日军独立十八师团本部会合。9 月 3 日，英军西库斯联队 900 多威尔士士兵、300 名印度士兵由崂山湾登陆，抵达李村与日军会合。同日，日军 400 人突然占领潍县车站，继而进兵济南。9 月 15 日，独立第十八师主力冒着狂风暴雨在山东半岛北岸的龙口附近登陆，之后继续南进。在其掩援下，9 月 21 日，日军的三架飞机飞临即墨机场，准备利用即墨机场对青岛德军的布防情况实施侦察。为配合日军主力部队攻占石门山、孤山和浮山的德军阵地，日军飞机从 21 日开始对白沙河附近、李村河以南地区进行侦察，还对停泊在胶州湾内的德舰进行了炸弹攻击。24 日，堀内支队和重炮部队等在青岛东部的崂山湾登陆，9 月 26 日，日德军队在白沙河、女姑口一带开火。9 月 27 日，德军放弃李村水源地，同日，中国政府因日军侵犯中国，占据铁路，向日本提出抗议。28 日日军击败德军，夺取前进基地，准备进攻要塞。

日本军队于 1914 年 9 月 2 日登陆山东半岛，约有 2.4 万名日军参加了包围青岛的战斗。

10 月 2 日，约 30 余名德军士兵分两路，从日军阵地的正面和侧面发动进攻，正在半山腰视察的日军军官急忙指挥部队撤往山顶固守。德军一个机枪小队携带两挺重机枪，从台东镇方向渡河来到桥东北方约 50 米的大道上，架好机枪向四方山顶猛烈射击。冲上山的德军被日军击退，德军兵力较少，退下后又与海泊桥警戒哨所的德军会合。日本海军出动了第二舰队的60余艘军舰，由舰队司令官加藤正吉指挥封锁胶州湾，并从海上攻击驻青德军，此时，协约国最急于歼灭的德国远东舰队深知青岛要塞失陷已不可避免，于是它的主力——6艘巡洋舰——早在日军合围青岛前就悄然驶离大港，突破日军的封锁线，摆脱掉日、英、法、俄等国数十艘军舰的围追堵截，分别进入南太平洋和印度洋进行攻袭作战，留在青岛港内的仅有几艘小型驱逐舰和一艘老式奥地利巡洋舰。10月17日，日本巡洋舰"高千穗"号在塔连岛附近被德军击沉，近3000余人葬身海底。10月31日，日英联军在经过一段较长时间的准备后，集中兵力先扫清了外围，紧接着向驻青德军发起总攻，日军展开两翼合击德军有生力量，炮兵依据孤山阵地猛烈轰击停靠在青岛港内的德军船只，日本有史以来运用了飞机参与对驻守青岛德军的侦察和轰炸，极为奏效。

鉴于青岛要塞属坚固的现代化要塞，且从对外关系上考虑需迅速夺取，日本配备了足够的攻城重炮，派第一舰队全力支援，由第二舰队实施封锁和登陆支援，独立第十八师担任进攻任务。英国将战舰、驱逐舰各一艘和一个步兵营分别配属给日海陆军部队指挥官指挥，协助作战。在扫清驻青德军的外围防线后，日军推进至当时的青岛市区范围内，德军守城的最后一道防线由五大堡垒组成，其中，

日本高级官员与一位同级的英国官员在青岛包围战中合影。他们背后是一门重型野战炮。

中央堡垒位于如今的镇江北路上。德军深知，五大堡垒防线一旦被突破，德军将无险可守，再也无法组织有效的抵抗，因此在五大堡垒防线上布下重兵。由此，日德双方进入僵持阶段，直到 11 月 6 日晚上。

11 月 7 日凌晨，日军突击队趁德军极度疲惫之机，偷袭中央堡垒，经过激烈肉搏之后，中央堡垒陷落。德军遂集中全部炮火轰击中央堡垒，组织军队反攻，企图夺回堡垒，但未能成功。日军乘势从前后两面夹击各堡垒，先后攻陷湛山、台东镇等堡垒。伊尔奇斯诸炮台随后相继失守。早 6 时，俾斯麦南炮台失陷，6 时 30 分，俾斯麦北炮台亦告失守，至此，德军最后一道防线全线崩溃。德国在青岛苦心经营十多年的军事打击和防御设施难以承受日军海陆空三面强攻，开始土崩瓦解，德皇不得不下达“准予撤退”、“毋庸驻守”的急电，德军于 7 时悬挂白旗宣布投降。德军代表与日军代表在青岛郊区东吴家村会见，接受了日本提出的弃城投降的要求，签订了停战条约，11 月 11 日上午，日军入城占领青岛。

此役，德军战死 150 人，被俘 4000 余人，日军死亡 1000 余人。德军在投降前夕，将炮台火炮自行炸毁，军舰、浮船坞自沉海中。经过日德战争，日本取代德国成为青岛的殖民统治者，青岛陷入日军的魔掌，从此德国丧失了在亚洲最后一块殖民地和在远东全部的舰队。实际意义上，这场战役确认了日本在华利益的延伸。英军在德国投降以后立刻撤走了，而日本却有意留下来，驻军于青岛，占领了长久垂涎的青岛。与此同时，日军还占领了德属的马歇尔、马里亚纳、帕劳群岛以及加罗林群岛。

日德青岛之战是德国和日本在中国领土上为争夺中国土地而进行的一次帝国主义战争，给中国人民带来了巨大灾难，严重侵害了中国的主权。德国当局强行扣押数万中国人为其修筑炮台工事，形同奴隶。而日军每到一处，强奸妇女，抢劫财物，杀人放火，无恶不作。日军侵占青岛后，公然宣布将青岛置于日本天皇直接管辖之下，在 1919 年的巴黎和会上，西方列强与日本不顾中国人民的反对，强行确定了日本在青岛获得的全部利益。

中国作为协约国的一方，但是其领土完整却在战争结束后受到了蔑视，青岛的领事权换汤不换药，仍然是帝国主义瓜分中国的一个象征。最终，青岛主权和山东问题成为 1919 年五四运动的导火索。在 1922 年的太平洋会议中，美国为了达到力量的平衡而要求日本归还其在华的原德国殖民地，包括青岛的领事权，并要求日本在 6 个月内于青岛撤军。在中美英三方的压力下日本不得不作出一些妥协和让步，经过斗争和外交谈判，1922 年，中国收回了青岛的主权。

印度洋上的“东方天鹅”

——缔造传奇的“埃姆登”号

1906年11月1日，英德战列舰军备竞赛方兴未艾之时，在波罗的海古老的汉萨同盟港口城市但泽的皇家造船厂的船台上，一艘毫不起眼的轻巡洋舰开始铺装龙骨，在当时，没有任何人能够想到，这艘在无畏舰的阴影笼罩下的小小巡洋舰，在即将来到的战争中竟大放异彩，其光芒盖过了许多比它强大得多的无畏战舰，甚至在敌人那里也赢得了声誉，从而以“东方的天鹅”闻名于世。

“埃姆登”号在1908年5月26日下水，并于1909年7月10日加入德意志帝国海军服役。它以赞助该舰建造的埃姆斯河口城市埃姆登市命名，装备10门102毫米口径主炮，是德国最后一艘使用往复式蒸汽机的巡洋舰。“埃姆登”号的姊妹舰“德累斯顿”号和之后建造的巡洋舰都使用蒸汽轮机。如同当时大多数舰船，“埃姆登”号的12台锅炉使用煤炭作为燃料。“埃姆登”号属于德累斯顿级轻巡洋舰，该级舰共两艘，此时适逢英德海军军备竞赛，该级舰被作为在北海配合战列舰队实施侦察和护航的侦察巡洋舰而设计，航速较快，但是续航力较小，火力一般。面对普遍装备152毫米口径主炮的英国轻巡洋舰显得过于单薄，正常情况下基本没有单舰对抗的能力。

1910年4月1日，“埃姆登”号正式加入舰队，并被派往德国位于中国胶州湾的殖民地青岛。“埃姆登”号于1910年4月12日离开基尔港，穿过基尔运河，进入公海。在青岛，“埃姆登”号因其优美的造型得到了“东方的天鹅”的美名。

◎皇帝陛下战舰之“埃姆登”号

“埃姆登”号的经历虽然短，却很传奇。1914年8~11月期间，该舰击沉了18艘英国商船，俘虏5艘另击沉1艘俄国巡洋舰，击沉1艘法国驱逐舰。下图所示为“埃姆登”号在迪莱克逊岛被协约国船队围困后击沉的样子。

类型：轻型巡洋舰

下水时间：1908年

排水量：3650吨

船员数：321人

速度：24.5节

主要武器：10门105毫米口径的大炮

“埃姆登”号轻型巡洋舰

5月29日，“埃姆登”号迎来了它的最后一任舰长冯·穆勒少校。穆勒1873年生于汉诺威一个普鲁士贵族家庭，最初他遵从父亲的意志接受陆军军官教育，但是1891年他终于说服父亲参加了海军成为一名候补生。其后十多年他先后在很多地方服役，但是军衔晋升缓慢，这可能跟他的性格有关。不过在不久后的战争中，他的骑士风度和优秀的战术指挥能力，连他的敌人都不得不叹服。穆勒舰长熟知日俄战争中日本舰队是如何围困并摧毁旅顺口的俄国舰队的，因此，当消息从欧洲传来，说战争迫在眉睫，穆勒舰长决心不让历史在他身上重演。

作为唯一未参加南太平洋殖民地例行巡航任务的主力舰只，“埃姆登”号在1914年7月31离开青岛，当8月2日战争爆发的消息传来时，“埃姆登”号正在海上。8月4日，“埃姆登”号捕获了它的第一个猎物——俄国商船“梁赞”号。在返回青岛途中，“埃姆登”号不慎遭遇了由5艘巡洋舰组成的法国分舰队，但是胆小谨慎的法国海军将“埃姆登”号当成了施佩引诱他们上钩的诱饵，所以没有对“埃姆登”号进行追击。但是这次遭遇，更加使得穆勒舰长认定，对于德国军舰来说，青岛已经成为一块死地。在完成了加煤和补给后，“埃姆登”号迅速离开了青岛，前往马里亚纳群岛与施佩分舰队主力会合。

1914年8月8日，“埃姆登”号在北马里亚纳群岛同斯佩的舰队会合，虽然施佩中将希望舰队保持统一并设法返回德国，但他仍同意了穆勒舰长派出一艘轻巡洋舰前往印度洋对英国航运实施破袭的建议。8月14日，“埃姆登”号离开了舰队主力。当时的印度洋也经常被称为“英国湖”，“埃姆登”号开始对没有护航的英国和协约国商船进行袭击。“埃姆登”号用一个假烟囱将自己伪装成一艘英国巡洋舰后进入了孟加拉湾，9月10日，“埃姆登”号捕获了它进入印度洋后的第一个猎物——3500吨的货轮“印度河”号，缴获了150箱香皂，这些价值有限的货物却在“埃姆登”号上引起了不小的欢乐情绪，此时船上剩下的肥皂充其量只能用两个星期，不久前还一本正经地就打劫一艘肥皂船的必要性提出建议呢。9月间，“埃姆登”号共捕获7艘商船，除2艘意大利和挪威的中立国商船外（均立即释放），都是英国商船。大多数被捕获的英国商船都立即被“埃姆登”号102毫米口径的主炮或在船底安置的炸药给击沉。穆勒舰长很绅士地对待了每一位被俘的船长，并保证所有被俘的英国船员受到善待。

9月14日，“埃姆登”号截住了中立的意大利商船“路易丹诺”号，并将俘虏转交给这艘中立商船，被释放船员和乘客们则向“埃姆登”号和它的官兵欢呼三声以示感谢。回到加尔各答后，这些人广为宣传他们所受到的人道待遇，“埃姆登”号与他的船长也因此赢得了“战争中的绅士”的声誉。英国海军部直到此时才注意到“埃姆登”号的存在，并立即中止了科伦坡到新加坡之间的航线，这在印度洋上的英国和其他协约国的航运公司间造成恐慌，商船的保险费率暴涨，船只不敢离港。对英国和其他协约国来说，尴尬的是一艘德国巡洋舰竟然瘫痪了整个印度洋的航运。9月15日，“埃姆登”号回到新加坡－仰光航线上活动，在这里它只遭遇了瑞典船“多沃”号，这艘船带走了前一天捕获的船员，并告知“埃姆登”号马六甲海峡有两艘英国辅助巡洋舰，在槟榔屿停泊着两艘法国巡洋舰。

一位军官建议穆勒突袭槟榔屿，但是穆勒却选择了首先向南航行，避开“多沃”号的视线后再转向西驶往马德拉斯，他准备炮击马德拉斯的储油罐以“打击英国的威望”，9月22日晚，“埃姆登”号悄悄接近印度半岛东南部的城市马德拉斯，在2700多米距离上开火攻击港口内的大型储油罐，头30轮炮击就引起了大火。炮击持续了半个小时，直到22点，海岸炮台才开始进行还击，不过，“埃姆登”号在发射了125发炮弹后毫发无损地离开了当地。虽然这次行动没有造成大的损伤，但沉重打击了英国的士气，并导致数千人逃离马德拉斯。炮击马德拉斯之后，“埃姆登”号转向南，到印度洋上航运最为繁忙的海域活动，9月27日，“埃姆登”号捕获了4500吨的运煤船“布尔克”号，该船正在为英国亚洲分舰队运煤，装有7000吨优质的一级南威尔士无烟煤，“布尔克”号上的煤正好解决了“埃姆登”号的燃眉之急。

“埃姆登”号离开尼科巴群岛后，向东南方驶去，穆勒舰长把目光放在英属马来半岛的槟榔屿，10月28日早晨，“埃姆登”号靠假烟囱伪装成英国巡洋舰，全速驶入港内。在这场槟榔屿海战中，“埃姆登”号在港内升起德国军旗，并向停泊在港内的俄国巡洋舰“珍珠”号发射了鱼雷，紧接着的主炮齐射将俄舰打得千疮百孔。“埃姆登”号转身离开时发射了第二枚鱼雷，引起了大爆炸而使俄舰沉没。击毁“珍珠“号后，穆勒少校决定见好就收，离开这个危险的地方，出港不远，“埃姆登”号与在港外巡逻的300吨的法国驱逐舰“莫斯奎特”号遭遇，小小的“莫斯奎特”号不畏比自己大十多倍的对手，接近“埃姆登”号试图用鱼雷和小型火炮攻击，但是在“埃姆登”号巧妙规避下无一命中，而勇敢又鲁莽的“莫斯奎特”号在弹雨中仅仅坚持了10分钟就被击沉。

1914年11月，日本夺取了德国最重要的海军基地青岛及其殖民地加罗林群岛、马里亚纳群岛和马绍尔群岛。澳大利亚夺取了新几内亚德属部分和所罗门群岛，新西兰夺取了萨摩亚群岛，实际上，德国于1914年已失去了自己在太平洋的全部殖民地，当时，至少60艘协约国战舰在印度洋上搜索“埃姆登”号，“埃姆登”号在11月9日抵达一个小岛，穆勒决定派出一支由穆克中尉带领的登陆队上岸破坏通讯塔和设备。不走运的是，东方电报公司的主管注意到了“埃姆登”号的第四根假烟囱，并发出了告警电“奇怪的战舰正在入港”，装备8门152毫米口径主炮的澳大利亚轻巡洋舰“悉尼”号，大约三小时后就赶到了当地。可以说，无论是吨位、火力、防护还是速度，“悉尼”号都具有很大的优势，尤其是火力方面，“悉尼”号的主炮更是全面压倒“埃姆登”号的10门102毫米口径主炮。“悉尼”号精明的舰长利用航速优势拉开了双方的距离，利用自身射程和威力上的优势从7200米左右的距离上轰击“埃姆登”号，在这个距离上，“埃姆登”号很难对“悉尼”号构成实质性的威胁，而“悉尼”号上的152毫米口径主炮却能有效地摧毁“埃姆登”号。

为避免伤痕累累的战舰沉没，穆勒舰长将“埃姆登”号抢滩搁浅在海岛的海岸上，“悉尼”号看到“埃姆登”号仍升着战旗，表明要继续抵抗，于是发出了要对方投降的信号，没有答复，悉尼号再次开火并对“埃姆登”号造成了更大的损伤。131名德国水兵阵亡，65人受伤，穆勒舰长和剩余的船员被俘虏，但军官被允许保留象征荣誉的佩剑。小小的“埃姆登”号孤舰在敌人的“内湖”成功地活动了两个月，给敌方造成的损失超过自身的15倍，并吸引了数十艘敌舰。穆勒舰长在战争结束后被释放回到德国，被选为普鲁士邦的不伦瑞克州地方议员。但长年的海上生活，以及做战俘时患上的疟疾严重损害了他的健康，1923年3月11日，他在当地议会讲坛上突然病逝。在1914年“埃姆登”号被击毁之后，又有4艘德国军舰以“埃姆登”号命名。因为这艘“埃姆登”号巡洋舰本身被德皇威廉二世授予了铁十字勋章，后来的4艘“埃姆登”号都在船身上安有这巨大的金属勋章。

科罗内尔海战

——游击舰长冯·施佩

这是德国海军上将冯·施佩的官方肖像。

1914年海上战争的重头戏，是在远离英国海岸的地区演出的。在漫长的贸易航线上，角逐已经开始了。战争爆发时，有5支悬挂德帝国国旗的武装商船袭击者舰队分布在世界各海域，其中包括巡洋舰“哥尼斯堡”号、“卡尔斯鲁厄”号、“德累斯顿”号、“莱比锡”号、“纽伦堡”号和“艾姆登”号，加上海军中将施佩指挥的一个分舰队——其中最重要的舰只是装甲巡洋舰“沙恩霍斯特”号和“格奈泽瑙”号。大战之初，德国海军将主力舰队龟缩在德国西北部的威廉港和基尔港基地，偶尔出击一下北海以起到骚扰的作用，而在世界各大洋，仅有8艘德国军舰在活动。由冯·施佩海军中将率领的东亚分舰队，由4艘战舰组成：“沙恩霍斯特”号和“格奈泽瑙”号装甲巡洋舰、“埃姆登”号和“纽伦堡”号轻巡洋舰。另外，“德雷斯顿”号和“卡尔斯鲁厄”号轻巡洋舰在加勒比海游猎，“莱比锡”号和“柯尼斯堡”号轻巡洋舰分别在墨西哥西海岸和东非沿海活动。

1898年，德国人在中国的青岛获取了一个海军基地。第二年，它又从西班牙人手里买下了加罗林群岛、马绍尔群岛和马里亚纳群岛大部。后来它又把它的很多殖民地岛屿发展成了加煤站。1914年夏，有6艘德国巡洋舰在德国远东海军中将格拉夫·冯·施佩的指挥下在太平洋活动。冯·施佩的舰队本来以中国青岛和大洋洲的加罗林群岛为基地，由于8月23日日本加入协约国，施佩在东亚和西太平洋没了立脚点，只好一路打家劫舍向南美西海岸进发，途中偶尔停顿袭击敌国港口并且补给燃煤。由于大战开始后日本对中国青岛的虎视眈眈，德国在青岛

1914 年 11 月 1 日的科罗内尔海战，证明了英国舰队远远不是德国东亚舰队的对手。

的海军基地已是势如危卵，冯·施佩鉴于日俄海战中俄国舰队被日本舰队封锁于中国旅顺港中的教训，决心让他的舰队及早离开青岛这个危险之地。6 月份的最后一个星期，冯·施佩率领他的 1.2 万吨的装甲巡洋舰“沙恩霍斯特”号和“格奈泽瑙”号，从青岛启程，在紧接英国宣战后的 8 月 5 日，这两艘强大的军舰在靠近所罗门群岛之处，9 日，它们在卡罗林群岛加煤后便消失在有无数岛屿的浩瀚的太平洋，没有人能告诉它们将在何处重现。英国人以加罗林群岛为中心，画出半径日益加大的圈子，搜索它们可能突然出现的许多地点。

冯·施佩在德国海军中以勇敢多谋著称，他知道，只要他敢驶向西太平洋或留在中太平洋，他终归是要被穷追猛打的。于是他决定向南美西海岸巡航。与德友好的智利会给他加煤以便继续行动。他拒绝把袭击商船作为自己整个舰队的主要任务，但派遣“埃姆登”号带着一艘加煤船向西横渡太平洋以便在印度洋袭击英国船队。冯·施佩舰队的主要任务是攻击英国商船和运兵船，他在这方面取得了巨大成功，但使他留名青史的主要还是和英国皇家舰队之间的作战。

1914 年 10 月 28 日，“埃姆登”号突袭槟榔屿，击沉俄国轻巡洋舰“珍珠”号和法国的“莫斯奎特”号军舰。此外它还不断地袭扰英国船只——捕获 21 艘，摧毁船只和货物价值当时的 1000 万美元以上。施佩在从容不迫地驶向南美洲的途中，在复活节岛收编了装甲巡洋舰“莱比锡”号和轻型巡洋舰“德累斯顿”号。

这时他得到英国巡洋舰已经在南美西海岸一带活动的情报，便马上向那儿驶去。10月底德国分舰队已在智利沿海巡航，“莱比锡”号打破无线电静默，想让英国人以为在这一水域只有一艘德国军舰。

此时冯·施佩的实力已可以与任何一支皇家海军分舰队交战，英国皇家海军为了保护本土并监视德国的公海舰队，将大部分兵力部署在北海—多佛尔—直布罗陀一线，在大洋上只留下了几只巡洋舰分队以对付德国海上袭击舰。其中，前印度舰队在海军少将克里斯托弗·克拉多克爵士率领下搜索“德雷斯顿”号和“卡尔斯鲁厄”号。英国人认为有迹象表明德舰在智利海岸加煤，并怀疑在麦哲伦海峡有德舰的一个燃料基地，因此英国海军部给南美军事基地指挥官克拉多克的电报说：“沙恩霍斯特”号和“格奈泽瑙”号很可能到达西海岸或麦哲伦海峡，当你有占优势力量时，应立即使用中队搜索麦哲伦海峡，随时准备返航保护普拉特河，或者根据情报向北搜索远至瓦尔帕莱索，摧毁德国巡洋舰并破坏德国贸易。克拉多克意识到他有可能与冯·施佩展开一战，但英国海军部对此态势反应迟钝，原来许诺增援给克拉多克的是“防御”号装甲巡洋舰，结果派来的却是速度为十二节的前“无畏”级战列舰“卡诺帕斯”号，让克拉多克尤为失望的是，这艘老爷舰上的后备役官兵素质低下，炮手们竟然从未施放过舰上的大炮。

两天后英国人得到消息说“沙恩霍斯特”号和“格奈泽瑙”号在萨摩亚海外出现，这使英国人大大松了口气，因为在那里他们没有猎取的目标，那里的近岸锚地的防守部队十分强大，不容任何登陆部队从防御工事前面向他们吼叫。一周后，德舰出现在帕皮提，向该岛炮击，炸毁半个市镇，击沉港内法国小炮舰“热忱”号后在当天早上离开，向北驶去，再次消失在巨大的太平洋深处。10月31日，“格拉斯哥”号截获了一艘德国军舰与补给船之间的电报，克拉多克认为这艘军舰正是从大西洋逃出来的德舰“德雷斯顿”号并断定它正在单独活动，他立即命令“格拉斯哥”号与舰队会合后一起向北开进，由于火力强大的老式战列舰“卡诺帕斯”号速度太慢追不上快速的德舰而被留在了后方，克拉多克率4艘英舰以30公里的间隙呈扇形向北搜索前进。克拉多克不知道他上了冯·施佩的当，德舰在驶向南美洲的途中时，施佩得到英国巡洋舰已经在南美西海岸一带活动的情报，便马上向那儿驶去，他有意让“莱比锡”号打破无线电静默，让英国人以为在这一水域只有一艘德国军舰，施佩的计划成功了，克拉多克因嫌老式战列舰“卡诺帕斯”号速度太慢而放弃了它，这使得他丧失了对施佩的火力优势。

德舰到了智利海岸，在一个孤岛上加了燃料，得知英国轻巡洋舰“格拉斯哥”号在科罗内尔，施佩决定试图切断英舰的退路，怀着这个目的他率领整个舰队于

11月1日向南行驶，几乎与此同时，克拉多克将军开始他的大举北进，希望抓住“莱比锡”号。大约下午4时左右，克拉多克看见北边有几艘军舰的浓烟，4点45分，“格拉斯哥”号能辨认出“沙恩霍斯特”号、“格奈泽瑙”号和一艘德国轻巡洋舰。两军都处在对方视野之内了，两军指挥官都吃惊地发现对方不只是一艘巡洋舰，“沙恩霍斯特”号和“格奈瑟瑙”号开始准备战斗，它们比自己的主要对手“古德霍普”号和“蒙茅斯”号有着绝对的优势，英国人的这两艘军舰上只有“古德霍普”号上的两门229毫米口径火炮能与德国人的两艘装甲巡洋舰上的16门203毫米口径火炮相提并论，而德舰是以出色的射击技术著称的，另外德国人还拥有一种指挥仪系统，英国巡洋舰上却还没有。由于英舰航速并不比德舰低且距离较远，克拉多克满可以向南撤退，待与“卡诺帕斯”号会合后再与斯佩一搏，但克拉多克不愿背上临阵脱逃的罪名而辱没皇家海军的声誉，更担心一旦丢失目标再难找到，他决定马上攻击，6点刚过，克拉多克向在300公里外火力强大的“卡诺帕斯”号发信号示意：“我现在要攻击敌人。”英国舰队驶向敌舰，意欲迫使德舰在日落前进行战斗，两个舰队里的官兵，离家如此遥远，在这种波涛汹涌的大海上彼此面对面，他们中十有九人注定死亡，英国官兵就死在那个晚上，德国官兵死于一个月以后。

晚7时，太阳落入海面，余辉将英舰的身影清晰地映在地平线上，而德舰却隐没在渐浓的夜幕中，克拉多克带队向东南方向疾驶，以期迅速缩短双方距离并用近战与斯佩一搏。双方相距1.2万公里时，施佩命令用203毫米口径的主炮向英舰开火，而克拉多克只有4门229毫米口径的火炮能够得着德舰，而夜色中的德舰的方位只能从炮口闪光来判断，英军从一开战就陷入了毫无还手之力的境地。这是一场一边倒的战斗，德舰的一次最早的齐射就打哑了“好望”号前面的主炮，它与“蒙茅斯”号很快着火，“好望”号在一声巨大爆炸后只成为一个发光的斑点，不久便消失得无影无踪，“蒙茅斯”号处于绝对的无助状态但拒绝投降，被“纽伦堡”号击毁，像“好望”号一样沉入大海，“格拉斯哥”号和“奥特朗托”号两艘轻巡洋舰逃离了战场。冯·施佩以两艘装甲巡洋舰在远距离上有条不紊地轰击英舰，在1个小时内就击沉了其“好望”号和“蒙茅斯”号两艘装甲巡洋舰，而施佩的舰队只被无足轻重地命中六发，只有两个人受伤。

这一战果迫使剩下的英国轻巡洋舰逃走，同时还切断了来自秘鲁和智利的硝酸盐、铜和锡的船运。此次海战被认为是海战史上的一个经典战例，克拉多克虽然战败了，但也减少了德国人继续取胜的机会，因为施佩的分舰队把203毫米口径大炮的弹药消耗了一半，而在这一地区又根本得不到补充。在科罗内尔取得胜利后，施佩表现出一位勇敢绅士的尊严，他不以瓦尔帕莱索德国殖民地的热情欢呼为意，也不谈论建筑在战死者之上的胜利，他对自己的危险不抱幻想。他谈起人们献给他的鲜花时说："它们可以用在我的葬礼上。"在瓦尔帕莱索住了几天后，他和他的军舰再次消失在蓝色的大洋中。

英国海军部一收到科罗内尔海战的坏消息后，马上决定不再把战列巡洋舰增援部队只用于本土附近水域了。科罗内尔海战前两天，刚刚被丘吉尔重新任命为海军部第一次官的费希尔勋爵命令海军中将多夫顿·斯特迪勋爵率快速战列巡洋舰"无敌"号和"坚强"号以最快的速度驶往福克兰群岛，英国情报部门估计施佩会在那里重新出现。

海战白热化
——美军要参战的前奏

1915 年，德国潜艇越来越成为北大西洋海域的一大威胁，并经常击沉中立国的船只，这被证明是一个危险的战略。

既然大洋舰队不能冒险，那么德国皇家海军要想反击英国就只能另觅他途，其中心思路就是加强对英国商船的进攻。由于潜艇的稳定性有待检验，所以德国海军不能完全依赖这一种进攻手段，但水面舰艇的耐受性又实在太差。此时，辅助性商业袭击舰和武装商船就成为了更可靠的选择。但这些舰艇的优势不久后就因为英军的袭击或被俘虏而受到了极大的限制。从 1915 年春开始，德军开始进一步提升潜艇的作战频率，而在北海和英吉利海峡游弋的德军潜艇则使得更多的水面舰船得以奔赴西线战场。

由于潜艇袭击而造成的平民伤亡被协约国用来提升征兵的效果。

关键性的时刻终于在 1915 年 2 月来临了。德国宣布将采取"无限制潜艇战"策略，这意味着从该月 18 日起，德军将在不发表任何声明或警告的情况下，任由

“卢西塔尼亚”号的沉没和船上 128 名美国人的丧生使得德军的潜艇政策前途未卜。

其总数为 30 艘左右的潜艇对英国和爱尔兰附近的协约国商船发动攻击。这项政策其实是在激烈的争论之后勉强出台的：德国军方对于这个政策采取了非常明确的支持态度，而政府首脑们则犹豫不决——这种不受限制的潜艇战是违反国际法的。一旦实行了这种政策，无疑是给协约国提供了很好的宣传素材，而德国则将由于威胁中立国舰船及公民安全而陷入舆论的旋涡，正是“人心向背，皆系于斯”。

1915 年，德国以 17 艘潜艇为代价，将协约国总共上百万吨的舰船击沉入了海底。但正如“贸战”政策的反对者们所预料的那样，军事代价虽小，政治代价却极其高昂。挪威油轮“贝尔利基”号 2 月 19 日遇袭，成为德国潜艇“贸战”的第一个受害者。而在美国发表过严正声明之后，美籍油轮“高福莱特”号却依旧于 5 月 1 日被德军的鱼雷击中，更有两名船员因此丧生。5 月 7 日，英国定期客船“卢西塔尼亚”号被击沉，船上的 128 名美国公民罹难。在这一系列牵涉美国的事件中，反对德国的呼声越来越高。

美国人的伤亡并未到此为止。8 月 19 日，在另一艘英国定期客船“阿拉伯”号被袭时，又有两名美国人遇害。在此之后，德国决定于该月 30 日放弃“贸战”政策，并宣布在那以后不会再有任何商船在毫无预警的情况下受袭。但伤害已然造成，而德军也不可能真的永远放弃这项政策。

冤家路窄

——福克兰群岛海战

科罗内尔海战以德国舰队的完胜而告结束，由于是在水面舰艇正面交战中失利，这使英国海军部大为震动。由于克拉多克的攻击行动导致他本人和1600多名部下丧生，很难用勇敢或是鲁莽来形容他的举动，这令英国皇家海军非常难堪，也激起了皇家海军的复仇欲望。加上同时担忧冯·施佩将率舰队绕过合恩角进入南大西洋，英国海军部费希尔海军上将迅速向英国殖民地调派增援兵力以扭转不利局面，下决心一定要跟踪并击溃冯·施佩的巡洋舰队，当施佩还陶醉在胜利的喜悦中时，一支强大的英国舰队正在南大西洋集结，开始为他掘下坟墓。

冯·施佩现在暂时控制了南美海域，他拥有多种选择的机会。他可以折回太平洋，重复执行使英国饱受挫折的神秘战术。他可以沿南美西海岸北上，去往巴拿马运河，但执行这个选择，他有与向南驶来的英日中队进行战斗的可能性，当然如果遇上了，他也能够躲开作战，因为他的军舰速度较快。最后，他还可以横渡大西洋，在途中可能袭击福克兰群岛，并出其不意地到达南非海岸。诸多的可能性，让英国海军部大为头痛。12月初，施佩的舰队奉命回国，施佩带领着他的

海军中将斯特迪（1859~1925）领导的英国舰队在福克兰群岛海战中取得了胜利。

1.2 万吨的装甲巡洋舰“沙恩霍斯特”号、“格奈泽瑙”号、“莱比锡”号以及轻型巡洋舰“埃姆登”号、“纽伦堡”号、“德累斯顿”号向南大西洋的福克兰群岛海域开去，当月 6 日上午他召集舰长们开会。由于冯·施佩的东亚分舰队急需燃料补充，舰长们建议进攻斯坦利港以便摧毁那儿的无线电电台，俘虏英国总督，缴获那儿的库存煤。施佩接受了这一建议。

克拉多克的舰队失败后，英国海军部立刻作出反应，向冯·施佩可能去的各个水域派出了强大的增援兵力，从大舰队中抽出的两艘战列巡洋舰“无敌”号和“不屈”号从达文波特秘密启航，于 12 月 7 日到达福克兰群岛，与原来驻泊在那里的 5 艘舰艇会合一处，组成了一个新的舰队。事情就是如此巧合，就在斯特迪舰队到达福克兰的第二天，冯·施佩的舰队也一路奔波赶到了该海域。12 月 8 日上午，冯·施佩在福克兰群岛海域命令“格奈泽瑙”号和“纽伦堡”号向斯坦利港进军，搜索并用炮火拿下无线电台，这时英国人正在港内加煤准备南行，信号塔上看到了两艘德国巡洋舰时，斯特迪的舰艇措手不及，不能马上出击，正驶向港口入口的“格奈泽瑙”号看到了英国战列巡洋舰的三柱形桅杆，马上用信号旗发出警报。就在英军吹哨集合进入“临战状态”时，德军慌忙后退，先退出 15 海里了。试图袭击斯坦利港口的装煤站和无线电站的冯·施佩舰队遭遇了正在该港口加煤的英国巡洋舰队，这支舰队属于刚刚调到南大西洋的强大增援部队，其中包括两艘令人生畏的新式高速战斗巡洋舰“无敌”号和“不屈”号，其指挥官是多弗顿·斯特迪海军中将。

冯·施佩舰队正向这个群岛接近，斯特迪同冯·施佩一样感到意外，因为刚刚到达的英国人正在给军舰加煤和维修，没有作好战斗的准备。英海军将领自己也承认，抛锚停泊的斯特迪舰队“被发现时处于不利地位，如果德国人坚持及时发动攻击，则英舰队的结局将是极不愉快的”，然而此时的冯·施佩只想逃跑，相反，斯特迪却报仇心切，他命令舰船开始了追击。

德国全部 5 艘军舰现在可以看清了，约在 240 公里以外，斯特迪考虑到时间宽裕，他调整速度，战列巡洋舰只保持约 20 节的速度，这个速度足以赶上德舰，因为德舰长期在太平洋上逗留，一直未进港口，行驶时不能超过 18 节。尽管如此，“莱比锡”号还是开始掉队，11 时，匆匆逃跑的冯·施佩收到了最令他担心的报告，他的舰队已被那两艘英国战列巡洋舰追上了。冯·施佩认识到英国战列巡洋舰上占优势的 305 毫米口径重炮很快就会开火，如果继续保持兵力集中，就将全军覆没，于是他决定牺牲自己的 3 艘主要军舰，以便让两艘较小的驱逐舰逃跑。冯·施佩发信号给轻巡洋舰叫它们逃往南美海岸，然后他与“沙恩霍斯特”号和“格奈泽瑙”

号回转身面对追赶者。为减少损失，斯特迪命令跟随战列巡洋舰作战的“卡那封”号装甲巡洋舰拉开距离，自己亲自率领“无敌”、“不屈”号战列巡洋舰，单独与斯佩的主力“沙恩霍斯特”号和“格奈泽瑙”号对垒，这一调整使德军在射程、火力和航速上完全处于劣势。

随后发生的海战优势在英国方面，德舰试图靠近距离，使它猛烈的152毫米口径火炮发挥作用，英舰则竭力保持距离，并以305毫米口径大炮向敌舰倾泻炮弹，“沙恩霍斯特”号连同它的将领和全体人员在下午4时下沉。“格奈泽瑙”号在无望的劣势下以最大的坚毅继续战斗到下午6时，在绝对无能为力的情况下它打开海水阀，在大洋冰冷的海水下失去踪影。此次作战持续了5个小时，德国除一艘轻巡洋舰外，其余军舰全部被击沉，而英国军舰无一损失，斯特迪歼灭了冯·施佩的海军舰队，为科罗内尔的失败报了一箭之仇。1915年7月，德国在海外的最后一艘轻巡洋舰“柯尼斯堡”号，被英国“塞文”号和“默西”号击沉，除了在亚德的公海舰队和基尔的波罗的海舰队之外，协约国实际上已经排除了德国的水上力量在公海上的威胁，确保了自己的海上交通线不受干扰。从此，英德双方降下了远海战争舞台的幕布，再也没有其他战舰离开德国去袭击英国的贸易航线了。

多格尔沙洲伏击战

——英军成信息战赢家

1914年8月5日，英国“长矛”号驱逐舰用舰炮击沉德国辅助布雷艇“柯尼金·路易斯”号，此时仅为宣战后13个小时，由此打响了海战的第一炮，拉开了“一战”的海战序幕。8月28日，英国海军于黎明时分袭击赫尔戈兰湾，德巡洋舰“科隆”号、“美因茨”号和“阿里西尼”号及“V－187”号驱逐舰被击沉，其他5艘轻型舰只被击伤。海战节节失利，为了报复，德海军对苏格兰和英格兰沿海地区采取打了就跑的不定期袭击，德国人将报复的眼光盯上了多格尔沙洲。多格尔沙洲是北大西洋最著名的渔场之一，德国海军决定先拿渔场上的英国渔船开刀。1915年1月下旬，北海上浓雾弥漫，德国海军中将希佩尔率领一支舰队悄悄离开威廉港，直驶多格尔沙洲。这支舰队由3艘战列巡洋舰、1艘装甲巡洋舰、4艘轻巡洋舰和19艘驱逐舰编成。按计划，鉴于巡洋舰的航速较快，预计编队将于24日拂晓抵达多格尔沙洲东南部海域。虽然当时天色未明，仍然决定不再向沙洲靠近，以免敌舰队插入编队与赫尔戈兰湾之间而被截断归路。坐镇在旗舰“塞

英国战列舰“猛虎”号的炮塔特写。该舰属于附加了空中侦测功能的火力加强型战舰的早期测试版。

德利茨”号上的希佩尔，心中正算计着如何教训英国的拖网渔船并敲掉那些轻型的护渔军舰。

德国人的计划倒不错，可他们不知道自己的行踪对手早已了如指掌，在战争第一个月中，被击沉的德国轻巡洋舰“马格德堡号”使协约国发了一笔横财，在波罗的海海底清查这只船的内部时，俄国潜水员刚巧碰到了一只铅制的箱子，里面有德国电报密码和北海平面海图。一份密码被送给了英国海军，因此协约国能够破译德国海军的机密无线电通讯。后来德军更换了密码，但还是瞒不了英国皇家海军，它们同时研制了定向无线电接收机，来确定敌舰的位置。这次，英国破译的德国海军密码及时发挥了作用，在得到德舰出航的消息后，英国海军部立即命令其大洋舰队指挥官贝蒂率领战列巡洋舰“雄狮”号、“猛虎”号、“皇家公主”号、“新西兰”号、“不屈”号，在戈迪纳夫的轻巡洋舰的伴随下，驶入北海，同于多格尔沙洲东北海域活动的蒂里特会合，集结完毕的贝蒂舰队已拥有战列巡洋舰5艘，轻巡洋舰7艘，驱逐舰33艘，他们要在这伏击希佩尔所带领的德国舰队。

24日，在北海的多格尔沙洲，德国“赛德利菲”、“德弗林格尔”、“毛奇”号战列巡洋舰和装甲巡洋舰“布吕歇尔”号进入了英国“雄狮”、“猛虎”、“皇家公主”、“新西兰”、“不屈”号5艘战列巡洋舰的埋伏圈。上午7时，德军先头侦察舰“科尔贝格”号轻巡洋舰与英军轻巡洋舰“阿雷苏萨”号遭遇，炮战随之开始。半小时后，希佩尔发现了远比自己强大的整个英国舰队，见偷袭无望，迅速调头向赫尔戈兰湾回驶，企图甩掉英国舰队，贝蒂下令舰队全速追击。贝蒂的旗舰“雄狮”号一马当先，穷追不舍。德舰队向东南狂奔，“布吕歇尔”号装甲巡洋舰行驶在希佩尔纵队的最后。8时，双方相距20公里左右，“雄狮”号开始向德军舰队开火，殿后的“布吕歇尔”号首先中弹，9时，率先冲入敌阵的“雄狮”号向希佩尔的旗舰“塞得利茨”号连发重炮，致其重伤。10时左右，贝蒂所乘坐的旗舰“雄狮”号被德舰“德弗林格尔”号击伤，“雄狮”号全舰电力中断，无法使用无线电和灯光信号指挥作战，不久就落到了队伍的后面，于是贝蒂指示

在多格尔沙洲行动中，德军“布鲁切尔”号战列巡洋舰在一个致命的打击之下翻了船。

穆尔率领其他舰只继续追击敌舰，务求全歼。可是不久发生的指挥混乱，使得原本希望在即的歼灭战化成了泡影。

在这场混战中，德军损失战列巡洋舰“布吕歇尔”号，重伤2艘，死900多人；英受损2艘，死15人，“雄狮”号被“德弗林格尔”号305毫米主炮命中两发。德防护性能良好的“布吕歇尔”号中70多发大口径炮弹和7枚鱼雷后，仍能吸引英舰两个多小时火力方沉，而英“雄狮”号仅中弹两发就支持不住了。“布吕歇尔”号装甲巡洋舰在一场激烈的但毫无指望的战斗之后沉没了，而希佩尔的其他军舰却成功地逃走了。当时掉了队的“雄狮”号上的贝蒂发出的信号是“攻击敌后部”，他指的是还在开火的德军舰队的最后一艘战列巡洋舰，但是正在“新西兰”号上接替指挥英国舰队的穆尔少将却以为贝蒂指的是原先在德军后部的“布吕歇尔”号。穆尔带领整个舰队一起用暴风雨般的炮弹轰击现在不过是东北方一堆着火残骸的“布吕歇尔”号。“布吕歇尔”号是德国第一艘重火力、高航速、能与英国的战列巡洋舰作战的巡洋舰，安装六座双联210毫米炮塔，前后各一座，左右舷各两座，成六边形配置。以巡洋舰的火力来说，可谓充分。但不幸的是，它现在面对的是英国的“无敌”号战列巡洋舰——装备8门305毫米大炮，是武装到了牙齿又身手敏捷的大家伙。当希佩尔的舰只在东南地平线上消失时，贝蒂把他的司令旗移至战斗巡洋舰“皇家公主”号，中午12时，英国海军部来电报警告他，德国的整个公海舰队已经开出，要把希佩尔的舰群护送进亚德湾。在贝蒂向英国返航时，主力舰队开到现场，协助把打坏的“雄狮”号拖回罗赛斯修理。多格尔沙洲之战未能以更有决定性的英国胜利告终。英国海军高级军官们得知具体情况之后普遍感到气愤，他们认为在这种情况下穆尔应当根据常理行事，而不应该毫无疑义地盲目执行命令。费希尔勋爵吼道：“只要他身上有一丁点儿纳尔逊的气质他就会追下去，而不管什么信号！像纳尔逊在哥本哈根和圣文森特角那样！战争中的第一原则是不服从命令，任何傻瓜都会服从命令！”穆尔因此丢了他的职务。

多格尔沙洲海战之后，德国人认为英国舰队在24日早晨出人意料地出现所导致的遭遇战绝不是一次偶然，说明他们的计划在某种程度上或全部为敌人所知晓，所以导致他们的巡洋舰与数量众多的敌舰遭遇，从那以后他们的水面舰艇轻易不再出动，而是更多地依赖他们的潜艇战了。

地中海海战

——维持或切断海上航线

控制地中海对于协约国来说是至关重要的。苏伊士运河不仅是英国往返印度之最短航线的一部分，而且多亏有了它，才使得后来的对俄军事支援有了可行的渠道。

在第一次世界大战中，很多国家都把地中海视为一块兵家必争的战略要地。英国的商船约有75%要经过苏伊士运河与直布罗陀海峡；法国和意大利都需要经海路前往他们在北非的殖民地；亚得里亚海是连接奥匈帝国与世界海运的唯一通道；土耳其则控制了通往黑海的达达尼尔海峡。维持或切断这些海上航线就成为了这些国家在海上你来我往的竞争策略。

第一次重大事件发生于1914年8月4日。两艘德国战舰——“戈本”号和“布雷斯劳”号——在副司令威廉·祖雄的指挥下炮轰了法属阿尔及利亚的波尼（即安纳巴）和菲利普维尔（即斯基克达），并继续向土耳其进发。由于当时英德两国尚未正式开战，所以在祖雄的队伍经过两艘英国战列巡洋舰时，双方并没有交火。等到午夜时分宣战的时间一到，英国就派出了一队战舰去追击它。之前双方交会的地点是希腊西南部海域，而祖雄终究还是得以逃脱，并于10日逃到了土耳其。为了拉拢土耳其，这两艘德国军舰被转让给了土耳其海军，而土耳其则最终于10月29日以德国盟友的身份加入了这次战争。1918年初，“布雷斯劳”号被水雷炸沉，“戈本”号虽然侥幸逃脱，却也受损严重。

除了1915年初英法联合海军对达达尼尔海峡采取的攻势之外，第一次世界大战里就很少出现大规模的舰队行动了。英国海军固守北海，法意海军则一直防着奥国海军的突围——不过，奥国到战争结束也没有发动过这种行动。所以，地中海上爆发的所谓海军对抗，多半是小型舰队之间的小打小闹罢了。

1916年5~9月间，英国成功地在达达尼尔海峡和马尔马拉海之间发动了潜艇战，并击沉了半数以上的土军商船及若干艘主要战舰。英国第11号潜艇成绩特别突出，在三次行动中共计击毁蒸汽机船27艘、小型航船58艘、巡洋舰3艘和“海尔登·巴伯罗斯”号战舰。

从科托尔（即卡塔罗）出发的潜艇部队是同盟国在亚得里亚海和君士坦丁堡地区最有威慑力的一支部队，他们在该地区布设的水雷阵会不时地给协约国一些“意外惊喜”：1916年12月11日，意大利战舰“里吉娜·玛格丽塔”号就是在

在德军鱼雷的攻击之下，一艘协约国蒸汽机船沉入海底。

一艘英国潜艇在成功完成了一次东地中海巡航后返回基地。

阿尔巴尼亚附近海域被鱼雷炸沉的。而潜艇部队在破坏协约国主要海上航线方面的工作也进行得特别顺利，仅 1917 年一年就击沉了 900 艘协约国商船，并将优良战绩一直保持到了战争末期。1916 年初，在各国海军划定了专属的巡航区域之后，战况稍有改变，而始终保持流行的护航系统则在 1918 年的春天为最后的海上战局定了胜负。

亚得里亚海并不是一片很宽阔的海域，但在第一次世界大战期间，这里却频频发生争斗。为了封锁这片海域，协约国曾在意大利和阿尔巴尼亚之间的奥特朗托海峡布置了一片水雷区，虽然并不是特别有效，但却也限制住了土国海军的夜间行动，并在 1917 年 5 月 14~15 日期间炸沉了土军的 14 艘捕捞船。而意大利体型最小的一种战船则更为了不起。1917 年 12 月 9 日，两艘意大利鱼雷艇驶入的里亚斯特附近的穆西亚湾，其中一艘击沉了“维也纳”号战舰；1918 年 6 月 10 日，又有两艘鱼雷艇袭击了“无畏”舰“圣坦德·伊斯特凡”号，该舰最后被一艘小艇发射的鱼雷彻底击沉。

第九章

由速战到僵持

——“施利芬计划”的破产

“西线至上！”
——法金汉接替小毛奇

埃里希·冯·法金汉

自从1914年8月世界大战爆发到9月中旬，仅一个半月的时间，可以称为世界大战的“第一回合”已经过去，马恩河战役胜负已定，法国在猛攻中得以生存下来，莱宁坎普夫被逐出了东普鲁士，结束了俄国对德国的入侵，几乎与此同时，加利西亚之战以俄国的胜利告终，奥匈全军遭到失败，各交战国所有最训练有素的部队，全力投入了上述战役。1914年9月14日，德军在第一次马恩河战役中受挫后，“施利芬—小毛奇计划”失败，德国的速战速决战略宣告破产，由于指挥无能，小毛奇被解除了指挥权，由比他更年轻、更有威望的法金汉接替了德军参谋总长的职务。早在8月10日，小毛奇就被认为才能不足，有关人士开始公开讨论他的继任者。9月12日，他被免除总参谋长之职，由大战爆发时任陆军大臣的法金汉取代了他的职务，这项罢免是保密的，而且要加以掩饰，所以没有发布公告，从那时起，小毛奇继续参加会议，只是没有了发言权。法金汉接任德军总参谋长后，策划了“向大海进军”行动，意图夺取法国北部港口，切断英法两国的直接联系，但是在第一次康布雷战役中失败，西线至此进入到堑壕战模式。

1915年，奥匈帝国在与俄国的争战中败北，攻占了加利西亚的俄军锋芒直指德国的西里西亚，在兴登堡和鲁登道夫的要求下，一向侧重于西线的法金汉同意了在东线发动进攻，以迫使俄国退出战争，于是将德军主力调往东线，并在5月组织发动戈尔利采战役，一举突破了俄军西南方面军防线，收复了加利西亚，随后，又在波兰及波罗的海沿岸地区指挥德奥联军向俄军发动了大规模进攻，占领大片土地。在1915年夏秋两季，俄军不得不面对德军近40个师和接近全部奥军几乎无休止的进攻，又处于武器弹药供应最糟的阶段，沙皇的军队在近1300公里的防线上遭受到德军时而在这里时而在那里的连续攻击，防线一再被突破，被迫做迅速的纵深退却。德军带着奥军，有时常常长驱直入俄国，下决心要以最大精力把“俄国巨人”打死。

随着雨季的到来，俄国人渐渐稳住了阵脚，并筑起了新的防线，德军虽然取得了很大的胜利，但它的东线作战并未达到迫使俄国退出战争的目的。当年秋天，在巴尔干半岛，德军也取得了许多胜利，法金汉指挥德、奥、保联军侵占了塞尔维亚全境，打开了德国通往土耳其的大门。1916 年初的开场戏在德国总司令部会议厅里上演了，其主角就是法金汉将军，中欧诸帝国事实上的总司令。在 1914 年 9 月时任陆军大臣的法金汉被德皇任命为德军参谋长以后，他继承了一份支离破碎的遗产，集军事大权于一身的他在几乎整整两年的时期里行使无可争议的权力，现在的形势已然有了改观。

法金汉和康拉德审视了一年来腥风血雨的累累战果，他们有充分的理由心怀感激之情，局势已经扭转，俄国被打败，东方战线几乎处处都推进到俄国领土上。俄国的防御体系、要塞、铁路以及河流防线等整个战略设施都落入了德军手中。一年前曾对东普鲁士、西里西亚和匈牙利构成入侵威胁的俄国大军，在遭到可怕的伤亡与失败后已经纷纷退却。但法金汉是一个偏见很深的“西线派”，他相信，对俄国的任何大规模进攻都将消失在俄军能够后撤的广阔无垠的地区和难以探测的深山丛林中。在他的心目中不断浮现出拿破仑大军 1812 年入侵所遭受的失败那些警示性的画面。法金汉的全部心思都放在法国和佛兰德斯的战场上，在他看来，只有在那里才能最后一决雌雄，那里才是合适的和正式的战场。

法金汉主张德国应该将战略重点放在西线，这与冯·兴登堡和鲁登道夫的东线战略相冲突。在 1916 年初，法金汉强行发动凡尔登战役，希望能够造成二比一的伤亡比例，逼迫法国耗尽力量。但是，在付出 25 万人死亡的代价后，这个战略目的未能实现，法金汉因此被解职，兴登堡继任总参谋长。罗罗马尼亚地处战略要地，且有着巨大的石油资源，大战爆发后，各方撒出诱饵希望罗马尼亚参战，允诺说如果它帮助他们打赢战争，可以将其对手的领土割让给罗马尼亚，现在罗马尼亚必须作出决断的问题是：谁将赢得战争？而 1916 年在德国面前的真正和唯一可以达到的政治目标是：最终击破俄国并把罗马尼亚争取到中欧帝国一方来。1916 年夏天，缓过气来的俄军在布鲁西洛夫的指挥下发起了出其不意的攻势，并取得了重大的胜利，奥匈的军队受到重创，布鲁西洛夫攻势大大鼓舞了罗马尼亚人，使他们确信奥匈帝国只剩下最后一口气了，于是决定从奥匈帝国手中夺回属于他们的领土，罗马尼亚最终以特兰西瓦尼亚问题为借口，加入了协约国一方。

罗马尼亚在9月初实际上已作出决定，向同盟国建议加盟。奥匈驻布加勒斯特大使切尔宁伯爵致电维也纳称，如果把苏恰瓦这片领土割让给罗马尼亚作为回报的话，罗马尼亚准备积极参加对俄作战。陷入绝境的康拉德本应抓住这个机会，但鉴于法国和加利西亚战场上的结局，罗马尼亚的建议在被接受之前压了下来。现在一切都已经晚了，掌握着50万军队和石油资源的罗马尼亚倒向了协约国，成了德奥联军的敌人。被解职后的法金汉改任第九集团军司令，与奥匈帝国和保加利亚一道发动了对罗马尼亚的进攻，在9月的战役中大败罗马尼亚军队，率部直捣布加勒斯特。11月中旬，在奥古斯特·冯·马肯森集团军群的配合和支援下，法金汉的部队于12月6日攻陷布加勒斯特，不久便占领了整个罗马尼亚。在这场胜利之后，他又被派去指挥土耳其在巴勒斯坦的防御战。

此时，深信德国将获胜的保加利亚已成为德国的盟国，通往土耳其的道路已经打开，火车能从汉堡到巴格达，横跨3500多公里的大地完全处在德国的控制之下。仅仅武器弹药将源源不断地运往达达尼尔海峡和加利波利这一前景，就足以促使英军在一切希望化为乌有和所有牺牲失去价值的情况下撤离半岛，从加利波利战斗中解脱出来的土耳其军20个师，现在可以进退自如地威胁埃及，扭转巴勒斯坦的局势了。在此期间，法金汉成功地组织了土耳其人在巴勒斯坦全部消灭犹太人的计划。但到1917年底，战场上的局势又发生了变化，协约国的形势已然好转，英军夺占了耶路撒冷，法金汉的防御以失败告终。1918年，法金汉被派去指挥占领白俄罗斯的德军第十军，在那里他一直待到战争结束。

地狱岁月
——堑壕战

当大战爆发时，交战的双方都以为这将是一场短促的19世纪式的战争，都乐观地相信本国的官兵能在当年的圣诞节前凯旋。然而，这场人类历史上的首次世界大战却打了四年多，而在这四年的绝大部分时间中，双方都是以堑壕战的形式对抗着。堑壕战，又称战壕战或壕沟战，是一种利用低于地面并能够保护士兵的战壕进行作战的战争形式。进行堑壕战时的参战双方，都具有固定的防线。当双方的火力大大提高，而移动力和通讯系统却没有多大改进时，堑壕战这种消耗极大的作战方式就应运而生了。从1914年8月4日德国第一集团军和第二集团军进入比利时到1914年11月第一次伊普雷战役结束，连续几个月的激烈战斗让交战双方都疲惫不堪，马恩河战役结束后，西线战场就形成了胶着对峙的局面，在你来我往的攻防中，双方都尤其加强了防御。交战双方纷纷深挖堑壕，加强掩体，设置带刺的铁丝网，以构筑固定阵地。

“一战”时，后膛枪已被弹仓步枪取代，后者射速达到每分钟20发，射程增至1900米，此外无烟火药的出现使得隐蔽射击成为可能，更为可怕的杀手机枪在各国军队也都开始列装。大规模义务兵役制使军队规模迅速扩大，绵长的线型防线变为可能，在如此军事技术和军队体制的变化下，堑壕战出人意料地走到了巅峰时代。火力的改善大大改变了战争的形式，在战争开始以后，德国和协约国军很快就意识到正面进攻得到的只有本方的伤亡。在1914年9月的马恩河战役结束后，德军和协约国军沿着瑞士边境各挖掘了一条战壕，它们一直延伸到了比利时的北海海岸。从此西线战场上的作战双方几乎在任何时候都在壕沟内对峙。 开战之初，各方都乐观地认为，决定性的西线战争在圣诞节前就会结束，最初，德军与英法满心希望通过大规模机动迂回取得决定性胜利，但随之而来的是，希望在战壕的面前破灭了。 德军参谋总部苦心经营的“施利芬计划”很快在马恩河会战中破灭，而英法联军的反攻也在德军于埃讷河仓促构筑的堑壕防线前趋于停止，阵地上的机动作战在战壕的面前已经不能实现。

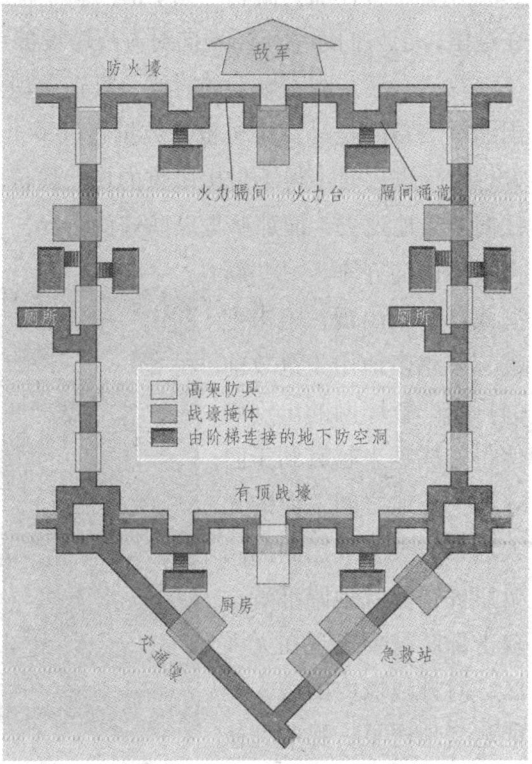

这是一种在所有战场上都通用的三段式堑壕体系。

最初双方的堑壕就是草草挖出来的壕沟，但是随着战争的发展，指挥人员和后勤力量也深入到堑壕里，进行指挥和补给，因此，堑壕被不断地加深加宽，防御体系变得越来越发达。到第一次伊普雷战役结束时，从瑞士边界一直延伸到大海的600多公里长的战线上，横亘着一条布满堑壕、隧道、掩蔽所和铁丝网的坚固防线。由此，横贯西线战场960公里的巨型堑壕体系成了困扰交战各方四年的噩梦。敌对双方的战壕之间的空地称为“无人区”，它的宽度在不同的战场之间也不同。在西线战场上，无人区一般为 90 ~ 270 米宽，尽管在维米岭战役中只有 27 米。在 1917 年 3 月德军撤退到兴登堡防线以后，无人区的宽度增加到了 1000 米以上。在加利波利之战中的澳新军团战场上，双方的战壕相距只有 15 米，在这里，士兵们连续不断地向对方战壕投掷手榴弹。

在“一战”刚刚爆发的时候，真正认识到机枪重要性的只有德国，当时，德国陆军装备的是马克沁机枪，数量超过了 1.3 万挺。机枪的强大威力，使得每一方想发动进攻时不得不付出惨重的伤亡代价，许多士兵就这样在它的扫射下没有任何意义地死去，而那些据壕防守的士兵，伤亡率却微乎其微。为了更有效地杀伤堑壕内的守军，一些新型武器开始出现，迫击炮被越来越多地用于进攻前的打击。堑壕网的出现则使得作战越来越有利于防守方，阵地之间荒凉的无人地带，被无数黑洞洞的枪口虎视眈眈地瞄准着，攻击部队只要出现在无人区，对方战壕内的敌人就能清楚地看见，那些埋伏在防御工事后面的机枪手就像狂风扫落叶一样，将进攻士兵的生命轻易地夺走，堑壕和机枪彻底阻止了步兵的冲锋。

不管是谁家的战壕，都无可避免地要面对田鼠这个大问题，而抓田鼠则是士兵们在战壕内每天必做的功课之一。

德国人的防御工事建造得非常出色，他们建造的掩蔽物和据点位于地下深处，防炮弹并且空气流通。他们还首先使用了“深层防御战略”，即在几百米宽的前线交战区中修建一系列孤立的阵地，而不是一道连续的壕沟。壕沟并非笔直，而是锯齿形的。这就意味着一名士兵在壕沟里无法看到 10 米以外的东西，这种形状的壕沟在敌人从侧方进攻时则会保护它里面的步兵。堑壕战对于德军来说也是新鲜的，他们的训练和装备本是用来打一场在六个星期内获胜的运动战，但他们很快就适应了这种新的战争样式。德军把自己的堑壕搞得比较舒适，相比之下，联军的堑壕要简陋得多。对于双方士兵而言，堑壕战是真正的噩梦。防守者则必须与泥泞和脚气斗争。堑壕内的士兵几乎都会患上脚气病，其中“堑壕足”非常普遍。

战斗中，数以千计的步兵会一批批倒下去，血流成河，伤亡惨重。腐烂的尸

澳大利亚部队在进行足部检查。这是在湿冷环境中开展堑壕战所必须完成的一项日常工作。

体到处皆是，堑壕沦为了露天厕所，虱子和老鼠无处不在，这些都使得堑壕成了一个面目分外可憎的地方。为了不让士兵们精神上绝望，也为了让他们不至于疾病缠身，部队每个星期都必须换防。在一些战役中，当堑壕被完全截断时，士兵就等于被遗弃在那里，群龙无首。炮火的猛烈轰炸会使堑壕被分割成彼此互不相通的一段段，没有军官指挥，彼此也没有战术上的连接，更没有食物和运送伤员的担架。随着僵持与对峙局面的继续，既然地面上的进攻没有成效，于是双方又把目光转入到了地下，一种新的战争模式出现了，可以把它称为“地道加炸药”。

不管是德军还是联军，都开始试图挖掘隧道通向对方，一旦隧道挖好了，隧道工就在里面放置大量的高强度炸药。这是一个非常紧张的活儿，隧道工们必须一直监听着外面的动静，听听是否有敌军也在挖隧道。有时挖隧道的敌对双方也可能因挖通隧道而相会，这时，双方就会展开殊死搏斗，直到一方完全倒下。有一些地方在战争期间几乎没有什么军事行动，这就使战壕内的生活变得很轻松。但是其他一些地方却总是有激烈的战斗发生。伊普雷每天都有如地狱一般，尤其是对位于暴露的战壕突出部中的英军来说。在那些没有什么军事行动的地方，狙击手、炮火、疾病和毒气仍然造成了较大伤亡。在 1916 年前 6 个月中，英军在索姆河战役发起之前没有参加过大型战斗，但是伤亡人数还是有 11 万人。

堑壕战使用的武器

——作战技巧和装备的改进

堑壕战的发展对作战技巧和武器装备都提出了全新的要求。堑壕战里使用的武器一般都比较适合于短程攻击，最有代表性的就是手榴弹和早期的半自动机关枪。

英军士兵在罐头盒里塞上火棉和碎片，再随便搭一条熔丝做引线就是一个土制手榴弹了。

经过一段时间的实战后，人们发现使用常规武器根本就无法有效地肃清敌方战壕里的有生力量。换句话说，要想在堑壕战里占到便宜，就必须开发出一些适合这种战斗形式的专用武器——这种武器不能像一般的野战炮那么笨重，但在短程攻击中又得比步枪和刺刀的杀伤力大，而且还得具有普遍的适应性，不能像夜间突袭时使用的短棒、指节铜套和宽刃刀那么小家子气。

最终，还是手榴弹的诞生给战壕里的士兵们带来了福音，从此以后，他们可以不必冒着敌军的火力威胁发动进攻，只要把手榴弹对准目标扔过去就可以了。嗅觉灵敏的德军立刻把这种新式武器视为至宝；其他国家的反应则慢了半拍，而最为“慢热”的当属英国——由于组织上迟迟不肯将手榴弹作为官方配置，前线的英军士兵们只好自己动手，用罐头盒装上削尖的金属片和火药，然后插上引线做成“土制手榴弹”。在第一次世界大战中出现过的手榴弹光是正式的型号就有很多，其中最为成功的除了德国的木柄式手榴弹之外，俗称“菠萝”的英国米尔斯手榴弹也颇受协约国和德国的欢迎。

德军在1901年就开始试验的火焰喷射器终于在第一次世界大战里派上了用场。当时的火焰喷射器分为两类：一类是可独立负责阵地防御的固定式喷射器，一类则是在主动进攻敌方阵地时可以采用的移动式喷射器。虽然这两种喷射器的用法不同，但工作原理却是一样的：它们利用氮气助推，将石油和汽油混合而成的燃烧剂通过一个管道压出汽缸之外，再用喷口处的点火装置将混合气体点燃。

德军使用的两款火焰喷射器都是移动式的。其中，射程为25米的“克雷夫”（意即小型火焰喷射器）较为笨重，光是燃料桶就和一个牛奶搅拌机差不多大，所以必须由一名士兵背着，再由另一名士兵负责瞄准和开火。而可以攻击20米范围以内目标的“维克斯”喷射器则要轻巧得多，救生圈大小的燃料桶只要一个士兵就能轻松地背起来了。

一个名叫席尔特的法国消防队队长发明的同名火焰喷射器则是法军的主要装

备。这种喷射器的燃料储备更充足，可以在长达 30 米的攻击范围内连续进行 10 次火焰喷射。英军研发的诺里斯·蒙申型和劳伦斯型火焰喷射器却由于体型过大而一直被搁置，它们的缩小版直到 1918 年的泽布勒赫袭击战才得以试用。

其实，火焰喷射器的效果是精神威吓大于实际伤害，而且由于使用者必须非常接近目标才能发动袭击，说不定还没烧到对手自己就已经被打死了，所以使用这种武器也是很不划算的。

于 1918 年初得以批量制造的 9 毫米口径伯格曼 18/1 式机枪，是一款重量轻、易携带的半自动机关枪，其唯一的缺点是弹匣只能装 32 发子弹，但无论如何这已是当时最适合堑壕战的武器了。当年中期，已经无力发动有效进攻的德国军队开始大量使用这种机枪，受害颇深的协约国在战后还心有余悸，甚至在《凡尔赛条约》里还专列了一个条款来限制这种机枪的制造。

◎反坦克战略

1916 年，英军的第一批坦克出现在战场上，被吓得魂飞魄散的德军士兵只要一听见坦克的动静就立马落荒而逃。被折腾得够呛的德军迅速研发出了对付这种“钢铁怪兽”的技术和武器。最先成形的技术是反坦克堑壕，这种堑壕比一般士兵们使用的那种战壕更宽。接着，德国在 1918 年又推出了“反坦克堡垒”——在这种堡垒中，步兵们用机关枪掩护前端的两门野战炮，在坦克靠近后发动火焰喷射，是最厉害的“坦克杀手”。后来德军还研发出了一种特制的反坦克步枪，这种枪射出的专用子弹可以直接穿透坦克的钢铁外壳。

“奔向大海”

——埃纳堑壕战

“奔向大海”是第一次世界大战初期，英法联军与德军于 1914 年 9 月在瓦兹河和加来海峡之间广阔地区实施的一系列机动作战的称谓。1914 年 9 月马恩河战役和埃纳河战役结束后，在马恩河战役中失利的德军撤到了马恩河北面的埃纳河畔，德军企图在埃讷河畔进行防守反击，交战双方在瓦兹河至瑞士边界地段进入阵地战。与英法联军僵持对峙3个星期后，双方都意识到正面突破是不可能了，于是都开始试图包抄对方的侧翼。法军总参谋长霞飞企图对德军右翼实施迂回，以迫使德军撤离埃讷河、瓦兹河、索姆河和埃斯科河地区，同时救援比军防守的安特卫普。德军总参谋长法金汉则决定从洛林地区抽调第六集团军增援右翼，力图挫败英法联军的计划，并迂回到联军的左翼。

还在德军转而面向追击他们的协约国军队时，他们在西线已经有了一个最坚固的阵地，德军驻守在离山顶3.2公里的较高的北面，藏身在覆盖着正面和斜坡的浓密的灌木丛后面。在夜间浓雾的掩护下，英国远征军朝着通向高原的小路前进，当雾在明朗的朝阳下消散时，他们遭到交叉火力的无情扫射，那些突入山谷得不到大雾保护的人，也遭到了同样的打击。

"一战"时，由于许多新式武器的使用，特别是重机枪的使用，使得从正面攻击堑壕阵地已变得十分困难，在战斗开始以后，德国和协约国军很快就意识到，正面进攻得到的只本方人员的伤亡。从1914年9月一直到1918年3月德国发动春季攻势这段时间内，西线战场上的作战双方几乎在任何时候都在壕沟内对峙。"一战"的堑壕战非常惨烈，与其他战争一样，"一战"中士兵的最大杀手就是疾病，战壕里的卫生条件很差，常见的感染包括痢疾、斑疹伤寒和霍乱等，双方的堑壕之间叫无人区，在战斗中有时会有短暂的停火，让双方带有红十字臂章的人员进入无人区抬回自己一方的伤兵的尸体。

当英德两军之间的延翼竞走在新港达到了终点之后，双方所想寻求的机动性战争遂突然为圆镐所停止了。基钦纳勋爵说："我不知道还应该怎么做——这根本不是战争。"可是不幸得很，这却正是战争，每个二等兵都知道这个事实。丘吉尔是当时的海军大臣，他说："面对着这个死结，一切的军事艺术都哑口无言了，指挥官和他的参谋人员，除了正面的攻击以外，就再无任何其他的计划。"

德军配备的手榴弹以木柄式为主，但由于一度缺乏设计标准，早先战场上使用的手榴弹也有很多临时创作的款式。

现在双方为了避开对方的正面火力减少伤亡而选择向对方的

侧翼进行迂回机动，不约而同地向对方的北侧进行包抄，在包抄对手的同时也不断挖掘纵横交错的壕堑并配置大量重机枪来防止对方攻击自己的侧翼。当发现对方已经挖好战壕架好机枪之后又继续向北迂回，最后双方的军队一直把连绵不断的战壕防御工事从瑞士边境挖到了比利时和法国北部的北海之滨才停下来。局势很快变得明朗，双方都拿对手无可奈何，而且又没有一方想退却，战斗演变成为了相持不下的僵局，这将对抗的双方在今后四年中都固定在了这一条狭长的地带上。这一时期被称为“奔向大海”，10月中旬“奔向大海”战役结束后，战线从利斯河延伸到伊泽尔河，德军计划攻占法国加来港，摧毁英军补给基地，迫使英国退出战争。协约国军队决心坚守伊普雷、迪克斯迈德、尼乌波特一线，相机收复比利时全境和法国北部。

在第一次伊普雷会战之后，一支德国军队在异常整洁的战壕里。

在一个月的“奔向大海”作战中，德军伤亡13万人，协约国军队损失约10万人，由于兵力相当，行动不够坚决，致使双方迂回到对方侧翼的企图均未实现。大量使用骑兵、广泛利用火车和汽车输送预备队，是此次战役的主要特点。1914年10月中旬，包抄侧翼的竞赛终于因为到达了英吉利海峡而结束，但是德军仍不罢休，企图撕破联军的防线，德军选择了一个进攻点，这就是比利时西南部的小镇伊普雷。10月，德国参谋本部新任总参谋长法金汉下令在佛兰德斯发起进攻，想把协约国军队逐出安特卫普和海峡各港口。然而，德国的后备军已经如此空虚，以致投入了一支8月份才开始训练的毫无经验的大学生部队。德国占领了安特卫普，但这3.6万名大学生后备部队中，只有6000人毫发无伤地幸存下来，其中的一人就是阿道夫·希特勒。这些缺乏经验的志愿军在机枪和自动步枪交织的火线中成片倒下死伤惨重，后来，德国人把第一次伊普雷战役称为对无辜者的大屠杀，联军虽然勉强守住了防线，但是却付出了极大的生命代价。

10月20日，德军第四集团军和第六集团军的3个军对伊普雷实施主要突击，对伊泽尔河实施辅助突击。22日，德军强渡伊泽尔河，并在西岸设防，28日，比军打开尼乌波特海水闸门，水淹德军。30日，德军被迫撤退。伊普雷地区的作战行动到 11 月 20 日结束，此役双方均未能达成战役企图，西线从此进入阵地战阶段。从 1914 年 8 月 4 日德国第一集团军和第二集团军进入比利时到 1914 年 11 月第一次伊普雷战役结束，连续几个月的激烈战斗让交战双方疲惫不堪，法、英、德将近 50 万士兵在战争中倒下了。马恩河战役结束后，西线战场就形成了胶着对峙的局面，在你来我往的攻防中，双方都加强了防御，交战双方纷纷深挖堑壕，加强掩体，设置带刺的铁丝网，以构筑固定阵地。1914 年的战局是对各交战大国的兵力和能力的战斗检验，战局的结果使双方的短期战争和毕其功于一役的计划化为泡影。仅限于利用动员的军队和动员的储备物资，只靠军事工业而不是靠国家整个经济能力的战略也遭到破产。在西线战区，从瑞士到英吉利海峡形成一个总宽达 300 多公里绵亘的阵地。

第二次伊普雷会战

——德军首次投放毒气弹

为了摧毁比利时小镇伊普雷外一块协约国的突出阵线，同时也为了试试新型武器的威力，1915 年春天，德军首次大面积地投放了毒气弹。

德军的领导班子决意要在 1915 年彻底击垮俄国，所以他们很乐意继续在西线战场保持守势以使东线兵力得到最大的满足。而英国此时刚结束了其在新沙佩勒的进攻（3 月 10~13 日），法国也才从瓦伏尔平原的战斗（4 月 6~15 日）中走出来。但英法两国却似乎不以为意，交手方毕便又开始计划新一轮的进攻了。德军最高指挥部总参谋长冯·法金汉将军在得知这一消息后，在仲春时节特许其西线部队有节制地采取主动进攻。德军的目标是伊普雷，英军在 1914 年那场大仗之后占领了该镇东面一块本属于德军的阵地。德军想要扫清这块阵地上的敌人，占领那里极具地形优势的一片高地，然后再在这里试用一下他们新发明的氯气弹。

早期的三种防毒面具，其中包括了德国的框架型面具及其收纳罐（图中最左侧）。

参与这次战斗的是来自伍腾堡的阿尔布雷希特公爵麾下的德国第

四集团军。4月22日，战斗在一阵炮击声中拉开了帷幕。短暂的弹幕攻击之后，德军向协约国阵地投放了氯气弹。氯气嘶嘶地从罐子里跑出来，很快就弥漫在了法国和阿尔及利亚两国军队所在的战壕里，无数协约国士兵由于窒息而痛苦地死去。对此毫无准备的守军惶恐不已，为了保命四散奔逃，协约国防线因此很快就被扯开了一个大大的口子。次日，德军戴着最原始的防毒面具挺进了3.2千米，但由于遭遇了史密斯·多利恩领导下的英国第二集团军的反击，他们的推进速度大大受阻。

经历连续数月的轰炸之后，伊普雷的市镇中心伤痕累累（摄于1915年初）。

第二军团的抗争不过给了协约国部队一个喘气的机会。24日，德军以伊普雷东北面的加拿大军队为目标再次发动进攻，使得战火迅速向该镇东面及东南面蔓延开去，一直烧到60号高地的协约国阵地之上。在史密斯·多利恩看来，妄图在这个时刻收复失地绝对是得不偿失的事情。因此，他申请率领部队向伊普雷附近防御力更强的地带撤离。但英国远征军总司令、陆军元帅弗伦奇却驳回了这一申请，并让赫伯特·普鲁莫去接替了史密斯·多利恩的工作。尽管到任后的赫伯特将军也认为撤退是最好的选择，撤军计划却直到4月29日法军抵抗失败时方被批准。5月初，协约国重整军队，而毒气战则一直持续到当月25日才宣告结束。

在此次会战的最后几周里，夺回了一些阵地的阿尔布雷希特公爵集团军渐渐不支，到5月8~14日，其耐受力终于撑到了极限。此时，伊普雷外3.2千米长的一块高地防线已被德军攻占，从这里可以俯瞰支离破碎的伊普雷城——而这种惨烈的景象将一直持续到1917年的帕斯尚尔之战。

在持续了约一个月的会战中，德军占领了约2/3的突出阵线，给协约国造成了约6万人的伤亡。这场会战因为德军人力和物力均彻底透支，无法继续进攻而宣告结束。但德军在战斗结束之后仍继续炮击伊普雷，几乎将残存的城镇夷为平地，镇守残余阵地的英法部队也因此而被折磨得生不如死。

法国陆军的“医师”
——一分为二看贝当

与霞飞元帅相比，法国的贝当元帅一生要坎坷得多。1940 年以前的他是民族英雄，1940 年以后的他是国家叛徒，这已成定论。但就其军事思想而言，僵化、落伍的评价却是不准确的，至少在“一战”中，他的防守战术还是符合战场实际情况的，基本上成为了“一战”时期战场上的主要模式。

贝当记录在历史上的形象是一个叛国者，但是作为一个军人，他在“一战”中颇有建树。他不同意福煦对于“进攻精神”的强调，认为现代战争中防御更占优势，开战后他这种谨慎小心的态度使他成为了“一战”中法国最成功的指挥官。

1888 年，贝当进入法国军事学院深造，凭着深厚的军事造诣，毕业后的贝当很快就脱颖而出，进入了国家射击学校担任教官，但他有关火力破坏效果的思想和福煦的全面进攻想法不一致，因而未受到重视。后来贝当又在军事学院担任步兵战术学助教，在战略思想上，贝当大力提倡防守，与法国当时盛行的进攻战略思想大相径庭。由于当时法国盛行福煦所提倡的进攻战略思想，持防守战略思想的贝当自然不受重用，因此他一直晋升得很慢，少尉当了 5 年，中尉当了 7 年，上尉当了 10 年。1900 年才升到少校军衔，指挥一个营，直到第一次世界大战前夕，年已 58 岁的贝当还只是驻阿腊斯的一个正待退休的步兵团的上校团长。要说贝当也是个性格耿直的人，当中尉时曾拘禁过服预备役的法国议员，还公开讽刺过当时的总统。最重要的是，当法国陆军都痴迷地倡导攻势至上时，贝当却敢于独自反抗这个潮流。他认为只有当敌方防御已经受到决定性的减弱时，才可以发动全面攻势，这种思想对头脑发热的军人们无异于一帖清凉剂。

法国前线的炮兵在地平线上搜寻合适的攻击目标。

第一次世界大战爆发后，给了贝当一显身手的机会。战争开始时，贝当还只是一个几乎没有擢升希望的上校，因为他推崇近代防御思想，所以被绝大多数法国军官嘲讽为拥有“神秘艺术”的一位防御专家。但 1914 年 8 月后，贝当像闪烁的流星般升起。由于对部队的杰出领导他被提升为旅长，军衔是准将。在马恩河战役中贝当脱颖而出，由于指挥得当，被晋升为第六师少将师长。“一战”的模式不是福煦的全面进攻而是贝当大力提倡的防守，这就让贝当有了展示自己才能的机会。10月他再次被晋升为第三十三军军长。1915年5月，贝当在阿尔萨斯攻势中，率部突破了德军的坚固防御，虽然其进攻由于德军的纵深防御而失败，但其炮火准备使德军吃惊不小，7月，贝当被升为第二军团司令。

1916年2月21日，德军大举攻击法国重镇凡尔登，法军总司令霞飞估计错误，造成守城兵力空虚，几天后，法军失利。法国政府急命贝当为凡尔登守军司令，这时又有一座重要的炮台失守，剩下的炮台防御能力几乎无存。贝当所部于2月24日被调往凡尔登前线，接手坚守凡尔登要塞的职责。他到任之后发现形势虽然严峻但并不危急，便提出了著名的防御口号“他们不会通过”，并指挥督战队在战场上划了一道线，架上了机枪，凡后退过线者一律击毙。在所有道路均被德军炮火封锁的情况下，通过著名的“圣路”，贝当组织运输队以每14秒通过一辆卡车的流量迅速地运送部队和弹药，及时加强了前线的防御力量，终于顶住了德军的强大攻势。在贝当严厉的督战下，到他5月1日取代卡利将军担任中央集团军司令之时，凡尔登已经转危为安。贝当带领部队经过几个月的战斗，成功阻止了德军的前进。凡尔登保卫战证实了贝当的防御战略思想的作用，战役结束后，法国总统普安卡雷为了表彰他，在专用列车上设宴款待他，贝当因此战被视为“法兰西的救星”，成为名噪一时的英雄，并在此后出任了西线法军总司令。

1917年4月，盲目的攻击至上主义仍在法国延续，霞飞的继任者尼韦尔将军发动的自杀式攻击，被德国的兴登堡和鲁登道夫击溃，伤亡12万多人，丧失士气的法军潮水一样地溃退，由于指挥官的冷酷和士兵惨遭屠杀激起了兵变，陆军部队拒绝开往前线，5月15日，贝当取代尼韦尔出任法军总司令。一上来他就提出了“多用钢铁，少流鲜血”的口号以反对以前那种不计士兵死活的打法。针对士兵中日益增长的反战情绪和层出不穷的逃亡哗变事件，贝当采取镇压和怀柔的两面手法进行整顿，他着手缓和士兵的不平心理，严厉地惩罚了魁首却宽恕了大部分参与者。贝当以他的老练、坚定和公正平息了兵变并恢复了形势，

亨利·菲利浦·贝当

接着在准备充分的情况下，贝当连续发动了几次有限的进攻，使部队恢复了信心，再次拯救了法国。

1918年福煦就任联军总司令后，贝当接替他负责指挥所有的法国军队参加了协约国军队对德军的总进攻，在西线最后一个月的艰苦战斗中发挥了重要作用。而后策划了埃讷河－马恩河和亚眠攻势，协助潘兴实施圣米耶尔和默兹－阿尔贡攻势，直至战争结束。11月8日，在法国东北部的贡比涅森林法国元帅福煦专用的火车车厢里，德国签署了投降书，第一次世界大战就此落下了帷幕。11月19日，贝当因为战时的卓越表现被授予法国元帅军衔。

阿图瓦二次会战

——一次伤亡惨重的进攻

为了把德国人赶出法国，法军总司令霞飞元帅在阿图瓦地区发动了一次大规模的进攻。但这次进军却在开局的小胜之后陷入了僵局，更糟的是，双方被困在这个僵局里怎么也出不去。

协约国在伊普雷二次战役中的伤疤还没结痂，法军总司令霞飞元帅就着手发动了另一次攻势以求打破僵局。这次，他选择的战场是阿图瓦。

道格拉斯·海格领导的英国第一集团军是最先接到作战命令的一支部队。他们的任务是占领新沙佩尔的任意一侧以牵制敌人的兵力，并把王储利奥波德王子的德国第六集团军挤到奥柏山脊和里尔之间去。5月9日，奥柏山脊之战打响，但作为战斗序曲的弹幕袭击却因为缺少弹药只持续了短短的40分钟。这可不是个好兆头。随后，英国步兵走上战场，却发现他们面前的德军战壕毫发无损，而所有德军士兵正严阵以待。第二天，损失了1.15万名士兵的海格将军下令停止进攻，战斗就此结束。

15日夜，按照霞飞元帅“深入打击”的命令，英军再次发动攻击。海格决定在这次名为“费斯提贝尔之战”的战斗中攻击新沙佩尔的另一侧防线。但此地的德军早在4天前就已经筑好了防线，所以英军在取得了一点点进展之后又一次陷入了困境。25日，以5800人为代价歼敌1.65万人的德军后撤730米，战斗再次结束。

5月9日，在1000余门大炮持续轰炸德军战壕数日、消耗的炮弹已达69万枚之后，气急败坏的霞飞增派奥古斯特·杜贝尔将军的第十集团军前往阿图瓦。在阿拉斯和棱斯之间靠近维米山脊的地方，有一段约10千米长的高地，这片高地以其重要的战略意义成为了这次交锋的火力中心。菲利普·裴坦率领的一小股精兵在开战 90 分钟以内即冲破防线向前推进了 5 千米；然而，由于缺乏补给，加上德国援军迅速赶到，裴坦无法攻占更多的地区，所以自此之后便再无进展。猛烈的炮火攻击一直持续到 15 日。虽然在 6 月 15~19 日期间偶尔也有打破僵局的机会闪现，但双方却都没有把握住。战斗最终于 30 日结束，此时，法军伤亡已达 10 万人。

法国重型迫击炮炮兵在炮兵掩体内的合影

相较而言，海格的炮兵缺少弹药一事在政治上的影响要远甚于其军事效应。英国首相赫伯特·阿斯奎斯领导的自由党内阁对于军需的估计严重不足，他们一方面拼命地扩大军队规模，另一方面却没有采取有效措施促进国家经济发展以适应大规模军队的需要。5 月 14 日，决定战果的关键时刻终于到来了。《泰晤士报》后来评论说，协约国在此战中的败迹从其缺乏高性能炸药的那一刻起就已经显露无遗。

这篇文章的出现本身也是一个阴谋，其始作俑者包括了颇有权势的《泰晤士报》老板诺斯克利夫男爵、若干高级政客，以及一线战场上的将军们。这股“反阿斯奎斯”势力的目的就是通过这篇文章打击他们所反对的现任内阁。“炮弹丑闻”果然对首相的地位产生了很大冲击，阿斯奎斯在压力之下甚至不得不成立了一个以自由党和保守党为主、附加一名社会党成员的联合内阁。而弹药的补给至此交由军需部全权接管——这个部门的负责人大卫·劳埃德·乔治除了是一名精干的自由党内阁成员之外，也是反阿斯奎斯团体的领导人之一。

◎地下的抵抗

堑壕战这种战法最早由德国人创造，后来渐渐为英国人所利用，而法国人对此则没什么兴趣。火线上的士兵在敌军进攻的阶段退到事先预备好的掩体之后，等到对方由于过于深入而无法继续利用炮火作为掩护、机动性大大降低时，再跳出来进行反攻。1916~1917 年间，这种作战方式在抵抗协约国的进攻时效果奇佳，但却始终无法彻底解决守军伤亡甚于进攻者的问题。

香巴尼二次会战和阿图瓦三次会战

——法国东北部战斗继续

英国远征军的此次行动是1915年末英法联合作战中的一部分。但由于缺乏弹药，加上德军不停地反攻，所以这次进攻在取得了小小的成果之后即陷入困境。

1915年秋，为了在西线战场的僵局中取得突破，法军总司令约瑟夫·霞飞元帅安排了一次联合进军，由陆军元帅弗伦奇率领扩增后的英国远征军和法国加强军共同执行。这次任务包括了不同地点同时进行的两条支线进攻。其一即为第二次香巴尼会战，在此次会战中，约有50万名法国士兵对法国东部阿尔贡地区长达16千米的敌军防线发起了攻击。在经过了4天的炮击战热身后，霞飞以3：1的人数优势于9月25日正式发动进攻。此时的德军占领着一块战略高地，并早已得知了法军的进攻行动，所以虽然法军人数占优，却仍未能在战斗之初的关键时期拿到什么好处。不仅如此，在接下来的几周里，法军几次想要抢得先机却都以失败告终。最后，战斗在僵持之中于11月6日宣告结束。法军在此战中伤亡14.4万余人，而德军也损失了8.5万名士兵。

霞飞的第二条支线进攻是与英军联合在法国东北部的阿图瓦地区进行的，亦即所谓的第三次阿图瓦会战。法军在该战中把主要精力都放在了维米山脊的争夺上——维米山脊是一块可以俯瞰低处阿拉斯周围平原地区的战略高地。杜贝尔将军的第十集团军于9月25日向前挺进，不料却闯入了山脊上火力特别猛烈的防御体系里，遭到了驻守该防线的利奥波德王储麾下德国第六集团军的攻击。杜贝尔的军团在此战中损失惨重，尽管有一个师在29日时设法占领了山顶，但其他部分的军队则尽皆失利。在糟糕的天气影响之下，战斗断断续续地一直打到了11月初才结束。

法军在第二次香巴尼会战中俘虏的德军士兵。

英军在法国东北的两次战役加时赛中形成了一个钳状阵型直指卢斯。道格拉斯·海格将军指挥第一集团军中的6个师从9月25日开始挺进。由于敌军的数量实在少得可怜，这股部队在这一天里确实斩获颇丰，特别以右翼

◎约翰·弗伦奇

在开战时被任命为英国远征军总司令的弗伦奇（1852~1925）本是一名步兵军官。他接到的命令是保持司令部的完整，而不是真的带兵出征。弗伦奇的喜怒无常是尽人皆知的，他不仅疑心颇重，而且常常犹豫不决。作为远征军的总司令，他却根本无法与法国最高司令部有效地沟通，更别谈联合作战了。实际上，他甚至和他身边的官员也无法很好地相处。1915 年 12 月，弗伦奇由于在卢斯战役中指挥不当而遭到解职。

军队的战果最为显著。尽管连月来备受缺粮少弹的困扰，尽管前进中充满了艰难困苦，英军还是占领了卢斯。但令海格狂怒不已的是，在情势如此危急的关头，英国远征军那个糊涂司令竟然愈发优柔寡断，拒绝为先头部队提供大量必需的军需储备。第二天，英军在德国强有力的反抗面前只好退却，而这一退也意味着英军在 10 月初以前必定一无所获了。但此时的英军已为之前短暂的占领付出了沉重的代价，之后糟糕的天气也严重影响了战斗的进行。最终，这次进攻于 10 月 8 日结束。

1915 年末，尽管英法联军在阿图瓦等地区发动了多次攻势，西线战场的局势却是纹丝未动。此时此刻，交战双方的阵地上都早已尸积如山。阿图瓦和卢斯的战场上，法国伤亡 4.8 万余人，英国伤亡 6000 余人，德国的损失却不到协约国军队损失量的一半。通过这样的统计数据，不难看出此时战场的形势偏向于防守的一方。1915 年，西线战场上的伤亡数字骇人听闻：法军 96 万、英军 29.5 万、德军

这是卢斯战场全景，各条战壕可以通过挖掘时在壕边堆积的土石方形成的白线辨别出来。

65万。高昂的代价狠狠地冲击了英国的指挥结构，最终，海格于12月取代弗伦奇成为英国远征军总司令。而在法国方面，霞飞也因为这种冒进带来的巨大损失而备受责难。

让法国人把血流尽

——“凡尔登绞肉机”

小毛奇输掉马恩河战役后，接任德国参谋总长的法金汉对1915年的作战构想是在西线采取守势，在东线一举击败俄军，再挥师西进。但实际情况是英法军队在西线的局部进攻大大牵制了德军的力量，使德军在东线没有足够的兵力给俄军以致命性的打击。因此，法金汉决定停止对俄国的进攻，把主要突击方向对准西线的英法军队，想把法国的血流光。

当1915年行将结束时，德国指望未来的一年是有希望的一年，奥德部队同他们的新盟国保加利亚一起，击溃了巴尔干的塞尔维亚军队，迫使其残部在希腊寻求庇护；沙皇尼古拉的军队败北后仍然晕头转向，容许德军把将近50万军队调往西线，现在德国可以放手驱动它的力量来对付法国在防守上的战略据点，而不至于危及另外地方的阵地了。

1916年初，第一次世界大战进入了第三个年头，随着“施利芬计划”的破产，德军指挥部改变了作战部署，计划在东线进行防御，而在西线重点对法军右翼部队所依托的“凡尔登突出部”实施突击。这是德军新任参谋总长法金汉提出的。他把这次行动计划称为“处决地”，目的是进攻一个法国不愿放弃的军事要地，让法国在那里投入全部兵力，然后加以歼灭，使法国在军事上崩溃，从而逼其投降。法金汉公开叫嚣：“要让法国把血流尽！”

凡尔登是英法战线伸入德军防区的突出部，它像一颗伸出的利齿，对深入法国北部的德军侧翼形成严重威胁。它的南侧面对着圣米耶尔反突击部，穿过凡尔登城是默兹峡，东面是默兹高地的岩石陡坡，前面是肥沃的沃夫尔平原。凡尔登战线位于默兹高地之上外围堡垒前方的5公里处，德、法在这里曾有过多次交手，但德军皆未能夺取要塞，如果此次德军能一举夺取凡尔登，必将沉重打击法军士气。同时，占领了凡尔登，也就打通了德军迈向巴黎的通道，占领了巴黎，法国就不攻自灭了，剩下的英、俄两军就不足为惧了。

德军进攻凡尔登的企图是先发制人，争取在英法军队发起进攻之前，突破法军战线，以改变战略态势，并借以大量钳制和消耗法军兵力。担任进攻的部队为德国皇太子威廉任司令的第五集团军，下辖7个军共19个师，有火炮1200余门，在这些大炮中间，有13座震天动地的420毫米的攻城榴弹炮，飞机约170架，后来陆续增至50个师，约占西线德军总兵力的一半。法军凡尔登筑垒地域横跨默兹河两岸，正面宽112公里，全纵深18公里，筑垒地域由四道防御阵地组成，前三道为野战防御阵地，第四道是由凡尔登要塞永备工事和两个筑垒地带构成的坚固阵地，居高临下，易守难攻，由法军第三集团军防守，5个师防守凡尔登以北地区，3个师防守凡尔登以东和东南地区，另3个师作为预备队配置在凡尔登以南默兹河西岸地区。

在法金汉的设想中，19个德军师和大量火炮将使法国部队精疲力竭，“血流成河”，凡尔登将成为一块砧铁，法国军人将被德军火炮在砧铁上锤打致死。法军以爱国激情坚守固定的阵地，可能在那里被炮火炸得血肉横飞。当然，如果法军不愿悲壮牺牲，如果他们认为不必为守住筑有空堡垒的凡尔登的这几个山头而做出巨大牺牲，那么，德国人的天才的计划也必然失败。但法国人是不会弃守凡尔登的，因为“它是骄傲地面对梅斯的伟大要塞”。1816年1月开始，法金汉就悄悄结集部队准备攻打凡尔登，同时，德国表面上是向香贝尼增兵，做出要在香贝尼发动攻势的姿态。法军总司令霞飞果然上当了，他认为德军会向香贝尼进攻，然后从那里进军巴黎。德国人正在继续往凡尔登方向悄悄结集兵力，随着结集迹象的渐渐明显，英法联军终于弄清了德军的真正意图，霞飞慌了神，火速下令向凡尔登增兵，但到2月21日，仅有两个师赶到凡尔登，而这一天，德军开始向凡尔登进攻。

战争的代价是非常惨重的。图中德军战死的士兵也许是死在炮火的攻击之下，而法军的遭遇也差不多同样悲惨。

德军于2月21日7时发起进攻，为隐蔽主突方向，德军炮兵在宽40公里的正面上同时实施炮击，德军炮群以每小时10万发以上的密度向法军阵地倾泻炮弹，从而掀开了凡尔登战役的序幕。炮击持续了12个小时，200多万发炮弹和燃烧弹密密麻麻地落在凡尔登周围23公里左右的三角形地带，航空兵首次对法军阵地实施轰炸，摧毁部分防御阵地，力图在法军前沿阵地造成一个“死亡地带”，让德国士兵踏着死尸前进。在杀伤了法军大量有生力量后，皇储的德军第五军团向构筑防御工事严密但守备兵力较少的凡尔登地区发起了攻击，德军当天就占领了第一线阵地。德军在13公里的战线上发动了全面攻击，突破东面的外围机动防御地带，退却的法军没能确保杜奥蒙堡垒这一关键的阵地，而这几乎是致命的，凡尔登的命运和整个法国的防御体系均处于千钧一发的危险境地。德军进攻开始后，法军总司令霞飞决心调集一切可以动用的陆军和空军部队，准备在凡尔登地区同德军决战，他要让凡尔登像锚一样钉在战线上，并以此显示法国坚强的决心。德军攻势如潮，凡尔登岌岌可危，2月25日，60岁的贝当临危受命，当天夜里就赶到了凡尔登。贝当首先建立了一条督战线，凡是退过督战线的人格杀勿论，并下令：宁可牺牲自己，也不丢失一寸土地。

在战役过程中，所有的公路和铁路交通线均被切断，凡尔登和法国后方的唯一联系是一条通向巴勒迪克的64公里长的二等小公路，通过它贝当建立起了有组织的供给体系。尽管不断遭德军炮兵袭扰，但是军用卡车的洪流不断地从这条“神圣之路”上通过，大约每15秒钟就有一辆车出入于突出部。固定的修路班组不断填平被德军火炮炸出的大坑，法军沿巴勒迪克至凡尔登的公路用汽车运送了大量的人员和物资，先后投入兵力共71个师，约占法军总兵力的三分之二。法金汉做梦也想不到，短短的一周时间，法军竟派出这么多援军赶来，一方面是吃惊，再一方面心中暗暗高兴，因为这正是他所希望的，他要法国人在这里把鲜血流尽！贝当这方也在紧张部署，他命令增援部队马上开赴前线，修补战壕，安放大炮，准备迎击德军。

到2月底，德军的第一次猛攻已被遏止，双方的大部队在要塞周围相互厮杀，越来越多的增援部队和弹药源源不断从整个法国和德国涌向战场，越来越多的满载伤员的火车从这里迅速地像落潮般退去，这已经成为德、法之间一场实力与军队荣誉的考验。法、德两军均怀着满腔的怒火继续战斗，互相把对手撕得粉碎，德军大炮的威力，日复一日给人数较多的法军造成惨重的损失。战斗开始时对于法军来说是十分艰苦的，德军有27个师，1000多门大炮，而法军只有10万人，270门大炮，但好歹顶住了德军的进攻，待法国援军赶到之后，双方开始了拉锯战，德军未在头几天一举拿下凡尔登，已经失去了战机，双方都在向凡尔登增兵，摆开了决一死战的阵势。3月6日，德军发动第二次进攻，攻击突出部的西侧，初期取得一些成功，但是贝当下令实施反击，夺回“失去的每一寸土地”，又阻止

凡尔登向南 64 公里的一条来自巴勒迪克的次等狭窄道路，是法军的主要运输动脉，被法国人称为“圣路”。

了德军的进攻。在 3 月剩下的时间内，一系列的攻击和反攻交替进行，使战场被尸体堆满。法军实施快速的轮换，以接替在战斗中精疲力尽的部队。在以后的战争期间有句话变成了法军的战斗口号，即“绝不让他们从这里通过”。

这时贝当被提升为集团军司令，尼韦尔接替在凡尔登的指挥。激战到 4 月，法军的兵力已与德军相当，德国人急了，首次使用了毒气弹，但法军仍将德军的攻势一次次阻止在要塞前。在双方的炮战中，一个法国炮手无意中击中了有 45 万多颗大口径炮弹的德国地下弹药库，引起了这次大战中最大的一次爆炸，这批为法军所不知的弹药，被隐藏在斯潘库尔森林里，但不小心地装上了引信。到 4 月初，整个防区的德军的每一门 381 毫米和 419 毫米的大炮，都被法国炮兵摧毁，法国军事分析家和历史学家帕拉断定，在最后击败入侵者中，这件事情起了决定性的作用。到 5 月，德军的损失已经达到了极限，皇太子建议法金汉休战，然而，由于关于法军伤亡重大的乐观情报的误导作用，总参谋长婉拒了皇太子的建议，相反，他下令为攻取凡尔登进行最后一次努力。6 月初，德军再次发动大规模攻势，进攻沃克斯堡，但 100 名守军的拼死抵抗使德军伤亡 3000 余人。经 7 天激战，德军切断了沃克斯堡与法军其他阵地的联系，这时其水源已耗尽，堡垒已被炸成废墟，终于迫使沃克斯堡守军于 7 日投降。

6 月下旬，德军首次使用光气窒息毒气弹和催泪弹猛攻苏维耶堡，在 4 公里宽的正面上发射 11 万发毒气弹，给法军造成重大伤亡，一度进抵距凡尔登不足 3 公里处，但终被击退。在 10 个月的残杀中，双方军队发射了 4000 多万发炮弹，加上难以数计的成百万发的子弹。在连续不断的炮击、喷火器进攻、毒气战和白刃战都不能撼动防守者时，德国工兵在法国阵地下面挖洞，爆炸了威力很大的爆破地雷，炸成了许多有十层楼深的坑。这里的士兵整天躲在战壕里，还没有与敌人照面就损失了 3/4 的兵力。战斗导致了恐怖的大屠杀，大炮成了屠夫，而陆军士兵则成了屠刀下的牛犊。正当全世界的目光集中于凡尔登惊心动魄的疯狂激战之时，东方的重要军事行动已到了一触即发的地步。俄国正每天、每小时地恢复力量，同时集结其取之不尽的兵源和日益增多的军火，1915 年连续遭受了一系列惨重失败的俄国，经过自己的努力和协约国提供的资源，现在已经在战场上建立了 60 个组织有序并有武器装备的军，取代了开战之初原有的 35 个军，并分别部署就位。

从将军升任陆军元帅的菲利普·裴坦以其在战斗中的表现被尊为民族英雄。

7 月，为配合凡尔登战役，英法联军在索姆河发起进攻，同时凡尔登的法军也发起反突击，这一切迫使德军指挥部不得不在凡尔登一带转入防御。德军作战六个半月，仅攻入法军防御纵深 10 公里，未能达成战役突破。这时，为对付俄军在东线发动的布鲁西洛夫攻势，迫切要求增兵东线，使德军从凡尔登地区抽调了 15 个师。8 月末，法金汉被解除总参谋长的职务，由兴登堡和鲁登道夫搭档接替了他。他们决定立即停止进攻，以免遭受更大的损失，继续在西线实施防御作战，德皇批准停止进攻。到秋天，法军在芒让的指挥下由防御转为进攻，10 月末，法军夺回了杜奥蒙堡，到 11 月时，法国用 17 万部队、700 多门火炮和 150 架飞机进行大规模反击，夺回了伏奥堡，从那时起，德军不断地被一米一米打了回去，法军前进到他们原在 2 月 25 日所防守的地区。在几个星期的平静之后，芒让再次发起攻击，到 12 月中旬，法军战线几乎推至战役发起前的位置，并俘虏 1 万多名德军，缴获了 100 多门火炮，凡尔登战役落下了帷幕。

在极为艰苦的凡尔登战役期间，法军损失近 55 万人，而德军是近 44 万人，德国预定在 1916 年战局中迫使法国退出战争的战略计划，在凡尔登战役中遭到破产，历时 10 个月之久的凡尔登战役结束。凡尔登战役是第一次世界大战的转折点，是德军从进攻转为防御的转折点，是协约国军从被动转为主动的转折点。

整个战役中，法金汉本想“把法国的血流光”，实际上德国的血也快流光了。因为凡尔登战役中双方伤亡巨大，所以凡尔登战役又称为“凡尔登绞肉机”。凡尔登战役以法军取得防御性的胜利而结束，而法军的这一胜利彻底打破了德军想一举歼灭法军主力、迫使法国投降的如意算盘。

没有赢家的阵地战
——索姆河战役

自 1914 年以来，索姆河是比较平静的。如果这一点蒙蔽了霞飞的话，他是没有看到德国在沿河的两个方向为加强阵地所做的准备。在坚实的白垩土中，他们精心构筑了分隔开来的地下坑道网,深度有 12 米多。这些堡垒包括厨房、洗衣房、急救站等设施，以及庞大的弹药储备。电灯——那时在平民中是罕有的奢侈品——由柴油发电机提供电力。即使最沉重的轰击，也不会打穿这个地下综合体。

索姆河之战，是霞飞发动的，这场战役是协约国在 1916 年总战略进攻计划的一部分，法国第六集团军和英国第四集团军在福煦将军的统一指挥下，要共同联手突破囤驻在富科库尔和埃比泰讷地区的德国冯·贝洛将军第二集团军的防御阵地，其目的是突破德军防御，以便转入运动战，同时减轻凡尔登方向德军对法军的压力。由于索姆河地区没有什么战略目标，英国指挥官道格拉斯·黑格爵士在最初被告知这个战役时，宁愿选择更便于进攻的像佛兰德斯这样的防区。虽然他并不属霞飞管辖，但他的方针是，如果他感觉不到什么灾祸临头时，在法国以听从法国指挥官的意愿为宜。

凡尔登战役开始前，英军就开始调集部队，大量的弹药供给被运送到索姆河，联军计划在凡尔登牵制德军，在索姆河发动大规模进攻，击溃德军，取得决定性的胜利。德军则利用几个月空闲时间不辞辛苦地把索姆河的防御工事变成了坚不可摧的堡垒。索姆河战役开始前，德军就已经使索姆河地段的防线成为世界上最坚固和最完备的防御工事之一，这条号称“最坚强”的防线，包括三道阵地和一些中间阵地，主要阵地有坑道工事，阵地前面有多层铁丝网。1916 年 1 月，英国的志愿应募制为征兵制所取代，从加拿大、澳大利亚、新西兰、南非和印度进一步抽调援军。黑格提议推迟这个战役，直到这些后备军使协约国占巨大的优势。他还等待更多的枪炮、弹药和一种新的秘密武器——为了保密，诨名叫作“坦克”的机枪破坏器——的到达。但霞飞不听这些。黑格在他的 5 月 26 日日记中写道:“我提到的时间是8月15日，霞飞马上很激动，大声说如果到那时我们还无所作为，法国军队就要被消灭了。”

一种势在必战的感觉笼罩了索姆河战场，英军热情高昂，指挥官们信心百倍，决定性胜利的结果似乎就在眼前，以致谁也不能阻止决战的尝试。整个春季法军战斗在凡尔登，牺牲在凡尔登，无数成年男子祭献在那座铁砧祭坛上，新来的英军相信，他们将击败敌人并攻破敌人入侵法国的战线，他们信赖自己所率部队的献身精神，他们为即将到来的战役积贮了空前巨量的大炮和炮弹。霞飞的原来计划是提供两个法国集团军和一个英国集团军，在一条96公里的战线上进攻。但当法国军队在凡尔登被击溃时，参加索姆河战役的法军锐减了。最后的阵容是，法国部分在一条39公里的战线上收缩到13公里。霞飞开头答应分配的40个师被减少到16个师，但在进攻那一天，只有5个师到场。从一开始，这个战役的担子就由英国人挑起了。如今，英国远征军新任司令官道格拉斯·黑格面临着两个重大问题：一方面，德军掩蔽壕堑和铁丝网对任何进攻而言都是一种严重的障碍，另一方面，这些刚从各地调来的士兵缺乏专门战斗训练，应该通过发动一系列直接的小规模进攻，使他们获得必需的战斗经验。但黑格对此完全置之不理，他决定先向敌军发动大规模的炮轰，然后向已经遭到毁坏的德军阵地进军。

霞飞筹划已久的攻势由于凡尔登的危机而推迟了好几个月，现在终于以异常惊人的持续7天的炮轰拉开了序幕。1916年6月24日，索姆河两岸雷鸣般的炮声打破了清晨的宁静，英、法联军隐蔽的炮兵群对德军阵地开始开战以来最大规模的炮击。空前猛烈的炮火使德军阵地顿时陷入一片硝烟和火海之中，地动山摇，不时有德军的掩体和障碍物飞上天空，在德军阵地上空，英、法军的校射飞机不停地盘旋，给地面炮兵指示目标，纠正弹着点，同时，战斗侦察机则不时地

英军正将一门150毫米口径的榴弹炮拖上索姆河战场。为了防止开火时的后坐力让大炮陷入软泥之中，士兵们给这门大炮的轮子绑了很宽的“履带”来减小压强。

向德军阵地扔下炸弹，而后俯冲扫射。七天中，德军阵地共承受了150万发炮弹。这是惊人的场面，许多协约国士兵在夏夜爬出他们的堑壕，就是要亲自看看在敌人阵地上像星星那样闪亮的爆炸。

7月1日清晨，炮击终于停止了，初升的太阳照耀着硝烟渐渐散去的战场，经历了一周炮击的德军阵地上死一般寂静，英军吹响了进攻的号角，无数士兵爬出堑壕，向无人区勇敢地冲去。英军认为，他们对德军连续七天的狂轰滥炸，一定扫平了所有的障碍，没想到德军的防御工事仍然是固若金汤，隐藏在防御工事后面的德军架起了马克沁机枪，对蜂拥而至的英军展开了大屠杀，在机枪的扫射下，英军遭到重创。对防守者来说，索姆河防区提供了最好的有利条件：进出口都隐蔽在村庄住房和附近树林中，而对面山腰上露天堑壕线的白垩土的轮廓十分分明。德军还可以在4500米的距离内，对协约国军队一览无遗。防御堡垒逐个升高，迫使协约国的进攻者要冒着火力一级一级地爬上来。德军在白垩土丘陵地带的据点，还有蜂窝状的钢筋混凝土重炮炮位、横断交通壕和防御地堡。在索姆河以北，尽管英国第四集团军的两个军占领了德军防御前沿第一阵地，但其余三个军和第三集团军的第七军的攻击却被击退，并遭到重大伤亡。在索姆河以南的方向上，法军取得了一定进展，法军异常猛烈的炮火压倒了对方，在德军士兵还没有从掩蔽部爬出来之前，法国士兵就到达了德军阵地前沿，仅经两小时战斗，法军第二军就占领了德军第一阵地及支撑点。

黑格保存着连续的记事录，进攻半小时后，他高兴地记下：“所有报告都是令人满意的，我们的部队处处都越过了敌人的正面堑壕。”实际上，在德军火力下，在到达正面堑壕线之前，他的部队成千上万地倒下来了。德军根据地图上的坐标线，把枪炮火力准确地对准阵地前方的每一平方米发射，到日落时，夜幕笼罩了依然炮声隆隆的战场，无人地带遍布着6万多死伤的英军，或死或伤或成为敌人的战俘，这是英国陆军史上在一天之内遭受的最沉重的损失和最残酷的屠杀，在过去历史上的战役中，没有在一天之内有这种惊人损失的记录。此后，战斗降格为小规模军事行动，在较小的战线上继续进行。这时德军意识到英法联军在索姆河发动的进攻规模是空前的，其目的绝不只是牵制凡尔登方向的德军，德军迅速抽调兵力，把索姆河方向的部队增加到了40个师，但联军并未放弃进攻的企图，他们打算用一种新式武器来加快战役的进程。

7月9日，英、法联军又恢复了进攻，但这时的德军已大大加强了兵力，使得双方的兵力对比从英、法军占2.8倍的优势下降到只占0.6倍，英法联军已几无优势可言。到7月10日，英军第四集团军伤亡近10万人，不得不暂停进攻，此后几天，虽然英、法军士兵冒死冲锋，但依然进展缓慢，双方很快进入胶着状态。7 月 13 日，英军实施夜间进攻，并突破德军的第二道防线。英军骑兵冲入缺口，这是在西欧最后一次大规模地使用骑兵。但是其他预备队没能及时赶到，骑兵很快便被机关枪扫倒，随后被德军的反冲击消灭，此举亦封闭了突破口，联军的进攻渐渐演变为一系列战果较小而代价高昂的小战斗。8 月底，在由军事上失败所带来的政治压力下，威廉二世撤销了法金汉的职务并以兴登堡和鲁登道夫代之。鲁登道夫从索姆河战役中总结出一种弹性防御的作战理论，只不过这种战术上的改变来得太晚，并没能影响到索姆河战役，但新的战争学说却转变了德军在今后两年中的进攻方式。

德国机关枪

9 月 15 日清晨，黑格在巴波姆西南发动又一次较大的进攻。之前，英军坦克已悄悄地用船运至西线，18 辆坦克出现在了战场上。战斗中，坦克引导步兵实施进攻，德军士兵们望着这些从未见过的“钢铁怪物”惊呆了：怪物在泥泞的弹坑间如履平地，压倒了曾经阻挡过无数步兵的铁丝网，越过了堑壕，将德军的工事碾压得支离破碎；怪物还用机枪和火炮猛烈射击，打得德军尸横遍野。在最早的战斗中，一辆坦克发现进攻的步兵在弗莱尔前面被铁刺网和机枪挡住，它便爬过德军战壕，在战壕后横冲直撞，完好无损地立即迫使据守战壕的 300 多名敌军投降。不论何处，只要一辆坦克达到目的地，它的出现就足以使惊呆的德军非逃即降。尽管坦克的出现对德军达成了突然性打击，但这时的坦克威力还不够，亦不可靠，速度太慢，数量太少，英军虽取得了实质性进展，但并没有达成突破。9 月底，英法联军在索姆河以北 18 公里的正面上再次发动新的进攻，在这次攻击中，英军又使用了 13 辆坦克助战，德军统帅部命令前线部队及时总结对坦克作战的经验，并利用一切手段摧毁坦克。结果，英军坦克有 9 辆或陷在弹坑里，或被德军击毁，只有 4 辆坦克与步兵一起占领德军一线掩体，控制了索姆河和昂克尔河间高地的棱线。

猛烈炮轰持续了一月又一月，由英雄们组成的威武之师一月复一月在这可怕的轮战中被打得七零八落，接着冬季来临，从天而降的倾盆大雨叫人寸步难行，成千上万的车辆、几十万士兵和几百万颗炮弹将无边无际的泥土搅成血红色泥浆，代替了爆炸扬起的尘土，战斗仍在继续，大炮仍在怒吼。11 月，滂沱大雨不断，英军投入的 3 辆坦克，陷在泥里不能自拔，只能以火力支援步兵攻击，进攻行动难获战果。随着战斗的进展，进攻与防御的条件更趋平衡，战壕被夷平，铁刺网

1916 年 9 月初，英德双方还在苦战不休。图为当时的一名英军士兵给在波奇尔斯附近被俘的德军俘虏分水。

被彻底摧毁，战斗越来越成为弹坑累累的旷野战，随着几星期过去，交战双方的损失在不断增加。到11月中旬，气候的限制使战斗已无法进行，双方的物资也已近枯竭，交战双方都衰弱得无以为继，持续4个月的索姆河战役黯然收场，英法联军损失了62万人，德军损失了65万人，其中包括很大一部分军官和军士。

索姆河战役和凡尔登战役互相联系又互相牵制，德军以凡尔登战役牵制了英法联军在索姆河的力量，而英法联军则以索姆河战役牵制了德军在凡尔登的力量，但是双方都没有达到自己进攻的目的。虽然索姆河战役是在难分胜负的情况下宣告结束的，但此役对法国来说仍有不可低估的意义。首先它大大减轻了法军在凡尔登要塞所承受的压力，其次，它使德军在人员、物资方面均受到惨重损失，以至于再也无法恢复原先所拥有的那种超强的战斗力。双方都不会忘记这次战役所带来的恐怖，后来彼此都设定了更注重既定目标的战术，且用各种各样的武器和交通工具来支援步兵；同时，它也促成了突击队进攻的诞生，并首次应用渐次性掩护炮火。这场战役也证明德军并非天下无敌，很多英国士兵认为，尽管付出的代价沉重，但德国人最终是会被打败的。德国军队的自信心则相应地每况愈下，战争趋势开始逆转。

萨洛尼卡的军事行动

——开辟新的战场

为了能更有力地与同盟国抗衡，协约国在希腊的萨洛尼卡省倾注了大量的人力物力，试图开辟一块全新的战场。但他们的士兵却被各种疾病折磨得奄奄一息，根本无力发动任何行动。

1915 年末，同盟国摩拳擦掌，准备入侵塞尔维亚，这一举动使得塞国以南的希腊顿时有了一种“唇亡齿寒”的恐惧。在希腊的请求下，协约国答应为其提供紧急军事支援。不过没过多久，希腊似乎又觉得是自己想太多了，想要撤回求援信，但这时协约国的军事“援军”却已经刹不住车了。1916 年 1 月，从塞尔维亚战场上撤下来的塞族士兵在接受了协约国的军备重配后，开始以科孚岛为登陆点，大批涌入希腊境内，到当年 7 月时，已有 12 万协约国士兵驻扎于此。这些“客人”也当真老实不客气，按照协约国的常规作战思路在希腊半岛的收缩部筑起了强化火线。

干劲十足的协约国部队在希腊半岛也没少遇到麻烦，而当地那种易于疾病滋生的环境则是他们面临的一个最严重的问题。本来，希腊多山的地形就是宜守不宜攻的，而协约国的英法军队互不通气的“多头指挥”则又让部队的机动性和杀伤力都大打折扣。当时，派驻希腊的法国将军莫里斯·萨莱尔和英国将军布莱恩·马洪就常常因为缺乏统一的指挥而进行“重复劳动”，糊里糊涂地搅和到对方的行动中去。而对于萨洛尼卡，英法两国的许多政府官员和军队领导都只把它看成一个军事意义不大的次级战场，所以甚少往此地派驻军队，更不要说配给物资了。

按照协约国最初的计划，驻扎在希腊的部队将于 1916 年夏天以瓦达河为中心，向北部塞尔维亚的乌斯库伯（即斯科普里）挺进。但很不凑巧，保加利亚军队却在德军的撺掇下，抢先从塞尔维亚的西南部发动进攻，闯入了希腊境内。8 月 17~27 日，保军在弗洛里纳之战中挫败了协约国军队。萨莱尔在次月发动反攻，并于 9 月 18 日夺回了失地。尽管在此期间萨莱尔和他的同僚们有一些争执，但总算保住了协约国的胜势。

协约国部队决定乘胜追击，一路打到了塞尔维亚境内。11 月 19 日，经过与德保联军 4 天的战斗之后，协约国以 50000 ：10000 的伤亡比例将莫纳斯提尔（即比托拉）收入囊中。1916 年，巴尔干地区以独立战斗的形式爆发了一次决战，一支意大利军队在阿尔巴尼亚南部打败了与其规模相当的一支奥国部队后，与萨莱尔的部队在奥克里达湖（即奥

路边是正在休息的英军士兵，他们看着刚刚抵达萨洛尼卡的法军小队奔向前线。

赫里德湖）会合。

1916年间的战斗为希腊北部和塞尔维亚南部之间战场的形成奠定了基础，而这一格局直到1918年9月前都不会有太大的改变。1917年时，手握60万重兵的萨莱尔曾试图打破战场上的僵持，但却遗憾地发现他只有1/6的兵力适于行动。抱着聊胜于无的心情，他于3月11~17日和5月5~19日间分别在普雷斯帕湖和瓦达河沿岸发动了两次进攻，可惜收效甚微。此后半年，协约国部队按兵不动。当年12月10日，新成立的法国政府解除了萨莱尔的职务，任命颇有才干的阿道夫·马利·吉约马出任法军驻希腊部队的总司令。

疟疾是萨洛尼卡战场上最大的杀手。图中右面的士官在给士兵们分发每天必服的奎宁。

协约国“协防”希腊的行为其实多少有些自作多情。希腊本来是个政治中立的国家，但却在此战中由于高层的政见不同而出现了分化。当时的希腊国王康斯坦丁一世是德皇威廉二世的妹夫，因此很自然地倾向于同盟国阵营；而一度担任希腊首相的伊琉瑟里欧斯·维尼泽洛斯则是协约国的支持者。不过，在协约国接连数月的派兵“协防”和政治施压之下，分歧并没有持续多久。1917年6月12日，康斯坦丁宣布退位，而新任希腊国王亚历山大则于26日再次任命维尼泽洛斯为首相。7月2日，希腊正式对同盟国宣战。

1914~1918年，战火中的平民

——另个角度看战争

平民、军人以及产业之间的区别在第一次世界大战中变得非常模糊。以往的战争中，平民只会在敌军兵临城下时才会受到威胁，而这一次，远离前线的后方城市却正是敌军轰炸的目标。

在敌军一次又一次有预谋的行动中，德国和法国都有很多平民无辜殒命，但相比起遭受持续轰炸的英国来说，他们的损失实在不值一提。1914年12月16日，

齐柏林飞艇的一次轰炸任务给伦敦西区街道造成了破坏。

德国海军同时向英国哈特尔波尔、惠特白和斯卡伯勒三地的港口发动了海上总攻，导致 122 人死亡、433 人受伤，无数建筑、设施毁于一旦。1916 年 4 月，德国海军又转向英国东海岸，袭击了洛斯托夫特和大雅茅斯。虽然两次袭击造成的人员伤亡和经济财产损失都不算大，但却使得英国国内人心浮动，英国皇家海军的声誉也因保护不力而受损——对于 157 人死亡、641 人受伤的德国海军来说，这些行动实在是物超所值。

一般来说，德国派去执行轰炸任务的齐柏林飞艇都是成组行动的，飞艇数从两架到多架不等，其中 1916 年 9 月进攻英国的 16 架飞艇是规模最大的一个行动小组。这些飞艇多半选择夜间出动，袭击的重点集中在英国东南沿海、北部和中部工业区，而伦敦则更是每次轰炸的必选对象。第一次飞艇袭击始于 1915 年 1 月 19~20 日，而伦敦则于同年 5 月 31 日遭受了首次轰炸。在此之后，德军又在当年策划了 19 次轰炸行动。在 1916~1918 这三年里，德军针对英国的轰炸次数分别为 22 次、7 次和 4 次。到大战结束时，德军飞艇共在英国领土上投下了 5750 枚炸弹，造成 556 名英国平民死亡，1350 人受伤。

对英国东南部的袭击始于 1914 年 10 月，但真正意义上的战略性轰炸却是从 1917 年初才开始的。以哥达式 G 系列为主的重型轰炸机参与了此后绝大多数的战役，而从同年 10 月底开始，莱森弗鲁格辛格型轰炸机（巨型飞行器）也开始参加战斗。5 月 27 日白天，第一次以伦敦为目标的轰炸机袭击开始，此后又有 7 次同类任务落到重型轰炸机的身上。但由于 8 月底时遭遇了一次惨败，轰炸机的行动就转入了夜间。在又进行了 19 次袭击后，1918 年 5 月 19~20 日凌晨，在德军的最后一击中，英国平民有 850 人死亡，2000 人受伤——不过德军参战的 383 架哥达轰炸机也有 43 架失事，30 架莱氏巨型轰炸机也折损了两架。人们由于遭受空袭而产生的心理阴影直到防空系统逐渐成形才有所减退。

德国在把别人家的后院炸得乱七八糟的同时，自己也面临着战略轰炸的威胁。而对德轰炸的高峰则直到战争结束前几个月才真正到来。少将休·特伦查得率领的英国独立空军成立于 1918 年 6 月，这支部队正是负责对德轰炸的主力。他们一般是从法国东线的机场起飞，重点袭击德国西部的工业重地。该部队总共执行了 162 次轰炸任务，在德国上空投下了 665 吨重的炸弹，其中有 552 吨投放在德国西部。由于轰炸而丧生的德国平民人数不可计数，但英军则在这些行动中损失了 450 架飞机。

“陆地巡洋舰”
——坦克“隆重登场”

1916年9月15日，英国和德国军队在索姆河上进行着大规模的战斗，双方都坚守着自己的阵地，谁也没有突破对方阵地。突然，从英军阵地上传来隆隆的巨大响声，一群钢铁碉堡似的怪物，冲出阵地，向德军阵地压去。德军士兵见到这些怪物，拼命朝它射击，用炮轰击，可是那怪物刀枪不入，还用机枪大炮发射，一边还照样隆隆朝前压来。这些钢铁怪物轻而易举地进入德国阵地的纵深处，给德军带来极大的威胁。

第一次世界大战期间，欧洲各国都投入了厮杀，武器专家们纷纷在研究如何改进现有武器的性能。交战双方为突破由堑壕、铁丝网、机枪火力点组成的防御阵地，打破阵地战的僵局，迫切需要研制一种火力、机动、防护三者有机结合的新式武器。这其中，有一位英军驻法国司令部的上校也在苦思冥想，画了一张又一张草图，一心要设计出一种通过履带前进，安装有火炮和机关枪的全新战车，以便在战场上彻底打败德国人。他就是斯温顿上校。他在一起意外中发现，如果在拖拉机上装上火炮或机枪，它不就无敌了吗？1915年，英国政府采纳了斯温顿的建议，利用汽车、拖拉机、枪炮制造和冶金技术，试制了坦克的样车。

这巨大的活动钢铁堡垒，就是英国首次发明并投入战场的“陆地巡洋舰”——坦克。它有28吨重，乘员8人，在两侧炮塔上共装有两门口径为76毫米的大炮的几挺机枪，采用过顶的重金属履带，刚性悬挂，最大速度为每小时不到7公里，没有什么通信设备，带有几只信鸽，必要时就靠信鸽去联络。

坦克是一个能活动的装甲堡垒，它不怕机枪的扫射，并能越堑过沟，冲破敌人障碍，在掩护步兵冲锋的同时，还能向敌人发射火力，因而人们把这种武器称为“机枪破坏器”。样车于1915年9月制成，进行了首次试验并获得成功，被称为“小游民”。但是，这种武器刚刚问世的时候，并不受权威人士的重视，很多将军对它的能力和作用估计过低，陆军大臣干脆把它叫作“一个美妙的机

图为1916年夏天，一只从坦克里放出来的信鸽。

械化玩具”。斯温顿把他的设计方案先后送交英国好几个军事部门，可惜都被当作不切实际的空想而打入冷宫。有的军事要员甚至认为这个上校好出风头，冷嘲热讽地建议他改行去写幻想小说。当时的英国陆军对此毫无兴趣，时任海军大臣的丘吉尔却如获至宝，下令将他从英吉利海峡对岸调回来，组建“陆地战舰委员会”，亲自领导“陆地战舰”的研制工作。据报道，斯温顿的灵感源自一位朋友的来信，在信中，他的这位朋友把美国的“霍特”农用拖拉机描述为“能够像魔鬼一样爬行的美国机器”，斯温顿由此建议制造一种装有大炮和机枪的重型履带式拖拉机，他的这一建议于10月20日被提交到英国战争办公室。实际上，斯温顿当时只是想把现有的机器零部件拼在一起，从而组装成一辆类似拖拉机的新式装甲车。

1916年生产了“马克”Ⅰ型坦克，外廓呈菱形，刚性悬挂，车体两侧履带架上有突出的炮座，两条履带从顶上绕过车体，车后伸出一对转向轮。该坦克乘员8人，有“雄性”和“雌性”两种。“雄性”装有两门57毫米火炮和4挺机枪，“雌性”仅装5挺机枪。1916年9月15日，有48辆“马克”Ⅰ型坦克首次投入索姆河战役，但因为各种原因只有18辆投入了战斗。坦克可以用于摧毁敌人的铁刺网，控制敌人的火力，能逾越任何普通的路障、沟渠、防护墙或战壕。每辆履带车携带两三挺马克沁式重机枪，并且装备火焰喷射器。除非被野战炮迎面击中，否则它们将势不可挡。在战斗中，由于履带车十分接近敌人的战线，所以对方大炮对它们也无能为力。坦克是具有强大直射火力、高度越野机动性和坚固防护力的履带式装甲战斗车辆，是地面作战的主要突击兵器和装甲兵的基本装备，当时主要用于摧毁敌方的野战工事，歼灭其有生力量。它靠履带行走，能驰骋疆场、越障跨壕，不怕枪弹，无所阻挡，从此开辟了陆军机械化的新时代。

首次参战用的59辆坦克是在极其秘密的情况下运到前线的。有32辆进入战斗出发地，其中14辆按时出发，9辆晚了一些时间，有5辆陷入泥潭内难以自拔，只有9辆冲进德军阵地，向纵深突进13公里。虽然成功率只有

配置了越壕基架的马克Ⅴ型坦克最早于1918年7月投入战斗。和之前的各款同类产品相比，这种坦克有更密集的火力和更强大的引擎。

15%，可是那壮观威风的场面给人留下了非常深的印象。使过去攻不动的德军阵地一片混乱，被英军轻而易举地突破了一部分。当时，一辆坦克爬进了一个村庄，面对这庞大的钢铁怪物，德军惊恐不已，纷纷逃离据点，就这样，一个村庄就被这辆坦克占领了。还有一辆无意之中闯进一条堑壕，吓得德军无处可逃，300 多名德军乖乖地做了俘虏。这次胜利，使那些对坦克不以为然的将军们大吃一惊，更使英国士兵受到莫大的鼓舞，从此，人们对这种能攻善守的兵器产生了浓厚的兴趣。

当时英国战车的设计工作在“登陆舰委员会”的指导下进行着，英国人发明的坦克为什么要称为“陆地巡洋舰”呢？当时英国在世界称雄是靠海军，海军最漂亮最有威力的是巡洋舰。坦克一问世，就好比威力强大的巡洋舰，因此就叫“陆地巡洋舰”，丘吉尔为了不让德国人察觉这种新式武器，在将这批坦克运往前线时，所有包装箱上都写着“水桶”（tank）的名称，英文字“桶”音译成中文就是“坦克”，后来人们都把“陆地巡洋舰”称为坦克。根据生产年代和技术水平，坦克也被分为三代。从“一战”出现坦克到“二战”中期，主流的坦克类型被称为第一代坦克；“二战”中期到 20 世纪 60 年代的主流坦克，被称为第二代坦克，20 世纪 60 年代到 90 年代研制的坦克被称为第三代坦克。

坦克虽然初次参战就立下战功，但也暴露出不少问题：一是它的越野性能还比较差，遇到稍宽一点的壕沟、弹坑就会掉进去出不来，碰到泥泞地带更是一筹莫展；二是自身故障太多，不是履带掉了，就是发动机熄了火，停在战场上正好成了挨打的靶子；三是防护装甲还嫌薄弱，有时敌军的一发炮弹就能叫坦克车里的乘员全部报销。“一战”后期，美国参加了战争，美国陆军急需坦克，他们想要的是具备当时最成功的两种坦克综合性能的坦克。他们希望的坦克要尽可能地减少重量，但又不降低坦克的越野性能和翻越壕沟的性能，其结果就是“斯克尔顿”坦克的出现。正当陆军决定该由谁来负责使用这种他们一直追求的新式武器装备时，“一战”停战协议签署了，陆军随之取消了这个计划。

康布雷战役是英军第一次将坦克大规模用于集群突击作战的战例，战役一开始，300 多辆坦克同时轰鸣，向敌军阵地冲去。首先出现在这些坦克前面的，是有刺铁丝的障碍物，这些坦克毫不迟疑，隆隆地碾了过去。这次大规模的坦克冲击所取得的效果，是使英军用很小的代价，夺取了德军阵地，赢得康布雷战役的胜利。康布雷战役之后，坦克确立了自己的名声，于是，在整个 1918 年它们成了敌我双方的法宝，成了英军、法军和美军进攻时的决定性武器与特色。从此，坦克成了历次常规战争的重要进攻武器，成为第二次世界大战中的攻坚力量。而随着坦克的出现，改变了从前的战争模式，使大规模的运动战成为了现实，德国在“二战”中将坦克这种大规模的集中使用的战术推到了顶峰，一种面貌全新的战争出现了。

西非殖民地沦陷
——德军鞭长莫及

德国在西非三个殖民地的布防都很薄弱，而德军能够给他们提供的支援也几乎为零，加上这三个地方周围全是协约国的地盘，很自然的，没多久这些殖民地就沦陷了。

1915年，一列南非的火车在向德属西南非洲运送士兵的同时，还承担运水工作。

德国建立殖民帝国的野心在19世纪算是来得晚的，等其撸起袖子准备大干一场的时候，世界早就已经被以英法两国为代表的欧洲列强瓜分得差不多了。所以在大战爆发时，德国占领的地盘不过是太平洋西南部的一些小岛，中国出让的青岛港还有在非洲的四块殖民地——其中有西非的多哥兰（即多哥）和喀麦隆，德属西南非（即纳米比亚）和德属东非（包括布隆迪、卢旺达和坦噶尼喀大部）。德军占领这些殖民地是在1884~1885年间，但到1914年为止，尽管德军在当地布置了很多有用的港口设施和重要的无线电站，以便拦截协约国的通信信息并反馈给柏林，但这些地方的防御仍然非常薄弱。

德国的西非殖民地不仅离德国本土非常遥远，而且还被协约国的殖民地团团包围，对于协约国来说，实在是非常理想的进攻对象。战斗打响了，第一批受害者包括多哥兰、西南非和喀麦隆。法国控制的达荷美（即贝宁）和英国控制的黄金海岸（即加纳）基本上把多哥兰给围了个结结实实，协约国只派出了300人的正规军和1200人的民兵部队就攻下了这个地方。作为当地人出身的守军将领放弃了易攻难守的海岸线，向内陆撤退，抵达卡米亚的无线电站。在这里，他们于1914年8月22日打退了英法联军的一次进攻，但无线电站最终还是被赶来的协约国大军给摧毁了。4天后，残余的德国守军全部投降。

英国在多哥兰和喀麦隆的战斗中派殖民地部队为先锋。

德属西南非的处境也好不了多少。亲英派南非联邦和英属贝专那保护国（即博茨瓦纳）分别横在其南面和东面，而其北面则是安哥拉——该地属于战时中立但明显亲英的葡萄牙。尽管斯瓦科普蒙德和路德利兹两个港口有战略上非常重要的无线电站，但9000名守军还是很快就放弃了它们，并集结到内陆首都温得和克。

1914年间，协约国军队于9月19日和12月25日先后登上了瓦科普蒙德和路德利兹两个港口。南非的军队于9月26日在桑德方丹被彻底击溃，但实际的全面进攻却到1915年才开始。进攻延迟的原因是南非爆发了亲德反英的布尔人叛乱，而这场叛乱直到1915年2月才被镇压。4月26日，协约国的简·克里斯蒂安·斯穆茨将军领导一个纵队向路德利兹以东突进，并转而北上在吉比恩击败了德军。而路易斯·博萨将军的第二纵队从瓦科普蒙德出发，于5月17日攻下了温得和克。德国殖民地的最后一支守军于7月9日在楚梅布投降。

喀麦隆的卫戍部队是在协约国的包围之下坚持得最久的。1914年8月，协约国军队从很多地方同时进攻喀麦隆；9月，联军占领了杜阿拉港及其无线电站。德军指挥官在战役中逃回了内陆。1915年，为了追捕他，协约国派出了三支纵队。当年的军事行动基本都进展得很慢，直到1916年1月，圆德镇的沦陷终于宣告了战斗的结束。约有800名德国士兵和7000名民兵逃进了西班牙殖民地里约穆尼。作为德军最后阵地的北部小镇莫拉，最终还是于1916年2月18日有条件地向协约国军队投降了。

东非地区的战争

——佛贝克的坚守神话

东非战场上的对抗之所以会成为整个第一次世界大战中时间跨度最大的一场战役，很大程度上是因为德军司令保罗·冯·列托－佛贝克的存在。佛贝克是一个意志非常坚强的人，直到1918年11月协约国和同盟国签订了停火协议后几天才率部投降。

列托－佛贝克是德国的民族英雄。

◎**保罗·冯·列托－佛贝克**

列托－佛贝克（1870~1964）是一名职业军人，于1914年2月被任命为德国驻东非部队总司令。虽然他的手下只有几千名民兵，而且几乎从来没有得到过德军本身的援助，佛贝克却一直以其坚韧不拔的毅力与数倍于己的协约国部队周旋着，直到战争结束。

1916年初，德国在非洲的4块殖民地已经被协约国攻下了三个，在受协约国控制或是隶属于中立国的若干殖民地中间，孤立无援的德属东非也岌岌可危。但这块由卢旺达、布隆迪和坦桑尼亚组成的最后一块殖民地却出人意料地坚挺，直到1918年停火协议签署两周后才宣布投降。对德军而言，此役功劳最大的当属保罗·冯·列托－佛贝克将军，正是他带领着3000名欧洲正规军和4600名民兵及土著警察，在完全没有援军的情况下，用尽了一切可利用的资源，在重重包围之中创造了奇迹。

1914年，英国派出一支未经训练的印度新军向列托－佛贝克发动急攻。11月3日至5日，战斗在德属东非的重要港口坦噶爆发。当时列托－佛贝克的手下只有1000名士兵，面对8倍于己的敌人，他们以148人伤亡的代价杀敌360人，伤敌487人；而英军则在此战中抛弃了16门机关炮、上百把步枪和6万发弹药，输了个一塌糊涂。在1915年期间，交战双方都没有再动总攻的念头，只是各自发动了一些跨界袭击。列托－佛贝克也由此得以休养生息，积聚起由3000名欧洲正规军和1.13万名民兵组成的战斗力量。在鲁菲吉三角洲，他从被英军于7月11日击毁的轻型巡洋舰“哥尼斯堡”号上抢回了10门105毫米口径的大炮。

1916年2月，英军原南非地区负责人简·克里斯蒂安·斯木茨将军出任非洲总司令。同年3~9月，他调集军队再次向东非北部发动攻势。但英军不仅没能在此战中抓到列托－佛贝克，更因弹尽粮绝而被迫撤退。之后，协约国又进行了两次尝试：第一次是英法两国联盟于9月占领了西北部的塔波拉，但这次行动在此后不久即告暂停；另一次是从北罗德西亚（即赞比亚）出发向西北突进，这次攻势又于10月末在伊林加被德军拦截。一次又一次的军事行动像一把把匕首一样，将东非地区划得伤痕累累。不过，由于协约国军队中约有1.2万人因病撤退，列托－

一名英军士兵在东非某处看守一门大炮。

佛贝克在东北部的主力部队倒是趁机保存了实力。

列托－佛贝克知道自己缺兵少粮，所以从来不跟协约国的大部队正面冲突，一直都秉持着“打了就跑”的作战方针。1917年，驻非英军把大部分精力都用在储备援军和料理残局上了。列托－佛贝克的游击战固然让英军损失了不少装备和工事，而由两名德国军官在没有得到批准的情况下发动的一场“威特根－瑙曼远征”则更让英军头痛不已——在这次战役中，德军只用了700名民兵就给协约国占领的东非北部造成了极大的伤亡。9月，英军针对列托－佛贝克部队的又一次袭击在马西瓦被挫，而列托－佛贝克在逃到了葡属东非的莫桑比克后，率领他只剩2200人的小部队，历经千难万险，跋涉2200千米，终于回到了德属东非之内。

现在，所有驻非英军都瞄准了列托－佛贝克，不过这位将军并没有因此而退却，更于11月12日率部冲入北罗德西亚，在卡马萨打响了他们的最后一次战斗。次日，列托－佛贝克得知了停火协议已经签署的消息。在与英军进行了多日的交涉之后，德军的这支小部队最终被扣留在了阿伯康。孤军作战的列托－佛贝克仅凭手中几千人的部队，不仅牵制住了协约国16万大军和成千上万的土著士兵，更让英军付出了约1万人伤亡的惨重代价——这还只是正规军的折损数字，如果算上当地的搬运工和为英军作战的土著民兵的话就是10万人。

◎**疟疾之祸**

疟疾并不是一种在短时间内就能致死的疾病，但它却能极大地消耗人的精力，让人变得虚弱不堪。在第一次世界大战中以萨洛尼卡和非洲为代表的地区里，这种疾病的肆虐给各国军队都造成了非常严重的伤亡。非洲战场的情况比较古怪：为军队搬运货物的当地人虽然是疟疾的传播者，可是由于他们已经免疫了，所以没啥损失；但被传染的士兵们却死伤无数，被疟疾折磨得够呛。此外，以东非战场上为协约国卖命的非洲士兵来看，被交战火力创伤、致死的只有1377人，而因为疟疾被送去就医的却有2923人。1916年6月至12月间，约有5万名英军士兵因为患有疟疾而接受治疗。

第十章

实行双重标准

——拉偏架的美国

潜艇渐露锋芒

——德军倚重的海上利器

在英德海战中，赫尔戈兰湾突袭战给英国人带来的兴奋没有维持一个月，1914年8月底，当德国水面舰艇部队在赫尔戈兰湾战役中惨遭失败后，提尔皮茨毅然打出了他的王牌，亮出了撒手锏，一时间，大批的德国潜艇倾巢出动，杀向正在庆贺海上胜利的英国海军。如果说德国的公海舰队没有取得什么成功的话，那么德国的潜水艇却对敌人造成了致命的威胁。1914年11月，作为对英军封锁德国的回答，提尔皮茨针锋相对地宣告对英军实行潜艇封锁，虽然那时德国海军仅拥有29艘潜艇，但一年后这个数字升至54艘。

早在战前的美国内战时，潜艇作为一种廉价的海岸防御武器就已经被投入使用，但是直到19世纪后期的一系列技术进步之后，才发展成为一种有效的海上武器。在德国皇帝威廉二世的大力支持下，被称为“德国海军之父”的阿尔弗雷德·提尔皮茨海军上将，使德国在潜艇的制造方面占据了绝对优势，到战争爆发时，德国已秘密拥有了一支训练有素、精干强悍的潜艇部队。德国是第一个认识潜艇潜力的交战国家，海军军官们原来把这种舰艇看作侦察部队，或用于保卫港口，对付来自海上进攻的防御船只，在大战最初几个星期中，潜艇被用于以机枪扫射北海的英国拖网渔船，但在英国船也装上了机枪，或由武装巡逻艇护航时，就不再这样使用了，大战开始时，英国有36艘潜艇，全都用作海岸巡逻之用，德国有28艘，但只有10艘能巡航到3600多公里的地方。

德·拉·佩里埃指挥的第35号潜艇（近处这一艘）在和德军第42号潜艇会合。

第一次世界大战爆发之初，

一艘潜艇在接近已经被它干掉的英国商船，这艘船很可能是被炮火直接击沉的。

军事专家们对潜艇并未给予热切的关注，封锁敌国海岸和摧毁敌军舰船这两大海军任务，基本上还是交由战舰完成，各国海军给潜艇的任务是：侦查、布雷以及击沉水面舰艇，潜艇通过潜望镜找到目标，发射鱼雷，然后向深水下潜逃跑。1914 年 9 月 1 日，一向为人所低估的德国潜艇终于向世人展示了它可怕的实力，在福思湾附近海域巡逻的德国海军“U–21”号潜艇发射的鱼雷击中了英国皇家海军“探险者”号轻巡洋舰，后者在几分钟内宣告沉没并导致巨大的人员损失，而“U–21”号德国潜艇在“一战”中的战绩随即在 9 月 22 日被刷新。这一天的英吉利海峡天气虽然好，但能见度较低，3 艘英国巡洋舰成一路纵队昂首西行，三舰彼此间隔两海里，航速 10 节，在广阔的海面上执行封锁巡逻任务，海军部指示，遇有德国舰船，一律予以击毁。几乎就在同一时刻，在奥斯坦德西北海面上，德国的“U — 9”号潜艇也正在海面上四处游弋，伺机猎获送上口来的“美味”。“U–9”号潜艇在荷兰湾附近海域发现了正以横队驶来的英国皇家海军这三艘巡洋舰，7 时许，“U–9”号潜艇向“胡格”号巡洋舰率先发射鱼雷，该舰的龙骨遭到攻击并向左舷倾斜，舰员纷纷落水，舰艇在 20 分钟内沉没，500 多人罹难。此时“克雷西”号和“霍格”号发现灾难后误以为“阿布基尔”号是碰撞到漂浮的水雷，马上赶来救援，“U–9”号潜艇随即又发射两枚鱼雷击沉正在进行救援落水者的“阿布基尔”号。8 时，在距“克雷西”号巡洋舰 1000 米外再次发射 3 枚鱼雷，正撤退脱离现场的该舰于 15 分钟内即告沉没。此役英国皇家海军损失高达 3.6 万吨的战舰，共有 1460 名英国船员在这次可怕的攻击中丧生，“U–9”号潜艇也因此创造了海战史上 75 分钟内击沉 3 艘巡洋舰的战例。“U–9”号潜艇在创下丰硕战果 23 天后，又击沉了一艘英国皇家海军排水量 7700 吨的“爱德加”级巡洋舰“老鹰”号。

正当德国的所有报刊都在大肆宣扬“U–9”号潜艇的战绩之际，德国海军的另一艘潜艇“U–21”号却正在创造着另一项更令世人目瞪口呆的战绩。就在“U–9”号击沉 3 艘巡洋舰的同时，“U–21”号在艇长赫森的指挥下，在分别击沉了 3 艘英国舰只后，竟大胆地闯进了被英军视为“圣地”的爱尔兰海，在英国人的眼皮底下，击沉了 3 艘英国舰船，甚至于一天夜里竟驶近英国海岸向附近的一个机场

德国船员在检查潜艇轮机舱的机械情况。该图很好地展示了第一次世界大战中潜艇内复杂的工作环境。

炮击，赫森由此有了一个绰号——“海上疯子”。这些成功的外海扫荡充分证明了潜艇的能力，德国潜艇初战告捷，使威廉皇帝的海军顾问提尔皮茨上将开始意识到，在打击协约国的商船和摧毁英国人的贸易方面，潜艇也许会是一个更好的武器，潜艇开始被用来辅助封锁敌国海岸，打击协约国商船。商船一般都单独航行，海军舰艇很难给它们提供保护，尤其在它们偏离了海上主航道时。1914年10月发生了历史上非常重要的一个事件，德国海军“U-17”号潜艇在挪威南部海域击沉了900吨的英国货轮“格里特拉”号，潜艇在击沉货轮前进行了仔细辨认，在命令船员全部离船并登上救生艇后发射鱼雷将其击沉，这是战争中德国潜艇首次击沉商船，从此以后，商船也成为潜艇攻击的重要目标。

1915年初，“U-21”号只身穿过协约国层层封锁的直布罗陀海峡，抵达了亚得里亚海域，协约国做梦都不会想到德国的潜艇来到了他们的身旁。在两天的时间中，赫森先后击沉了英国的战列舰“凯旋”号和“尊严”号。“一战”时期，战列舰是当之无愧的海上霸主，赫森和他的“U-21”号远离基地，单枪匹马闯进英军戒备森严的锚地，两天之内将两艘战列舰击毁，一举改写了德军潜艇史上的新纪录。英国人开始迫切地寻求针对德国潜艇的反制措施，在当时，击沉潜艇的唯一办法是火炮射击和撞击，而击沉潜艇的关键在于引诱潜艇停留在水面而不是在海底潜航，英国人最后想出了一个很好的办法——使用“U艇诱饵”，即使用外观看起来像货轮的武装商船，船上隐蔽安装了火炮和鱼雷发射装置，诱使德国潜艇浮上水面靠近，再升起皇家海军军旗，并用甲板炮发起攻击。潜艇在第一次世界大战中日益显露出了其强大的攻击威力，整个战争期间，德国潜艇共击沉协约国和中立国船只约6000艘，其中战斗舰艇200艘，运输船5800多艘，总吨位约1800万吨。为了对付德国的潜艇，协约国动用了900多艘驱逐舰和大型护卫舰，极大地牵制了协约国的海上势力，自此，潜艇在偌大的舰艇家族中拥有了一席之地。

美国拉偏架

——德国结束第一次无限制潜艇战

英国在海上的军事行动，是对北海德国舰队实施深远封锁，德国则试图以战列巡洋舰袭击英国沿海地带，诱出并歼灭英国舰队的部分兵力，但未得逞。潜艇在与水面舰艇、运输船只的斗争中开始发挥越来越显著的作用，但潜艇在第一次世界大战时还是新式武器。根据国际法规定，战舰要攻击商船，必须事先警告，并保证商船上乘客和海员的安全。但是当时的潜艇既小又脆弱，如果钻出水面提出警告，交战国商船上的枪炮就足以击沉它，德国因此认为，它使用潜艇袭击商船不必事先警告，除非英国拆除它商船上的枪炮。

潜艇的优势在于潜伏水下，秘密行动。公然的警告并拦截商船使德国潜艇很容易暴露目标，也因此会受到英国战舰的攻击。1915 年 2 月 4 日，为了对英国的非法封锁采取报复措施，更有效地打击协约国的商船，并保护本国潜艇，德国宣布：在英国和爱尔兰周围水域执行无限制潜艇战政策，就是将这些区域划为战争地带，任何进入该区域船只都将被击毁，不予警告。鉴于英国政府在 1 月 31 日命令冒用中立国旗帜，也因为海战容易造成不可预见之事件，大不列颠与爱尔兰周围的水域，包括英吉利海峡的全部，由此被宣布为战争区域。从 2 月 18 日以后，在此战争区域被发现的任何敌国商船都将被击毁，船员与乘客不能如以往那样免

海上的一艘德军潜艇。德军 U-9 号潜艇，于 1914 年 9 月 22 日在荷兰沿海击沉了三艘旧式英军巡洋舰。

于这种危险。尽管德军承诺尽量避免击沉中立国船只，但丘吉尔怂恿己方的船只挂中立国家的旗帜并鼓励水手穿老百姓的衣服来引诱德国潜艇浮出水面。德国潜艇的舰长们得到指示，保证潜艇安全才是第一要务，因此，误袭也就在所难免，德国人希望这样的威胁可以吓阻中立国的船只不进入英国的水域。英国对德国的无限制潜艇战大做宣传，谴责德国漠视文明国家的战争法。

美国总统威尔逊拒绝承认在德国威胁使用潜艇战与英国对德国实行饥饿封锁这二者之间存在因果关系，他的同情心总在英国那边，英国违反国际法，有人轻轻拍一下他的手背就算完事。英国宣布对德封锁，严禁一切装载战争禁运物资的中立船只驶往德国，虽然威尔逊对于英国这种侵犯中立方权利的做法表示了温和的抗议，但如英国所预料的，他并未采取任何行动。而德国在公海上的不法行为，立刻得到了华盛顿的谴责，德国潜艇战政策一宣布，威尔逊的答复是：德国政府必须严格负责美国船只或生命在公海上的损失。尽管美国奉行中立政策，希望同交战双方都做贸易，但由于英国掌握着海上优势，对德国实行严密封锁，所以实际上美国在参战前的对外贸易主要是同协约国进行，与同盟国的贸易额则相对较少，庞大的贸易额使美国与协约国联在一起，如果协约国战败，美国几十亿美元的贷款即将付诸东流，经济绳索将美国套在了协约国的战车上。

1915 年 5 月 1 日，冠达海运公司的客轮“卢西塔尼亚”号挂着英国国旗离开纽约开往利物浦港 6 天后，在西南爱尔兰外海域，该船被德国“U—20”号潜艇发射的一枚鱼雷击沉，包括 124 名美国人在内的 198 人葬身大海。美国立即和英国站在一起，对这场惨剧做出激烈的反应。德国对美国的损失表示遗憾，但坚持“卢西塔尼亚”号是英国海军的辅助驱逐舰，载有军火。1915 年 3 月，英国轮船“法拉巴”号被德国击沉，照英国宣传的说法，德国潜艇的艇长不予警告即行开火，杀死了大约 110 人，其中有一个美国人。后来才发现，德国艇长曾经对“法拉巴”号警告了三次，而且是在海平线上出现了一艘英国战舰之后才开火的，而且“法拉巴”号也载着大约 13 吨军火。然而威尔逊给德国政府发了照会，把他的美国政策讲得清清楚楚：“美国政府有义务保护乘坐飘着交战国国旗的船只的美国公民。”无限制潜艇战一直延续到 1915 年底，当年 8 月，德国潜艇击沉了美国“阿拉伯”号商船，美国总统威尔逊严正抗议德国人的行为，声称如果德国不停止无限制潜艇战，美国将断绝与德国的外交关系。因为担心美国参战，德国不得不在大西洋和北海停止了无限制潜艇战，德国潜艇转向了美国船只较少光顾的地中海地区，德国第一次无限制潜艇战告一段落。

饿死一个国家

——英国对德国的海上封锁

大战一开始，英国的驱逐舰就在北海加强了对德国的海上封锁，舰船在英吉利海峡和苏格兰至挪威间320公里的海面上巡逻，拦阻任何开往德国的船只，并确保德国船只无法进入大西洋从事海外贸易。为了防止德国潜艇潜入英吉利海峡，英军在几个星期之内，成功地从挪威到英吉利海峡之间用防潜网和水雷构建了一条严密的封锁线。整个第一次世界大战期间，几乎所有的海上冲突都是围绕着对军用和民用航运的保护、封锁或破坏而展开的，大战开始后，英国马上按照其传统的海上战略对德国进行了远距离封锁，英国为了控制中立国的船运，宣布整个北海和冰岛与挪威海岸之间的水域为交战地带，中立国船队必须先停靠英国港口进行违禁品控制检查，英国人检查中立国船只时把所有发往德国的货物都强行购买了，然后放商船回出发地，这样既可防止人员伤亡，同时也给了船主一些经济补偿。

英国的封锁试图迫使德国全部人口忍饥挨饿至屈服方休。英国对德国的饥饿封锁，违背了被广泛承认的国际法准则，为了阻拦英国的海上贸易，德国也部署了一些战舰伪装商船，企图拦截英国的贸易船只，但大多数都遭到了英国战舰的追击并被摧毁。德国人没有能力封锁英国的贸易，他们不得不另想办法了。在1916年12月的一次情况分析会上，德国海军上将霍尔岑多夫坦率指出，如果在1917年2月取消对潜艇的限制，就可以在夏收之前于6月逼英国人投降。德国经济学家估计，如果潜艇战能连续5个月，每月击沉60万吨位的商船，就会把中立国的船队从英国赶走，这样一来，单靠英国的商船队运粮是无法应付英国的饥荒的。由于英国对德国的严密海上封锁，使德奥处境异常困难。德国人称这种封锁是对妇女和儿童的野蛮战争，并努力用所有可行的办法打破封锁。它的第一次潜艇作战就是针对封锁军舰的，为了挽救败局，德国政府宣布恢

英国皇家海军的航空母舰“狂怒”号，在其后侧飞行甲板上停着的是海军Z型反潜热气球。

英军在追击一艘潜艇时引发的深海爆炸。主动进攻的策略终究要比防潜栅的被动防守有效得多。

复无限制潜艇战，以应对英国的非法封锁。德国人相信，美军在欧洲战场发生积极作用之前，他们即能获得胜利。

来去无踪的潜艇，其致人死命的潜在力量显得越来越令人惊恐，英国海军因此提心吊胆，惶惶不可终日。英国人认为，德国入侵英国是“办不到的”，“贸易被迫中断，商船濒于毁灭”才是主要危险，英国有三分之二的粮食依靠进口，它的生计依靠由英国货船所承运的对外贸易。为了对付德国的潜艇，英国海军部研究出一个解决办法。德国的无限制潜艇战是针对武装商船的，不加警告就把它们击沉了，可是对非武装商船特别是帆船，在船员登上救生艇之前是不予击沉的，于是英国海军将一些商船悄悄地武装起来，并用训练有素的海军士兵伪装成船员，等上当的德国潜艇一浮出水面后就对它发起突然的攻击，他们把这种船称为“伪装猎潜舰”。不知情的德国潜艇因此吃过不少亏，直到 1917 年，德国的潜艇指挥官们才再也不会上这种当了，而英国人这样做的后果，就是让非武装的商船同样也面临着被攻击的处境，潜艇指挥官摒弃了豪侠作风，没有警告就发射鱼雷，但这也正是英国人所希望的。其实事情足够清楚了，把美国拖进战争，是英国的重要目标，按照丘吉尔的说法是：“把中立国船只吸引到我们的岸边，是最重要的，这就有望让美国和德国胡搅蛮缠，如果有些船出事了，善莫大焉。”

1915 年 2 月 4 日，为了更有效地打击协约国的商船，并保护本国潜艇，德国宣布在英国和爱尔兰周围水域执行无限制潜艇战政策，就是将这些区域划为战争地带，任何进入该区域的船只都将被击毁，不予警告。1916 年 3 月，没有武装的法国汽轮“苏塞克斯”号在英吉利海峡被误认为是军舰而被击沉，沉船上有 3 名美国人，这使威尔逊总统威胁说要与德国断绝外交关系，德国政府作出答复，保证以后在击沉船只之前要先进行调查并采取预防措施。海军上将舍尔认为要按这种方法办事，潜艇战就不可能胜利，于是就把他的北海潜艇支队从西部水域召了回去，并宣布针对英国商船的潜艇战已经结束。

大战期间，约有 200 艘德国潜艇被击沉，英国人自称其中 145 艘要归功于他们。皇家海军动员了 5000 多只辅助船舶，数百公里长的钢丝网，也许还有数以百万计的深水炸弹、水雷、炸弹、大炮和炮弹，才取得这样的战绩。比较一下英国和德国颁布的战争新规则，就会发现德国的规则要比英国温和得多：英国采取布置水雷的办法是无法辨识船只身份的，相反德国只有在误认为是英国的伪装之后才进行。尽管如此，美国面对这两个国家采取了双重标准，对英国的封锁保持了缄默，但对德国则发出严重警告，不仅要保护悬挂美国国旗船只的安全，甚至要保护乘坐交战国船只的美国公民的安全。威尔逊对待英国和德国的双重标准，在把美国卷入战争一事中扮演着重要角色，为美国加入这场战争起最决定性因素的，则是美国声言有权保护交战国船只，只要美国人觉得那船适于旅行即可，以及把武装商船看做和平船只。威尔逊总统拒绝正视英国的不规矩与德国的潜艇战这二者之间的关系，威尔逊的立场“明显站不住脚”，因为一碗水端平，不偏不倚，才是中立国的义务。

研制反潜武器
——协约国的反制措施

1914 年时，没有任何武器可以伤害到潜入水下的潜艇。德军无限制潜艇战给协约国带来的威胁迫使他们——尤其是英国——必须尽快发展出可以解决潜艇的办法。

由于在战前一段时间各国海军都致力于发展攻击性水面战舰，所以在第一次世界大战爆发时，反潜战还是一个相当新鲜的玩意。虽然开战后几周人们就意识到了反潜的重要性，但以英国为代表的协约国，却是在德国的无限制潜艇战中吃够了苦头之后才真正投入其中的——此时他们的海上贸易线路和大型商船都已屡次被击沉，再不用心就来不及了。

由于潜艇无论是在水下还是在水面上行动都很迟缓，所以最开始，战船和货船都把速度和Z字形走法当成躲避潜艇袭击的最有效逃生方式。而如果选择夜间行船，或是不走那些特别繁华的商道，则船只存活的概率又要大很多。后来，人们又开始往船体上涂抹炫目的几何图案，以掩盖其真实的外形，并用船沿垂下的反潜网抵御鱼雷，来保护停泊在港口的船只。不过，人们渐渐发现这些方法都很繁杂，而且不是那么有用。为了保护像英吉利海峡那种狭窄而又脆弱的海上航线，人们又用联合反潜网、水雷和巡游艇组成了规模更大的保护系统，但仍然起效甚微。

这种伪装猎潜艇是英国为了将潜艇诱上海面而设计的。

1914年的战舰只能用舰体冲撞或炮火袭击，才能击伤击沉浮上水面的潜艇，而潜入水中的潜艇几乎是刀枪不入的。由于大多数潜艇指挥官都喜欢直接用大炮而不是鱼雷来攻击手无寸铁的目标，所以协约国决定将计就计，给商船配备武器以作还击。除此之外，英国还发明了一种伪装成商船的军舰——Q舰。这种船看上去就是一艘普通的货轮，很容易诱使敌军潜艇浮到水面，在较近距离发动攻击，但实际上这种船藏了很多武器。不过，Q舰的效果并没有预期的那么好，而且很多潜艇在吃过亏后对一切像Q舰的船只都会有戒心，不太会在很近距离内发动袭击了。

后来，英军又发明了一种联动系统，将一艘可能成为德军攻击目标的水面舰船，用电缆之类的缆绳和一辆潜在水中的潜艇相连。一旦水面战舰受到敌人的攻击，该舰舰长就会通过电缆将信息传给潜艇里的战友。然后，潜艇舰长就解开两舰之间的缆绳，调整潜艇的位置，并向敌军潜艇发动进攻。

当然，反潜方式不止于此。拖着一条引爆线的英军驱逐舰也是新式武器之一，不过这种武器需要在敌我双方极度接近时才能发挥作用。1915年末，可以在水下爆炸的深海炸弹面世，但直到1917年才开始批量生产。水中听音器可以在水下探测潜艇的位置，但只要潜艇潜得更深一些或是行动时控制住噪声，就可以躲过这种仪器的追查。1916年7月16日，深海炸弹和水下听音器首次成功地结合作战。

一支协约国护航舰队中的一部分抵达一个不知名的港口。注意舰身上斑斓的伪装图案。

通过截取潜艇无线电情报和使用飞机、飞艇等确定潜艇位置的方法也很常见。

1914~1918 年间——尤其是 1917 年 4 月协约国护航系统启用之后——德军共损失潜艇 178 艘，其中 38 艘是毁于事故或其他不可知的原因，而剩下的 140 艘里有 50 艘是被水雷炸沉的，29 艘毁在深海炸弹上，19 艘被水面舰艇的炮火击沉，19 艘被撞沉，18 艘被鱼雷击沉，还有 1 艘毁于空袭。德军在大不列颠群岛附近和北大西洋上分别损失 90 艘和 44 艘潜艇，所以他们又将这两片海域称为“死亡地带”。

◎ **“蜘蛛网”**

这是英国海军航空部队在北海上指导研发了一种精准的反潜方法的名称。从 1917 年 5 月起，他们开始用一组包括柯蒂斯 H-12 型和菲利克斯陶威型在内的飞艇进行八角形的巡航。按照这种巡航方法，只用 4 架飞机就能够在 5 小时内检查完 1 万平方千米的区域，而巡航飞机不会放过任何一艘浮在水面上的潜艇。英军宣称他们在当月 20 日就已利用这种巡航方法成功地执行过一次任务，并在之后也依靠此法屡创佳绩。但实际上，却没有足够的证据证明，德军的潜艇及潜艇机组人员受到过这种方法的威胁。

“苏塞克斯号承诺”
——美国人有在战场漫步的权利

1916年的战况给了包括德国在内的每一个交战国更大的压力，英国对德国的封锁也日渐严密，德军在凡尔登耗尽法国元气的计划落了空，加上在索姆河与英军的惨烈会战，大大消耗了德国的军事实力。很多人怀疑德国是否经得起又一年的消耗战，到1916年8月，德国政府和最高指挥部又开始重新审议无限制潜艇战的问题了。到1917年1月，德国的情况越来越艰难，饥饿封锁让平民付出了可怕的代价，德国军方设法游说民间领袖人物相信，实行无限制潜艇战是必要的，即使这意味着与美国开战，他们相信，德国能够击沉足够多的敌船，等到美国把远征军派到欧洲的时候，德国已经胜券在握了。德国海军参谋部认为，只要有足够的潜艇，就能够封锁英国的贸易，最终逼迫它求和。德国建造潜艇的速度大大加快了，但是德国最大的顾虑是美国可能因此对德宣战，如果美国参战，形势对德国将十分不利。但德国人选择了冒险，因为此时的德国除了潜艇这张牌已无其他牌可打了。

负责北海南部的是哈里奇部队，图为该部队中一支小舰队在列队前进。

“卢西塔尼亚”号灾难之后，德国政府已经在私下里决定，放弃向客轮开火的做法。但是，1916年3月，一艘德国潜艇抗命行事，不予警告，即向法国轮船“苏塞克斯”号开火，致死大约80人。船上25个美国人中有3人受伤，这艘船没有客轮的那种常用的标志，它漆成黑色，其船桥看起来像是军舰的舰桥。德国艇长发现它在英国海军部为客轮指定的航线之外航行，疑心它是一条布雷船，接着就向目标发射了一枚鱼雷。沉船上的伤亡人员中有 3 名美国人，这使威尔逊总统在 4 月 18 日威胁说要与德国断绝外交关系。德国政府 5 月 4 日做出答复，以“苏塞克斯”号发誓，保证今后潜艇对商船的袭击一定严格按照“捕获法”的规定，为了旅客与船员的安全，在击沉船只之前要先进行调查、搜查并采取预防措施。

威尔逊坚持要求德国潜艇在攻击武装的商船之前发出警告，这连美国的国务卿兰辛都觉得可笑，因为潜艇发出警告，不过是给了武装商船把自己击沉的机会。德国政府指望威尔逊对英国施加压力，让他们放弃饥饿封锁，允许食品运送到德国，不过叫人吃惊的是，威尔逊接受了承诺，拒绝了条件，因为他认为美国的中立权是绝对的，是不可剥夺的，他逼迫一个交战国严格为违背国际法的行为负责，而对另一交战国的行为不闻不问。“捕获法”原本是适用于战舰对商船的，而这时英国的商船上都已安装了大炮，并已受命向德国潜艇开火，实际上无异于战舰，并且在对等作战中的力量已超过潜艇，所以当无限制潜艇战的狂热鼓吹者、舰队司令舍尔接到这一命令时，认为要按“捕获法”办事，潜艇战就不可能胜利，于是就把他的北海潜艇支队从西部水域召了回来，不允许它们执行登船搜查的任务，并宣布针对英国商船的潜艇战已经结束。

威尔逊这位中立国的总统，在得到了德国的保证后，便打破了美国此前的全部传统，号召为商船配备美国海军的大炮和海军士兵，并指示他们：凡是遇到冒头的德国潜艇，即行开火。得了这样的指示，美国商船便大摇大摆地驶往战争区域了。丘吉尔写道：“德国人从来不明白，将来也永远不会理解，其敌对国和中立世界是怎样怀着恐怖和义愤看待潜艇攻击的。任意将中立国船只击沉是令人深恶痛绝的行为，而将其击沉又不为船员提供安全，任由他们在救生艇上自生自灭或溺毙海中，这在所有航海国家看来都是令人憎恶的行为，除了海盗，迄今绝没有人蓄意这样做。”这说得很是冠冕堂皇，只是不知道，在战场上如果有中立国的人为德军送军火是否英国人出于“人道”就不开火了呢？当它轰炸一个城市时是不是因为这个城市有无辜的妇孺而不开炮呢？

1917 年 2 月 1 日，无限制潜艇战重新开始，德国开始潜艇战的两天之后，威尔逊总统正如他一年前警告的那样，断绝了与德国的外交关系。其实威尔逊总统对此的解释还是比较诚实的，他说道：“作为一个参战国的领导人，在和平会议的台面上，美国总统会有一个座位，但是如果他仍然是一个中立国的代表，他最多只能隔着门缝喊。”在恢复无限制潜艇战后的第一个月内，德国潜艇击沉了至少500艘船只，东大西洋和北海的中立国船运量因此减少了75%，尽管潜艇里的条件非常恶劣，但德军艇员的士气还是随着每一次胜利而高涨，一些德国潜艇取得了令人瞠目结舌的战绩，等他们凯旋回到基地，就成了民族英雄。

协约国的潜艇

————为最后胜利立下汗马功劳

虽然潜艇战的头筹已被德国拔去，但协约国海军却并不认输，迅速地在海战中也投放了许多潜艇。尽管这些“补充军”的风头比不上德国潜艇在不久前表现出来的英武，却也为协约国最后的胜利立下了汗马功劳。

协约国联盟里的各个国家在第一次世界大战里都使用过潜艇，但大多都不是战争期间的产品，而且基本上都存在各种各样的问题。拥有123艘潜艇的法国潜艇部队规模最大，但其中只有25艘是在战时制造的，而且所有潜艇的款式都很旧，在实战中非常靠不住。意大利海军的潜艇部队的规模却只有25艘，加上其后勤

◎英式K级潜艇

图中所示为K-6号潜艇的指挥塔和部分船员。这种级别的大型潜艇是为了配合英国皇家海军水面部队作战而设计的。但由于蒸汽涡轮系统必须密不透水的要求与其频繁上升下潜的行动特点存在冲突，人们不得不花了很多时间去解决这类潜艇的漏水问题。除了本身设计的硬伤之外，这种潜艇还经常和其他同类潜艇或水面舰船发生擦撞。1919年前制造的17艘潜艇中就有5艘是在这种交通事故中沉没的。

排水量：2140吨（水面）

船员数：50~60人

航行范围：5555千米

武器装备：10门533毫米口径的鱼雷发射管，三门102毫米大炮

补给严重不足，最后共损失了8艘潜艇。而在波罗的海和黑海执行任务的俄国41艘潜艇在战中共折损20艘——这些潜艇虽有40艘是“第一次世界大战制造”，但无论从装备还是设计来说，都非常过时。

1914年8月，英军的潜艇部队还登不上台面，总共只有17艘D级和E级潜艇和40艘只能用于沿海作战的B级和C级潜艇。但到各国签署第一次世界大战停火协议时，这支部队却以137艘在役、78艘在造和54艘已沉的潜艇数字成为了世界潜艇的“王者之师”。

英国潜艇上的船员躲在一块帆布后面观察敌情。

在英军制造的各类潜艇中，曾在波罗的海和达达尼尔海峡执行任务的E级潜艇数量最多。这种潜艇在1913~1917年间共建造了58艘，其中22艘在战争中沉没。1914年10月，两艘E级潜艇开始以波罗的海为目标进行首航，以援助由于缺少德制引擎而无法装配现代化潜艇的俄国海军。1915年，另外4艘E级潜艇和4艘C级潜艇也来到波罗的海协助它们的行动——其中，C级潜艇被拆分成零部件进行运输，由铁路转驳船，运到芬兰湾后才重新组装为完整的潜艇。

这批英式潜艇确实击沉了不少敌军战舰，但其最大的贡献却是在波的尼亚湾捕获了运送瑞典铁矿石的德国货船。此役以1918年3月签署的《布列斯特－立托维斯克协议》为标志宣告结束。德国在协议中要求布尔什维克弃用英式潜艇，但这批舰艇上的船员却“宁为玉碎不为瓦全”。4月8日，7艘英式潜艇从赫尔辛基港驶出，抵达深海海域后，船上海员将潜艇全数凿沉。

1915年的达达尼尔海战里到处都能看到E级潜艇的身影：袭击马尔马拉海上土军常规商船的有它们，炮击土军沿海设施的有它们，攻入君士坦丁堡的也有

◎**皇帝陛下舰船之 E–11 潜艇**

下图为穿过土属达达尼尔海峡的英式 E–11 潜艇。1915 年时，该艇在马尔马拉海地区声望极高，曾于当年 5 月 23 日击沉了一艘停泊在君士坦丁堡金角港的土军舰船。E 级潜艇共有 58 艘，除了达达尼尔海峡外也在波罗的海和北海地区出没；在战争中共损失了 22 艘。

排水量：667 吨

船员数：30 人

航行范围：6655 千米

武器装备：5 门 457 毫米口径的鱼雷发射管，一门 5.44 千克级 76 毫米口径的大炮

它们。由海军上尉马丁·纳斯密斯担任司令的 E–11 号艇则是其中的佼佼者，曾在 3 次巡航中击沉 27 艘蒸汽船和 58 艘其他种类的舰船。虽然有 4 艘 E 级潜艇在穿越达达尼尔海峡时被击沉，另外又有 9 艘在抵达马尔马拉海后在行动中失事，但总体来说，英军舰艇还是赚了：在此役中它们共击沉 2 艘战列舰、1 艘驱逐舰、5 艘炮艇、7 艘补给船、9 艘运兵船、35 艘蒸汽轮和 188 艘其他各式舰船。

虽然 E 级潜艇大获成功，但并不表示英国海军在潜艇研发方面就没有犯过傻，他们研制的 K 级潜艇可谓第一次世界大战中最失败的一款潜艇。这种不能独立行动、必须配合英国大舰队才能发挥作用的潜艇在上浮和下潜的过程中都很笨拙，每个动作的完成都要花费大量的时间。而一旦它们潜入水下，就连本方的舰船都找不到它们了，由此而产生的事故和意外简直不胜枚举。1918 年 1 月 31 日晚，在苏格兰海域进行的一次军事演习中，K–4 号潜艇就被“五月岛之战”中曾经登场过的英国巡洋舰派出的 K–6 和 K–17 号潜艇撞沉了。

第十一章

多事之秋

——浑水摸鱼的两个国家

协约国阵营最大的胜利
——布鲁西洛夫突破

第一次世界大战进行到1915年底，东线由运动战转入阵地战，双方进入堑壕战阶段，180万俄军与106万德奥联军如两头疲惫的公牛在寒风中对峙着，俄军这部巨型“蒸汽压路机”在泥泞的东欧大草原上已是寸步难行，损失超过100万。同年年底，俄军从加利西亚和波兰撤退，俄国危在旦夕。直到1916年初，俄军状态才开始有所改善，各种装备和补给开始源源流向前线。至此，在高加索对土耳其的成功作战之后，俄国最高指挥部决定发动一系列有节制的进攻，以缓和德军对西线的压力。俄国决定于当年3月在那拉奇湖北面发动攻势，这次战役以其指挥者的名字被命名为“布鲁西洛夫突破”。

1916年3月17日，俄军西南方面军司令部里来了一位瘦削精干的将军，他就是新到任的司令布鲁西洛夫上将。布鲁西洛夫是一名贵族骑兵军官，曾指挥过第八军团，他的想象力加上对细节的关注，使他的指挥成为1916年俄军成功的最主要的因素之一。还在当集团军军长的时候，其刚烈倔强的脾性就已为人所知，他过人的胆略和非凡的才能更为其部下所钦佩。这次新任方面军司令，俄军大本营给他下达的任务是向卢茨克实施辅助突击，然而布鲁西洛夫却在脑海里酝酿着一个大胆的进攻计划：全线突破德奥军防线，彻底扭转东欧战局！ 布鲁西洛夫受命全面指挥西南边境的军队后，决定放弃俄国传统的“人浪”消耗战略，转而使用突袭战术，他建议沿着奥匈联军的前线发动进攻，并周详地计划了整个战略部署，其中包括发动四次全面进攻，当时，他指挥的四支军队均参与其中。然而，绵亘

布鲁西洛夫正在研究地图，以准备他的下一拨攻势。

德国炮兵部队军官在检查炮击精度。图中所示的大炮数量和西线战场上相比，明显多了不少。

战线的形成给他出了一道难题：迂回两翼合围歼敌，这在战争前夕被认为是最好的机动样式，但敌人宽广的正面排除了在防御敌方侧翼解决胜负的可能性，集中兵力，在某个选定的地段实施正面突破，往往容易暴露己方意图，不能达成战役突然性。当过军校校长的布鲁西洛夫曾经教导自己的学生永远不要迷信教科书，这一次他决心用自己的行动做出表率。

布鲁西洛夫的考虑远远超出其他沙皇军官,他为进攻在细节上做好了一切计划，并对部下强调了一切必需的准备工作，使他们因此完全了解了奥军的防御情况。布鲁西洛夫认为同盟国拥有功能完备的铁路系统，可以迅速把增援部队运送到受到威胁的地区。因此，他决定扩大打击面，这样就可以牵制住敌军的增援部队，使其不得抽身。布鲁西洛夫选择了奥匈帝国的军队作为进攻目标，并开始了细致的备战工作。布鲁西洛夫摒弃了英法军队采用的在一个地段上突破防御的做法，准备在方面军所有集团军地带内，即在四个方向上同时实施突破，使敌军难以判断主攻方向，这样就达到了主要突击的战役伪装，使敌预备队不能向主要进攻方向实施机动。鉴于意军在特伦蒂诺受到重创和协约国请求俄国提前开始进攻以把敌军从意大利战线引开，大本营决定比预定日期提前两个星期开始西南方面军的进攻。

6月4日，布鲁西洛夫的四路俄军同时进攻，连奥匈后备军队也遭受了此次攻击，布鲁西洛夫的第八军团则在卢茨克的普里皮亚特沼泽南部进行大规模进攻，结果摧毁了奥匈第四军团，两天内便成功占领了这座城市。在南部的更远处，第十一军团突破敌军战线，击败奥匈第一和第二军团，而第九军团也占领了奥匈联军的阵地，虽然奥军猛烈反击，但奥军的防线最终还是被攻破了，奥军损失了60万人，其中40多万人被俘。到6月中旬，加利西亚的奥匈军队实际上已经土崩瓦解。东线的溃败使德奥军事首脑惊骇万状，他们急忙从西线和意大利战线调集援军，以堵住突破口，7月中旬，德国和奥匈利用更便捷的交通线路，德军从西线赶来增援，奥匈帝国的援军也从意大利赶来，使被动局面开始有了转机，德军对准俄军较为薄弱的北翼进行坚决反击。在南部，俄军已远至喀尔巴阡山脉，因补给不足而被迫放慢了前行的速度，在北部，德军设法阻止了俄军的前进。

俄西南方面军的成功突破未得到其他方面军的及时支援，俄军大本营不善于组织各方面军的协同动作，形势迫切要求将主要突击从西部转到西南方向，但大本营直到7月9日当德国已在此集结重兵时才定下这一决心。7月中，俄军向坚固设防的科韦利发动了两次进攻，俄军大本营战略预备队布拉佐夫将军的特别集团军也参加了进攻，这两次进攻酿成了斯托霍德河上的持久血战。此役，布鲁西洛夫的士兵总共俘获大约20万人及超过700门大炮，并使军队向前推进了80公里，最后由于缺乏能够进一步追击敌人的援军，布鲁西洛夫只好暂停继续攻击的计划。这次战役俄军伤亡合计为5万人。到了8月份，布鲁西洛夫还在顽强地向前推进，但由于后勤补给困难，俄军伤亡极大，终于在9月20日被迫停止进攻，当树叶变成金黄色的时候，东线战场重又归于沉寂。俄军在布鲁西洛夫攻势中大败奥军，使俄军的攻势最终压倒奥军。不幸的是，辉煌的开头与黯淡的结尾并不相称，这场胜利没能扭转东部战场的最终局势。

俄军西南方面军的进攻是一次大规模方面军战役，尽管方面军的胜利并不是决定性的战略胜利，但在整个战争进程中却具有重要意义。为迟滞俄军推进，德军不得不从西线和意大利战线抽调30多个步兵师和3个多骑兵师，这就减轻了法国在凡尔登的压力并迫使德军停止在特伦蒂诺的进攻，法金汉因此被迫辞去德军总参谋长的职务。对奥匈帝国而言，其影响更为糟糕，它的军力被消耗殆尽，促使奥匈君主制度迅速走向解体。布鲁西洛夫的成功使罗马尼亚人确信奥匈帝国正在崩塌，8月，他们以惊人的速度对中欧列强宣战，虽然最终的结果证实，它的参与无足轻重，因为那时德国和奥匈帝国尚拥有足够的兵力摧毁罗马尼亚并控制其宝贵的资源——小麦和石油。这样，罗马尼亚加入战争的唯一结果，就是更加延长了本来已使俄国精疲力竭的战线。

1916年11月，86岁的奥地利皇帝兼匈牙利国王弗朗茨·约瑟夫一世因战争失败郁郁而终。他是这个古老政权的最后一个代表者，在这次世界大战中，他那长达67年的统治宣告结束，在此期间他经历了跨两个世纪的历史大舞台上的风云变幻，幸运的是他没有看到悲剧的高潮——他所统治的帝国的崩溃。布鲁西洛夫攻势大大减轻了法军在凡尔登受到的压力，挽救了意大利，同时宣告了德奥这两大君主制帝国覆灭的开始。在号称不可能被攻破的德奥阵地上，布鲁西洛夫因创造了“以一点为主，多点同时突破”的新战法而闻名于世，成为第一次世界大战中俄国唯一的“名将”，布鲁西洛夫攻势也以其辉煌的战绩，永垂史册。

严寒中的攻势
——埃尔祖鲁姆战役

俄罗斯帝国与奥斯曼土耳其帝国可谓世仇，俄国对奥斯曼帝国的重要地理位置一直是虎视眈眈，一心想要抢占奥斯曼帝国的首者君士坦丁堡，好打通它从黑海进入地中海的通道，只是碍于欧洲各列强的阻挠而无法得逞。从17世纪起到“一战”结束，俄国与奥斯曼土耳其之间为争夺高加索、巴尔干、克里米亚、黑海等进行的一系列战争，陆陆续续前后共长达240年，平均不到20年就有一次较大规模的战争，而其中重要的就有11次。俄国4败7胜，虽然所夺取的领土并不大，只有摩尔多瓦和高加索两个山地基督教小国，但是沉重打击了奥斯曼土耳其的权威，动摇了它的统治。1916年的埃尔祖鲁姆之战只能算是11次俄土战争中的一次。

在1914年的战争进程中形成了一些新的战场，德国战舰“戈本”号的加入，使土耳其站到了同盟国一方中，从而出现了近东战区。这个战区包括了高加索、

这是一支俄军补给运输队。东线战场糟糕的道路系统给所有参战国都带来了不少麻烦，而春季河水解冻和秋季大雨倾盆时的路况则更是糟糕透顶。

图为俄军的一挺 M1910“索科洛夫”马克沁机关枪及其操作人员。这挺机枪上用来保护机枪手的防护装置是它的一大特色。

达达尼尔、叙利亚、巴勒斯坦、苏伊士、阿拉伯和美索不达米亚等战场。在高加索战场上，俄国的高加索集团军曾在 1915 年的萨雷卡梅什战役中击败了土耳其的军队。在 1916 年，又对土耳其控制下的埃尔祖鲁姆发起了进攻。埃尔祖鲁姆位于土耳其安纳托利亚高原的东部，是土耳其最大省份埃尔祖鲁姆省的省会，它是土耳其东部山区最大的城市与军事要塞，位于肥沃平坦地区，靠近卡拉苏河与阿拉斯河的分水岭，海拔约 2000 米，控制着卡拉苏－阿拉斯谷地通道，自古以来便是兵家必争之地。同时埃尔祖鲁姆又是土耳其最冷的地方，被称为土耳其的“寒极”。

1916 年初，达达尼尔海峡战役刚刚结束，俄军高加索集团军乘土耳其的军队未及脱身，决定先发制人，在土耳其援军到达前向埃尔祖鲁姆发动进攻，企图以向心突击歼灭土军第三集团军。俄国高加索集团军为歼灭土耳其第三集团军并攻占其补给基地和重要交通枢纽埃尔祖鲁姆要塞，实施了一场突然的进攻战役。土耳其第三集团军则依托埃尔祖鲁姆要塞，在亚美尼亚高原难以通行的帕兰德肯、萨布里、卡尔加帕扎勒等山脉组织防御，企图在得到援军加强后转入进攻并粉碎俄国的高加索集团军。

1 月 10 日，俄军首先发起进攻，因为在攻击前俄军采取了精心的伪装而达成了战役的突然性。俄军真正有能力的将领之一尤登里奇率军从卡尔斯出发，在宽广的战线上向埃尔祖鲁姆进军。尽管进攻是在寒风凛冽和遍地积雪的零下 30 多度严寒条件下进行的，但是俄军突击群的部分兵力仍然在 1 月 14 日前突破了土耳其军队的防御，前插到克普里考伊东北的土耳其军队的后方。1 月 18 日，在克普里考伊，阿卜杜拉克里姆指挥的土军第三军团遭到俄军的突袭。刚刚得以逃脱包围的克里姆仓皇退到了埃尔祖鲁姆，损失了约 2.5 万人，其中很大一部分是由于在零度以下的山区中冻伤的。 随后，俄军调集了 16 门重型攻坚炮和 180 门野战炮，在 2 月 11 日清晨发起了强攻，仅一天便攻占了埃尔祖鲁姆要塞北面的两座堡垒，要塞在 16 日被攻克，2 月中旬，尤登里奇猛攻埃尔祖鲁姆，在三天战斗中，突破其堡垒线。土军被俘 8000 余人，俄军缴获火炮 315 门，到 25 日，土耳其军队西撤 100 多公里。与此同时，在海军舰只的支援下，俄军沿黑海海岸发动了辅助攻势。4 月 18 日，占领了特拉布松，此举使俄军的后勤供应大为便利。

俄军突击群的胜利使土耳其第三集团军在克普里考伊、哈桑卡莱地区面临着被合围的威胁，迫使土耳其军队指挥部不得不下令撤退，俄军乘胜追击退却中的土耳其军队，一气进抵埃尔祖鲁姆工事的外廊代韦博因山。俄军攻占了埃尔祖鲁姆、特拉布宗、埃尔津詹等城市。土耳其第二、第三集团军均受重创。巴拉托夫的远征军 1 月开始进攻，5 月在巴格达方向前突到土耳其－伊朗边境。这次战役，俄军以损失 1.7 万人的代价歼灭土耳其军队 6 万多人，沙俄军队在尼古拉大公的率领下占领了埃尔祖鲁姆，打通了进入安纳托利亚高原的道路。

6 月，恩维尔帕夏计划实施两路反攻，维希普帕夏率第三军团沿黑海沿岸地区进攻，艾哈迈德伊兹姆帕夏率领新组建的第二军团向比特利斯推进并迂回到尤登里奇的左翼。尤登里奇于 7 月 2 日以其特有的快速性和判断力开始机动，在埃尔津詹分割了土军第三军团，并在 7 月底将其彻底击溃，土军损失 3.5 万多人。随后尤登里奇转身攻击土军第二军团。但是加利波利的英雄凯末尔为土耳其取得了胜利，8 月 15 日，他攻取了木什和比特利斯。但在 8 月末，尤登里奇重新占领木什和比特利斯，随后，双方均早早地进入冬季营地。直到 1918 年，随着布列斯特－立托夫斯克和约的签订，俄国军队才撤出了埃尔祖鲁姆，而土耳其将军凯末尔也以埃尔祖鲁姆为基地，率部驱逐列强，建立了土耳其共和国。

“背信弃义的意大利”

——卡波雷托战役

1915 年 5 月 23 日，观战近一年的意大利终于参战了，但它不是站在昔日的盟国一边，而是对奥匈帝国宣战。作为大战的参加者，意大利在地中海狭窄的蜂腰部处于有利的海上地理位置，陆上战场则不怎么有利，它的军队数量多，士兵具有农民的刚毅和攀登阿尔卑斯山的技能，还有一位饱经风霜的 65 岁的军队总参谋长——路易吉·卡多纳。此人具有战略头脑，但缺乏战术知识，正是他把意大利军队推向了毁灭。

当大战爆发时，欧洲主要的强国中只有意大利在这场冲突中置身事外。在第一次世界大战前，意大利是“三国同盟”的签字国，“三国同盟”是一个包括德

在卡波雷托之战中担任先锋的部分德军士兵

国和奥匈帝国在内的共同防御公约，尽管德国人对意大利不存什么指望，但在战争爆发之前却征询了这个盟国的态度，因为奥匈帝国要对塞尔维亚进行战争，虽然意大利与德国之间有正式的盟约，但意大利的野心集中在上亚得里亚海以及巴尔干半岛沿岸，这使得意大利与奥匈帝国之间的利益日渐冲突。意大利在与德国的盟约关系中所得到的利益，根本比不上奥匈帝国战败可能带来的潜在利益，故在开战之初，意大利选择了中立。准确地说，它选择了待价而沽，以获取最大利益。但当英国人开始达达尼尔海峡战役之后，意大利人开始着急了，从正常情况来看，英国人应该很快会拿下土耳其，然后在东方开辟新的战线，那样的话，意大利就没有更多可以利用的价值了。

1914年，奥匈帝国在东线的挫败，使德国不得不去支援其盟国，以对付即将冲过喀尔巴阡山山口并扫荡匈牙利平原的俄国人。奥匈帝国对塞尔维亚的另一次轻率的进攻也同样是损失惨重。由于奥匈帝国屡战屡败，意大利显然不大想再保持中立了，而德国最高统帅部担心，意大利成了协约国一方的交战国，会改变形势，使奥匈帝国遭受摧毁。这个时候，英国人抛出了橄榄枝，许诺只要意大利参战，它对奥匈帝国的领土要求一概可以满足，意大利权衡利弊，转而投入了英、法、俄的协约国阵营，并于1915年向德、奥宣战，出兵近90万人、1700门火炮，进攻奥匈帝国。但是，意军在伊松佐河所实施的多次进攻均未成功，这让德奥将其视为“叛徒”而恨之入骨。此后，奥军统帅康拉德将军只能称这个敌人为“背信弃义的意大利”。

意大利参战后，近70万的部队已经逼向新防线上的奥军，那些防线是他们被迫沿伊松佐河及蒂洛尔建立起来的。到9月，意大利军队实际进入战线的接近100万之众。康拉德最希望的就是打击背信弃义的盟友、他深恶痛绝的敌人，因为这个敌人在进行了最卑劣的讹诈之后，在苦苦挣扎的邻居背后捅了一刀。意大利的叛变增强了协约国的信心，法军总司令霞飞认为1916年的作战计划应该是：由俄国和意大利首先在东线和南线发动攻势，在战略上牵制德奥军队，然后再由英法联军在西线大规模出动，一举歼灭西线的德军，从而彻底改变战局。虽然协约国首脑们一致赞同霞飞的计划，但没有就向德军发动大规模进攻的时间达成一致，于是，发动进攻的时间被推迟到1916年3月再确定。

尽管康拉德对意大利发出一连串的威胁，但没有力量付诸实施，奥军正在俄国的进攻中挣扎求存，只能抽出10万士兵来守卫它与意大利之间的边界。奥匈知道，任何意大利的突袭都将是上坡的战斗，奥匈还知道，等到其他战线上的压力一有减弱，就会有部队解脱出来，他们就能比较容易地长驱直入，穿越北部的意大利平原。意大利人在自以为讨得了最好的价钱之后，于1915年5月23日，正式对奥宣战了。它趁德、奥遭到英、法、俄两线夹击之机，出兵进攻奥匈帝国南部，奥军因主力部队陷于俄国战场，决定在意大利方向实施防御，重点防御伊松佐河地区。战前，奥军控制伊松佐河所有渡口和东岸的巴因西扎高地及卡尔索高地，并在托尔明诺和戈里齐亚筑有坚固的桥头阵地。

对意大利来说，唯一可供使用的陆地战场就是它的北部边境，从瑞士到亚得里亚海之间600多公里长的地域，这条战线单就地形而言就足以使人望而生畏。除了自然障碍之外，奥匈军还增添了人为的工事。早在战前，奥匈出于对这位假盟友的不信任，就在边境构筑了野战工事。意大利对奥匈的战争基本上都是围绕伊松佐河、阿尔卑斯山展开的，在遍布沼泽地的伊松佐河平原后面，便是高入云

卡波雷托之战打响不久，意军就开始向乌迪内撤退了。

端的阿尔卑斯山，由奥匈帝国训练有素的阿尔卑斯军守卫着。在这条呈曲线的山脉面前，奥匈军居高临下，占尽了优势，有人把它称为“自古以来人类进攻过的最强大的设防地域”。一位战略家总结道，意大利的困境是，“不攻占山脉，伊松佐河是不能渡过的，而不渡过这条河，山脉是不能攻占的”。意大利在动员日集结了36个师，其兵力远远超过了部署在边境线的奥匈军队。但是东线戈尔利采－塔尔努夫突破战役德奥早已大获全胜，因此当意大利军队在6月23日投入第一次伊松佐河战役时，奥匈已有20个师集结在意大利战线上或其附近，均由欧根大公指挥。意大利进行的是一场艰难的战争，面对五大国中最弱的奥军，意军以数倍的优势兵力，在两年多中发动了11次战役，伤亡超过100万人，却仅取得了微不足道的推进。

1916年，奥军统帅康拉德出于对意大利的轻蔑和仇视，于5月间从特伦蒂诺发动了进攻，他这样做是违背德军参谋总长法金汉的忠告的，也没有德军的支援。奥军在特伦蒂诺一带集结兵力发起进攻，意军缺乏火炮，又未构筑纵深防御阵地，致使奥军主力突破中央防线，占领了阿尔谢罗和阿夏戈两城，打开了进入意大利北部平原的门户，对意军伊松佐河战线后方构成威胁。20日，意军总参谋长卡多纳下令全线撤退。奥军的反攻初期虽取得了一些战绩，但因实施正面进攻伤亡很大，加上补给困难，地形易守难攻，至6月初攻势锐减。随着俄军在东线发起的强大攻势以及意军的反攻，6月底，奥军放弃了一大片所占的土地，撤退到他们精心准备好的防御阵地。此役奥军没能达到既定的战略目标，反而消耗了大量的人力和物力，削弱了东线对俄军的防御力量，导致了布鲁西洛夫攻势的灾难发生，实在是得不偿失。

1917年俄国爆发革命，使德奥联军从两线作战中稍微缓和过来，经伊松佐河战役第11次交战，奥军也伤亡惨重，无力单独对意军展开进攻，只好被迫向德军求援，德军7个师火速驰援，德奥联军遂决定给意大利沉重一击，主攻部队由德奥联军15个师组成，另有两个奥匈集团军配合作战。意大利军有50多个师，但士气低落，战术也很笨拙，对于至关重要的卡波雷托地区，意军竟然没有重兵把守。德奥联军由德国将军贝洛指挥，贝洛计划在托尔明诺、普莱佐一线实施突击，由奥第十、第五集团军分别在右翼和左翼配合行动。1917年10月24日凌晨，德奥联军炮兵对意第二集团军阵地发射毒气弹和高爆炮弹，摧毁了意军的掩体、指挥所、交通线和炮兵阵地。隐蔽集结在菲拉赫的贝洛指挥的德第十四集团军经6小时炮火准备后，以数个突击群对普莱佐、托尔米诺之间地段的意第二集团军发起冲击。虽然山地地形和兵力上的优势有利于意第二集团军进行防御，但其第一梯队只有 4 个师，因而对敌人的抵抗很不得力，防御正面很快被突破。德第十四集团军在卡波雷托渡过伊松佐河，向乌迪内发起进攻。

德奥联军绕过意军坚固的据点，向纵深穿插，于托尔明诺方向攻占卡波雷托，并在普莱佐方向推进了数公里。意大利第二集团军兵力分散，难以阻挡德奥联军的冲击，意军参谋总长卡多纳于 10 月 26 日下令全线撤退。意军第三、第四集团军也在左右两翼受到奥军的攻击，被迫一起撤至伊松佐河以西，准备固守塔里亚门托河防线。意军试图在塔里亚门托河畔组织防御，不但毫无成效，反使意第二和第三集团军彻底溃败，11 月初，德奥联军渡过塔里亚门托河，迫使意军残部撤向皮亚韦河。整个战局似乎表明，意大利将不得不乞求和平。意军的失败和溃退引起英法联合指挥部的恐慌，遂向意大利派遣了 11 个师的援军，由于德奥军的战线过于拉长，进攻才慢慢地停了下来。此时德国已无力继续在战场上保持进攻态势，而奥匈单方面又不具备在战争中彻底打垮意大利的实力。由于来自英法联军的大力援助，意军终于遏制住了奥德联军在皮亚韦河畔的进攻，于 11 月底稳定了战线，在大战的最后几个月，这些联合兵力很轻松地打败了沮丧的奥军。

此战意军损失 32 万人、2500 门火炮，从伊松佐河西撤 100 公里，德奥联军以损失 2 万人的代价夺回意军在伊松佐河战役前 11 次交战中占领的大片土地。卡波雷托战役使意大利几乎屈膝投降，如果德奥联军有足够的铁路和汽车运送兵力，如果兵败如山倒的意大利没有获得 11 个协约国师的支援，卡波雷托之战很可能具有决定性的意义。但不管如何，意大利还是撑过了这沉重的一击，而德奥军的胜利并未改变自己的战略被动，俄国虽然退出战争，但美国却加了进来，一年后德奥投降，意大利遂以“战胜国”的身份捞取到了好处，从奥匈帝国那里吞并了不少领土。看来意大利在“一战”中的决策还是对的，尽管被人们所鄙视。

意大利战场的僵持
——奥匈先赢后输

1916 年春末，奥匈帝国在意大利战场上发动了首次总攻。虽然奥军在开局时打得还不错，但由于意军不断地在伊松佐河沿岸打一些小胜仗，战场形势很快就倒向了协约国一方。

奥匈帝国军队在火焰喷射器的掩护下向意军阵地压进。

意大利原本计划在1916年夏天时再在伊松佐河沿岸发动一轮攻势，但由于凡尔登告急，法国盟友紧急求援，并不擅长指挥大型战斗的意军总参谋长卡多纳只好出于援助盟友的考虑，把这次行动的时间提到了早春。于是，第五轮伊松佐攻势于3月11日登场了。可是由于天公不作美，战场天气一直很差，这次无足轻重的行动到29日就结束了。

伊松佐地区的战斗结果常常能够左右整个意大利地区的战局，但奥国部队却似乎不信这个邪，又在蒂罗尔南部的特伦蒂诺地区开辟了一块战场。特伦蒂诺可以算是一个意语地区，于1915年被意军占领。而奥军此战的目的，就是在南部小镇阿奇亚哥切断伊松佐流域的意军和意国大部队的联络。

在凡尔登战斗正酣的德军拒绝协助这次袭击，但奥军总参谋长、陆军元帅康拉德·冯·霍兹多夫却依然坚持在春末发动进攻。此时，在罗伯托·布鲁萨提指挥下驻守伊松佐河的意大利第一集团军共有10万人。为了一击即胜，奥军特别安排了科夫斯·冯·科夫沙扎率领的奥国第三集团军和维克托·丹克尔·冯·克拉斯尼克的第十一集团军进行联合作战。这支联军不仅有人数4倍于意军的士兵，还有最新配备的2000门大炮，更由尤金大公担任总指挥——不过，实际掌权的行动指挥却是康拉德自己。

阿奇亚哥攻势中，奥国部队围着一台弃置的意军重型榴弹炮。

5月15日，奥军开始从73千米长的火线向前挺进。29日，他们在康拉德的指挥下一鼓作气地把意军逼退到了阿奇亚哥之外。但自那之后，由于地形崎岖等众多原因，奥军便气势渐微，而卡多纳则利用铁路迅速地给伊松佐的意军运来了40万援兵。在对手的顽强抵抗之下，奥军突进意大利火线的努力最终失败了。

6月4日，俄军开始进行布鲁希洛夫攻势，东线战事吃紧。为了避免奥国在东线战场全面崩溃，原本分布在各地作战的全体奥军都不得不在一周之内收缩阵线，急急

◎路易吉·卡多纳

路易吉·卡多纳（1850~1928）于1914年7月开始担任意大利总参谋长。他是一个非常出色的组织者，但却缺乏作为战略家应有的创意。1915年6月到1917年9月间，意军在伊松佐沿岸发动了一系列代价巨大的攻势，始作俑者就是卡多纳。虽然地形因素确实给意军的行动带来了比较明显的影响，但毫无疑问，卡多纳的战略错误才是导致意军行动损失惨重的关键原因。在1917年末德国发动的卡波雷托攻势中，意军由于卡多纳指挥抵抗不力而全面崩溃，这位将军开始逐渐失去来自意大利政府和协约国最高指挥部的支持。当年12月，卡多纳被解职。

1914年7月~1917年11月间意大利的总司令路易吉·卡多纳将军

赶往东线增援。面对意军的猛烈反攻，尤金获准后撤到攻势始发地以外5千米的地方。双方在这次攻势中战成了平手，各自损失了约15万士兵，但奥军却因为此战而精疲力竭，从此只能在德军的帮助下才能发动对意进攻了。

不过，这显然还不能让卡多纳满意，因为他很快又在伊松佐一带布置了新的行动。8月6日，卡多纳从特伦蒂诺调集大批部队，前去攻打戈里奇亚地区早已人困马乏的奥国军队。虽然此战并无亮点，但到意军17日攻下敌方阵地时，却已经付出了5万人的代价，而经此一役，奥军伤亡已高达40万人。双方损失之间的巨大差距让新成立的意大利政府倍受鼓舞，遂于当月28日信心百倍地正式对德宣战，而这也使一直跟意大利井水不犯河水的德国开始踏足意大利战场。

在见证了两军的6次对抗之后，伊松佐地区又于9月14~26日、10月10~12日和11月1~14日爆发了三次奥意对战。不过，这些行动除了造成6.5万名奥军折损、7.5万名意军伤亡及被俘之外，却并没有起到任何其他作用。

“拿着空头支票参战”
——罗马尼亚战役

人的虚荣心和政府的贪婪，是人们熟知的罗马尼亚中途参战的原因。罗马尼亚像意大利一样，于1914年背叛了与奥匈的条约。它在谨慎和贪心之间摇摆了两年，直到1916年8月27日，在布鲁西洛夫攻势胜利的激励下，在盟国许诺分给领土的引诱下，终于对奥匈帝国宣战了。开战前一年，罗马尼亚民意开始倾向协约国，1916年夏天，布鲁西洛夫攻势更是大大鼓舞了罗马尼亚人，他们确信奥匈帝国只剩下最后一口气了，于是决定从奥匈帝国手中夺回属于他们的领土，罗马尼亚最终以特兰西瓦尼亚问题为借口，参加了战争，立即侵入垂涎已久的特兰西瓦尼亚。但是罗马尼亚显然并没做好战争的准备，只是指望着协约国的每日300吨补给的空头支票。

罗马尼亚的粮食和石油是令人馋涎欲滴的经济战利品，但是它的地理位置是很容易受到攻击的，它实际上处于同盟国的包围之中，罗马尼亚的首都离危险的国境线只有不到50公里。它的50万陆军是否有用尚属疑问，因为领导这支军队的是一批对战争一窍不通的将军。1916年8月，罗马尼亚向奥匈宣战，它动员了23个师，总计超过50万人。然而罗马尼亚军队的大炮力量弱，弹药供给严重不足，

罗马尼亚部队把守着喀尔巴阡山脉上通往奥匈帝国的各条要道。

且主要军火库又在参战前数日神秘地发生爆炸。但罗马尼亚的政治家们异想天开地寄希望于保加利亚不会向它宣战，当这个希望在9月1日破灭时，罗马尼亚仍然相信英法的介入将把保加利亚兵力牵制在萨洛尼卡前线。

罗马尼亚一参战就向西、向北发动进攻，目标是夺取喀尔巴阡山和阿尔卑斯山隘口以外的特兰西瓦尼亚，罗马尼亚4个集团军中的3个，在300多公里宽的正面上，穿越相距遥远的山隘，沿着艰险的道路进军。到9月中旬，奥匈军的顽强抵抗、罗马尼亚军的谨慎与无能，加之补给的困难，使这场攻势在前进了80公里之后便停了下来。关于作战的线路，英国参谋本部指望罗马尼亚向南打保加利亚，而俄国却希望罗马尼亚挥师攻打匈牙利，罗马尼亚军队采纳了第二种想法，他们认为保加利亚的地势过于险峻，不适合发动进攻。罗马尼亚在发起攻势时，俄国答应派出3个师来支援，但是实际上俄国按照之前的协定至少应当派出15个师的兵力。

罗马尼亚从宣战之时起，其岌岌可危的地位日益明显。起初，在特兰西瓦尼亚仅有5个疲惫的奥匈师，但9月上半月4个德国师已经接近，且自9月6日起法金汉亲自担任这些部队的指挥。3 个保加利亚师和 1 个骑兵师，以及调自萨洛尼卡前线的 1 个德国师之一部分混编的多瑙河集团军集结在令人敬畏的马肯森麾下，屯兵多瑙河对岸直指多布罗加。罗马尼亚的三路部队穿过喀尔巴歼山隘口，企图先进入特兰西瓦尼亚，然后占据匈牙利平原。罗马尼亚在开始取得一定的进展，但随后同盟国军队在马肯森的领导下，保加利亚和德奥联军发起了大反攻，而且马肯森军团拥有充裕的武器装备，有些武器罗马尼亚军队闻所未闻，包括重炮、掷雷筒、毒气。

尽管罗马尼亚军队拥有数量上的巨大优势，但只要研究一下作战地图就不能不令人焦虑不安。当时的英法军队不能投入战斗，只有靠俄国的援助，而俄国以前一直视罗马尼亚为潜在的敌人，因此，俄国的铁路系统不通到罗马尼亚边界，也就是说俄国不可能很快援助它的新盟友，这就意味着，罗马尼亚将孤军奋战而得不到支援。激战数天之后，三个包围后方的罗马尼亚部队被击溃，而康斯坦察此时直接暴露在保加利亚的攻势下，因此在特兰西瓦尼亚方向上的攻势被迫停止。罗马尼亚军队此时开始退入山地防御，散落在几个山上的罗马尼亚军队已经几乎失去了彼此之间的联系，德军阿尔卑斯军在三日内高速行军 80 公里，直接击溃了锡比乌的罗马尼亚军队，逼迫罗马尼亚军队开始后撤。

正当英法新闻界还在为接纳一个新盟友而欢呼之时，令人吃惊的消息已经来到：9 月 1 日，马肯森指挥的德军已攻入多布罗加。9 月 6 日，他率领保加利亚军队和德国榴弹炮队摧毁了图尔卡伊的多瑙河要塞，俘虏 2.5 万名罗马尼亚士兵，并缴获 100 门大炮。10 月中旬攻克康斯坦察，横渡多瑙河，离布加勒斯特只有 65 公里，对罗马尼亚的都城形成了巨大威胁，罗马尼亚已是危在旦夕。罗马尼亚随即在普列山将军的率领下发动了反攻，险些把马肯森的侧翼包围，但是德军最终挺过了危机，两军的兵力集中起来，罗马尼亚随即又在安格苏发动了一轮反攻，但是又一次被德军碾碎。

12 月 1 日，罗马尼亚放弃首都，12 月 6 日，德军进驻布加勒斯特。顽强自卫的罗马尼亚军向东朝着现在终于来到的大批俄军方向撤退，德军紧追不舍，在同俄军进行了一系列激战之后，将其驱逐到从塞列特到黑海的防线上，罗马尼亚基本全境沦陷，四个月前满怀信心参战的大军不复存在了，罗马尼亚会战结束。完全孤立并战败的罗马尼亚，于 1917 年 5 月签订了一项条约，这一条约实质上使它在大战剩下的时间里成为德国的辖地。

第十二章

东征西讨

——英国的两线作战

化学武器登场

——毒气弥漫的伊普雷

伊普雷，是比利时东部的一个小城市，使这个小城市名扬欧洲的是第一次世界大战，在“一战”中，这个小镇共发生了三次著名的大战，交战双方此伤亡人数达50万之众，特别是毒气的首次投入战场，更是使这个地方从此载入史册。

1914年10月中旬“奔向大海”战役结束，德军占领安特卫普后，英法军队退守伊普雷一线，德第四集团军乘胜追击，德军计划攻占英军据守的伊普雷突出部，为占领沿海港口开辟通路。10月底，德第四集团军在韦尔菲克至德勒蒙地带展开，向伊普雷东南的英军阵地发起猛攻，突破英军第一道防线，英军伤亡惨重，固守待援。随即在法军的支援下，英军重新建立了防御阵地，双方就此展开了拉锯战，德军连续三个星期集中一切力量对英军的防线进行狂轰滥炸，由于求胜心切，德军一度派出未经严格训练的年轻志愿者投入战斗。这些缺乏经验的志愿军在机枪和自动步枪交织的火线中成片倒下，死伤惨重。后来德国人把第一次伊普雷战役称为对无辜者的大屠杀。到年底，双方各自损失十余万人，从此，西线从瑞士边境至加来海峡形成一条绵亘的战线，进入了阵地战阶段。

被毒气灼瞎双眼的英国士兵在等待救援、准备撤退。

1915年4月的一天清晨，微风习习，不胜凉爽，只见在德军的战线上升起了一道一人多高的黄绿色的烟墙，这道烟墙随着风向，缓缓地飘向英法联军阵地。烟中带着一股刺鼻的怪味，英法士兵们被呛得喘不过气来，眼睛痛得睁不开，喉咙像被火烧似的，英法守军顿时一阵大乱，阵线迅速崩溃，跟在烟云后面的德军戴着简易防毒面具冲了过来，未遭任何抵抗，一举突破了英法联军防线。原来，德军此次战役目的是试验一种秘密武器——氯气，并掩护部队向东线调动，这是人类战争史上第一次出现的毒气战（当然，在这之前的东线战场德军曾对俄军使用过一次，只是那次由于气候的原因没产生什么效果，因而并未引起俄军的注意）。这一次，德第四集团军向伊普雷突出部的英第五军、法第二十军阵地连续施放了 6000 罐共 18 万千克的氯气，造成了英法联军 1.5 万人中毒，其中 5000 人死亡，导致英法军防守的战线正面 10 公里、纵深 7 公里的地带无人防守，德第二十六军冲向缺口，迅速占领朗厄马克和皮尔克姆，并向伊普雷 – 科米讷运河推进。然而，德军并没有准备利用这一突破，而且因为在东线的集结，德军亦没有可使用的预备兵力。英军第二军团就地实施反攻，经激烈而艰苦的战斗终于阻止了德军的进攻。这次战役中，德军伤亡约 3.5 万人，而协约国方面为 7 万人。4 月 25 日清晨，德军再次施放毒气，绿色的毒雾贴着地面飘向协约国阵地，加拿大士兵经历了英法士兵同样的遭遇。

这次“毒袭”的发明者是德国化学家弗里茨·哈伯，氯气的比重大过空气，它能与人体中的水反应生成盐酸，因此造成对人体的伤害。大量的氯气可以使人致死，但是它很容易通过眼睛和鼻子察觉到，不过暴露在氯气中的士兵，即使大难不死，肺部也要受到永久性的损伤。德军的毒气袭击激怒了英国，5 月 26 日，英军指挥部也下达了毒气袭击的命令，英军士兵打开了毒气钢瓶，氯气施放了出来，德军对化学战没有准备，不少德军士兵中毒倒下，幸存者也丧失了战斗力，成为英军俘虏，从此化学战成为“一战”中的一种战争样式。英国人反应这么迅速，可见对此种武器也是早有准备的，只不过让德国人把首先使用毒气的恶名背上，弗里茨·哈伯也因此被科学界的许多人称为“恶魔”，尽管他对人类也作出了巨大的贡献——从空气中合成了氮，等于是把空气变成了面包。

1917 年 3 月，俄国“二月革命”爆发后，英法联军担心德国乘机向西线调兵，决定在伊普雷地区先发制人，经过长时间准备之后发起了第三次伊普雷战役。战役于 7 月底开始，英军集中 3300 百多门火炮做猛烈炮火轰击准备，并大量施放毒气。德第四集团军组织“弹性防御”，把主力部署在纵深相机反击，迫使联军每前进一步都需要付出重大代价，德军的新战术和恶劣气候再次迟滞了联军的进攻，双方再次恢复成相持状态。绵绵不断的秋雨也开始了，倾盆大雨持续了两个星期，佛兰德斯平原本是一片沼泽地，加上多年炮弹的猛烈轰炸，此时遇上大雨，已是变成了一大片可怕的烂泥坑，泥淖深得足以淹死人，疲倦的士兵们在隔泥板铺成的狭窄小道上蹒跚而行，一头扎进炮弹坑的伤员就有被淹死的危险，从小道

英国炮兵在准备毒气弹的弹壳。

上滑倒的骡马往往淹死在路边的炮弹坑里。面对着这片泥淖，英法联军不得不停止进攻的脚步，德军就利用这一间歇来加强了自己的防御。8月16日，协约国的进攻重新开始，兰格马克被攻占。由于道路泥泞不堪，黑格不得不再次中断攻势，尽管如此，他仍希望能进一步巩固胜利果实。英军工兵利用夜色掩护，用厚木板和原木在“泥海”上筑路，但到了白天便被德军发现并遭炮轰，这些道路不得不筑了一次又一次。

从1914年到1917年，双方在伊普雷进行了三次大的战役，双方都大量使用毒气，总共死伤50多万人。最初释放毒气的方法是在风向合适的时候将装着毒气的气罐打开，很显然，如果风向判断错误，这种方法就没有用了，再加上气罐一般都位于战壕前方，敌军的炮击很可能击碎它们，所以在实战中使用起来很不方便。在后来的战斗中，毒气改由火炮或迫击炮来释放，在那时的炮弹中，大部分都安装了毒气。1917年，德军使用了具有糜烂作用的芥子气炮弹，伊普雷的上空，再一次飘起了可怕的毒雾，这是一种能引起人体生脓疱的烈性化学武器，它同泥水混合后可在施放后很长时间内保持持久的杀伤力。据统计，在第一次世界大战中，交战国都使用了化学武器，其种类达45种之多，毒剂量达13万吨。毒气攻击的显赫战果引起了交战各国的极大重视，从此，一些国家竞相研制化学武器，并开始了化学武器与防化器材之间的角逐。由于交战双方使用毒剂酣战不休，使得德国未能有效地将西线军队调往东线对付俄国。双方在伊普雷共用了毒剂12万吨，中毒总人数达130多万人，死亡9万人。德国的美梦破灭了，法英等国也大伤元气。

英制坦克

——坦克投入实战的开始

1916年初，英国研发了世界上第一台可以投入实战的坦克。虽然这种新型武器在出场后确实取得了不小的战绩，但由于其速度极慢，经常出现技术故障，所以一时还无法发挥最大的攻击能力。世界上第一批坦克出现于英国，是在许多机构和研究人员的合作之下，以配备了武器的装甲车为蓝本慢慢发展出来的。虽然从概念到实体的酝酿时间比较长，但“试验田”里的坦克却很快就得以进入实战场了。试用版的坦克代号叫做“母舰”，首次落地时间是1916年1月，机身呈扁菱形，两侧装有鳍状的“小炮塔”。马克I型坦克从4月开始批量生产，并于9月的索姆河会战中正式参加实战。

配置了越壕基架的马克V型坦克最早于1918年7月投入战斗。和之前的各款同类产品相比，这种坦克有更密集的火力和更强大的引擎。

闪亮登场的坦克用自己庞大的体型和坚固的装甲将德国士兵吓得连滚带爬地跑出了战壕，但其作战效果却在那之后便急转直下。首先，操纵坦克的士兵在这样狭小封闭的环境里被闷得头昏脑涨，很快就病倒了；其次，当时的坦克性能还很不稳定，经常出现一些技术故障，而战场的泥泞也常常害得坦克寸步难行。但无论怎么说，跟使用者的预期比起来，坦克的表现已经算是很不错了。

◎“坦克”的由来

说出来也许很难相信，坦克的综合发展竟是得力于英国皇家海军的推动，而其中最大的推手，竟然是海军部长温斯顿·丘吉尔。不过，在说明了这一点之后，相信大家就可以理解为什么第一辆坦克的名字叫做“皇帝陛下陆上战舰”了。这个名字虽然形象，但却透露了太多的技术信息，使得敌人可以轻而易举地想出克制之法，所以并不理想。而后来人们为之想出的代号——如“水塔”、“集装箱”、“蓄水池”之类——虽然较为隐蔽，却也都多多少少地勾勒出了这种新型武器的外形。最后，“坦克”一名从众多备选方案中脱颖而出，一直沿用至今。

坦克的“性别”之分是以其配备的武器为标准的：“雄性”坦克一般配备的是两门轻炮和四挺机关枪，而“雌性”坦克则只有单纯的6挺机关枪而已。马克IV型是第一次世界大战中最常用的坦克之一，于1917年4月开始投入战斗。这种型号的坦克“雌雄”兼备，其中“雌性”有595台，“雄性”有420台。但后

◎**马克Ⅰ型坦克**

这是第一款参加实战的坦克。在取得了区域性的胜利之后，所有49辆该型号的坦克绝大多数因为技术故障，或是被敌方炮火击中而退出了战斗舞台。重量：28.5吨

机组人员：8人
最高时速：6.5千米
装甲最厚处：12毫米
武器装备：2门57毫米口径轻炮和4挺机关枪（这种坦克是“雄性”的）

来“雌性”中有不少的右侧枪台被换装为炮台，所以又出现了“中性”坦克。

人们对坦克的优势、劣势分析得越清楚，这种武器的发展也就越快。要对付德军的反坦克壕，其中一种方法就是把坦克的“小脚”变成“大脚”。为了达到这个目的，设计师们先是在坦克尾部挂上了一种绰号叫“蝌蚪尾巴”的外设装置，但这种东西却很不耐用，于是人们改变策略，直接将坦克整体加长。不过还有一种更简单也更常见的办法，那就是在坦克顶上随时都备着一捆柴火，遇到有坑就把柴火卸下来填进去，这样坦克就可以在临时搭成的“桥”上顺利前进了。早期款式的坦克都是随便用一些圆木或灌木枝子来搭桥的，到后来就逐渐演变为专用的金属栅栏了。而当坦克面对泥泞的战场和无人区的弹坑时，则可以在底部用木棍做成“防坑装备”，或是用金属盘加宽坦克的着地面积，从而减轻坦克对地面的压强。

坦克的优势在一次次战斗之中日益显现，而英军则不仅开发出了更灵巧的坦克以配合骑兵的进攻，研制出了专门用来突破敌军防线的重型坦克，还于1917年10月造出了第一辆绰号“赛犬”的中型坦克马克A型，并于1918年3月26日将之投放战场。

看好坦克的人把它们捧上了天，不看好的则又把它们踩下了地，其实坦克本身的表现正好介于两者之间。1917年末的坎布莱之战中，坦克发挥了非常重要的作用，但在帕斯尚尔之战中，坦克的表现却又糟糕透顶。整体来看，这种武器虽然无法打出制胜的一击，却也不至于拖部队的后退，只是由于技术不可靠，就一直这么中庸地在战场上存在着。

第一次装甲集群突击
——康布雷坦克战

坦克在索姆河战役的意外成功，启发了历史上第一支坦克部队的参谋长富勒，1917年8月，富勒提出以坦克为集团展开奇袭的坦克战新思路。但是，富勒的理论没有受到英国军方的重视，1917年9月，法比边境面临德军强大的压力，英国第三集团军司令朱利安·宾奉命发动一次进攻，把德军从法比边境引开，富勒的坦克战新思路一提出就遭到了上级的否决，但是宾将军采纳了富勒的建议，决定动用装甲部队，发起一次坦克战。1917年11月，对坦克的优点十分有把握的富勒决定把所有坦克集中在一起，利用康布雷的坚实地面发动一场大规模进攻，这场进攻起初设想为大炮进攻，却另有人提议，坦克亮相背后的主要目的就是当作铁丝网清理器来使用，这样炮兵就无需承担这一工作重任。如果要追击敌军，它便成为追击的骑兵。不管事实如何，坦克指挥官肯定热切希望战争能真正证明它们的价值。

由于当时的坦克在泥沼中行进困难，富勒开始寻找能大量部署坦克的干燥战场，他找到了康布雷。康布雷位于法国西北部，南面的土地开阔平坦，地形非常适合坦克机动。而且德军在康布雷的兵力不到两个团。为了达到奇袭的效果，直到康布雷战役开始前两个星期，军队才开始集结。直到攻击开始前两天，士兵还不知道要使用坦克。英军的保密工作让德军对此一无所知。英军首次大规模使用坦克，对德军发动进攻，根据战役意图，英国第三加强集团军，不经炮火准备，在步兵、航空兵和炮兵的协同下，在长达12公里的正面上以坦克突击突破德第二集团军的防御，占领康布雷，向瓦朗谢讷发展进攻。为了取得最出人意料的效果，英军没有使用通常的毁灭性掩护炮火。

1917年11月20日，德军俘虏从康布雷附近的地下掩体里救出了一名英军伤员。

11月20日上午，坦克出发了，薄雾掩护着它们前进，渐次性掩护炮火落在它们面前。担任防御的几个师在德军中属于战斗力最差的“二流”部队，又无可投入使用的后备队，大多数德国士兵因这些叮当作响的庞然大物的逼近而深感不安，随后纷纷逃离战壕，因此阵地很快丢失，仅在10个小时之内，前线军队便向前推进了8公里，德军伤亡近5000人，英国坦克及其支援的步兵所夺取的地方，超过他们在三个月的帕森达勒进攻战中的收获。

在康布雷战役中，英军采用了坦克突破堑壕的新战术。坦克以三辆为一个战斗单元，第一辆坦克突破德军的铁丝网工事后，并不急于突破堑壕，而是迅速转向，平行于堑壕机动，以侧面的机枪为后继坦克做掩护；接着，第二辆坦克沿着第一辆坦克开辟的道路进入第一道堑壕和第二道堑壕的中间地带，对两边的敌军进行射击，随后，第三辆坦克也如法炮制，对第三道堑壕里的德军进行攻击。英军坦克和步兵的突然冲击使德军军心瓦解，11时30分，英军占领了德军第一、第二阵地；16时占领了德军第三阵地。

英军在全线向纵深推进了10公里，只有居民点弗莱斯克耶尔没有占领，因为英军坦克在那里遭到了德军密集炮火的阻拦。进攻的头一天，英军实际上已突破德军防御，仅用378辆坦克和4000名坦克兵抵抗6个步兵师，并使得敌军付出约5000人伤亡的沉痛代价，同时还俘虏8000多人，缴获100门火炮和350挺机枪，但由于在组织坦克与步兵协同方面有不少缺点，英军未能扩大战果。由于英军后续部队的缺乏，进行防御的各种准备也大为不足。结果不到一周，康布雷附近的英军阵地便遭到德军的凶猛反击，德军第一次采用鲁登道夫及其参谋人员制定的新的进攻方案，很快把英国人赶回到发起进攻前的地方。

富勒的坦克战新思路虽然一提出就遭到了上级的否决，但事实证明富勒是对的，康布雷战役是一次成功的坦克战，坦克战术第一次出现在战场上，步兵与坦克协同的战术也第一次出现在战场上。康布雷战役是坦克战走向成熟的一个标志，坦克作为陆战之王的王者之风开始在康布雷显现。11月末到12月初，德军对敌方近12个步兵师、1700多门火炮和1000多架飞机构成的突出部实施反突击，反突击之前，进行短促的炮火准备，结果德军收复大部分失地，俘虏约9000人，缴获716挺机枪、148门火炮和100辆坦克。英军将73辆坦克投入战斗，才得以制止敌人的反突击和推进。

12月的第一周，暴风雪阻止了所有军事行动。两周来的战斗使英军伤亡了4.5万人，德军损失的人员大致相同。有1.1万多名德军被俘，英军被俘的约9000人。最重要的是，坦克在康布雷的战略部署表明，适当使用充分数量的机动装甲车辆能够转变战斗形势。事实上，坦克在康布雷战役中所发挥的作用受到人们的普遍看好。但协约国军队最高指挥部在1918年却没有再继续采用大型坦克进攻，也就是说，真正的坦克时代尚未来临。

坦克再厉害也挡不住炮弹的威力，图为在康布雷战场上被炸得支离破碎的坦克。

英军以最小的伤亡取得令人震惊的胜利，坦克成了战争之神，虽然它在战场上的作用毕竟有限。但英国人完全能够以坦克的火力作为取胜的关键，发动一两场大规模进攻。遗憾的是，英国远征军中的高层指挥人员没有真正认识到这种武器的潜在威力，因而黑格只是小批量地使用坦克，或者通常将它作为攻坚战的接应，完全依附于炮兵和步兵的协同配合。

对德国的溃败，鲁登道夫最初的反应是慌乱，但他不久就充分恢复过来，命令援军急速开往这个防区。后来他说，新武器“是够讨厌的，但不是决定性的”。

兴登堡有一个更为清醒的评价，他写道：“英国在康布雷的进攻第一次揭示了用坦克进行大规模奇袭的可能性，它们能够越过我们未遭破坏的堑壕和障碍物，这不能不对我们部队有显著的影响，在康布雷战役中，双方的有生力量和技术装备都受到巨大损失，并且未分胜负。”康布雷战役是大规模使用坦克的第一个范例，对于军事学术的发展有重大影响。步兵与坦克协同动作原则和对坦克防御原则的形成，均与这次战役有着密切的联系，这次战役被后人公认为是协同战术形成的重要实战标志！

法德坦克

——效仿和改进

除了英国之外，德法两国也在第一次世界大战中制造了很多的装甲战车。其中，法国人往战场上投放了三款坦克，而德国自己只造了一种，更多的是把战斗中俘获的英国坦克挪为己用。

◎雷诺 FT-17

1917 年出产的法式 FT-17 型是第一辆带有旋转炮台的坦克。这种坦克具有一定的越野性能，在 1918 年间曾分别于法军和美军队伍中服役。

重量：6.5 吨
机组人员：2 人
最大时速：10 千米
装甲最厚处：16 毫米
武器装备：一挺 8 毫米口径的机关枪，或是一门 37 毫米口径的机关炮

除了英国之外，最热衷于武装作战的就是法国人了。不过，推动这两个国家军备项目发展的力量并不一样，其坦克的发展道路也大不相同。在堑壕战形成之前，法军已经配备了装甲车，法国战争部里的一小部分有识之士深信这种不受路面状况限制的交通工具可以帮助他们打破战场上的僵局。炮兵团长简－巴普提斯特·艾斯提恩讷是推动法军装甲化的关键人物，正是他于 1915 年 12 月向负责军备筹集的法国将军推荐了一种有履带的武装战车。1916 年 1 月 31 日，法军宣布订购 400 辆装甲车，很明显，法军高层此时已经被艾斯提恩讷的建议打动了。

1917 年，一辆中型坦克在驶往法军阵地之前进行最后的伪装。

施奈德公司是首个获准为法军制造战车的企业。在接到订单后不久，他们就以美国霍尔特拖拉机为基础，给其底座以上的结构加装了武器和箱式装甲，造出了一种重 13 吨、最高时速不到 6.5 千米的装甲车。但是由于物资短缺，特别是装甲板严重不足，所以这类战车一直没能进行批量生产。1916 年 9 月 8 日，第一辆施奈德装甲车被运抵法军阵地；11 月末，原本该交出 400 辆装甲车的施奈德公司此时却仅仅给法国机动作战部队送来了 7 辆。眼看着第一笔订单无法按时收货，法军只好将这笔大生意转交给了圣查蒙德设计公司，要求他们在 4 月之前造出 400 辆以施奈德战车为原型、却要比其重将近 70% 的坦克。

不过，这两种战车在战场上的表现都不怎么样。它们高大的外形虽然很有震撼力，但却也太过显眼，加上配备的引擎动力又不足，所以很难躲过炮兵的攻击；而且，这两种坦克跨越堑壕的能力都很糟糕，其中又以圣查蒙德公司的产品更为差劲——由于吨位过重，这种坦克不仅很容易陷入松软的地表，而且其底盘以上部分的体积大得超过了底盘本身，并向车身前方突出，所以在跨越堑壕时还很容易被卡住。

1917 年 4 月的尼维尔攻势是这两种战车的处女秀，只可惜，它们都给演砸了。虽然后来法军仍保留了不少此类型号的坦克，但从 1917 年末开始，新出的雷诺 FT-17 型坦克渐渐取代了它们的位置。雷诺坦克的优点不仅在于其超凡的越野性，更在于全新的旋转式炮台赋予了它们全方位开火的能力。也正因为这样，尽管相对薄弱的装甲使其在防御方面略显不足，但法军和美国远征军在战争后期都依然偏爱这种相对小巧轻便的坦克。

鉴于看多了敌方坦克在崎岖地形和炮兵火力之下的拙劣表现，德国最高司令部对这种机械故障频发的新式作战武器并不是很感兴趣，加上原材料极端缺乏的现实问题，所以到 1917 年末为止，德军出动过的唯一一款自制坦克实际产量也非常有限。

从某种角度来说，A7V 型装甲战车是第一次世界大战中最大的一种坦克，巨大的箱型操作室可容纳 16 名士兵，全车最大的主要火力是一门只能朝前开火的 57 毫米口径加农炮，此外还有 6 挺重机枪可以作为火力补充。不过，笨重的 A7V 不仅行驶速度非常慢，而且常常出现机械故障，由于头重脚轻，还很容易在坡底上翻倒。诸多缺陷使得这种战车的产量非常低，德军持有 A7V 的数量之少，甚至还比不过他们从英军手里夺过来后粉饰一新再继续使用的坦克，而这种二手坦克正是德军晚期对战阶段中的常用武器。

◎**装甲战车 A7V**

1917 年驶入战场的德国 A7V 坦克是一个大块头的家伙。但是由于轴重过大，而配置的引擎功率又不足，所以这款坦克的越野性能非常差。

重量：32 吨
机组人员：16 人
最大时速：13 千米
装甲最厚处：30 毫米
武器装备：一门 57 毫米口径的大炮，6 挺 7.92 毫米口径的机关枪

为石油而进行的战争
——法英瓜分中东

石油，这种最实用的能源，在第一次世界大战期间，越来越显示出它在军事上的重要意义。它不仅是当时在海上那些威武而庞大的海军舰队的必需品（尽管当时的战舰仍然是以煤为主要燃料，但随着内燃机的应用，英国早已尝试建造使用燃油的战舰，只是当时顾虑到石油的来源而未敢实施），在欧洲硝烟弥漫的战场上，处处都离不开石油。以燃油为动力的汽车已渐渐取代了马匹，用来运送战争物资和军队，相对于马匹来说，汽车不但具有速度快、运载量大的优越性，而且使用成本较低，而马匹对军队来说则是一种比较沉重的负担——在战争中，原本运送物质就已是极为紧张的任务，而马匹所需要的食物则会占用许多资源和空间。而这种以燃油为动力的汽车需要储存的燃料就要少许多。

在第一次世界大战中，战场上出现了新式的武器，比如大量的坦克和飞机投入使用，而这一切，都离不开燃油。随着战争的旷日持久，也随着战争中双方对运输线的封锁，石油的供求也就变得越来越紧迫，石油的重要性已经越来越为人们所认识。在第一次世界大战中，由德、奥组成的同盟国所依赖的石油都是从国外进口，由于英国的海上封锁，使它的石油供应变得万分紧张，而对于以英法俄为主的协约国来说，由于德国所实施的潜艇战，商船也成为了德国海军所攻击的目标，世界各国的石油公司又有谁愿意拿他们的油轮去冒险呢？因此协约国的燃油也陷入了一片危急之中，战争已耗尽了双方的石油。德国本土是不产石油的，在整个战争期间，德国所使用的石油绝大部分都依靠罗马尼亚的供应，当时的罗马尼亚不仅是巨大的粮仓，更为重要的是，它还拥有丰富的石油，它的石油产量仅次于欧洲当时最大的石油生产国俄国。可是对于德国来说，这个罗马尼亚也是个不稳定的因素，在经过了一阵摇摆之后，罗马尼亚终于投入了协约国的阵营，1916 年 8 月，罗马尼亚对同盟国宣战，这对德国和奥匈帝国来说，不啻是个巨大的打击，如果断了罗马尼亚的石油供应，同盟国的战争机器显然就将停止转动。当罗马尼亚的军队刚一投入战争之际，德国就迅速派出了马肯森和法金汉这两位能征惯战的将领，仅用了短短的 4 个月时间，就一举荡平了罗马尼亚的军队，使整个罗马尼亚落入了德国的手中，德国自此得到了罗马尼亚宝贵的石油资源。

英国人当然清楚罗马尼亚的普洛耶什蒂油田的重要性，也明白它落到德国手中意味着什么，就在罗马尼亚即将沦陷之际，英国指使罗马尼亚对自己的油田实施了大规模的破坏，罗马尼亚的军队被迫点燃了自己的油井和存油，还破坏了他们的工厂和粮仓，以免落入德军手中为德国所用。占领了罗马尼亚的德军，对罗马尼亚的普洛耶什蒂油田进行了全力的开采，但由于那些油田损坏严重，直到第一次世界大战结束，德国人也没能使这些油田恢复其最大产量。尽管这样，这些油井对极度需要它们的德国来说，还是多少解了些燃眉之急。

1917 年，大战进入第三个年头，石油对于精疲力竭的协约国已是万分紧缺，

图为英军在巴勒斯坦作战时使用的一支运送粮草的驼队。

向美国求援的协约国表示，如果美国不能在石油上大量支持，协约国将无法继续进行战争。在协约国的压力下，美国决定立即向协约国大量提供石油，但是要有一个附加条件，那就是所有被德国海军潜艇击沉的油轮的损失，要由协约国来负担。快要渴死了的协约国对这个条件一口答应，反正在战争中钱早就是靠美国的货款，先欠着，保命要紧啊，一旦战争胜利了，自有战败国去偿还。由于石油的缘故，第一次世界大战又出现了另一个战场——中东战场。中东，这个不为世人所注意的、到处是沙漠的荒凉之地，开始响起了隆隆的枪炮声，中东从此失去了安宁。

当世界刚刚进入20世纪的时候，被称为“西亚病夫”的奥斯曼帝国虽然已是风雨飘摇，但它仍然统治着中东绝大部分地区，在它的统治之下，贫穷落后的中东在当时还是一个很少引起外界的注意的地方。但自从在中东发现了石油之后，它的地位马上就不同了，闻到了油味的英国，立即把它贪婪的目光投向了那里，这个老牌的殖民主义国家，立即就制订了它的掠夺计划。在两次世界大战期间，英国一直在大义凛然地指责德国是侵略者，可英国这个号称“日不落”的帝国，它那广大的殖民地，又有哪一寸不是靠侵略得来的？为了打败本已摇摇欲坠的奥斯曼帝国，在中东地区实施军事行动的同时，英国又策划了进攻达达尼尔海峡的计划，这个计划是当时英国的海军大臣丘吉尔先生所极力主张的，想法是用很多小舰队猛攻达达尼尔海峡。达达尼尔海峡地处战略要地，一旦为英军所占，整个协约国的形势都将为之一变，而中东也自然会随着奥斯曼帝国的垮台不战而得。

狭窄的达达尼尔海峡，是扼守黑海和地中海的门户。它是欧洲和亚洲的分界线，同时也是从高加索地区向欧洲运输石油的必经之路。自从土耳其加入了同盟国一方以后，就死死地扼住了协约国这道咽喉。在英国人眼中，垂死的奥斯曼帝国绝对是不堪一击的，但这一次它失算了，在德国的帮助下，达达尼尔海峡的防御已变得十分强大。在这次战役中，英国的海陆军无不丢盔弃甲，损失惨重，狼

在美厉多之战前夕，英军的一支补给队穿过巴勒斯坦地区中部的河流。

狈而归，丘吉尔也因此丢了他的职位。数万名协约国士兵为此付出了生命，尽管他们当中绝大部分都是来自英国的殖民地。英国人之所以不惜付出这么大的代价，其最根本的原因之一，就是要控制这一地区的石油，石油使人疯狂。

达达尼尔海峡战役失败后，英国把目光转向了中东，英国人在派出军队的同时，鼓动当地的阿拉伯居民起来反抗奥斯曼帝国的统治。奥斯曼帝国对这个地区的统治已600多年了，到现在，当地的阿拉伯民族已经开始不买奥斯曼帝国的账了，他们正在酝酿着独立运动，英国人正好就势插一杠子，他们同当地的阿拉伯独立势力进行了多次的秘密谈判，并一口保证支持他们建立独立的国家，以此鼓动他们起来向当地的土耳其军队进攻，从而起到牵制土耳其军队的作用。其实英国人是不会真的要让中东地区独立的，不久之后，英、法两国就签署了《赛克斯－皮科协定》，一起瓜分中东地区。

正当协约国在中东为争夺油田费尽心机的时候，同盟国在东线战场也开始了另一场石油争夺战。1917年，俄国爆发了“十月革命”，建立了人类史上的第一个社会主义国家。刚夺得俄国政权的苏维埃政府为了退出这场不义的战争，被迫与德国签订了《布列斯特条约》，作为这个条约的一部分，苏俄把高加索地区的巴库油田移交给了德国。巴库油田是俄国最大的油田，德国人对得到这个油田真可谓欣喜若狂，可不曾想，土耳其也早对这个油田觊觎已久，就在德俄协商移交油田之时，土耳其军队却抢先占据了这个油田。此时的德国在西线已招架不住协约国的攻势，因此无暇与土耳其争夺。说实话，土耳其的力量的确不怎么样，没有德国的帮助，它对巴库油田所控制的时间也没多久，1918年8月，巴库油田就落入了英国人的手中。

俄国革命刚刚胜利，国内就爆发了内战。新生的苏维埃政权与受到列强支持的白军展开了殊死的战争，由于英国人控制了高加索的油田，红军失去了石油来源，而乌克兰的顿涅茨克煤矿又为白卫军所占据。在得不到石油和煤炭的情况下，红色政权度过了一个可怕的冬天，火车因没有足够的燃料而无法开动，居民因寒冷而冻死在自己的家中。1919年8月，苏俄打败了白军，巩固了自己的政权，英国人不得已从高加索地区撤离，苏俄恢复了它对高加索地区的政权。英、法于是将其精力全部投向了世界上石油最丰富的地区——中东。战争结束后，战败了的奥斯曼帝国被瓜分得四分五裂，新建立的许多阿拉伯国家虽然拥有了一些自主权，但实际上它们已经成为了英国和法国的“受保护国”，中东的石油资源已被英法两国牢牢地控制在自己手中。从那时起，中东人民又开始了反对殖民者的斗争。

大漠“公牛”艾伦比

——“一战”中最出色的英国陆军将领

第一次世界大战过去后，喜欢搞“名将排行榜”的军史学家们开始评选“‘一战’中最出色的英国陆军将领”，结果在欧洲主战场与德军拼命的英军司令弗伦奇、黑格等人纷纷落选，而在次要的中东战场与土耳其人干仗的艾伦比却光荣当选。这位绰号“公牛”的将军为啥人气那么高呢？

艾伦比1861年4月23日出生于诺丁汉郡的布莱肯霍斯特，是海因曼·凯恩·艾伦比和卡特琳之子。在英国的乡间他度过了舒适而活跃的童年，他们全家先是住在萨福克，后又搬往诺福克。他早年并没有梦想成为一个伟大的将军，而是去考公务员，结果考了两次都没考上。当他心灰意冷的时候，却接到军事学院的录取通知书，他就这样当上了兵。第一次世界大战于1914年8月爆发后，艾伦比一开始在西线的英国远征军中指挥一个骑兵师。随后不久，该骑兵师扩充为一个骑兵军，仍由艾伦比统辖。11月，他转任第五军指挥官。由于表现出色，在第一次伊普雷会战后，他于1915年10月再次晋升为第三集团军的司令官。

艾伦比生得魁梧健壮，脾气暴躁，动辄发怒，所以人们送给他一个“公牛”的绰号。但艾伦比是一头聪明的公牛，而是不是那种不动脑子的莽夫。在1917年4月9日到15日英军发动的阿拉斯攻势中，艾伦比指挥部队取得了很大的成功。虽然他在1917年的阿拉斯战役中表现得不错，但他的上级——英国远征军总司令黑格——并不喜欢他，这倒不是因为艾伦比的“公牛”风格，而是因为黑格是个出了名的“屠夫”将军，打起仗来顽固保守，不顾自身伤亡，艾伦比则属于那种战术灵活、随机应变、特有想象力的人，所以黑格就不喜欢艾伦比，正巧这个时候，英国军队在中东战场老是被土耳其人打败，于是黑格就把中东的重任交给了艾伦比。

在巴勒斯坦战场上，陆军上将默里率领的英国埃及远征军两年半来一直在西

图为在开战前不久由铁路送往比尔谢巴－加沙一线战场的英军士兵。

图为驻扎在雅法附近的英军皇家驼队中的澳大利亚士兵。

奈沙漠中与一支土德联军对垒，但战果甚微，英军将士士气低落、怨气满腹。而默里却只待在富丽堂皇的开罗萨伏伊饭店，从来没有去过前线，面对困局一筹莫展。1917 年 6 月，艾伦比来到次要的中东战场，取代默里出任驻埃及的英军司令。艾伦比出征前，首相语重心长地对他说："我希望你能拿下耶路撒冷，作为献给咱们大英帝国的圣诞节礼物。"就这样，艾伦比从西线战场调到了中东战场，正是在中东战场，艾伦比才创造了他一生中最辉煌的业绩，使自己成为"一战"中最了不起的英国陆军名将。

1917 年 6 月 28 日，艾伦比步入英国远征军司令部，马上就开始改变那里的一切。他把一大批参谋、几位年纪大的上校、一位师长和他的总参谋长遣送回国，并前往加沙前线看望部队，几天后，艾伦比把司令部从萨伏伊饭店挪到距前线不远的沙漠地带。这样，上任不久，他富有活力的领导就使英军低沉的士气高涨起来。艾伦比在中东战场仔细一看，发现这与欧洲战场真是天壤之别，在欧洲打仗可以躲在堑壕里，而中东大漠压根就没有能躲的地方，不过艾伦比挺高兴，因为广阔的沙漠地带正好可以尽情发挥他擅长的骑兵作战。既然是在沙漠打仗，光有战马还不行，还需要一种更强力的动物，所以艾伦比搞了好多骆驼，组建了一支骆驼特遣队，又把骆驼特遣队与骑兵合体，变成了"沙漠战马骆驼军团"。

1917 年 7 月，艾伦比会见了原来驻开罗的英军情报官劳伦斯，接受了他的建议，把亚喀巴变成一个重要基地，提供装备和黄金，以实现阿拉伯人向叙利亚的北进。艾伦比把劳伦斯提升为少校，并将费萨尔部组成其部队的右翼，从而把劳伦斯和费萨尔直接置于自己的麾下。劳伦斯对汉志地区的铁路展开打了就跑式的袭击，实质上切断了该条铁路，使驻麦地那的土耳其部队朝不保夕。一切准备好后，艾伦比于 1917 年 10 月发动了进攻，他派出一支军队佯攻加沙，自己则率领步兵和"沙漠战马骆驼军团”突袭了土耳其军队在比尔谢巴的防御工事。拿下比尔谢巴可是至关重要，因为这里是水源所在——在沙漠作战，没水就惨了。接着艾伦比乘胜追击，攻占了加沙，圣诞节之前终于拿下了圣城耶路撒冷，这让劳合·乔治首相兴奋不已。

耶路撒冷为英军占领，虽然没有像艾伦比期望的那样包围歼灭敌军，整体来说第三次加沙之战仍然取得了辉煌胜利，在这次战役后，土德联军最高指挥官福尔肯汉以地中海和犹地亚丘陵为依托，在耶路撒冷北边建立了美吉多防线。但福尔肯汉迅即因丢失耶路撒冷而被免职，取代他的是以坚守加利波利而闻名遐迩的桑德斯将军，由于美吉多防线十分坚固，加上部分部队被抽调到法国，艾伦比只能暂时按兵不动。

1918年，艾伦比在土耳其军队防御战线的西部搞了大量假帐篷假阵地，还扔在此处不少战马，却在东边对土军发动了强攻，土军一败涂地。艾伦比决不允许土军有时间重新集结，他一路穷追猛打，连续攻占大马士革、霍姆斯和阿勒颇，土耳其实在受不了了，被迫停战，退出了第一次世界大战。在这场决战中，艾伦比灭掉8万多敌军，而己方仅战死不到900人，受伤不到5000人。艾伦比因为在美吉多平原的这场胜利，在1918年10月被封为子爵并晋升为陆军元帅，任驻埃及总督。

在任驻埃及总督期间，艾伦比释放了流放于马耳他的埃及民族主义领袖柴鲁尔，尽管承受了很大的压力，克服了几次政治动乱，他仍督促英国于1922年承认了埃及的独立。1925年艾伦比与上司发生争吵而被迫退役，成为爱丁堡大学的校长。艾伦比是一位严厉的军官，“公牛”一发怒，他的属下就吓得半死，不过他与士兵同甘共苦的风格又让他获得官兵们的尊重。他不但是“一战”期间最出色的英国陆军将领，也是史上最后一次成功的大规模骑兵战的指挥官，他以最少的伤亡赢得了最大的胜利。生活中的艾伦比是一位鸟类学和植物学的狂热爱好者，可爱的鸟儿和花草比枪炮声更能滋润他的心灵。1936年，这位“公牛”名将在伦敦病逝，终年75岁。

争取民族独立

——阿拉伯大起义

1916年6月爆发于阿拉伯半岛的反对奥斯曼帝国、争取民族独立的阿拉伯大起义，是阿拉伯人与奥斯曼土耳其统治者长期斗争的继续。19世纪末，在叙利亚兴起的阿拉伯民族主义，为这次起义作了一定的思想和组织上的准备，而第一次世界大战的爆发，则为这次起义提供了时机。1918 年 10 月，费萨尔统领的起义军攻占了大马士革，结束了奥斯曼帝国对阿拉伯半岛长达 4 个世纪的统治，阿拉伯人的历史从此翻开了新的一章。

阿拉伯人曾创造过辉煌灿烂的文明，但随着阿拉伯帝国的瓦解和崩溃，从 16 世纪起，阿拉伯人就沦为了奥斯曼帝国的臣民。19 世纪下半期，奥斯曼帝国已衰微破败，处于崩溃的边缘，俄土战争失败后，奥斯曼帝国面临西方列强新的瓜分，突尼斯和埃及先后为法国和英国人所占领，西方势力渗入到阿拉伯的东方地区。

传教士纷至沓来，在沙姆等地开设学校，进行文化渗透，西方的民族主义思想接踵而至，阿拉伯民族开始觉醒，叙利亚和黎巴嫩成了阿拉伯民族主义思想的发祥地。在西方民族主义思想的影响下，阿拉伯人第一次把自己看成是一个与土耳其人不同的民族，在同青年土耳其党并肩反对奥斯曼帝国的统治者哈米德二世专制统治的斗争中，阿拉伯民族主义者逐渐形成了自己的政治主张。他们支持青年土耳其党在 1908 年夺取政权，希望帝国能实行民族平等的政策，给阿拉伯人以充分的自治权力，但执掌了奥斯曼帝国权力的青年土耳其党依然奉行大土耳其主义，阿拉伯人的自治要求遭到了断然拒绝。

20 世纪初，在阿拉伯半岛出现了许多要求阿拉伯民族自治的组织和有影响力的人物，其中麦加的执政者侯赛因·伊本·阿里就是代表人物。侯赛因·伊本·阿里属哈希姆家族，1918 年被奥斯曼统治者任命为希贾兹总督和麦加谢里夫，掌管圣地的宗教活动。侯赛因·伊本·阿里对受制于奥斯曼帝国早就心怀不满，企图摆脱其统治，在阿拉伯半岛和“肥沃新月”地带建立由他统治的独立的阿拉伯国家。在当时，大多数阿拉伯人渴望自治而不是渴望独立，例如，在巴黎的阿拉伯学生于 1909 年 11 月建立的一个秘密团体“青年阿拉伯协会”，其目标就是要在奥斯曼帝国的范围内实现阿拉伯自治；另一秘密的阿拉伯团体“盟约协会”在伊斯坦布尔成立，其成员大多是奥斯曼军队中的阿拉伯军官，其纲领几乎与巴黎的“青年阿拉伯协会”的纲领完全相同。1914 年第一次世界大战爆发，土耳其加入同盟国，向英法宣战。阿

贝都因部落的酋长在等着与“阿拉伯的劳伦斯”及其他阿拉伯领导人会面。

土耳其伤兵在提克里特的印军急救站等候撤离。

拉伯世界的领导人们眼看奥斯曼帝国行将灭亡，决定尽快离开这条正在下沉的船只。英法两国则乘虚而入，为鼓动阿拉伯人起来反对土耳其，造成奥斯曼帝国的内乱，英法两国向阿拉伯人许下了种种诺言，这就使许多阿拉伯领导人和政党团体改变了初衷，开始要求独立，如青年阿拉伯协会和盟约协会等都是这样。

大战爆发前夕，由于侯赛因·伊本·阿里明显的独立倾向，奥斯曼政府撤销了他的总督职务，并废除了他所享有的一切特权。大战爆发后，奥斯曼政府派杰马勒帕夏为土耳其第四军军长，执掌了阿拉伯半岛各省的军政大权。杰马勒帕夏对正在兴起的阿拉伯民族主义运动进行了残酷镇压，仅在大战开始后的一年中，就有数十人被处死，上千人被关进监狱或流放到边远地区。杰马勒帕夏的高压政策，激起阿拉伯人的强烈愤慨，要求独立的呼声从此越来越高。英国人对当时属于奥斯曼帝国的中东地区那是早有野心的，1916 年时正是英国所派出的远征军在中东大吃败仗的时候，他们被土耳其打得丢盔弃甲，为了分化瓦解奥斯曼土耳其在中东的力量，英法两国极力鼓动当地的阿拉伯人起来造反，以坐收渔人之利，这也是英国这个老牌殖民国家所惯用的手法。

当时叙利亚民族主义组织的力量十分薄弱，希望与侯赛因·伊本·阿里结盟。侯赛因·伊本·阿里也想借助他们的力量来实现自己的愿望，遂于 1915 年 9 月派其第三子费萨尔到大马士革，与阿拉伯民族主义秘密组织商谈起义事宜。在麦加的侯赛因·伊本·阿里虽然被奥斯曼政府废除了所享有的一切特权，但他毕竟在当地阿拉伯人中有着极大的影响和势力，1916 年，侯赛因·伊本·阿里在获得英国虚伪的承诺后，自称为“阿拉伯人之王”，率众发动了阿拉伯大起义。

“一战”主战场虽然在欧洲大陆，但英国人却在中东得到了阿拉伯人全方位的支持。这份支持不是无条件的。为了确保阿拉伯人在“一战”中对抗和德国结盟的土耳其，英国人向阿拉伯军队保证，战后将给予整个阿拉伯以主权和独立。这支阿拉伯盟军处于英国人劳伦斯的指挥之下，劳伦斯是英国海军大臣丘吉尔的好友，也一直被怀疑是英国的情报人员。

侯赛因·伊本·阿里以争取阿拉伯人的民族独立为号召，举兵向驻扎在麦加附近的土耳其军队发动进攻。在阿拉伯军队、部落武装的联合猛烈打击下，土耳其在希贾兹的军队迅速瓦解。起义军连克麦加、麦地那、吉达、塔伊夫等城，1916年10月，侯赛因宣布自己为阿拉伯国王，但英、法、意等国只承认他为希贾兹的统治者。

英军推动一门155毫米口径的榴弹炮穿过大街小巷，引来巴格达居民的围观。

1918年10月，侯赛因·伊本·阿里的儿子费萨尔统领联军攻占大马士革，后被立为叙利亚国王。第一次世界大战结束后，英国背信弃义，和法国一起瓜分了中东地区，阿拉伯地区人民刚刚获得的民族独立便被帝国主义所扼杀。中东的阿拉伯人被分割成十多个国家和地区，严重阻碍和削弱了阿拉伯人之间的联系。各地阿拉伯人民反对殖民统治、争取独立的斗争基本上是以国别为单位进行的，以实现阿拉伯东方地区的统一为目标的政党和团体随之敛迹，代之以反对殖民统治、争取各国独立的政党和团体，从奥斯曼土耳其的统治下解脱出来的阿拉伯人又进入了反殖民者的斗争时期。

“献给英国的圣诞节礼物”
——攻占耶路撒冷

当土耳其于1914年11月初与德国结盟时，英国在中东的兵力包括一个为保护英波石油公司的财产而驻守在波斯湾的阿巴丹岛的印度旅，几个月后，印度陆军的高级军官尼克松将军把他的部队调往苏伊士运河－巴勒斯坦地区，汤森德在那里率领一个军，土耳其军的实力和英国相等，计有阿瓦士附近的部队8000人和幼发拉底的1.8万人，可是英国人仍然低估土耳其的战斗力，本来处于守势的土军此时得到有效的增援，正规军及新招募的阿拉伯人合计2.1万人正严阵以待。英国人对此一无所知，双方刚一交手，土军即以压倒性兵力迫使英印联军后撤至库特拉马拉，并于12月3日将该镇合围，汤森德只能坚守以待援军。两天的战斗，1.4万人的英印军队伤亡了4500人。于是，汤森德的筋疲力尽的部队带着只够两个月的存粮退到库特拉马拉，追击的土耳其军包围了库特拉马拉，粉碎了一切援救守军的尝试。

1917 年 12 月 11 日，艾伦比将军穿过雅法门进入耶路撒冷，持续数周的战役至此结束。

后方的英军并未有任何拖延，立即快速开赴库城。但沿途上土军骚扰不断，到 1 月末，城内的情况日益恶化，军粮已经耗尽，只得屠宰运输用的牲畜充饥。人数众多的印度军人因为拒食马肉，已濒于饿馁。3 月，城中已是山穷水尽，无奈之下的后方英军使用随军用于侦察的 7 架飞机向城中投放食物，当时飞机很简陋，物品只能悬挂在飞行员的座椅下，在目的地上空投下，为完成任务，飞机不得不冒着被土军击中的危险在低空飞行。自 1915 年 12 月初以来，位于美索不达米亚的库特拉马拉的汤森德，被土耳其和阿拉伯军队围困着，该地守军于 4 月 29 日投降。在 5 个月的围困中，约 1 万人被俘，另有 1700 人死亡，2500 人受伤，大批死于疾病的战士曾经几个星期得不到足够的配给。

在苏伊士运河 – 巴勒斯坦地区，奔袭与反奔袭，加强兵力与构筑工事是 1916 年大部分时间的特征，阿奇博尔德·默里爵士于 1916 年 3 月接管埃及英军指挥权，该地兵力最大时达 14 个师，但迅速减少到 4 个师，过度紧张的英军在苏伊士运河附近建立了另一道筑垒地域，这是对 1915 年土耳其军队进攻运河的战略性反制措施，但这个反制措施不必要地耗费了大量资金。英国内阁为转移公众对加利波利灾难的注意力，要尼克松攻占巴格达。不熟悉地形的印度士兵，在巴格达东南 32 公里处与土耳其军遭遇。

1916 年是以协约国在外围战区的严重挫败而开始的，加利波利半岛的撤退在 1 月份完成，英国在达达尼尔的失败，使土耳其部队解脱出来，作又一次进攻埃及的尝试，这一次，土耳其人在苏伊士运河被击退，已经渡过这条水道的前进部队大批被击毙。1916 年 8 月，默里将军奉命指挥在美索不达米亚的英印军，他的任务是策划夺取巴格达的战役，受命于 1917 年春攻占加沙以开始对巴勒斯坦的入侵。默里于 1917 年 3 月发动了加沙战役，用 5 个加强师进攻约 3 个土耳其师，胜利已经在望，但由于缺水和参谋人员的错误决定导致了失败，英军撤退了，伤亡 4000 人，土耳其伤亡约 2500 人。4 月，默里再次试图进攻，但这次土耳其的阵地已增加了 1 个师，一场残酷的正面强攻的结果是英国人遭到惨败。

土耳其以 3.5 万左右的兵力，抵挡 12 万人的英军，俘获的俘虏在 9000 人以上，但其余人的下落没有报告，他们大概不是被杀就是逃走了。这是一次代价很大的战役，英军伤亡了4万人，疾病也给部队造成重大损失，默里本人也罹霍乱而死。新派到巴勒斯坦来的是一位绰号叫“公牛”的艾伦比将军，艾伦比请求并得到了增援部队，整个夏季都在进行精心准备，到秋天，他已有7个步兵师和3个骑兵师做好准备，土耳其方面也得到增援，但为数不多，英军仍至少占有二比一的优势。对英国内阁来说，耶路撒冷是最受珍视的，英国人知道，夺取这个城市在政治上既对奥斯曼土耳其帝国是致命的，又可提高英国士气，补偿在西线的逆势。

“公牛”艾伦比上任时，英国首相劳合·乔治告诉他：“我希望你攻占耶路撒冷，作为献给国家的圣诞节礼物。”10月底，艾伦比向加沙阵地发起进攻，与其前任者的计划相反，艾伦比以3个师的兵力在加沙正面实施佯动，同时秘密伺机攻击贝尔谢巴。此举完全达成了突然性，但成功还取决于进攻部队夺取城中水井的能力。若不能夺取水源将意味着攻击部队的失败，并很可能导致整个攻势的失利。艾伦比以步兵对贝尔谢巴实施正面攻击，同时指挥其骑兵向东实施大范围的机动，然后迂回到该城。经一整天的战斗，至黄昏时，骑兵的冲锋达到高潮。澳大利亚骑兵旅跨过土军的铁丝网和堑壕线，冲入贝尔谢巴城内，并夺取了隐藏的水源。守军慌忙撤退而暴露了第七军团左翼。11月6日，艾伦比向北实施打击，将土军两个军团分割开来。随后他派遣其骑兵部队跨过沙漠向大海挺进。土军及时撤出加沙才免于被包围。土军第八军团撤往海岸地区，第七军团则退往耶路撒冷。11月初加沙被攻占，这次进攻英军胜利了，但不彻底，土耳其人仍牢牢控制着掩护他们退却的一些重要的交通枢纽，退却与追击都受到干旱土地上最宝贵的财富水的制约。如今，通向耶路撒冷的道路已经打开了，艾伦比给渴望胜利的英国人带来了诱惑——向耶路撒冷进军！

11月末，艾伦比集结他的兵力，向加沙发动第三次进攻，尽管后勤保障困难而且缺乏水源，艾伦比还是挥师向土耳其第八军团仓促建立的防线发起进攻，迫使土军沿铁路线向北退却。随后，艾伦比转战于耶路撒冷。随着土军增援兵力从阿勒颇赶至，以及法金汉前来实施指挥，艾伦比停了下来。法金汉在大海至耶路撒冷之间重新建立了一道防线，随后，双方在朱

在战争最后几周里，成千上万土耳其士兵被俘，图中只是部分俘虏。

迪安山地开展了激烈的交战。英国的实力计 7.5 万步兵和 7000 名骑兵，敌方为 4.2 万步兵和 1500 名骑兵，艾伦比的骑兵冲过去，在防守者后面扇形展开，接着土耳其军都被跟在骑兵后面进行白刃战的步兵击溃，加沙也受到英国战舰的重炮轰击，一周后，这种联合突击把土耳其军压倒了，约有 1 万土耳其士兵被俘。12 月 8 日，艾伦比用 4 个师对耶路撒冷发起了决定性的进攻，他们拥有制海权这一无价的优势，胜利必然是英国的，土军防线后缩而且崩溃了。

12 月 9 日，土军从耶路撒冷退却，这座圣城终于落入英国人手中。12 月 15 日，土军发动反击但被击退。几天以后雨季到来，作战季节结束，英军巩固了自己的占领地，土耳其军队的残部开始向北退却。艾伦比使英国首相如愿以偿，并且把耶路撒冷这个圣诞节礼物献给了英国，这位胜利的指挥官穿了简朴的军服，徒步走进了这座圣城。艾伦比的一击，使土耳其人的士气低落至无法补救，据记载，逃兵在人数上远远超过仍服军役的人。

“一战”战场上的骑兵
——渐渐没落但作用独特

战争刚爆发时，每一支军队都拥有相当多的骑兵。虽然骑兵的地位在西线战场上仅位列第二，但在其他地区他们却表现优异，特别是在巴勒斯坦的战场上。

战争之初，每一支军队都有骑兵，有的甚至为数甚众。俄国的骑兵有 29 个师，多得令人咋舌；同等的编制在德国有 11 个，而法国和英国则分别只有 10 个和 1 个骑兵师。但这些骑兵在 1918 年时已经几乎和所有的战斗都没关系了。将军们原本指望还能看到一些传统的作战场景，譬如说两队骑兵互冲，一方骑兵骑着战马追击溃不成军的敌人之类。实际上，绝大部分骑兵确实是带着他们的宝剑或者长矛在马背上走向战场的，但也有很多人已经开始学着翻下马背，使用现代化的武器作战了。

从 1914 年末战争的主要形式从运动战转为堑壕战开始，西线战场上的骑兵就基本上只能当“板凳队员”了。不过回首开战之初，骑兵倒也是在战场上亮过相的：9 月 6 日，英国第九枪骑兵兵团就曾负责进攻蒙赛尔的德国第一龙骑兵护卫队，不过这一仗却没给骑兵作战带个好头。几天之后大约 70 名德国骑兵在法耶斯负责应付第十八轻骑兵师的一支徒步的骑兵中队，结果吃了不少步枪枪子

1914 年底，西线战场上的一支印度骑兵。他们后来在巴勒斯坦声名大噪。

儿——实际上，进攻方所有人非死即伤，没一个不挂彩的。受此战影响，接下来三年左右的时间里，骑兵就只好一直龟缩在后方，等待机会一雪前耻，但这个机会却永远不会来临了。泥泞的战场，突突作响的机关枪，挂满倒刺的铁丝网……所有这一切对于骑兵来说没有一样不是束缚他们手脚、妨碍他们战斗的桎梏。

1918 年，野外作战再次走上舞台，但骑兵却遭到了大规模的削减。许多骑兵部队被解散，士兵们则被分散到了其他编制的部队之中继续服役；剩下的骑兵也很少再跨上战马驰骋疆场，反而经常步行作战。英国还曾经设想让骑兵和轻型坦克联合作战，结果却失败了。坦克跟不上骑兵的速度，而冲到前面去的骑兵没有坦克的防弹功能，根本就扛不住敌军机关枪的扫射。

但在西线战场之外，骑兵部队却长时间地频繁露脸。奥匈帝国、德国和俄国在东线战场上都布置了很多骑兵，毕竟这里的战场实在太开阔了，从波罗的海修一条战壕直达罗马尼亚边境也太天方夜谭了点。所以，这里的战斗要比西线战场“动感”得多。

最大规模的骑兵作战发生在巴勒斯坦。英国皇家部队在这里布置的大量骑兵中也包括来自澳大利亚和新西兰的队伍。这些骑兵惯于骑马冲入敌阵后下马砍杀，最有代表性的就是 1917 年末比尔谢巴之战中的澳大利亚第二和第三轻骑兵旅。与此战役同一天，另两支骑兵部队——澳大利亚第四及第十二轻骑兵旅冲击了他们阵营前方两条长约 2750 米的土耳其战壕。这些澳大利亚骑兵没有配备宝剑，所以他们是拔出刺刀向敌军冲去的。看到这一幕的土耳其守军几乎全部拔腿就跑，实在是被吓得够呛。

到1918年为止，协约国在巴勒斯坦的骑兵兵团包括了来自澳大利亚、新西兰、英国本土、印度和法国的若干骑兵部队。作为英国盟友的阿拉伯的军队，在对抗阿拉伯半岛的土耳其军队，以及进入巴勒斯坦时，几乎全部是骑着战马或者骆驼的。

“无畏”舰

——引发军备竞赛的划时代战舰

皇帝陛下舰船之“无畏”号是第一艘现代化战舰。这艘划时代战舰的出现，除了让其他既有战船都顿时黯然失色之外，更引发了英德两国之间激烈的海军军备竞赛。

在第一次世界大战爆发时，几乎所有国家的海军指挥官们都抱持着同一种观点，即认为海上战争的胜负最终将由最大型战列舰之间的对抗来决定。1905年，日本帝国海军在对马海海战中击垮了俄国波罗的海舰队。此战不仅是海战史上重要的一页，更让深信“战列舰决定论”的英德两国开始期待将双方卓越的海军力量在北海上一较高下。

在以往的海战中，战果往往都取决于双方战列舰之间的差距。而在当时来说，战列舰就是最大型的战舰了，所以人们在第一次世界大战开始后也没觉得情况会有什么不同。在20世纪的第一个十年里，各国的战列舰看上去都大同小异。不过，皇帝陛下舰船之“无畏”号的出现改变了一切。当时，英国的第一海务大臣是海军上将约翰·费舍尔，他也是同辈的海军官员中最有远见的一个行动派人物。正是在他的大力促进之下，无与伦比的新型战舰“无畏”号在经过14个月紧锣密鼓的建造之后，于1906年12月闪亮登场了。这艘战舰的出现无疑是舰船设计行业的一次飞跃，而其他各式各样的战舰则在它出现的同时顿失颜色。

“无畏”号是第一艘“全大炮战舰”，配备的10门炮全部是威力十足的305毫米口径大炮，而与其同一时期的英国最新型的前“无畏”舰只有4门这种炮。德军战舰的装备就更差，只有4门280毫米口径的炮。“无畏”号不仅可以发射更重的炮弹，而且攻击的准确性也比前“无畏”舰上那些小型炮要好。

战舰本身的重量加上大炮和配套弹药的重量，使得“无畏”号比它的前辈战舰们重了很多，但这却并没有拖累它的表现。和大多数的前“无畏”舰比起来，“无畏”号22节的速度还是要快2节；而首次使用蒸汽涡轮的动力设备则让其航行范围比普通战舰要广大约30%。

“无畏”号的出现很自然地在英德两国之间引发了一场海军装备的竞赛。1909~1914年间，英、德分别制造了23艘和17艘“无畏”舰，在第一次世界大战期间，双方的“无畏”舰总数又各自上涨了11艘和2艘。其他各国也不甘示弱：法国于1912~1914年有7艘“无畏”舰下水，意大利在1912~1915年间有6艘投入使用，而美国也在1909~1915年里造出了12艘。由于后期“无畏”舰比起“无畏”号来说更加强大，所以又被称为“超级无畏舰”。

皇帝陛下舰船之“无畏”号在1915年击沉了德国的U-29潜艇。

虽然大家都铆足了劲去造“无畏”舰，但在第一次世界大战中以“无畏”级战舰为主的海战却鲜有出现，确切来说，1916年的日德兰海战是这场战争中唯一的一次“无畏”舰对抗战，也正因为如此，第一次世界大战时很少传出“无畏”舰沉没的消息。德国就从来没有因为敌方的袭击而折损过任何一艘“无畏”舰，不过英国倒是折过两艘：一艘是1914年10月被德军水雷炸沉的“大胆”号，一艘是1917年在斯卡帕湾因为内部发生爆炸而沉没的“先锋”号。

◎约翰·费舍尔

约翰·费舍尔（1841~1920）是英国皇家海军历史上公认的最杰出的人物之一。1903年，费舍尔出任英国第一海务大臣，着手进行一系列包括引入飞机和潜艇等新技术的军备现代化项目。不过，费舍尔主攻的依然是水面战舰，“无畏”级战舰和战列巡洋舰就是他在任职期间推出的。可以说，英国海军能在第一次世界大战中与德国海军相抗衡，其战备资本都是由费舍尔积累起来的。1910年，费舍尔退休，但他又于4年后重掌第一海务大臣的官印。几年后，由于和丘吉尔为了加利波利战役争执不休，费舍尔一怒之下辞职。

驱逐舰

——不可或缺的海战“马前卒”

很多证据都可以证明，轻便小巧的驱逐舰是第一次世界大战中各大舰队里最不可或缺的一种战舰，虽然它们在作战舰队中只是一些小小的马前卒，但也正是在它们的保护下，整支舰队和各种商船才能躲过潜艇和水面舰队的袭击。

在1914年开战以前，几支主要的海军部队都配备有驱逐舰。海军较为强大的国家手里自然多一些，例如英国有300艘，德国有144艘，连奥匈帝国那样的海军弱旅也有25艘，可见这种战舰的普及程度实在很广。但由于战争爆发后不久，这种战舰就频频出现短缺，各国海军为了满足战场的需要，纷纷开始进行大型的驱逐舰赶制工程，加班加点地往战场上送货。德国费了九牛二虎之力才造出的107艘，对比英国的329艘还是短了一大截。由于身份复杂的驱逐舰主要还是给大型战舰当“保镖”，抵御鱼雷艇的攻击，所以早期又被称为“鱼雷艇驱逐舰”。虽然鱼雷艇在1914~1918年间一直都是驱逐舰的防御对象，但随着潜艇的出现，反潜任务在驱逐舰的日程表里慢慢占据了更多的位置。

战初的驱逐舰速度都在25~30节之间，主要有两种类型。英军和德军常用的一种速度较慢，但耐力强、航程远，大多用来协助主力舰队在深海海域进行远洋作战，英国的“牛虻”号就是其中之一，该舰的巡洋范围有4075千米。而以奥匈帝国和意大利为代表的很多国家，由于面对的是水面相对较窄、风浪也较小的地中海，大多都选用了一种航程和体型都相对较小的型号，例如1907年驶入战场的意大利“阿斯托尔”号巡洋范围只有3335千米。

图中的皇帝陛下舰船之“温莎”号和其他V级或W级的驱逐舰一样，都装备了4门101毫米口径的大炮。这些驱逐舰一直到第二次世界大战都还在服役。

驱逐舰不仅小巧灵活，而且造价便宜，所以不单可以由一流海军大批量地生产，连二流海军都可以很容易地购置或建造。虽然战场

◎**德军驱逐舰**

1918年，德国驱逐舰小队在斯卡帕湾迎来了其军旅生涯的终结。

无论对德国还是其他参战国而言，特别适合为主力舰队提供侦察服务的驱逐舰都是各种海上行动中不可缺少的一员。在战争开始之前的一段时间里，市场上琳琅满目的驱逐舰并不是每一艘都有自己的名字，它们大多都只是有一个用数字和字母组成的编号而已。其中，字母部分是用来说明出产厂家的：例如，字母G表示赫马尼亚造船厂，S表示希肖船厂，而V则表示伍尔坎船厂，等等。

下水时间：1914年

排水量：1050吨

船员数：87人

速度：34.5节

主要武器：三门850毫米口径大炮，6门508毫米口径的鱼雷发射管

上的驱逐舰无论种类还是等级都很丰富，但基本排水量都在500~1200吨之间，船员数为80~150人，而且大多都配备了大炮和鱼雷发射管。

驱逐舰大多都成队出动，但队伍规模可大可小，较常见的是4~10艘一队，不过也有20艘一队的。在配合主力舰队行动的时候，驱逐舰既要担任小前锋，以防止敌方的水上战舰或潜艇对己方大型战舰造成伤害，又要抓住时机发射鱼雷、袭击敌军。不过由于是辅助性的战斗小队，所以此时的驱逐舰队没有自主权，必须听候轻型巡洋舰之类大型战舰的调遣。但是，驱逐舰队的护航作用实在太重要，没有任何一支舰队敢于撇开它们自行出击。日德兰海战中，德军共布置了61艘驱逐舰，而英军也出动了73艘。

当然，驱逐舰队并不是只能依赖主力舰队的“寄生虫”。无论对任何国家而言，当己方港口和海上商路遭到敌军驱逐舰袭击时，己方的驱逐舰队就是一道极为有效的海岸防御屏障。除此之外，对协约国来说，驱逐舰队还是反潜战的中流砥柱。不过，因为反潜战对于驱逐舰的航程和耐力的要求都比较高，所以后期协约国的

驱逐舰体型都有所增大，有的甚至达到最初版本的两倍以上。1917~1918 年英国出产了 W 级驱逐舰，其排水量为 1529 吨，一次可以航行 6430 千米。

各国驱逐舰的总数实在太过庞大，人们无法一一记录每一艘驱逐舰的日常活动，所以可能它们还有很多功勋未获嘉奖。但是，也正是因为它们分布过广，所以损失也比其他战舰要大得多。协约国折损的 112 艘驱逐舰里，有超过 50% 是在英国皇家海军疲于反潜后损失的；而同盟国也损失了 62 艘，其中德国占 53 艘。

大炮巨舰的巅峰对决

——日德兰海战

自 1805 年特拉法尔加海战以来，英国一直保持着海上霸主的地位，它的庞大舰队耀武扬威地游弋于全球的各个海洋上，第一次世界大战爆发后，尽管德国加强了海军力量，但在舰只数量和排水吨位上仍然落后于英国，火炮口径和数量也不及英方。因此，在战争开始后的两年半时间里，英国海军凭借其优势对德国实行海上封锁。

长期的封锁，给德国经济造成了严重的影响，德国人一直想打破这种局面。1915 年 1 月，德国海军中将希佩尔率领大洋舰队主力离开威廉港海军基地，在到多格尔沙洲的途中与英国主力舰队遭遇，双方展开大战，结果德舰敌不过英国舰队猛烈的炮火，在损失了 1 艘军舰之后只得悻悻而归，此后，德国人想摆脱英国封锁带来的困境的愿望越来越迫切。时值大战第三个年头，尽管飞机、坦克、毒气等新武器首度亮相，但都无法突破对方的阵地，在海上，德潜艇倒还干得不错，

图为“日德兰”海战情形。

但英国的海上武力毕竟是强大的，庞大舰队游弋于北海上，德国运输补给线被切断。怎么样打击英舰队呢？德国公海舰队有这样的实力吗？德皇威廉二世咽不下这口气，任命好斗的舍尔上将为公海舰队司令。

1916年，德国新上任的舰队司令冯·舍尔海军上将，带着一个艰巨的使命，开始了他的工作。第一次世界大战进行两年多了，形势还是不明朗，战争的消耗使德国越来越感到吃力，皇帝威廉二世命令舍尔必须打破英国的海上封锁，确保殖民地的物资运到德国。

舍尔以公海舰队为后盾，用潜艇、飞艇和水雷发动了一场来势凶猛的进攻战役。他多次出击，企图迫使英军分散其海军部队，以便各个歼灭。这一年的头几个月以海空袭击、反袭击、水雷袭击和轻型舰队之间的零星冲突为特征。以好斗著称的舍尔雄心勃勃，决心与英国海军来一次真正的会战，彻底扭转无所作为的尴尬局面。舍尔制定的计划是，派出小规模舰队到英国海岸及港口骚扰，打了就跑，英国海军如果不追击，就搅得英国海岸永无宁日，一旦英国海军追击，就将其诱至德国海军预设的战场，由德国海军主力突然出现，打对方一个措手不及。

1916年5月30日，一份军事密报送到了英国海军司令杰利科面前："敌'吕佐夫'号等5艘战斗巡洋舰正沿日德兰海岸航行！"杰利科担心当英国的大舰队一出现，它就会溜走，于是寻思出了一个实际上与德军一样的方案：让贝蒂中将率领一支较弱的舰队向德舰迎战，经过短暂的炮击后，就退向潜伏在远处海面的主力舰队，然后一举歼灭德国舰队。5月30日，贝蒂率领由4艘战列舰、6艘战列巡洋舰、14艘轻巡洋舰、27艘驱逐舰、1艘水上飞机母舰组成的英国诱敌舰队，从斯卡帕湾出发，由西向东驶进北海。杰利科则率英国主力舰队——包括24艘战列舰在内的98艘军舰——在西北110公里处的海域随后跟进。同一个夜晚，清一色"无畏"级和"超无畏"级战列巡洋舰组成的德国诱敌舰队，在希佩尔将军的率领下，乘风破浪地驶向波罗的海通向大西洋的狭窄通道——丹麦的日德兰半岛附近，在"诱饵舰队"之后50海里处，是舍尔亲率的公海舰队主力，这是一支包括

英国战列巡洋舰"玛丽王后"号由于内部发生爆炸而沉没，只有8名船员生还。

16 艘无畏舰在内的 59 艘舰只组成的庞大舰队。

5月31日下午2点多，两支庞大舰队的前锋，都驶到了日德兰西北部的海面上，相距仅 56 公里。贝蒂在西，希佩尔在东，平行地向北行驶，但谁也没有发现对方。3 点左右，贝蒂舰队东侧翼的巡洋舰“加拉蒂”号发现东面有一艘丹麦货船，便驶过去查看。同时，希佩尔舰队西侧翼的巡洋舰“埃尔平”号也看见了这艘丹麦货船，转轮向它驶去，这两艘巡洋舰几乎同时认出了对方，15 时 40 分左右，双方前卫舰队逐渐相向行驶，各以全部火力猛烈对轰，英德双方随即展开了遭遇战。德国海军的射击技术相当精湛，而且采用了新式的全舰统一方位指挥系统，战至一小时后，英舰“不倦”号和“玛丽王后”号先后被击沉。正在危急时刻，英海军4艘战列舰赶来支援，希佩尔立即命各舰迅速脱离战场，向身后的主力舰队靠拢。希佩尔率领的引诱舰队显然占了便宜，而且他还顺利完成了引诱英舰进伏击圈的任务，下午 4 时 38 分，离“雄狮”号 3.2 公里远的英国巡洋舰“南安普顿”号观察到了跟在希佩尔后面的德国大洋舰队，“南安普顿”号立即向贝蒂发出了惊人的报告：“东南方向有战列舰！”英前卫舰队见德国公海舰队的主力出现在眼前，情知不妙，一面掉头急奔，一面向杰利科发报求援。贝蒂发现了公海舰队，舍尔的舰队开始追击贝蒂。

舍尔希望能一举摧毁这支被引诱上钩的舰队，但让他没有想到的是，杰利科正率领英国本土舰队向这里驶来，贝蒂试图告知杰利科具体位置，但他发出的信号一开始被误读了，直到 18 点，杰利科的主力舰队才与贝蒂会合。舍尔在不明英舰队主力出海的情况下，率德舰队追击英前卫舰队。18 时许，英前卫舰队摆脱德舰追击，与舰队主力会合。杰利科判明德舰准确位置后，命令舰队主力迂回驶向德舰，在队形变换尚未完成时，英舰即同德舰交火。几分钟后，双方的主力战舰均已进入射程以内，猛烈的总交战开始了。

德军的战斗巡洋舰遭到最猛烈的攻击，希佩尔的旗舰“吕佐夫”号失去战斗力。在英军一方，立功心切的胡德率“无敌”号冲得离德舰太近，被一阵暴风雨般的炮弹击中，他和他的舰艇一齐被炸上了天，随后“护卫”号和“勇士”号巡洋舰亦被击沉。舍尔判明英大舰队主力投入战斗后，也大吃一惊，想不到对手和他使用了同样的战术，感到继续打下去必吃大亏，便在 18 时 45 分命令德国舰队向南方边打边撤。6 时 30 分，舍尔在烟幕和驱逐舰攻击行动的掩护下，忽然转变航向，德舰极其困难但非常漂亮地同时掉头 180 度，向西行驶，几分钟内他的战舰便脱离了大部分英军战舰的有效射击范围，此举使英军大为吃惊。杰利科没有追击，而是继续向南，因为他知道自己的舰队已插入德舰和其基地之间。

"无畏"级皇帝陛下战舰"奥斯特夫里斯兰"号在从日德兰战场返航时被水雷炸穿了。

舍尔也清楚地意识到杰利科已分离了他的舰队，19时整，舍尔再一次转向驶向英舰，向英舰队发起了死亡冲锋，整个德舰队忽然地再次进入整个大舰队的火力射程之内，这次德舰似乎不可能逃脱在巨大的炮弹雨幕之下被摧毁的命运。与此同时，德军剩下的4艘战斗巡洋舰在"德夫林格"号舰长哈尔托赫上校的指挥下，向英军战舰编队实施了极为英勇的冲击，以掩护舍尔的撤退。火炮已损坏的"冯德尔塔恩"号仍在坚持战斗，仅能分散英舰的炮火。"德夫林格"号被打得仅剩船架，但仍继续战斗。德军的战斗巡洋舰在很近的距离上绕过英舰编队，接着德驱逐舰冲向杰利科的战列舰实施鱼雷攻击并释放烟幕，杰利科谨慎地躲过鱼雷，而使舍尔逃走了。当他重整编队时，舍尔再次掉头180度并已消失于西方，令人惊讶的是，德军的战斗巡洋舰在其"死亡冲锋"中竟没有被打沉一艘。

在旗舰"铁公爵"号上密切观察战况的杰利科意识到，在入夜前已无法全歼德国大洋舰队，便命令英舰利用航速优势，截断舍尔回港的航路。由于担心受到鱼雷的攻击，杰利科的大舰队并没有随后追赶，而是直奔德舰回港的航线而去，他要抄近道截住德舰，以待明日再狠狠打击它。此时，舍尔知道，如果他的舰队继续待在海上，到天亮就有被歼灭的危险，必须趁晚上才能冲破英舰的封锁，因此，日德兰大海战的最后一幕，便在深夜开始了。

舍尔知道英国的舰队现处于他和德国的港口之间，而且杰利科正在去控制他进入这些港口的通路，他还知道他的舰队再也经不起一次总交战。经过仔细分析和推算，舍尔决定转向东南，趁夜从英国主力舰队的后面冲杀过去，然后经合恩角水道返回基地，为此，舍尔把所有能用的驱逐舰都派出去拦截英国主力舰队，掩护德国舰队主力突围。按照舍尔的命令，德国驱逐舰拼死一搏，如狼群一般，从不同的方向袭击英国主力舰队，给英军造成混乱和判断失误，使杰利科摸不清德国主力舰队在哪个方向。23点半，在夜幕的掩护下，德国舰队猛然插入英国舰

德军在1916年日德兰海战中出动的6艘前“无畏”舰之一——“波美”号。该舰被英军驱逐舰“福克诺”号发射的鱼雷击沉，所有船员全部罹难。

队的后防线，双方在黑暗中相互碰撞，在照明弹、探照灯和着火舰只的炫目光辉下混战。英舰“铁公爵”号忽然陷入德舰的包围之中，在5分钟之内便被击沉了，1小时后，英舰以强大火力在交战中渐占优势，德舰队见众寡悬殊，势难取胜，遂在夜幕掩护下，释放烟雾撤退。在撤退中，德战列舰“黑森”号将德轻巡洋舰“埃尔平”号撞沉，英装甲巡洋舰“黑王子”号被德战列舰击沉，德老式战列舰“波墨恩”号被英驱逐舰鱼雷击沉，次日凌晨，在密集的炮火、鱼雷袭击下，德国公海舰队终于杀开一条血路，向威廉军港狂奔，杰利科岂肯罢休，率英国舰队紧追不放。

德国海军在通向威廉军港的必经之路赫尔戈兰湾一带布下的无数颗水雷发挥了作用，舍尔在水雷阵中东转西弯，将舰队带回了军港。失望的杰利科不敢冒险进入水雷区，无奈地调头返航，带着他的主力舰队返回基地。这场盛况空前的海上争霸战历时12小时结束了，杰利科很清楚他没能摧毁德国的公海舰队，而且英军的损失实际上要比德军大。这场有史以来最大的战列舰决战结束了，英国参战149艘、德国116艘，在大战中，英国损失了3艘主力战列巡洋舰、3艘装甲巡洋舰和8艘驱逐舰，6艘舰艇遭受重创，共损失11.5万吨，伤亡7000人。德国损失1艘老式战列舰、1艘战列巡洋舰、4艘轻巡洋舰和5艘驱逐舰，其他4艘舰艇受到重创，共损失6.1万吨，伤亡3000人，双方损失近二比一，德国取得了战术上的胜利。

在这场海战中，杰利科过于谨慎，而贝蒂又过于大胆，希佩尔则最高明。德舰的火炮比较优良，舰艇也比英国的坚固得多，英国人失去了威望，但仍掌握着制海权。在1916年剩下的时间内，德国公海舰队实施了一次胆怯的出击，但以失败而告终，双方没有接触而各自掉头返回。当时舍尔是被虚假的报告所蒙骗，而杰利科则担心遭到潜艇的伏击。9月，德国公海舰队的轻巡洋舰袭击了英国海岸，几艘辅助巡洋舰则溜出了英军大舰队的封锁，肆意骚扰大西洋的商业航运。然而总的来看，德军在海上的行动主要集中于实施潜艇战，德军击沉了巨大数量的协约国船只，到年底，平均每月击沉的船只吨位达30万吨。

日德兰海战是英德争夺海上霸权的一次较量，也是历史上交战双方使用战列舰编队进行的最后一次海战，.之后的海战就由航空母舰和飞机来决定胜负了。就这场海战的胜负得失而言，德国海军略占上风，但就战略意义而言，英国仍保持了对德国的海上优势，德国的舰队依然被困在近海的几个港口，德国企图打破英国海上封锁的目的未能实现，全球海洋仍然是英国海军的天下，大洋舰队困在港内毫无作用，仍然是一支“存在舰队”。正如美国《纽约时报》所评论的那样：“德

皇帝陛下舰船之“汉普希尔”号被德军第75号潜艇埋下的水雷炸沉时，只有12名甲板上的船员得以生还。

国舰队攻击了它的牢狱看守，但是仍然被关在牢中。”贝蒂谈到海军力量的有效使用时断言：“英国主力舰队的正确战略，不再是不惜任何代价力求使敌舰出战，而是使它留在基地，直到形势变得对我们更为有利。”从此以后，这两大舰队再没有发生过冲突，两年半以后，德国输掉了这场战争。

11月，杰利科被任命为海军大臣，要对付公海舰队更大的威胁——潜艇。贝蒂接任主力舰队司令官。日德兰海战的战略意义极其重大，任何一方取得决定性胜利都会改变这场战争的进程。事实上，英国保持着远距离封锁的压倒能力，德国则越来越多地转向潜艇战。舍尔在日德兰海战后在给德皇的报告中说：“德意志帝国海军能予敌以巨创，但即使在公海上取得最有利的战果，也不能迫使英国和解，我们的地理位置与岛国相比的不利之处，不能靠我们的舰队来补偿。”他最后说，“无限制潜艇战是必不可少的，哪怕冒同美国作战的风险也罢。”

日德兰海战的另一个间接后果是英国陆军大臣基钦纳爵士之死。5月底公海舰队出港以前，一艘德国潜艇在奥克尼群岛外围布下了水雷。基钦纳乘坐巡洋舰“汉普郡”号去俄国执行任务，6月5日，“汉普郡”号触雷，很快在波涛汹涌的海洋中沉没，全舰人员几乎都葬身海底。就基钦纳的名望来说，他的死是及时的，他已在内阁中失去了威信，尽管他组建和训练的“新军”成为他留下的一块纪念碑。

第十三章

决定命运的一年

——战争的转折

加拿大远征军的荣誉之战

——维米岭大捷

1914 年 9 月末，3 万加拿大远征军从魁北克城上船出发，经过短暂训练，被派往法国前线。整整两年，士兵们在堑壕战中拼杀，看着同伴死于冷枪、疾病、毒气，在机枪弹雨中倒下。1916 年 7 月，在阿拉斯南边的索蒙，因为英军总部黑格将军的瞎指挥，协约国军队一天内伤亡近 5.7 万人。纽芬兰团一次冲锋，军官全部损失，几乎全团覆灭。索蒙之败后，协约国在西线太需要一场像样的胜利了，于是把目标投向了法国阿拉斯市以北的维米岭。

维米岭是法国阿拉斯市以北维米镇附近的山岭，这个地方是德国在整个西部战线守卫得最好的。因为维米岭是高地，所以双方都认为这是一个军事战略重地。英国和法国都在 1915 年进攻维米岭，但结果都是以惨败告终。单法军方面，就有 15 万士兵阵亡。1917 年，协约国决定再次向维米岭进攻，此次执行进攻任务的是加拿大军。

1917 年 4 月 9 日，复活节的清晨，法国北部阿拉斯城外的维米岭上，大雪纷纷飘落。4 个师的加拿大步兵静静地等待着总攻的信号，冰冷的雪花让他们想起万里之遥的家乡和亲人，就在前一天，许多士兵写下了可能是他们最后的家信。士兵们脸上毫无表情，他们清楚面对的将是怎样的战斗，但心里的热血在燃烧，这是他们第一次为了年轻的加拿大的荣誉而战。在这之前，加拿大军在“一战”中几乎没什么表现，为了赢得此战的胜

加拿大作战分队伪装成被押送的德军俘虏，往维米岭上输送补给。

利，加军将其 4 个师调集来参与维米岭战役，并制定了良好的作战方案。加拿大军队在 2 日就开始用炮轰击德军的战线，总共用了 100 多万发炮弹来轰击维米岭，此次轰击持续了一个星期，是在这次战役之前从未有过的。在复活节这一天，加拿大军队开始向德军的防线发起总攻，经过 3 天的激战，加拿大军队以伤亡 1.1 万的代价控制了整个维米岭，而德军方面大约有 2 万多名士兵阵亡，4000 余人被俘虏。

经过 4 天血战，西线最坚固、号称牢不可破的维米岭就此落入了协约国军队的手中，而维米岭之战缴获的武器和俘虏数量都超过了之前所有的战役。这场战役是加拿大军队开战两年多以来的头一次大捷，整个战场为之震动。也是加拿大军队第一次作为国家武装整体出现在战场，来自全国各地的士兵们并肩作战，证明了他们拥有同样出色的军官、同样英勇的战士，能攻克最坚固的堡垒。此战役以后，加拿大军成为了西线战场最强大的部队，在索姆河战役后，更是赢得了“先锋队”的声誉。战后法国政府把维米岭周围 1 平方公里的领土送给加拿大，以感谢其在此战役中的贡献和牺牲。

壮观的“地下城”

——阿拉斯之战

1916 年，参战的任何一方都不存在真正的成功：凡尔登战役严重削弱了法国；英国在索姆河也没得到什么特别的好处；俄国国内陷入了革命的边缘。另一方面，奥匈帝国又承受了新的失败，德国也经历了几乎令其无法承受的巨大消耗。交战各方在精疲力竭之中就像一个个被揍晕了的拳击手，惶惑地走进了 1917 年，没有人看得出这场漫长的屠杀活动行将结束。从 1917 年 2 月起，鲁登道夫准备了一道正面大为压缩但组织严密的防御地带——兴登堡防线，又称齐格菲防御地带。该防线位于从阿拉斯到苏瓦松防线之后约 30 公里处，兴

在阿拉斯之战中，一队英军炮兵在发射后朝着新的打击目标重新校准野战炮。

登堡对此表示赞赏，并决定撤到新的防线。缩短的防线用较少的师即可坚守，因此可以提供更多的机动预备队。在德军原来的防线和新的防御地带之间，田野荒芜，村庄和城镇被夷为平地，丛林被烧毁，水源被投毒，道路遭到破坏。实际的撤退从 2 月开始到 4 月结束，整个过程极为秘密。

为了为即将发动的尼韦尔攻势做准备，英军决定发起一场阿拉斯战役。1917 年伊始，阿拉斯又成为了同盟国与协约国军队争夺的焦点，同盟国一旦夺占阿拉斯就等于洞开了巴黎的门户，整个法国便岌岌可危。从 1914 年到 1916 年，阿拉斯几易其手，英法守军在一片废墟上加紧修建防御工事。与此同时，攻势凌厉的德军在小镇东部虎视眈眈，他们正在向这里集结重兵，最高统帅路德维希甚至已让人铸好了纪念碑，准备在破城之日将它安放于小镇的中心。

1917 年 4 月 9 日复活节的清晨，在阿拉斯市以北维米镇附近的维米岭拉开了阿拉斯战役的序幕，参加战斗的加拿大 4 个师进行了为期数月的周密准备，对维米岭进行了为期一周的猛烈炮轰，霍恩指挥的英军第一军团与艾伦比指挥的英军第三军团，在猛烈的炮火准备和毒气攻击之后，一举突入法肯豪森指挥的德第六军团的防线之内，英军很快获得了空中优势。在战役开始的第一天，加拿大军队猛攻并夺取了维米岭山脊。高夫指挥英军第五军团在南面实施助攻，没能取得进展。经随后几天的战斗，英军的推进慢慢停了下来，虽然取得了战术胜利，但没能达成突破。

在经历了 1916 年索姆河战役的惨重伤亡后，英法联军得出了一条血的教训：跟装备精良、战术多变的德国步兵师硬碰硬，无异于大规模自杀！他们变更了作战策略，提前三个月在德国人的眼皮底下挖掘出了一条规模宏大的地下通道，复活节这一天，在猛烈的炮火打击和毒气攻击之后，随着英军第三突击师发起进攻信号，2.5 万名英法联军从指定出口冲出地面，奇迹般地出现在德军的面前，向驻扎在阿拉斯的德军第二和第六步兵师发起突袭。紧接着，由霍恩指挥的英军第一军团与艾伦比指挥的英军第三军团，也一举突入德军第六军团的防线之内。

此时，经过 4 天血战，西线最坚固、号称牢不可破的维米岭已被加拿大军彻底攻占。此后，英法联军大获全胜，以 1000 多人的微小伤亡击溃了整个德军师团，成功将战线向前推进了十多公里，身后的巴黎从此安枕无忧。阿拉斯地道战也成为世界军事史上的经典战役，而维米岭之战也成为了加拿大军队的荣誉之战。但是由高夫指挥英军第五军团在南面实施助攻没能取得进展，经随后几天的战斗，英军的推进慢慢停了下来。虽然协约国的军队在阿拉斯战役中取得了战术胜利，但没能达成对德军战线的突破，这次战役英军伤亡近 9 万人，德军伤亡近 8 万。

“屠夫”引发的兵变
——“尼韦尔攻势”

尼韦尔只在最高司令这个位子上坐了很短的一段时间。

1916年10月将终时，凡尔登之战看来要失败了，法军指挥官尼韦尔下令进行奇袭，德军措手不及，退出了早些时候他们攻占过的所有地方。对尼韦尔来说，这是鸿运高照的时刻，法国人渴望有一位英雄，就把他称为胜利的缔造者。尼韦尔夸口说，他掌握着胜利的关键，但他拒绝透露他的战略。1916年12月31日，霞飞退休，“凡尔登的英雄”尼韦尔接替了他。

平步青云的尼韦尔将军在被任命为法国陆军总司令时，已60岁了，凡尔登战役中那句引起所有协约国遐想的有名的口号“他们不得通过”，虽然常被人认为是贝当所创造，其实是尼韦尔创造的。尼韦尔和他的助手芒让将军筹划了一个计划，他们想发起一个攻势，收复德军在最初进攻凡尔登期间夺取的杜奥蒙炮台。1917年4月的阿拉斯之战，实际是英军为尼韦尔的攻势所做的准备。法国总理潘勒韦被尼韦尔的如簧之舌所打动，表示：“将军，如果你进攻的结果，只是收复我们这片广大的领土和它所包含的一切，政府和国家将认为这是一个伟大的胜利。”尼韦尔听后，报之以微笑道：“这有什么？不过是不足道的小小胜利而已。我在埃讷河聚集的120万士兵、5000门火炮和50万匹马，不是为了这样一点点战果的。”最后，他终于说服统帅部支持他发动了这次攻势。

尼韦尔担任法国陆军的最高统帅时，充满了信心。为他的“凡尔登战法”所震惊，人们对他的堂皇宣告是没有争议的，“这个经验是确定了的。我们的战法已经经过试验。我可以向你们保证，我们一定胜利。”尼韦尔的计划，包括由法军与英军对一个巨大的、无掩护的德军突出部位进行双管齐下的强击。1917年4月16日，大大加强的米歇尔指挥的法国预备集团军，在从苏瓦松至兰斯64公里的战线上向德军发起进攻，以夺取舍曼代达姆。这是一条与战线平行的一系列植被茂密的岩石山岭。芒让的第六军团和马泽尔的第五军团实施主攻，迪歇恩的第十军团实施近距离支援，其后是费约尔的第一军团。法军攻击军团的兵力总数达

120 万人，共 7000 门火炮。尼韦尔的计划并不是没有优点的。德国的突出部兵力配备薄弱，易受攻击，在 1916 年夏的索姆河之战中，防御部队牺牲惨重。但是如果德军事先知道，胜利是不可能的。不过指挥官们用乐观代替了判断，订出了不可能实现的速度。芒让夸口说，他的部下能以 1 分钟 27 米以上的速度跑步前进，并且能继续保持这种步伐至少几公里，对此表示怀疑的意见则受到压制。

尼韦尔是个十分重视宣传工作的指挥官，他非常重视部队的思想动态。在尼韦尔指挥的一些战役中，法军之所以能在不利条件下取得辉煌战绩，除去其他原因外，的确与他的宣传鼓动分不开。然而，具有讽刺意味的是，战争中法军的最大哗变，却发生在他直接指挥的前线部队，这次哗变导致他被免职。在凡尔登，是靠对进攻计划进行冷静但充分的说明来鼓动战士热烈献身的。这一次，尼韦尔担心不那样做他的部队就会背叛，下令进行堪与好莱坞报刊宣传员相比的宣传运动，对战略和目标加以提纲挈领的作战计划都发给士兵，军官对士兵作宣传讲话，以引导他们对决定性的胜利抱有信心，所以不可避免，德军也得到了这个情报。

尽管德军新的阵地与纵深野战工事相结合，极其坚固，但是，刚愎自用的尼韦尔并没有灰心丧气。他发起的进攻比以前规模更大，也组织得更好。他广泛地散发进攻计划和指令，甚至在伦敦的宴会上对女士们公开谈论即将来临的交战，没多久，德国人对即将发生的事情的了解就和尼韦尔一样多了。

1917 年 4 月 9 日那个可怕的复活节早晨，英军对德军的兴登堡防线西北翼，即位于该地之维米岭开始发动攻势，在交战的第一周消耗的火炮及弹药约达 9 万吨。当大炮仍在阿拉斯轰鸣时，由法军四个集团军组成的强大主力部队，于 4 月 16 日对德军发起突击，法军在兰斯北部发动的这场攻势被称为“尼维尔攻势”。法军所要攻击的对象是伯恩的德军第七军团和比洛的德军第一军团。由于尼韦尔自信地公开夸口将取得胜利，德军对法军的进攻早已知晓。在攻击之前，德军飞机驱逐了法军空中观察员，德军炮火不断轰击仍处于行军中的法军坦克。法军的炮火移动弹幕相对于步兵移动过快，而步兵不得不对付德军预先计划的炮兵和机关枪火力以及局部的反冲击。尼韦尔的助手芒让，是法国陆军中最顽强的指挥官，他的部队给他的绰号是“吃人的人”和“屠夫”，他是藐视生命的，甚至藐视他自己的生命。

49 岁的芒让是专为战争而活着的，他自称非常赞赏他的非洲部队，可是他毫无内疚地命令他们冲向猛烈的机枪火力。法国精锐的塞内加尔部队被调来针对坚强的据点充当进攻的先锋，法军以大无畏的进攻精神奋勇向前，终于抵达并夺取了德军第一道防御阵地，随后被德军阻止。法军反复实施攻击但没能取得什么进

图为散落在一条低矮小路上的法国士兵的尸体。与尼韦尔的夸夸其谈让协约国付出的高昂代价相比，这点伤亡不过是九牛一毛。

展，整个攻势是一个大失败。在5天的战斗中，法军共付出了近12万人的代价，以至于有人讥讽尼韦尔指挥进行的此次战役是“尼韦尔的屠宰场”。

在尼韦尔的指挥部里，参谋总部的成员不明白已经陷入绝境，以为有些讨厌的机枪碉堡造成了延误，但这些碉堡很快就会被打哑的，芒让又发出了催促前进的命令。勇敢的塞内加尔人，第一次辜负了他们的法国伙伴，冰冷的雨雪对他们来说是致命的。他们冻伤的手不能拿步枪，他们蹒跚前进，直到他们的军官被打死。然后他们转过身来，急忙奔向后方。这次挫败压垮了法军本已濒临崩溃的士气，兵变随之爆发。首先是一个连的士兵集体拒绝执行进攻的命令，继而是几十个团的士兵纷纷效仿。不少士兵还挥动着红旗，唱着《国际歌》，进行反战示威。法国陆军发生了兵变，这也许是现代史上一支庞大军队中发生的最大兵变。徒劳无益的流血，无止境的战斗，不充分的休假，贫乏的娱乐设施，官兵间无法弥合的鸿沟，德国的宣传以及俄国革命，所有这一切都起了作用，整师整师的部队拒绝执行任务，兵营贴满了布告，宣布士兵们拒绝再回到堑壕去，在巴黎，失败论者无所顾忌地宣传他们的和平主张。

应该说法国部队都是勇敢的，对战争所引起的苦难也是有思想准备的，在21个月的战争中，法军伤亡人数已达300万以上，但现在他们再也不肯被赶去受屠杀了，在谋求补救的一切合法手段遭到否定之后，部队爆发了反抗，在此后两个月中，法国陆军处于瘫痪状态。尼韦尔连同他的大话全完蛋了。法兰西为濒于崩溃边缘的局势不寒而栗。在极度失望之际，法国政界把权力移交给乔治·克里孟梭——一个始终以冷酷的态度看待危机的政治家。转过来，他又任命“凡尔登的救星”贝当接管了法军的指挥权，去重新组建军队。克里孟梭竭力使巴黎恢复秩序，贝当则用强制性手段整顿军纪。贝当以其老练、坚定和公正平息了兵变并恢复了形势，约55名叛乱首领受到处决，法国继续进行战争。

战争史上最大的坑道爆破

——梅西纳山脊之战

梅西纳战役算是“一战”中第三次伊普雷战役的组成部分，伊普雷地区位于比利时西部，易守难攻的独特地形使其不断成为英德双方的突出部，所以竟然经历了三次你死我活的战役，双方都无所不用其极，共有80多万士兵伤亡于此。1917年，沙俄爆发革命而退出“一战”，使德军可以集中力量对付西线，英法担心德国乘机向西线调兵，决定在伊普雷地区先发制人，摧毁佛兰德斯沿海的德军潜艇基地，进而从奥斯坦德和泽布吕赫发起突击，因此协约国决定在伊普雷地区先发制人发起进攻。从担任指挥的第一天起，黑格便一直对佛兰德斯抱有浓厚的兴趣，把它视为可能发动一次进攻战的基地。但在1916年，法国面临的形势迫使英军不得不发动索姆河战役。到了1917年，黑格完全能够立足于自身进行选择了，因此他选择了佛兰德斯。这种选择以一定的战略合理性为后盾，即考虑到以被占领的比利时为基地的德国潜艇对协约国船只构成的严重威胁。

1917年5月“尼韦尔攻势”受挫后，法军士气低落。英国远征军司令黑格计划由英军在伊普雷东南部的梅西纳地区单独发起进攻，以消除德军防线突出部，改善英军态势。为了夺取具有钳制作用的梅西纳山岭，英国第二军团司令普鲁默经几个月的努力，使得英法联军的这一攻势得以提前付诸实施。当时德军在梅西纳山脊早已建立了强大的防线，有无数复杂的壕堑和坚固的碉堡，加上居高临下的地形，有一夫当关万夫莫开之势。很久以来，佛兰德斯一直是一片巨大、原始的水洼泽地，当地居民在此挖掘了纵横交错的排水沟渠。每年8月这里都要降下大量雨水，黑格就是选择了这样一个地区发动大规模的进攻。1917年7月15日，英国军队开始猛烈炮击，炮击一直持续了7天，完全摧毁了当地的排水系统。7月底步兵占领了靠近伊珀尔的帕森达勒高地。8月的第一天就开始下雨，炮火和雨水很快将乡野变成一片淤泥黏滑的洼地。受领进攻任务的部队是普鲁默指挥的英国第二集团军，当面守军是阿尼姆指挥的德第四集团军，面对着这一大片的沼泽和河渠，英军的攻势只好暂停。

但被盲目乐观的部下包围着的黑格却向伦敦报告一切良好，他的情报部长查特里斯上将和参谋长朗塞罗特·基格尔特别乐意充当这种欺骗性宣传的工具。战斗结束时，基格尔正在返回伦敦的途中，这是他第一次亲临前线巡视。他哀叹道：“仁慈的上帝，我们真的有必要派部队到那里作战吗？”进攻的英国第二集团军

英军部队朝着莫西尼斯山脊之巅挺进，而大多数的德国守军由于日眩神晕而无法组织有效的抵抗。

约 22 万人，而防御属于德军第四集团的约 13 万人，照这形势，如果硬攻，无疑会让英军搭上几万条性命也未必能拿下，于是英国人决定巧取。在地质学家经过详细考察后，决定采取挖洞爆炸的战术，经过工兵们的艰苦努力，一共挖了 5000 多米长的隧洞，通往德军阵地下的 22 个爆炸室。而德国人则一直针对英国人的作业埋设反坑道炸药包或进行对壕作业，这场黑暗中的战斗，在炮弹破坏的地面下长达几十米的距离上进行，不时导致坑道内的肉搏战，士兵们相互卡对方的咽喉，用镐和铁锹将对方打死。

当时为达到最大杀伤效果，英军先期对德军梅西纳防线进行了猛烈炮击，7 日凌晨炮击突然停止，躲在后面猫耳洞里的德军便按常规纷纷涌上前线阵地准备迎战，而这正是英军期待的。英军引爆了炸药，22 个爆炸室共有 19 个成功起爆，这是战争史上规模最大的坑道爆破作业，据说惊天动地的爆炸声居然连最远在伦敦和都柏林都能听到！在 17 天全面炮火准备之后，英军以总量达 45 万公斤的高爆炸药，在德军位于山岭的防线上撕开了一个大口子，达成了突然性。在英军空中火力的掩护下，精心制定的攻击计划得以有条不紊地实施，普鲁默的第二军团成功地夺取了德军在梅西纳的防御阵地。

7 月 22 日，英军集中 3300 多门火炮猛烈轰击阿尼姆指挥的德第四集团军，并施放毒气，随后英法联军在 16 公里正面上发起冲击，攻占梅西纳—维夏埃高地，8 月 8 日，德军为恢复原态势发起反突击，被击退。战至 15 日，德军被迫从突出部全部撤出。此役，德军损失 2.7 万余人，英军损失 1.7 万余人。在随后的几天中连降暴雨，战场泥泞，联军坦克有的陷入泥潭，有的被德军炮火摧毁，由于长时间的进攻准备，突然性已完全丧失，德军纵深防御已很好地组织起来，在最初取得一些进展以后，英法联军的攻击陷入了困境而停顿下来。直到11月初，英军夺取了帕斯尚代尔岭和帕斯尚代尔村庄，攻势才结束，英军占领的伊普雷突出部向前推进了约8公里。在伊普雷第三次大战中，协约国军亦付出了巨大的代价。当黑格于10月末最终放弃帕森达勒的进攻时，英军伤亡已近30万人，加上法军和英属联邦军队的伤亡人数，协约国死伤超过40万人，德国为27万人。协约国没有实现摧毁德军潜艇基地的战略目标。

1917年结束了，在黑格和尼韦尔各自独立的攻势中，交战双方一共付出了50万人以上的代价，极大地消耗了两大战争机器的战争资源，但却没有取得明显的战果。然而必须指出的是，黑格在佛兰德斯和阿尔土瓦实施代价高昂的进攻，其主要目的是将德军的注意力从南边虚弱的法军身上引开。在这一点上，他取得了成功，1917年法军得以脱离险境至少应部分地归功于黑格。新的一年到来之际，英法两国都将其充满渴望的目光转向至今丝毫未损的美国人力资源上。

地雷战

——堑壕战的有力补充

在敌军火线之前埋藏大批高爆弹是堑壕战中一种常见的作战手法。利用这种战术，不仅可以瞬间摧毁敌人的防御工事，而且爆炸的冲击波还能震晕幸存的敌军，使之无力反抗。

第一次世界大战里出现了现代地雷的雏形，不过，当时使用的款式还比较原始。德军最早是把半埋半露的迫击炮炮弹当地雷用的，引爆这种“土雷”可以炸毁敌方的坦克车。而真正意义上的地雷战则要复杂得多，工兵们需要在敌军的堑

1916年索姆河会战刚刚开始时，由一枚地雷爆炸而造成的宽阔弹坑。

壕之下挖出一个隧道，填上高爆弹，待撤回到相对安全的地带后再引爆。布雷是一项相当危险的工作，隧道的塌方或渗水、泄漏的瓦斯和敌方暗藏的反爆破装置都有可能威胁作业工兵的生命安全，让其葬身在自己挖掘的隧道之中。由于相对固定的敌我位置更利于工兵作业，而堑壕战的阵地变化在各类战场之中相对较小，所以第一次世界大战里的地雷战基本都是以西线战场为舞台上演的。

在战争早期的一次战斗中，德军军官准备引爆敌军堑壕下的一枚地雷。

1914 年末，在距离法比边境 16 千米左右的费斯图波特附近，驻扎着印军的一个旅。12 月 20 日，德军在此旅的阵地下面预埋了 11 枚地雷，并引爆了其中的 10 枚——这是德军第一次使用地下爆破装置，也是第一次世界大战中同类作战手法的首次登场。但在 1914 年间还并不精通爆破技术的英军，后来却成为了最常采用这种作战形式的部队。当年 12 月，英国老牌议员约翰·诺顿·格里夫斯在议会里首次倡导发动地雷战，随后，他受命负责在北部城镇之下的黏土层中打通若干条贯穿战场的隧道。被格里夫斯雇来干活的人号称“鼹鼠”，是一批所谓“背着十字架玩泥巴”的人。他们在隧道里干活的时候，都是背靠一个十字形木架坐着，腿伸向隧道待掘的一面，用脚像铁锹一样把黏土挖出来并丢到身后，其他人再把挖出来的土方运走。当然，也有一些部队用采矿机来挖隧道，不过这种办法用得很少，而且操作起来非常麻烦。

1915 年 2 月 12 日，作为首批受到英国官方承认的专业隧道挖掘单位，编号为 170~178 的“皇家技师挖掘队”正式成立，而最早被征召加入的技师则是原先在各类矿井下工作的矿工。之后，澳大利亚、加拿大和新西兰也成立了类似的部门专司挖掘。

4 月 17 日晚，英国的首枚地雷在圣伊洛附近的 60 高地引爆，此后，地雷战的规模开始扩大，形式也愈发复杂。军事史上规模最大的一次地雷战出现于 1917 年中期，这就是英军从 1916 年 1 月 6 日开始策划的莫西尼斯山脊之战。

此次地雷战的舞台正是邻近伊普雷南部的德军突出阵线。英军的工兵在长达16千米的山脊上一共布置了12个爆破点，总共安排了21次爆炸，也就是说，每个点的炸药还可以分1~2次引爆。为此番爆破服务的工事规模也很大，其中一条隧道竟长达640米。所有隧道完工后即填满当时爆破力最强的“阿芒拿”，一条隧道内填充的炸药量最多可超过43吨，而德军前沿阵地之下共埋了近430吨爆炸物。

1917年7月7日，英军布设的地雷阵正式启用，除了两次哑弹外，其余19次都成功爆破。爆炸造成的弹坑中，规模最大的“孤树坑”竟有12米深，76米宽。消息很快就传到了伦敦和更远的地方，但当时没人知道开战首日的大爆破中到底有多少德军丧生，战后的记录也只显示了当天有1万人失踪。随后，英军俘虏了7350名德军士兵，其中大多数人被俘时都已经几乎被大爆破吓傻了。

俄国的最后攻势

——六月进攻

当折磨人的战事在西线连绵不休之时，俄国爆发了一系列重大事件，食物短缺、骇人听闻的伤亡人数，导致1917年头几个月不断增长的示威游行和罢工。3月11日，杜马不服从沙皇要它解散的命令，街道上发生了大规模的游行示威活动，到处都出现了动乱，而军队拒绝参与镇压。3月15日，沙皇在普斯科夫的陆军总部退位，“愿上帝保佑俄国”是他的祈祷词和墓志铭。一天后，沙皇的兄弟尼古拉大公拒绝继承皇位，几天之内，沙皇及其家族成员即被逮捕，罗曼诺夫家族的统治永远结束了。沙皇政府的统治倒台，从时代的角度看，这标志着一切专制统治残余的消失，代之出现的是由一些不成熟的政党组合建立的临时政府。为了加重其混乱，德国允许流亡在外的革命领导人弗拉基米尔·列宁乘坐一闷罐列车通过德国领土返回俄国。

在1917年3月俄国爆发的资产阶级革命中，沙皇政府被推翻，代表地主资产阶级利益的临时政府掌权。与此同时，彼得格勒工兵代表苏维埃政权也建立了起来，两个政权并存的俄国走到了十字路口。临时政府与布尔什维克领导下的苏维埃展开了斗争。临时政府极力主张继续参战，直到协约国取得“最后的胜利”。苏维埃担心军官团队会采取支持临时政府的行动，于是在3月15日以苏维埃的名义发布了著名的“第一号命令”，以此剥夺了军官们的军事管理和训练权。这一命令传遍了整个俄国的武装力量，尽管临时政府下达了相反的命令，但结果却是部队的军纪丧失了，俄国陆军和海军像春天消融的冰块一样崩溃了。兵变的士兵和水手杀死了很多军官，其他军官则直接被士兵大会罢免。到5月前，估计军官团队中有一半以上的军官被清除了，他们其中有许多是有经验的军人。

克伦斯基的临时政府为巩固其统治，配合西线英法联军作战，决定于6月对德奥联军发动大规模进攻。其企图是以西南方面军向利沃夫方向实施主要突击，以北方面军、西方面军和罗马尼亚方面军实施辅助突击。在主攻方向上，俄军步兵和炮兵人数分别是德奥联军的三倍和两倍。此次俄军动用的是最精锐和受影响最小的部队，包括许多西伯利亚人和芬兰人。被俄国内阶级斗争的激化及苏维埃在军队和国内的影响增大吓破了胆的俄国资产阶级临时政府，力图一旦获胜就解散苏维埃和士兵委员会，结束两个政权并存的局面，粉碎革命力量，首先是布尔什维克党。如果进攻失利，就把罪责推给布尔什维克党，指控它瓦解军队，并扑灭国内革命。协约国则指望依靠数百万俄国大军在1917年战胜德国。

6月29日，所谓的“克伦斯基攻势”在加利西亚开始了。布鲁西洛夫指挥着为数不多的还有战斗力的俄军部队向伦贝格实施进攻。进攻从7月1日发起，俄第十一、第七集团军从波莫尔扎内以东、别列扎内地区向利沃夫实施突击，楔入德南方集团军防线，不久受阻。在南线与奥匈军作战的拉夫尔·科尔尼洛夫将军指挥的第八集团军却推进了30多公里，在其侧翼的罗马尼亚军队和俄国军队也取得了某些成果，但这只是一个短暂的胜利。为俄军的胜利所震惊的德军统帅部将13个德国师和3个奥匈师由西线调到东线，使其兵力几乎增加一倍。随着德军抵抗的增强，以及俄军后勤供应的中止，俄军的战斗热情和纪律性急剧衰退。7月19日，温克勒尔将军指挥的德奥军队从佐洛切夫、波莫尔扎内地域转入反攻，沿利沃夫至捷尔诺波尔铁路实施主要突击。俄军第十一集团军无心恋战，几乎未作抵抗，便大批撤出阵地，向后方退走。

20日，罗马尼亚方面军所属俄、罗各集团军向福克沙尼、多布罗加发起突击，一度进展顺利并粉碎德奥联军反突击，但因其他战线失利，被迫于26日停止进攻，后在德奥联军反击下撤至国境线。25日，德军攻占捷尔诺波尔，至28日迫使俄西南方面军撤至原出发地以东布罗德、兹巴拉日、兹布鲁奇河一线。俄国战线实际上已经瓦解，整个建制的部队逃亡，在这之后很少有激烈的战斗，德军和奥匈军如入无人之境。在1918年到来之前，德奥军队已经清除了俄军在加利西亚的残余。在整个7月间，俄军仅西南方面军就损失13万多人，各方面军伤亡和失踪的总数超过15万人。6月进攻没有取得进展，失败的主要原因是士兵厌战、不

由于士气低落，加上军中布尔什维克党积极分子不停地进行革命的政治宣传，俄军在克伦斯基攻势中溃不成军。图为不满的俄军士兵自愿向德军投降。

愿为与其水火不相容的资产阶级打仗，俄军各方面军之间协同不紧密，各方面军内的指挥不力，而且弹药物资缺乏，后备兵力不足。前线的失败，促使俄军部分下层官兵转向革命，主张俄国立即退出战争的布尔什维克党深得人心，让渴望和平的俄国人民倒向了布尔什维克。

1917 年 9 月 1 日，冯·胡蒂尔指挥德军第八军团攻击俄军战线的北端，他在德维纳河的西岸实施牵制性进攻以威胁里加。与此同时，德军三个师通过浮桥渡过该河并包围了要塞，同时，发动进攻的部队向东快速推进。长时间的预先炮火准备已被省去了，而代之以短促而猛烈的集中射击，随后步兵立即实施攻击。这是“胡蒂尔战术”的第一次运用。俄军第 20 军团陷入一片惊慌，并向东逃窜。德军仅抓获了近 1 万名俘虏，双方的伤亡都很小。在同一时间，一支小型两栖远征部队占领了里加湾的奥塞尔岛和达戈岛，并且在俄国大陆登陆。

万里赴戎机

——奋战在西伯利亚的捷克军团

捷克军团全称是“捷克斯洛伐克军团”，本是协约国武装力量的一部分。当时捷克斯洛伐克还在奥匈帝国统治下，为了争取民族独立，捷克斯洛伐克的侨民们和德奥战俘中的捷克籍人组织了志愿军部队，加入俄、法等协约国的军队序列，一直在东线配合俄军作战。“十月革命”后，苏俄退出了战争，要解散这支在俄国东线抗击德奥军队的捷克军团，与此同时，捷克军团在列宁的“民族自决权”的感召下也要求回国。捷克军团有近10万名经过战争锻炼的战士，应该说还是一支比较有战斗力的部队。“十月革命”胜利后，协约国同捷克斯洛伐克资产阶级上层勾结，决定利用这支军队反对新生的苏维埃俄国，便主动给它提供军费。许多事实证明，利用捷克军团在西伯利亚叛乱是以英法为首的协约国的既定方针，早在1917年底，协约国代表在雅西召开了一次会议，就讨论了用捷克军团反对苏维埃政权的问题。《布列斯特和约》签订前，英法代表就和捷克斯洛伐克民族委员会领导人马萨里克等人进行了多次接触，双方就捷克军团前往何处问题进行协商。

1918年2月，在德国疯狂进攻苏俄时，法国人宣布现在捷克军团是法国军队的一部分，要调往欧洲战场西线继续对德国、奥匈帝国作战。法国人和捷克斯洛伐克民族委员会签署协议，捷克军团通过符拉迪沃斯托克、太平洋、大西洋前往西线。3月26日，捷克斯洛伐克民族委员会、协约国与俄国苏维埃政府三方在奔萨签订协议，准许捷克军团以“平民身份而非战斗单位”穿越西伯利亚，在符拉迪沃斯托克登船，经巴拿马运河返回欧洲。英国军事部门在1918年3月25日提交政府的备忘录中对运送捷克人到法国的做法提出疑问，认为捷克军团对西线战争的意义不是很大，相反在西伯利亚的“混乱局势”下，捷克军团能起很大的作用。它们可以联合乌拉尔的反苏维埃力量和日本干涉军以及“以后加入北方的反布尔什维克力量”进攻苏俄后方。这样，英法在利用捷克军团反对苏维埃政权问题上达成共识。

1918年，在寒冷的俄罗斯西伯利亚地区，既有旧俄各种反抗势力，又有通过西伯利亚大铁路转运远东的捷克军团，而被关押的德奥战俘也正从西伯利亚往欧洲遣返。各种原来敌对的势力，混乱地交错运行。俄国苏维埃政府要求捷克军团通过西伯利亚时交出军械，只携带少量自卫性武器，但是在英法的怂恿下，捷克军团对此拒绝执行。在由奔萨调往符拉迪沃斯托克的途中，捷克斯洛伐克军团受协约国帝国主义者煽动，发动了叛乱。在俄国白卫军、社会革命党人和孟什维克的支持下，捷克军团于5月底至8月初占领了乌拉尔、伏尔加河流域和西伯利亚的大部地区，推翻了当地的苏维埃政权，建立起反革命政府，大批逮捕和杀害苏维埃的党政工作人员和革命工农。捷克军团的叛乱对新生的苏维埃共和国造成了巨大威胁。

1918年7月，捷克军团夺取了叶卡捷琳堡，就在他们夺城之前，沙皇及其家人在那里被看守他们的苏维埃士兵杀死。随后捷克军团开始与苏维埃政府谈判，同时亦与鄂木次克的反布尔什维克的自由党人政府谈判。协约国在得知捷克军团叛乱后欣喜若狂，在巴黎举行的最高军事会议上说："捷克斯洛伐克的军队对我们正为之奋斗的事业作出了重大牺牲，必须给予援助。"法国政府得到捷克军团胜利的消息后立刻指示："没有盟国的指令，不要停在占领的任何一个阵地上。相反，要扩大占领区，要保证西伯利亚大铁路畅通。你们的目的地不是法国，而是伏尔加河流域的东线。"法国还给捷克军团 500 万卢布的援助，而美国也给了它 700 万美元的支持。这支远离家乡，完全由协约国武装起来的队伍，倒也一时风光。为平息国内白卫军和捷克军团的叛乱，苏维埃政府在俄国东部建立了东方面军。东方面军于 8 月遏制住了捷克军团和白卫军的进攻，从 8 月底至 9 月初转入反攻，11 月底将叛乱者逐出了伏尔加河流域。12 月，捷克军团被迫撤离前线，由于军事上的失利和共产党人的地下工作，捷军团开始瓦解，约 4000 名捷克斯洛伐克人转到苏维埃政权方面，加入了游击队和红军国际部队。捷克军团如再不撤离，难保不会被全体赤化，因为当时列宁的学说对身居下层社会的士兵来说，还是颇具影响力的。

1918 年 8 月，英法为了挽救捷克军团的溃败，多次请求日本进军西西伯利亚和伏尔加河流域，都被日本拒绝，日本军事力量只想集中在东西伯利亚和远东。英法之间的矛盾也越来越明显，法国极力促成两部分捷克军团的汇合，而英国逐渐对捷克军团失去信心，认为其早晚会回家，转向扶植高尔察克。1919 年 11 月，鄂木次克被红军攻占。为了保存实力，高尔察克决定率部横穿 6000 多公里的西伯利亚，逃往太平洋沿岸，以求东山再起。而此时负责保护西伯利亚大铁路安全，并护送高尔察克的捷克军团，在生死攸关之时，依照捷克军团的最高指挥者法国将军热南的命令，在伊尔库茨克扣押了高尔察克的列车，出卖了高尔察克，以换取他们安全离开俄国的保证。1920 年 2 月 7 日，俄军统帅部与该军团首脑达成停战协议，根据协议，当年开春，该军团的各部队被集中遣往苏联远东的符拉迪沃斯托克，此后从那里陆续登船被遣返回国。

综观苏俄国内战争中捷克军团的表现，不禁让人扼腕叹息，作为受害者的捷克斯洛伐克人，在为奥匈帝国和沙皇俄国当了四年炮灰后，又重蹈覆辙，在"为祖国独立而斗争"的口号的诱骗下，充当了协约国干涉苏维埃俄国革命的急先锋，严重侵犯了苏维埃俄国的主权，给西伯利亚人民带来了深重的灾难，也使自己付出了惨重的代价。

辛劳的和被伤害的
——战争后方的人们

第一次世界大战之所以能够打下去，在很大程度上是依靠各参战国劳动人民的辛勤劳作，但劳动者本身却躲不开战火的拖累。物资越来越贫乏，人们对战争的厌恶也越来越强烈。

各参战国的后方都有自己的特色，但总体来说也有不少的相似之处。1914年8月战争刚爆发时，几乎所有主要参战国的首都都被一股狂热所笼罩，成千上万的人涌上街头表达自己的战斗热情。以法国简·若雷斯为代表的左翼人士由于不肯人云亦云还曾遭到了主流社会的排斥，并引起了大部分群众的不满。7月31日，若雷斯在巴黎的一间咖啡馆由于发表不同言论而被捕。

被战争狂热冲昏了头脑的人们竟然还心甘情愿地接受了更为严密的国家监控——至少在开战时是这样——而这意味着不仅团体活动将受到严格的限制，来自敌军盟国的侨民和反战人士也将被处处针对。1917年美国出台的《间谍法》和《镇压叛乱法》直接导致1600人入狱就是一个很好的例子。1914年，英国通过了《领土防御法》，若干国家群起效仿，同年8月，俄国对伏特加酒的生产和消费进行了极端严格的控制，而美国也于1918年提出了《禁酒令》，但该条令直到两年后才付诸实施。

饥饿是战争所引起的另一个大问题。在德军潜艇对英国的海上粮道狂轰滥

男人们大都被征入伍了，留守的女人们只好把农场上原本该男人做的活也给包揽下来。

炸时，英国则以其人之道还治其人之身，对德国实行了全面的海上封锁，而粮食歉收和糟糕的配给系统则进一步地加剧了德国的饥荒。1917 年春，英国的粮食补给岌岌可危，但该国政府却把这个危机公之于众。1918 年 7 月，肉制品和日常用品的订购量猛增。此时协约国阵营里其他的难兄难弟也是自顾不暇：1917 年 1 月，莫斯科市场上的补给还不够基本需求的 60%；与此同时，迫于无奈的法国政府开始倡导“无肉也欢”的饮食态度，并于 1918 年初开始对粮食和能源实行定额配给制度。但相比德国饿殍满地的状况，这些都还算好的了：1916 年末到 1917 年初的那个冬天被德国人称为“芜菁之冬”；1919 年时，约有 70 万德国人在这场饥荒中死于营养不良。

一本法国杂志封面用两个女性角色来颂扬母性光辉和其在兵工厂的劳作。

在那个年代，女性虽然暂时还无法摆脱社会对她们的歧视，却至少因为战争的爆发而获得了到车间工作的机会。仅以英国而言，1914 年末就有约 17.5 万名妇女得以走入社会；到 1917 年 8 月，75 万妇女工作在以前只提供给男人们的岗位上，此外还有 35 万人由于战时经济的需要而获得了工作的机会；1918 年，又有 24 万妇女参与农业劳作。

而法、意、美三国的情形也差不多，只有德国的进度较慢一些。但直到 1916 年末的兴登堡战役为止，女性仍然没能获得直接参与战斗的权利。

于 1918 年休战的第一次世界大战虽然残酷，但造成的平民伤亡相对于第二次世界大战来说要小得多。只不过，人们的苦难并没有因为休战而结束。1918 年春，流行性感冒在全球范围内爆发。这场病毒造成的浩劫持续了一年左右的时间，给英、法、德三国分别造成了 22.9 万人、16.6 万人和 22.5 万人的死亡，而全球的死亡数字更是高达两千万——其中，有 70% 以上的死者年龄还不到 35 岁。

俄国退出“一战”
——“十月革命”爆发

1914年第一次世界大战爆发后，俄国在军事上严重受挫，到1917年，士兵死伤数百万，俄国的经济也濒于崩溃。战争给人民带来深重的灾难，各种社会矛盾空前激化，随着冬天的到来，前线开小差的士兵已在100万人以上，士气十分低落。开小差的士兵公然住在家里，不受当局的干涉，腐败和低效率传染到社会的各个部门。1917年2月，当沙皇离开皇村去位于莫吉廖夫的参谋总部时，一些大公、地方贵族、杜马中的保守派和自由派代表曾来到皇宫觐见，企图让尼古拉相信，再不进行政治改革，革命马上就会爆发。甚至军队代参谋长瓦·古尔科将军也警告沙皇：“陛下，您在有意为您自己准备绞刑架。请不要忘记那些乌合之众是不会讲礼貌的。”可是，对于他的300年皇朝可能遭到危险的这些预兆，沙皇尼古拉二世仍然无动于衷。当杜马议长提出警告，叛乱正在席卷这个国家时，尼古拉二世写信给皇后：“这个大腹便便的罗德江科，又给我写了一篇胡话，我甚至不愿回答。”

1917年初，许多俄国人民对沙皇尼古拉二世的独裁及其政府的腐败积怨已深，他们认为沙皇不理解俄国人民的需求与意愿，而他们绝大多数是俄国恶劣的社会经济条件的受害者。严重的通货膨胀和粮食短缺也促进了革命的形成。在军事上，俄国在大战期间蒙受了惨重的损失，这更加深了俄国人民对尼古拉二世无能统治的观点，俄罗斯人已经对现行的体制感到厌倦，首都彼得格勒成为了关注的焦点。

1917年3月3日，群众的反抗活动首先在彼得格勒爆发，普梯洛夫工厂的工人开始罢工，10日发展成为反对饥饿、反对帝国主义战争、反对沙皇制度的政治

◎和平主义

1914年，当战争的狂热席卷整个欧洲大陆时，有少数人却冒着生命危险以参战国公民的身份对此表示反对。反对者也可以分为两类：被称为“个人和平主义者”的一类中，有的是从精神的角度出发，有的则站在宗教信仰的立场；另一类则是“政治和平主义者”，他们有的信仰国际共产主义，有的则认为战争是资本主义用来打压工人阶级的阴谋，还有一些自由独立主义者认为自己的国家和战争毫不沾边。此外，还有一类人希望用和平的外交手段把即将爆发的战争化于无形。

总罢工，罢工人数达到25万人。沙皇政府下令开枪镇压参加示威和集会的群众，从而激起了人民更强烈的反抗，11日，布尔什维克维堡区委员会决定将罢工转变为武装起义。12日起义席卷全城，驻守彼得格勒的士兵拒绝向工人开枪，大批转到革命方面。在短短的几天时间内，此时尚在前线指挥军队作战的沙皇尼古拉二世失去了对军队和国家的控制，混乱中，杜马的成员得到孟什维克和社会革命党人的支持，取得了国家的统治权，成立了俄国临时政府。3月15日，沙皇把他的退位书送给他非常藐视的杜马议长，正式赋予了临时政府权力。从3月8日彼得格勒工人大罢工开始到3月15日尼古拉二世退位止，在8天内，沙皇制度彻底崩溃了。

“二月革命”进展之迅速，在历史上是罕见的。“二月革命”这样快地取得胜利不是偶然的，沙皇制度的残酷压迫和帝国主义战争，促使社会各种矛盾尖锐化，激起人民极大的反抗力，是其中一个重要因素。在“二月革命”中，工人、士兵是反对沙皇的主力军，在革命成功后，工人和士兵组织了自己的领导机构——苏维埃，武装力量掌握在工兵代表苏维埃的手中。苏维埃掌握了实际的权力，其成员中，孟什维克占了大多数。布尔什维克则由于在战争中遭受镇压，大多数领导人还在监狱和流放地，列宁此时在瑞士，斯大林还在流放地。在随后的8个月里，一个由资产阶级组成的临时政府和在整个俄国发展起来的“苏维埃”共同分享政权。

“二月革命”开始时，列宁还在流亡，但几天后他就回到了俄国。

苏维埃是一个代表工人、农民、士兵和水手的组织，在苏维埃内部，最有影响的团体是孟什维克、社会革命党和布尔什维克，而孟什维克和社会革命党都是支持临时政府的。临时政府决定不让俄国退出战争，激起群众的极端不满情绪。工人和士兵们不信任临时政府，但信任苏维埃的领导人，临时政府的权威就建立在苏维埃领导人的威信上。这种现象被列宁称之为“双重政权”。资产阶级临时政府继续进行罪恶的帝国主义战争，继续奴役广大劳动人民，并且千方百计地扑灭革命火焰。工人和士兵组织称为苏维埃的委员会，起初同新政权合作，但不久他们进一步向布尔什维克影响下的左翼靠拢，因为布尔什维克要求结束战争和废除私有财产。德国谋求同俄国单独讲和，以便在西线集中所有军队。为达到这一目的，代表德国最高统帅部的鲁登道夫，采取有意的冒险行动，以使俄国退出战争。

在1917年11月的军事斗争中，一群布尔什维克士兵与一辆装甲车的合影。

这场革命很快就变成了杜马执行委员会中比较温和的自由主义者同社会主义者建立的工人和士兵委员会之间争夺权力的斗争。在这场斗争中，有一个叫阿列克塞·克伦斯基的人，他是一个具有杰出口才的律师，成为临时政府的首脑。“二月革命”胜利后，德国有意让列宁借道德国返回了俄国，列宁的布尔什维克党是反对对外战争的，而这正是德国所希望的。列宁回到彼得格勒之后，彻底改变了布尔什维克支持临时政府的政策，同时孟什维克和社会革命党的阵营也产生分裂。一部分孟什维克党人和左翼社会革命党人加入了布尔什维克的行列，托洛茨基领导的区联派也全体加入布尔什维克，布尔什维克在苏维埃的影响力越来越大。这时的德军除坚守他们的防线外，停止了东线的一切军事行动，鲁登道夫高兴地注视着温和派和布尔什维克之间在扩大裂痕，他知道非正式停战可以阻止这两个派别团结起来共同保卫俄国。老练的德国特务伪装成士兵，聚集在前线，双方在温暖的阳光下交起朋友来，俄国士兵干脆不理会作战的命令，纪律已经破坏，上百万人开了小差。

资产阶级临时政府于7月1日冒险在加利西亚向德意志帝国和奥匈帝国军队发动了一场所谓克伦斯基攻势，妄图借战争来消灭革命，但这次冒险进攻遭到惨败，10 天内俄军损失 6 万人。前线失利的消息传到首都，工人士兵群情激昂。彼得格勒的工人、士兵和其他革命群众走上街头，举行示威，要求全部政权归还苏维埃。临时政府派出军队进行血腥的镇压。战场上的失败，使布尔什维克退出战争的主张更得人心，11 月，布尔什维克在彼得格勒和莫斯科苏维埃中赢得了多数，整个俄国、几百个苏维埃都通过了要求把全部权力转交给苏维埃的决议。机不可失，布尔什维克在 11 月以彼得格勒苏维埃的名义发动了一次夺权运动。随后不久，莫斯科的政权也被苏维埃夺取，这就是俄国的“十月革命”。在“十月革命”中，资产阶级临时政府所在地彼得格勒的冬宫只有一队女兵和几名军官保卫，克伦斯基化装逃跑了，曾经支持自由主义而不支持暴君的温和社会主义者们退出政府，以列宁和托洛茨基为首的布尔什维克夺取了政权。托洛茨基大声对温和社会主义者们喊道：“你们的戏演完了。从现在起，到属于你们的地方——历史的垃圾桶里去吧！”

在“十月革命”中，由列宁所领导的布尔什维克党与工人代表苏维埃联手推翻了彼得格勒的临时政府，布尔什维克取得各政府部门的领导权，并夺取了农村的统治权。在彼得格勒，来自全俄的苏维埃召开了一次全体大会，被命名为“布尔什维克领导下的新政府”，并将工人民兵部队组织为红军。为结束战事，布尔什维克马上就开始讨论俄国退出战争的问题，1918 年 3 月，布尔什维克领导人与德国签订了《布列斯特 - 立托夫斯克条约》。随后国内就爆发了内战，战火持续了数年，最终由布尔什维克获胜，从而为苏联的建立铺平了道路。

城下之盟

——苏德签订《布列斯特和约》

前线战事不利，后方的沙皇统治也开始摇摇欲坠了，1917 年 3 月 15 日，尼古拉二世宣布退位，沙俄君主政体土崩瓦解。不久，以克伦斯基领导的杜马建立了资产阶级临时政府，接管了俄国大权。与此同时，彼得格勒工兵代表苏维埃政权也建立了起来。两个政权并存的俄国走到了十字路口。克伦斯基的政府决定俄国将继续参加战争，这个选择让渴望和平的俄国人民倒向了布尔什维克。

1917 年 11 月 7 日，俄国发生十月社会主义革命，推翻了资产阶级临时政府，建立了世界上第一个工兵苏维埃政权——人民委员会。苏维埃政权刚刚建立时，俄国还处在同德、奥匈等国交战的状态，为了巩固新生的苏维埃政权，苏俄必须

包括里昂·托洛茨基在内的俄国代表团抵达布列斯特－立托夫斯克，与德国进行和谈。

迅速退出这场帝国主义战争。全俄工兵代表苏维埃第二次代表大会通过了《和平法令》，建议各交战国立即停止战争，缔结不割地不赔款的公正和约。但是，以英法为首的协约国集团根本不理睬苏俄的和平建议，苏维埃俄国被迫单独与德国及其盟国开始和平谈判。1917 年 12 月 3 日，双方在白俄罗斯的布列斯特－立托夫斯克开始停战谈判。1918 年 3 月 3 日，苏俄与德国签订《布列斯特和约》。依约，苏俄将丧失波兰、立陶宛、拉脱维亚、爱沙尼亚、芬兰和白俄罗斯一部分共计约 100 万平方公里领土，并向德交付 60 亿马克赔款。当时出席布列斯特会谈的苏维埃代表团团长托洛茨基等人坚决反对，率代表团退出了和谈。

在经历了三年帝国主义战争后，俄国的国民经济濒临崩溃的边缘，大部分工厂因缺乏原料而无法开工，各种生活必需品十分紧张，工人和农民的不满情绪日益增长，无产阶级专政的阶级基础受到削弱，苏维埃政权面临着严重的经济和政治危机，在这种情况下，结束战争以争取喘息的机会就显得尤为重要。列宁根据当时苏维埃国家刚刚建立，红军正在组建之中，国内反革命力量还很猖獗等情况，主张接受条件，退出战争，缔结和约。在签约谈判时，布尔什维克的党中央发生了意见分歧，以列宁为代表的主和派主张接受屈辱和约以求喘息时机，以布哈林为代表的主战派反对签订屈辱和约，主张进行革命战争，以托洛茨基为代表的“中间派”则主张“不战不和”。1918 年 1 月 2 日，苏俄政府召开中央和地方负责人会议，60 人出席的会议上，赞成布哈林主张的 32 人，赞成托洛茨基主张的 16 人，赞成列宁主张的仅 15 人，最终，列宁的主张因处于少数而未能被通过。

为了迫使布尔什维克政府屈服，并停止托洛斯基的滔滔雄辩，2 月 18 日德军恢复了对俄国的进攻，1918 年 2 月 18 日，柏林增强了压力，德军在前线大举进攻，侵入乌克兰和白俄罗斯，并从北面威胁彼得格勒。向前推进只遇到微弱抵抗的德国部队，于 2 月占领了波罗的海诸省，进占乌克兰和基辅，甚至深入克里米亚和高加索。随着“白军”反对“红军”，俄国爆发了内战，全国一片混乱，彼得格勒受到德军的威胁，列宁于是下令把首都搬到了莫斯科。由于俄国军队的瓦解，又面对德国和奥匈的利益要求，新成立的苏维埃政权只能选择委曲求全的道路。最初的谈判失败之后，德国人的快速推进终于使许多人认识到，革命的言辞不能遏止军事力量。在德国人推进到距离他们的首都仅有 100 多公里的紧迫形势下，苏俄中央委员会举行了紧急会议，经过激烈的争论，托洛茨基转而支持列宁，会议结果以七票赞成、五票反对、一票弃权的结果通过了列宁的提案。苏俄政府连夜通知德国方面，同意签约。

但是德国在得到通知后并没有停止进攻，并于 2 月 23 日提出更加苛刻的条件。尽管《布列斯特和约》十分苛刻，在列宁的坚决主张和极力争取下，还是先后被布尔什维克党的七大和苏维埃第四次非常代表大会批准。至此，俄国退出了第一次世界大战，第一次世界大战的东线战场沉寂了下来。由于俄国退出战争，德国因此能够集中主要兵力在西线作战。《布列斯特和约》是一个条件十分苛刻的掠夺性条约，使苏俄丧失了近 100 万平方公里的土地。但它的签订使苏俄摆脱了战争，巩固了政权，粉碎了协约国企图利用德国之手扼杀苏俄的阴谋。1918 年 11 月 13 日，即协约国对德停战协定签字后两天，苏俄政府宣布废除此条约。

第十四章

改变战争天平的砝码

——美国的介入

“我不能，但摩根先生可以”
——被绑架的美国

为了战胜同盟国，法国人将征兵条款的年限一再拖延，这让法兰西流光了它的鲜血，而大英帝国则通过歇斯底里的发债，花光了从诺曼王朝到温莎王朝之间用各种手段辛苦积攒下的全部黄金储备。协约国的命运变得岌岌可危，有能力挽救其命运的，只有坐大洋彼岸悠闲观战的中立国美国。不过美国可不是轻易为协约国所动的，钱可以赚，但参战则另论。在这千钧一发当口，英国人想出了一条妙计，用 1000 万美元的佣金，粉碎了美国历时百年的门罗主义，也就是它的中立政策，从而把美国拖到了协约国漏洞百出的战船上。

1915 年，华尔街的摩根财团成为协约国在美国采购军需品的代理人。摩根财团收到一笔价值 5 亿美元的军火订单，这在当时可是一笔惊人的款项。这笔生意的佣金是 5 亿美元的 2%——整整 1000 万美元。条件是，这批 5 亿美元的军火资金由摩根财团负责利用华尔街筹集，也就是说，要暂借美国人的钱来为英国人解燃眉之急，先垫付军火费用。战争初期，美国并没有希望从战争得到更多的经济好处。战争的第一年，即 1914 年，时任美国国务卿的布赖恩，就明确建议美国金融家不要对协约国贷款。1914 年 8 月布赖恩在与总统商量后，再次通知金融家，向交战国贷款违背了“真正的中立精神”。长期在“门罗宣言”的滋养下，几乎所有美国人都希望摩根财团能够远离这份礼物，因为它显然破坏了中立的行为，但是摩根却不想放弃这笔百年难遇的生意，他开始行动了，在摩根的支持者们的反复宣传下，

图为美国招募志愿兵的广告牌之一。

沐浴在和平阳光下的美国人渐渐修正了对于"无为即和平"的偏执理解，毕竟财富唾手可得，而鲜血却远在地球的另一面。

现在形势逐渐变化了，协约国因为战争，从美国购买农产品、工业品和军用物资，进口量逐步增加。这对美国的经济发展有着很大帮助。不仅仅是银行家和军火商，大多数美国人也从中得到了好处。财政部长麦卡杜强烈要求改变不向交战国贷款的政策，他的理由是为了保持美国的对外贸易和经济繁荣，继任国务卿兰辛也认为有必要改变政策。摩根财团以美国国债的方式向美国定购了 5 亿美元的军火，在这批军火生产的带动下，美国经济也随之开始繁荣起来。激动人心的工业收益带动整个华尔街证券市场欣欣向荣，锣鼓声中，由摩根财团承销的 5 亿美元战争债券销售一空。美国政府为此向协约国提供了 30 亿美元的贷款，用来帮助协约国购买美国军火与其他补给品，英国这个垂死的老牌帝国终于从濒临崩溃的边缘缓过气来。美国担心协约国减少进口会引起美国"生产缩减，工业萧条，资本闲置，金融混乱和劳工阶级的普遍骚乱"，为了自己的经济繁荣，只得贷款给协约国，让协约国拿美国的钱来买美国的货。摩根公司实际上成为协约国在美国的金融代理人。美国公司与同盟国的生意也越做越大。

美国的国务卿兰辛对贷款的问题解释道："先生们，如果不同意贷款，贸易就无法形成，生产就会受到限制，工业就会萧条，劳动力和资本就会闲置，金融就会混乱，劳工阶级就会不安定，民主国家就会受到损害……"自此，美国投资客的钱通过摩根财团的手，变成源源不断的贷款进入美国军火商的账户，再变成一船船军火驶往战火纷飞的欧洲战场。自从第一次世界大战爆发后，由于英国对德国实行严密的海上封锁，美国同协约国的贸易从 1914 年的 8 亿美元激增到 1916 年的 32 亿美元，而与同盟国的贸易则从 1914 年的 1.7 亿美元猛跌到 1916 年的区区 100 多万美元，几近于无。战争期间，美国还供给协约国各种物资 100 多亿美元，贷款 100 亿美元。因此，美国同协约国在经济利益上已经紧密地联结在一起了。军火一船又一船地给英国人送过去了，但英国人的钱却没能及时返回来，英国人说数目庞大的黄金漂洋过海太危险了，搞不好会被德国人掳去，所以让美国人不必着急，好在英国在美国人眼中还有些信誉——而且没有也没办法，已经上道了就只能走下去。英国人此时付账的方式也就变得简单起来了，直接由美国贷款，这就使得在财政和军需方面，美国成了协约国的支柱和主要基地，协约国终于为自己搞到了一个输血基地。

为了让手头上那些贷款数字有效，除了继续发放债券，摩根集团以及所有协约国的投资者们只能拼命祈盼德国人尽快投降——彻彻底底地高举双手投降。只

伍德罗·威尔逊总统在国会讲演，呼吁军方支持对德宣战，现场反对者寥寥。

有这样，他们才能从德国人的口袋里掏回投资与红利，而摩根们则可收回债券发行费，而不是无穷无尽的官司。随着战争的深入，中立使美国大发横财的同时，也将美国一步步拖入战争。与协约国一边庞大的贸易额使美国与协约国联在一起，如果协约国战败，美国的贷款即将付诸东流。尤其重要的是，美国金融家与工业家的命运同协约国也紧密联系在一起。战后共和党参议员杰拉尔德·奈所成立的国会调查表明，美国1917年的参战很大一个原因是金融家和军火巨头的操纵。这些人几乎只与协约国做生意，他们不惜一切代价希望协约国取胜，这样才能大赚其利。

当1916年底在欧洲战场上占据了上风的德国人提出了足以让摩根财团跌进地狱的要求——为了和平停战——时，美国人傻眼了：和平当然美好，可谁来为那100多亿的战争贷款买单？是英国人还是德国人？德国人没战败，当然不可能替敌人掏钱，而英国人早已是穷得没有一个先令了。再说英国人也不愿付啊，只要打下去，这笔钱早晚得由德国人掏。务实的法国总理在法国众议院暴风骤雨般的咒骂声中，依旧嘹亮地宣称与德国进行谈判的任何念头都是“卑鄙和可耻的”。而劳合·乔治首相在英国下议院也再次重复了伟大盟友的决心——我们必须把对德国的战争进行到底。在俄国已发生“十月革命”后，新建立的苏维埃政权与德国单独议和并退出了战争，德国人从苏俄那里获得了巨额的赔款，除了粮食以外，还有大批从东线解脱出来的军队，战争胜利的天平已经开始向德国人倾斜，这时候着急的已经不只是协约国和摩根财团了，美国的金融家与工业家甚至美国政府的命运都已与协约国紧密联系在一起了。“先生们，我们不是花钱来欣赏败仗的！”1917年的春天，眼高手低的协约国终于听到了美国人的警告声，而美国总统伍德罗·威尔逊听到的良言相劝是：“总统先生，我们都知道，如果这笔借到欧洲去的钱最终变成坏账，就是上帝，他也得从这儿走人。”

威尔逊总统决定参战，可是始终找不到好的借口。因为自己曾经是个“和平总统”，现在突然要食言，所以借口一定要完美。就在威尔逊绞尽脑汁的时候，德国人给了威尔逊机会。1917 年 4 月 6 日，被“民意”劫持的威尔逊总统在白宫正式签署了对德宣战文件：“鉴于 1915 年的 5 月 7 日，德国潜艇在西南爱尔兰的外海击沉了一艘英国运输船‘卢西塔尼亚’号，随船死亡的 2000 名旅客中有 124 名是美国公民，美国特此决定放弃中立立场，正式对德宣战。”护财之情与爱国之心让美国的每一条街道、每一扇窗户、每一张桌子都燃烧着反德参战的狂热情绪。由于美国同交战双方纠缠不清的利害关系，参加第一次世界大战是不可避免的了。不管美国领导人的主观意图如何，不管美国在名义上是否还保持“中立”，美国必然会不同程度地卷入战争。在英法联军濒临破产，在协约国即将分崩离析的 1917 年，100 亿美元贷款面临着一笔勾销，利害攸关，美国不得不参战。历史以宏大的叙事方式，阐述了一个古老的犹太法则——当你欠下了一百元，你是债务人；当你欠下了一百亿，情况恰恰相反。

当然，美国总统威尔逊在对德宣战演说中说到参战的目的时却是绝对大义凛然的：“我们乐于为世界的最后和平，为世界各民族的解放，为大小各国的利益作战，我们没有任何自私自利的目的可追求，我们不想征服别人，我们不为自己索取赔款，我们不为自愿的牺牲寻求物质上的补偿。”威尔逊总统那番激情的演说，让许多议员都流下了眼泪，他们觉得总统的请求是极其严肃认真的。但议员们当真会那样天真么？有人会相信么？当威尔逊总统离开国会大厦返回白宫时，国会大厦外面街道两旁的人群向他欢呼。威尔逊坐在车中，悲伤地摇摇头说：“好好想一想，他们所欢呼的是什么，我今天所发表的演说，带给我们年轻人的是死亡的信息，而他们却如此地欢呼。”

美国参战的导火索
——齐默尔曼电报事件

大战进行到了第三个年头，精疲力竭的德国人手中只剩下一张可用之牌了，那就是它的潜艇，1917 年初，德军经过仔细分析和计算后得出的结论是，无限制的潜艇战将在 5 个月内迫使英国求和。虽然也估计到了美国介入的危险，但德国认为，美国在海上和陆上的潜在影响在两年内是微不足道的。德国期望在这段时间，通过潜艇战以及陆上的作战给同盟国带来胜利。这一计划实施后不久，英国船只的损失猛增至每月 90 万吨，由于风险太大，英国和中立国的商船水手们开始拒绝出海，协约国估计，英国的粮食和必需的原材料贮备最多只能坚持到 7 月份。

德国宣布对英国进行无限制的潜艇战的同时，为了抗衡美国日渐增长的敌意，德国外交官开始为结成德国与墨西哥的同盟而进行秘密谈判。如果德国与美国爆发战争，德国将与墨西哥结成防御同盟，条件是"墨西哥将重新获得失去的领土——新墨西哥州、得克萨斯州和亚利桑那州"。英国既而出招反制，而这一招却是致命的，比起无限制潜艇战要成功很多，智慧很多。英国的这一妙计便是利用间谍战，通过谍报挑拨离间，最终诱使美国这头雄狮走上战场。如果说德国的无限制潜艇战是美国介入"一战"的火药的话，那么齐默尔曼电报可以说就是那根点燃了火药的导火索。

1838 年 1 月 8 日，艾菲尔德・维尔展示了一种使用点和划的电报码，这是摩尔斯电码的前身。作为一种信息编码标准，摩尔斯电码拥有其他编码方案无法超越的长久的生命力。摩尔斯电码在海事通讯中被作为国际标准一直使用到 1999 年。1997 年当法国海军停止使用摩尔斯电码时，发送的最后一条消息是："所有人注意，这是我们在永远沉寂之前最后的一声呐喊！"

在第一次世界大战期间，长距离传送信息的技术有了大幅度发展，用摩尔斯电码发送的电报和无线电报不久便在战争中显示了其胜负攸关的作用，各个国家都马上把它应用到了战争之中。自从无线电和摩尔斯电码问世后，军事通讯进入了一个崭新的时代，但是无线电通讯完全是一个开放的系统，在己方接受电文的同时，对方也可"一览无遗"，因此人类历史上早就伴随战争出现的密码也就立即与无线电结合，出现了无线电密码。而电报的加密和破译也就登上了舞台。1914 年 8 月，德国无线电台发出了"儿子诞生"(即战争爆发的隐语)的消息后，德国对法国正式宣战，由此拉开了第一次世界大战的序幕。从这个时候起，各交战国的情报机构开始的一系列的情报活动首先是围绕着密码破译来进行的。

图为在使用战地电话的美国通信兵。对他们来说，修复电话线是每日必修的功课。

"一战"初期，人类间谍活动被公认为交战双方的主要威胁。但是后来事实证明信号情报更具有决定性意义，其重要性确实比在以往任何一场战争中都要突出。1917 年 1 月 17 日，英军截获了一份以德国最高外交密码加密的电报。这是一份由德意志帝国外交秘书阿瑟·齐默尔曼于1月16日向德国驻华盛顿大使发出的加密电报。这个电报是德国人用新的密码系统发出来的，传送给德国驻华盛顿大使，然后继续传给德国驻墨西哥大使，电文将在那里解密，最后要交给墨西哥总统。

人们都知道，密码是秘密情报战中的秘密武器，离开了密码就谈不上情报的秘密。破译是通过破解侦察对象的密码，从中获取情报的手段。想方设法保住自己的密码不被破译，千方百计破译别人的密码，是各国情报机构最基本、最经常也是最重要的一项业务工作。在“一战”中，英国人早就掌握了德国人所用的电报密码，在多格尔沙洲海战中，英国人就曾靠破译德国人的电报而取得了胜利。这次英国人虽然意识到了这封电报的重要性，但因为德国人使用的是一种新的密码，英国人一时破译不出来，正在他们一筹莫展之际，却突然发现德国人犯了一个错误，原来接到密件的德国驻华盛顿大使在他的华盛顿办公室里将电报用新的密件本译出后，却又用老的密件本将电报加密后传送给了德国驻墨西哥大使冯·伯恩托夫，英国密码破译专家们在得到新老两个版本的电报后，经过努力终于破译了这封电报。

英国海军谍报机构截获并破译了该密电后，电报的内容让英国人高兴万分，就像“二战”时收到日本偷袭珍珠港消息时的心情一样，因为这是一份足以给美国参战心情火上浇油的电报。原本就注重舆论宣传的英国人马上将这封电报的复印件交给美国驻英国的大使W. H. 佩奇，而佩奇立即将它转交给美国国务院，不过英国人和美国人约定好了，不说这封电报是英国人送来的，而说该电报是美国自己截获并破译的，不然的话世人一定会质疑这封电报的真伪。很快美国就通过新闻机构将它公之于世。

这是一封建议与墨西哥结成对抗美国的军事联盟的电报，它的内容为：“我们计划于2月1日开始实施无限制潜艇战。与此同时，我们将竭力使美国保持中立。如计划失败，我们建议在下列基础上同墨西哥结盟并协同作战，我们将会向贵国提供大量资金援助，墨西哥也会重新收复在新墨西哥州、得克萨斯州和亚利桑那州失去的国土。”虽然后来墨西哥总统卡兰萨正式拒绝了德国的这个提案，但它在发送过程中已经掀起了滔天巨浪。

尽管1915年英国的远洋客轮“卢西塔尼亚”号被德国潜艇击沉，死了100多个美国人，但那场风波很快就过去了，只要德国此后对其潜艇的攻击行为加以限制，美国仍将一直保持中立。至1917年以来，协约国和同盟国都已陷入了艰苦的阵地战中，任何一方都没可能取得决定性的进展。英国人企图实行海上封锁困死德国人，而德国人的潜艇也在努力切断英国人的供给线，双方都到了精疲力竭的地步，此时的英国希望能借这封电报促使美国早日加入到这场战争中来。

就在这个时候，这封电报出现了，这岂不是英国的福音？这封电报果然如那些政治家们所预料的那样，迅速地挑起了美国大众的愤怒情绪，原先美国人以为自己只是远离战场的看客，而现在德国人却想把战火从美国后院点着，这实在是让美国人无法容忍了。整个美国都开始担心墨西哥的举动。威尔逊总统决定，凡在交战地带航行的商船将予以武装。电文破译后6个星期，也就是在俄国因“十月革命”退出了“一战”之后，美国总统威尔逊宣布美国对德宣战，这时正是关键时刻，美国如果这时不加入战局中，协约国极有可能就招架不住德军的打击了，因为德军已经没有后顾之忧了。此时，站在美国总统身后的是一个团结起来的愤怒的国家，齐默尔曼的电文使所有美国大众都相信德国是美国的敌人，整个国家都充满了对德国的怒气。随着美国加入战场，德军立刻陷入劣势，最终走向全面失败。一封小小的电报，扭转几个国家与无数人，乃至整个世界的命运和发展，这次破译由此也被称为密码学历史上最伟大的密码破译。

其实不管怎么看，这都是美国人对自己要参战在找个正义的理由，对齐默尔曼电文的破译并不见得有那么巨大的作用，美国的参战是其利益所在，这封电报充其量不过是一个参战的借口，该参战的时候有没有它其实都是一样的，甚至有人分析，这封电报原本就是造出来以供宣传之用的。但不管怎么说，通过这个事例我们得知，谍战在战争中对局势发展起着重大的作用，在“一战”中，谍战这一场无硝烟的战争也表现出强大的战斗力。

战时通信

——不可或缺的战斗因素

几乎所有的将军都曾经为如何与前线将士有效地通信而苦恼过，而长久以来，虽然人们发明了若干种通信方式，却没有一种能够满足所有的作战情况。

各国指挥官们在当时最为头痛的问题之一，就是无法在战役打响之后即时掌握战场情况，更不要说及时发布新的指令了。在第一次世界大战之前的各种军事对抗中，由于战场面积小，参与战斗的部队规模也很有限，所以司令官们大可以自己在战场上走一走、看一看，根据所见所闻随心所欲地制定作战计划。但第一次世界大战战场波及欧、亚、非三大洲，参战部队动辄以十万计，想要在闲庭信步之中就指点江山怕是不大可能了。所以，指挥官们只好把指令细化到每一个方面，制定出一个详细的时间表，让每一个作战单位都清楚地知道自己该在什么时候做什么事。但问题还是存在的，毕竟战事不会按照任何人的计划不偏不倚地进行下去。所以，通信的困难依然制约着将军们对战场动态的反应。

大多数参战国在西线战场都有信鸽部队。图中所示即为当时一种比较有代表性的战地鸽舍。

由于当时语音通话系统还没问世，所以大多数参战国都采用无线电发送摩斯密码的方式传递信息。但这一通信手段却有两大致命的弱点：第一，由于摩斯密码的编码方式是一定的，而无线电信号又可能被敌方截获，所以信息内容很容易会被对方破译。1914 年 8 月，协约国就非常幸运地两次截下了德国的电报，而其中一次直到 1918 年才为德方发觉。第二，无线电发报设备不仅又大又沉——早期的飞机即使不作改装也载不动一台发报机——而且非常“金贵”，根本就无法在前线火力交错的情况下长时间工作。随着战争进程的推进，较为轻便小巧而又更为耐用的发报机开始进入人们的视野，并渐渐得以配置到侦察机或侦察热气球上。但其他的通信设备仍然只能供地面部队使用。

堑壕战的发展使得通过电话或蜂鸣器传送的摩斯密码愈发流行，而包括当时的移动通信设备在内，所有的电话都是依赖电缆才能运作的。有线电话虽然方便，但缺点也很明显：即使电话线埋在战场地面一米以下，也还是很容易被敌军的火力切断；移动通信设备的电缆一般都暴露在无人区的地面上，这里正是双方火力交织最密集的地方，所以断线的频率也就额外得高。对于通信员来说，维修断掉的电话线是一件困难而又危险的工作，但为了维持通信系统的正常工作，他们也没有别的选择。

发动进攻的部队还有很多其他联系方式，但也都有各自的缺陷。手写或口述的讯息一般靠信使跑步传递——在死亡和负伤随时都会降临到移动者头上的第一次世界大战战场，这种传递方式恐怕是最不安全的。讯息很有可能随着信使的死亡而半路消失，而这种方式相比电话来说也慢了很多，如果信使失踪，将军们更是不知道

1918年末，一名美国士兵在阿尔贡之战期间操作一部战地电话。

要向谁问罪去。而使用信鸽的效果就相对好一些，但这种“信使”在大炮炸弹面前也仍然过于脆弱了。1916年凡尔登战役时，镇守沃克斯要塞的法军部队就曾将信鸽作为重要的通信兵，这些信鸽死后还以其勇敢获得了法国的最高荣誉。

其他通信方式则更为少见。在紧急情况下使用的信号弹，往往是为了示意向预定目标齐齐开火。1916年索姆河会战期间，英军还曾经在士兵的背包上缝了可以反光的金属三角形，以使后备部队可以随时观察部队的进程。

协约国的救星
——在欧洲登陆的美军

1917年很可能是历史将永志不忘的一年。美国背弃了乔治·华盛顿关于不卷入联盟的忠告而参加了一场“结束战争的战争”。自1915年以来，美国缓慢的参战趋势已经明显，这一点从华盛顿对柏林之间的外交函件日益尖锐的措辞就可以明显看得出来。1914年大战刚爆发时美国的中立无疑受到绝大多数美国人民的支持。但是，在三年的战争中，各种因素的组合慢慢地改变了公众舆论。而英国控制着全球电报网，在宣传领域中德国人的愚蠢和英国人的老练也对改变美国公众舆论起了一定的作用。德国潜艇的威胁加上持续损失惨重的地面战僵局使得英法两国在1917年年初的日子都很不好过，1917年4月2日，德国没有丝毫停止潜艇战的迹象，威尔逊总统同时向美国参众两院发表演讲，认为美国不能继续袖手旁观了，两院都以绝对多数通过了总统的倡议。大战打到这个分上，交战各方都已是精疲力尽，美国打算出场了，只要美国正式对德宣战，美国海军就可以帮助英法消除德国潜艇的威胁了。

第一次世界大战前，美国在列强中并不突出，是个负债累累的债务国，可是到第一次世界大战后，美国一下子富起来了，如列宁所说，“它从负债累累一跃而为各国的债主”，全世界有20个国家欠美国的债，连本来最富有的英国也欠下了美国 44 亿美元的债款。美国地处北美，与战区远隔重洋，战争为美国提供了发财的机会。不过，战时美国与同盟国和协约国的贸易是不等的。由于英国封锁，美国与同盟国的贸易猛跌，几至于无，与协约国的贸易量却增加了三倍。1914 年，第一次世界大战爆发后，美国对英国人的封锁措施比对德国人的活动更担心，美国坚持海上自由，向交战双方提供战争物资，船主因为英国对同盟国特别是对德国的封锁而感到十分愤怒，不过美国船主渐渐发现，派越来越多的船只装载着战争物资驶往英国、法国非常有利可图，这种商船因受到德国潜艇的袭击，加上英国人的巧妙宣传，导致了美国舆论转而倾向协约国。

大战爆发后，美国没有马上参战，而是静观事态变化，以坐收渔人之利。美国政府认为，这次战争的结果将是“没有胜利的和平”，双方实力都会受到很大损失，任何一方都不会得到决定性胜利，“那时整个世界的前途就会决定于我们手中”。直到 1917 年，威尔逊总统还使美国置身于战争之外，并且他没有让美国军队做好为全面欧洲战争作战的准备，美国所拥有的只是钱、劳动力和武器的生产能力。在大概一周内，国会授权政府向协约国提供一笔 30 亿美元的贷款，一份财政部公告解释说，这笔贷款用于支持协约国作战，否则，美国军队将付出更大的代价，不仅仅是人员上的，而且是金钱上的。美国不希望它投到协约国的金钱打水漂，已决心把自己绑到协约国的战车之上。大战开始时，美国尚未做好战争准备，陆军只有 25 万，此时参战力不从心，同时，美国人民反战情绪普遍，威尔逊又面临 1916 年的总统竞选，便以“威尔逊使国家免于战争”为口号，迷惑选民捞取选票。1916 年威尔逊已在总统竞选中获胜连任，美国这才开始招募、训练军队，准备踏入欧洲战场。近一年后，美国做好了战争准备。

由于英国对德国的经济封锁，1917 年时的德国已处在十分困难的境遇中，英国人的意图是困死德国人，当然其中包括德国平民。在主力舰队无法突破英国封锁的情况下，德国企图用潜水艇来打破英国的海上优势。1915 年 2 月，德国就宣布实行无限制潜艇战，对环绕大不列颠和爱尔兰领海以及英吉利海峡中的敌国商船一律击毁，事先不加警告，中立国的船只也不例外。由于美国的强烈抗议，德国于 1916 年 5 月暂时停止无限制潜艇战。但到了 1917 年 2 月，德国对在陆上赢得战争已越来越不抱希望，又恢复了无限制潜艇战，企图通过潜艇封锁迫使英国在“6 个月以后投降”。德国的无限制潜艇战，不仅为美国支持协约国的舆论提供了材料，也为美国参战提供了很好的借口。1917 年，掌握了德国军政大权的鲁登道夫继续推行无限制潜艇战的冒险，似乎产生了称心的战果，在 1917 年的头三个月中，130 万吨以上的协约国和中立国船舶被击沉，4 月的损失近 90 万吨，这种成就多数是出自英国海军部顽固地反对采取护航制的缘故，只剩下仅够6周食粮的英国，迫切需要美国支援，以与德国潜艇的威胁搏斗。

战争头几年，关于对德国实施水面封锁的问题曾在英美两国之间引起摩擦。美国不满英国在公海上干涉它的航运。但是，德国的潜艇战的实施却是以美国人的生命为代价，1917年德国在英伦三岛和欧陆协约国周围特定海域对各国航运开展无限制潜艇战，此时已成破釜沉舟之势。

威尔逊下令把驶往交战地带的美国船只武装起来，美国第一艘武装商船启航，威尔逊还在希望德国人不要走到击沉美国商船这一步，由于没有公开的法令，他不准备采取进一步的行动。在“卢西塔尼亚”号 和 “苏塞克斯”号事件中，威尔逊一本正经地要求作为中立国的美国有权进入战区并且要受到保护，而德国的潜艇在攻击敌人前则必须先露出头来打个招呼。有那么些历史学家，热衷于帮助威尔逊回忆，他们试图声称这位总统热爱和平，不遗余力地试图阻止美国卷入战争，而这就很难解释威尔逊下一步的举措了。这位总统，打破了美国此前的全部传统，号召为商船配备美国海军的大炮和海军士兵，指示他们：凡是遇到冒头的德国潜艇，即行开火！得了这样的指示，美国商船一头驶往了战争区域。

美国参战前的“中立”，只不过是为了发战争财和等待参战的最好时机。1917年，战争已近尾声，两大军事集团都已精疲力竭，美国此时参战，既可轻易获胜、捞取战利品，又有利于战后夺取世界霸权。更何况对美国来说，不参加欧洲战争，不去扭转德国在欧洲专横称霸的局面，将意味着不仅仅失去贸易，而且相对地降低美国在世界国家之林中的地位，利害攸关，不得不参战。威尔逊总统等待德国政府重新

前往欧洲的美国运兵船。由于护航系统相当成功，所以搭载着美国士兵的运兵船，在前往法国的途中没有一艘被德军潜艇击中的。

考虑它的海上威胁是徒劳的，将近2月底时，载有美国国民的英国班轮“拉科尼亚”号没有接到警告就被鱼雷击沉。3月中，美国船舶“孟菲斯城”号和“伊利诺伊”号也被击沉，又死了几个美国人。以此为由的威尔逊说潜艇战是“与全人类作对的战争”，在呼吁战争的演讲中，威尔逊争辩说：“美国将为伟大的道德原则而战，这场斗争不单为反对德国，而且为反对全部的专制政治。”为了保住美国的利益和在和平会议上弄到个席位，威尔逊就必得成为一个参战国的领袖。

在1917年初，美国越来越接近战争的边缘，威尔逊断绝了与德国的外交关系，把商船武装起来，4月2日更在国会里发表演说：“世界必须安全民主，权利比和平更可贵，我们将为自己最珍惜的东西而战斗，我们乐于为世界的最后和平，为世界各民族的解放，为大小各国的利益作战，我们没有任何自私自利的目的可追求，我们不想征服别人，我们不为自己索取赔款，我们不为自愿的牺牲寻求物质上的补偿。”1917年4月6日，以德国的无限制潜艇战使许多美国人丧生和美国与协约国的贸易受到极大影响等为借口，威尔逊召开了国会特别会议，认可美德之间的战争状态，两天后，参议院通过了参战的决议，同德国打仗现在已是正式的了，刚刚5个月之前以“他使我们处于战争之外”为纲领勉强赢得大选胜利的这位总统，如今变成“武力，最大限度的武力，没有吝啬和限制的武力”的倡导者。

美国同奥匈帝国的外交关系于4月8日断绝，但直到12月7日方才宣战。美国对德宣战后，政府立即在全国各地掀起了一股爱国主义宣传热潮。“武装起来，最大限度地武装起来，毫无限制地武装起来！”这是威尔逊总统向全国发出的战斗号召。当德国决心开展无限制潜艇战时，它就有意地接受了各种风险，但它认为美国的武装力量将为数很少——当时美国的正规陆军总共不到30万人，空军只有微不足道的150人。但在短短几个月之内，美国陆军和国民警卫队就招到了近70万名志愿者，另有300万人被征召入伍，到1918年11月，美国军队男女军人已有了480万人。1917年，持续了三年的第一次世界大战进入了关键时期，巨大的战争消耗使协约国和同盟国都精疲力竭。为了响应协约国关于在欧洲尽快出现一支即使是微不足道的美国部队也会有助于鼓舞士气的建议，美国抽调分散的正规陆军部队拼凑成第一师，该师主力加上海军陆战队的一个团于1917年6月抵达法国。此前先期到达的是陆军花名册上年轻的少将约翰·潘兴。4月，美国正式加入协约国一方与同盟国作战，这对于德国来说不啻是一个致命的打击，因为它极大地改变了作战双方的力量对比，战争的天平迅速向协约国一方倾斜。

从6月开始，新锐的美国部队源源不断地开向欧洲。

美国参战后，它的海军也加入了反潜护航战斗，消除潜艇威胁的主要方案就是将商船集中起来组成编队，进行武装护航。在以前的战争中护航行动被证明非常有效，在第一次世界大战中却一度被认为过于保守，难于组织。不过这种方法的效果很快又被证明了，从5月开始，协约国和中立国的商船损失逐渐减少。到1918年初，美英新下水的船只数超过了损失的船只数，而它们击沉的德国潜艇，不久就比德国所能建造的更多，德国的无限制潜艇战失败了。1918年，英美使用更先进、更有威力的水雷，共同布置了一个巨大的雷区，从苏格兰以北的奥克尼群岛一直延续到挪威的领海，一共布了7万多枚水雷，使得德国潜艇要进入大西洋更为困难，英美海军基本解除了德国潜艇的威胁。这不仅对英国的存亡有着重大意义，而且使得美国部队能够跨越大西洋登陆法国作战，最终挽救了协约国的命运。

给美军的装备
——依赖英法支持的临时参战

临时参战的美国在战前并没有相应的人力储备和足以提供大批军备的军工企业。虽然他们东拼西凑地好歹用成千上万人组成了一支奔赴欧洲的战队，但在军备方面却只能完全依赖英法两国的支持。

◎柯蒂斯 JN-4D 型飞机

美军在第一次世界大战中最成功的飞机——柯蒂斯 JN-4D 型其实是一种训练机，而不是一款适用于空战的飞机。但这却是首款得以批量生产（到1918年底共有5500架面世）并大规模投入使用的飞机。

引擎：90马力柯蒂斯 OX-5 发动机

人数：2人

升高限度：3000米

最高时速：112千米

武器装备：无

1917年中期，英法两国的军事工业已经得到了长足的发展，但由于在战争前期人员伤亡过于惨重，他们竟面临生产出大批武器却无人来用的窘境。而美国的情况则正好相反，其预备役部队人员充足，但军工企业的生产力则无法在短期内为之提供充足的装备及弹药。在战场上，时间就是生命，如果要美国自己给每一个士兵量体裁衣、装备武器的话，西线战场上的协约国阵地早就崩溃了。英法两国根本等不及美国自给自足的时候，因此决定给这位新战友提供从制服到武器的一切军备。不过，美国海军却不需要他们的帮助——这支部队是该国最强大的军事力量，随时都做好了战斗的准备。

这种“你出人力，我出物资”的解决方法还有一个好处，那就是节省了运输船上为武器装备预留的空间，使得每一艘运兵船每次都可以多运一些士兵，船速也可以得以提高。多亏了这个一箭双雕的计划，美军才得以在1917~1918年间顺利地将两百多万士兵运到了欧洲战场。

大部分美国军人在参战时穿的都是自己的制服，配备的也多半是美国本土生产的轻武器，如1903斯普林菲尔德步枪和勃朗宁自动步枪。当然，这其中也有一些例外：比如美国步兵大多佩戴的是英制钢盔，而与法国部队协同行动的作战单位——这里不包括美国黑人部队——佩戴的是法制阿德里安头盔；除了美制步枪，他们还配有由英制步枪演化而来的M1917型（即恩菲尔德型）步枪，和法制乔奇轻机枪，与法军协同作战的美国黑人部队配备的是勒贝尔和贝提尔步枪；而美军使用的重机枪则全部是美制勃朗宁1917型机枪。

但从重型武器方面来说，美国远征军就得完全依赖英法的技术支持了。法制75毫米口径野战炮和155毫米口径榴弹炮都是美军的主要装备，而英国也为之提供了大量203毫米口径榴弹炮作为支援。美军装甲部队主要由法制雷诺FT–17轻型坦克组成，此外还有少量吨位更重的坦克来自英国。法国有一个兵工厂还曾经打算以英式马克Ⅷ型坦克为模板，改用美式飞行引擎，大批量地制造所谓的“协约型”或“解放型”坦克，但这些坦克却没能在第一次世界大战结束前投入使用。

美国空军在第一次世界大战中使用的飞机以美制柯蒂斯JN系列为主，但也有不少以法式和英式设计为蓝本，配备了美式飞行引擎、在美国境内合法制造的款式。此外，直接从英法两国购买的飞机也不在少数，其中来自英国的飞机有4881架，来自法国的有259架。美军飞行队采用的战斗机主要是法制纽波特28型和斯巴德S系列。1918年后期，美军轰炸机组在美制DH–4机的基础上，开始大规模使用法式布雷盖14型和萨默森2型机。

“恐怖的杰克”
——潘兴

1914年，第一次世界大战爆发，美国执行所谓的中立政策，实际上是“坐山观虎斗”。美国开始向交战国大卖军火，到处发战争横财，军事实力得到空前的提高。当欧洲对决的双方厮杀得两败俱伤的时候，美国开始蠢蠢欲动。美国看到欧洲战场上英、法同德国都打得差不多了，为了战后在谈判桌上争取更大的发言权，决定向欧洲派遣远征军，并任命陆军上将潘兴为美国远征军的司令。1906年时，约翰·J·潘兴还只是名上尉，并且对如此之低的军衔来说，他的年龄也偏大。当时，西奥多·罗斯福越过862名比他军阶高的军官，戏剧般地把他提升为陆军中最年轻的准将。

约翰·潘兴，第一次世界大战中在欧洲战场上统率200多万美国远征军的最高司令长官，是美国唯一在生前获得特级上将称号的美国将军，1860年生于密苏里州林恩县拉克利德。1886年西点军校毕业后去骑兵部队服役，是一位勇敢、严厉、极富献身精神的指挥员，素有“铁锤”之称。他曾参加过剿灭印第安人的血腥战争，担任过西点军校战术教官，在校期间获得“黑杰克”的绰号。1898年参加美西战争，后来又几度供职于驻菲美军，在棉兰老岛上屡建战功，备受前任总统西奥多·罗斯福的喜爱，以至于当他看到法律不允许他将潘兴从上尉提升为少校或上校时，干脆直接将潘兴擢升为准将。美国参战后慷慨地支援协约国，到1918年夏，运往海外的食物和补给，增加到每月近100万吨，但是，望眼欲穿的部队运输船只直到1918年春才开始到达。即使在那个时候，协约国军事领导人仍低估美国的作战能力和工业潜力。当福煦预言大战将持续到1919年秋时，很少有人持不同的意见。

潘兴（右一）和协约国最高司令福煦及黑格、裴坦在一起。

在强烈的反对声中，威尔逊总统说服国会对每一个21 ~ 31岁的体格健全者实行征兵制，后来年龄改为18 ~ 45岁。将有400多万人在陆军服役，80

万人在海军服役。潘兴重建他的部队，决定每一个美国师应包含 2.8 万人，约两倍于相应的英法部队。他的命令证实了一个普遍的欧洲人的观念，即美国人做什么事情都是大手大脚的。1917 年 5 月 26 日，陆军部长贝克签署了授权潘兴指挥美国远征军的命令，据说这位部长私下里曾对人说，他对担任美国远征军司令的潘兴只准备下达两个命令："一个命令是去，另一个命令是回来。"由此可见他对潘兴是多么信任。威尔逊在对待潘兴的态度上竟和贝克部长极其相似，他对军事工作不感兴趣，最希望由将军们自己去管打仗的事。

美国远征军总司令潘兴是个完美主义者，他总是以一个正规军人的姿态出现在公众面前，他认为，军人和民兵的区别就在于是否有严整的军容。"严以律己"的潘兴并不"宽以待人"，他要求他的部下也得和他一个样，因为其对军容风纪的要求几乎严格到令人忍无可忍的地步，于是他的部属私下里送给他"恐怖的杰克"这个外号。潘兴得到了"美国的法律、条令、制度和习俗所能给予一位战时在战场指挥陆军的司令官的一切权力和职责，并享有相当于部局长们平时和战时的权力和职责"，"总而言之，他拥有根据本指示精神积极进行战争直至取得最终胜利所需的一切权力"，一贯非常自信的潘兴很快就把这份被称做"格兰特之后无人比拟"的权力运用得十分娴熟，并且发挥得淋漓尽致。美国于 1917 年 4 月所做的准备很差，只有 20 万人，用马刀劈砍的骑兵是陆军中的精锐，陆军内外没有一个人曾受过堑壕战的训练，且主要是按照美国内战时期的作战经验进行训练。而欧洲战场上固定战线的战术，根本不同于以前的战争，它是辅之以机枪、手榴弹和白刃战的使人丧魂落魄的可怕的炮战。美国加入协约国后不久，数百名英法军官横渡大西洋，去训练新兵的攻守方法，但美国人到达法国，才是真正训练的开始。

按照陆军部的规定，步兵在美国本土训练 4 个月之后，就可以派到法国去。许多参加过墨西哥战役的老兵们想得更简单，在他们看来，这次战争不过是一次快速清剿行动的翻版，德国人只要一交手就会四散逃命，然后便可舒舒服服地凯旋。当潘兴到战场上走了一趟后，他不仅被双方在这场可怕的消耗战中进行的大屠杀吓了一大跳，而且对美国部队完全没有经过这种战斗训练感到震惊。身材高大的潘兴是位一丝不苟的铁腕指挥员，他不愿意让远征的士兵们仓促上阵，去充当协约国的炮灰。美国由于战争而急速扩军，派到欧洲战场上去的大都是没有作战经验的人，许多新入伍的士兵连武器都不会用，因此潘兴要求对他们进行严格的训练。他们先是在美国国内的营地和法国的后方接受军事知识的灌输和训练，然后以师、团为单位去没有战争的地方进行实战锻炼，直到具备了独立作战的能

美军士兵正在操纵一架负责防空任务的法国造霍特奇斯重型机关枪。图中可见的金属弹匣一次只能装入 30 枚子弹，射手必须频繁地更换弹匣以保证开火，这也是这种武器最大的弱点。

力，再开到真正的战场上去。

来到法国后的潘兴不仅要借鉴英、法、德军的经验，要求部队必须进行堑壕战的战术训练，还要求参战美军克服英法军队困守堑壕战线的消极思想，加强“火力与机动”的突破战术训练。如此长时间的训练，实在是急坏了性情急躁的法国人，为早日减轻压力，摆脱困境，法国人恨不得一脚把美国兵踢到战壕里去。伴随着时间一天天过去，不仅法国人和英国人越来越不耐烦，而且连有的美国军官也认为潘兴的训练计划搞得太过分了。在组织美军师方面，法国人建议 1.7 万人为适当的规模，大了则不灵活，作战时无法有效组织，并且受火力压制时难于机动，对计划的改变不能迅速作出反应。但播兴没有听这些建议，他要求组织 2.8 万人的师。他认为，大兵团利于持久作战，并能集中成密集队形突破德军防线。

1917 年，法军总司令贝当和英军总司令黑格听说美国派来的远征军司令是潘兴时，不禁一惊：“恐怖的杰克”？怎么会是他？这可是个很难打交道的家伙！正如他们所预料的那样，潘兴坚持美军参加第一次世界大战是基于“合作”的原则，美国不属于法定的协约国，美国远征军是“协约国军中单独和独立的组成部分，这一身份必须加以保留”。在这一点上，潘兴的指令与协约国的愿望相反，协约国试图迫使潘兴将美国远征军拆成连级单位分派到英法联军中去，从而使美军变为法军和英军兵力的蓄水池。6 月下旬，美国陆军抵达法国圣纳泽尔，潘兴预见到西线战场将会变得更加危急，美国只有派出大批部队参战，才能有进攻的优势。当时，美军在各国之中的实力较弱，英法等协约国完全不信任美军能有多大的作战能力，决定把美军编入英、法等军队中充任后勤。从国家尊严角度考虑，潘兴对这种布置极为不满，极力坚持保持美军的独立性和完整性，并力主美国增加兵力于欧洲战场，他的主张得到总统威尔逊的支持。

美国是在事先没有准备的情况下进入战争的，从而必须面对组织、装备、训练、运输以及供给一支在欧洲的远征军的任务，少得可怜的正规军部队成为连续两批运抵欧洲军队的核心力量。潘兴选择凡尔登以东的洛林地区作为美军的作战地带，来自美国的供应线将直达法国西南部的港口，除轻武器之外，火炮等军械由美国的盟友提供。潘兴到达欧洲时，正值协约国军处境狼狈，由于俄国的退出，德军得以把军队集中到西线战场，协约国的军队处在节节败退之中。1918 年上半年，德国计划并实施了几次进攻，协约国损失非常惨重。协约国伤亡和被俘总人数达到 80 万，同时他们几乎失去了所有在 1916 ~ 1917 年间漫长、血腥的进攻中所拿下的土地。不过协约国还没有溃不成军。

1918 年 5 月 28 日，第三次埃纳河会战中，鲁登道夫沿“贵妇大道”实施进攻，一举突破了法军的防御。潘兴急调邦迪少将指挥的美军第二师和迪克曼少将指挥的美军第三师增援法军。与此同时，在西南约 8 公里的坎蒂格尼，美军实施了大战中的第一次进攻。美军第一师夺取了德军严密设防的坎蒂格尼村并多次击退德军的反冲击，尽管该战仅是一次局部的作战行动，但打败经验丰富的德第 18 军团的部队，仍然鼓舞了协约国军的士气。美军在坎蒂格尼战斗中的大获全胜，使潘兴激动不已，他致电美国国防部：“我坚信，我们的军队在欧洲首屈一指，我们的参谋人员不比任何军队逊色。”他甚至拍案怒斥：“谁胆敢再问我美国人会不会打仗，我就对他不客气！” 至 1918 年 7 月，战略主动权完全掌握在协约国手中。协约国司令官贝当、海格和潘兴在博蒙召开会议，对今后的作战作了深入的讨论和准备。协约国采纳潘兴建议，变战略防御为主动进攻，不久即发动了亚眠战役和圣米耶尔战役。

“渗透战术”的创始人
——胡蒂尔

奥斯卡・冯・胡蒂尔，第一次世界大战中的德军陆军上将，在人类的战争史上，他主要是以“胡蒂尔战术”而广为人知。“胡蒂尔战术”也叫“突击群战术”，更通俗点说，又叫“渗透战术”，可以说，这种战术就是后来德军机械化作战学

奥斯卡·冯·胡蒂尔

说的前身。胡蒂尔是一位有能力而且坚定的指挥官，也是第一位成功使用该战术的集团军司令官，他以突破堑壕战方面的成就在“一战”中成为一名非常出众的德军将领。

在作战中，突击群战术的核心是利用小股的作战部队，利用对方防御上的间隙和接合部，渗透到对方的防御体系当中，打击敌人重要目标。根据这个思想，在进攻发起前，先经过密集的炮火覆盖，接着在弹幕徐进的掩护下，派出数支精良的小分队，即所谓“突击部队”，切断交通线，割裂防御部署之间的关系，为正面的攻击创造条件。在里加战役中，胡蒂尔面对的是俄国帕尔斯基指挥的第十二集团军，编有16万人，而德军的第八集团军下属三个军，约6万人，胡蒂尔的军队在这次战役中展示了德国军队新的渗透战术。该战术是德国参谋总部基于英国人和法国人的战术发展而来的，在短时间的密集炮火准备后，以小的战斗单位绕过敌人的强点渗透到对方前线。这些部队在突破无人区的时候可以交替掩护，并绕过敌军火力支撑点，迅速通过敌军防御部队的间歇突破到敌军纵深，切断敌军通讯，而后大部队才发起攻击。由于在这种战术中，强击部队要突破敌军防线并在缺乏支援的情况下作战，因此他们的装备和战术都与之前的德军步兵有很大不同。

胡蒂尔在“一战”中对这种突击群战术的成功应用，使得英国人称之为“胡蒂尔战术”——这一称呼保留至今。1917年9月3日，胡蒂尔的军队占领了里加。到三天后战役结束，第八集团军以4000多人的损失造成俄第十二集团军近3万人的损失，并一直推进到里加湾海岸，胡蒂尔也因为杰出的战绩荣获了德国的“蓝马克斯”勋章。在“一战”中，成功应用了“突击群战术”的还有年轻的隆美尔，1917年10月，作为山地步兵营下属的分队指挥官，隆美尔率领着两个连的兵力，在夜间大胆地向意大利军队防线的后方穿插进去，当天拂晓，这支部队就已经占领了意大利防御后方的一个制高点，并升起了德国军旗，意大利军队见后方被德军占领了，顿时防线开始崩溃。这次战役隆美尔俘获了40名意大利军官和1500名士兵。不过，这种突击群战术登峰造极的应用要数德军在1918年在西线发动的春季攻势，西方军史学者称为“和平攻势”，在这次战役中，胡蒂尔指挥新编第十八集团军，充当由鲁登道夫发动的德国大规模春季攻势的先锋部队。在第一天的进攻中，渗透战术发挥了作用，德军突破了英军的第一道防线，英第四军团惨败，迫使英军退到索姆河一线。同时，德军另派出一个师，径取法国首都巴黎，只是由于德军缺乏足够的后备力量不得不中途而返。这次战役被誉为步兵作战技术的典范，一直作为欧美国家军事院校战术教学的典型材料。

1918 年 6 月 9 日，胡蒂尔在马兹实施了成功的努瓦永—蒙迪迪埃攻势，但他很快被法国非常有效的防御和德军的资源不足所遏止。随后他的部队在这场战争的其他时间里只能保持防御态势，不过胡蒂尔的巧妙指挥成功地防御住了英法联军的多次进攻。胡蒂尔进攻的停止暴露了突击群战术的一大弱点，就是对后勤补给要求比较严格，由于强击部队实质上是小规模合成部队，它对于后勤的物资也不是单一的步兵为主的传统部队所能比拟的。而此时的德国，已不可能继续维持攻势所必需的后勤补给。1918 年 11 月，德国爆发了革命，德皇被迫退位，德国也被迫在停战协定上签了字，德国的许多将领在战后不承认自己的失败，称是被人“在背后捅了一刀”。停战后，胡蒂尔带领他的军队穿过莱茵河回到德国，他在 11 月 10 日对军队发表的告别演说中提出德国军队并没有在战场上被打败，而是被后方的政客“在背后捅了一刀”，“我们不是被敌人击败的，而是因为受制于外部环境才被迫如此，我们不得不放弃了我们经过激战才占领的土地，我们仍然高昂着头回到我们深爱的祖国”。

在整个“一战”过程中，只有德军在不断改进它的步兵进攻战术，而机动性就是这种变革的核心。因此不难想象，在“一战”后各国都有了自己的机械化战争先驱出现的时候，唯独德军在“二战”初期成功地在战争中应用了机械化战争的理论。在以坦克为主的机械化战争装备的推动下，战场上的突击行动的机动性能被大大提高，机械化的装甲部队不仅具有强大的火力，而且还能够实施快速深远的纵深机动作战，这就使得胡蒂尔的突击群战术得到了极大发展，成为第二次世界大战中德军最重要的战术指导理论。

一鸣惊人
——美军的第一轮作战

虽然美军在 1917 年 5 月末就已抵达欧洲，但却直到 1918 年 1 月才开始参与作战。在经过了一段时间的小打小闹之后，美军部队在 1918 年 5 月阻止德军攻势的过程中终于一鸣惊人。

按照欧洲的标准来说，美国的“20 万大军”其实只是一支作战小队，而他们在 1917 年 4 月 6 日对德宣战时，根本就没有做好充足的战斗准备。5 月 19 日，

美国远征军的一辆雷诺 FT–17 型坦克由于没能跨过图中这条战壕而被丢弃。

为了在奔赴欧洲之前凑出一支百万雄师，美国议会通过了《义务兵役法案》，开始面向全国进行为期一年的征兵。6 月 10 日，约翰·珀欣被任命为美国远征军总司令；13 日，珀欣抵达法国；28 日，第一支 1.4 万人的美军部队登陆欧洲。在接下来的几个月里，美军部队一直在学习堑壕战的战术，并未参与任何实际行动。10月，美军首次奔赴前线，但他们在 11 月 3 日就吃下了第一场败仗。

美军直到 1918 年 5 月才得到了一次全力出击的机会。当时，自 3 月底开始，德军部队在西线战场上若干节点对协约国防线进行打击，嚣张了好一段时间。5 月 28 日，美军少将罗伯特·布拉德受命率领第一师主动出击，进攻被德军占领已久、防御工事无比坚固的康蒂尼观察点。在以迅雷不及掩耳之势攻下这块阵地之后，布拉德又带领士兵们在 48 小时内打退了敌军的若干次反攻。

5 月 27 日，德军在兰斯和蒙特迪迪尔之间发动了埃纳河攻势，并于次日抵达马恩河流域，驻守此地的法军部队溃不成军。30 日，为了遏制德军的推进，美军第二和第三师奉命出征。第三师在蒂耶里堡占领了一座颇有战略意义的大桥，并以之为原点，向德军发起了进攻。随后，他们又和法军一起发动全面反击，将德军逼退到马恩河彼岸。第二师则在蒂耶里堡以西的贝罗和沃克斯之间阻止了德军的进军。6 月 4 日，德军的埃纳河攻势结束，这两个美军师级部队随即在若干节点展开反击，其中又以 6 月 6~25 日间的贝罗树林之战最为著名。

从西线战场来说，无论是康蒂尼之战、蒂耶里堡之战还是贝罗树林内的战斗，都只能算是小打小闹而已。而在这几次行动中，美军师级部队的规模都是协约国部队的两倍左右，所以看起来就好像是他们表现得超出了人们的预期一样。〖JP+2〗从 3 月开始，珀欣就一直试图说服协约国作战总司令福煦发动大规模作战，终于在 7 月 24 日达成了心愿。以蚕食圣米谢尔附近的德军突出阵线为目的，从 9 月 12~16 日开始，美国第一集团军获准在西线战场前线发动全面进攻，其中一股部

1918年5月28日，美军在康蒂尼附近的一次进攻中离开了战壕。

队则以东南部的凡尔登为目标即时出发。

此次攻势的预备炮击声势浩大，2970门大炮持续轰炸了4个小时。随后，珀欣的部队从南北两翼包抄了目标阵地，在空中火力的支援下对之发动了猛烈的攻击，并在当天夜幕降临时合拢于霍顿查特。16日，圣米谢尔攻势胜利结束。虽然德军在珀欣发动正式行动之前就已开始撤退，但仍然伤亡惨重——这也标志着美国远征军已具备了全面参战的能力。初尝胜果的珀欣迅即移师西进，奔向凡尔登。10天之后，美军发动了其在第一次世界大战之中规模最大但也是最后一次的总攻。

“中心开花”
——破产的米夏埃尔行动

由于德国的无限制潜艇作战，使美国找到了加入欧洲战事的借口，美国的参战，使得本已精疲力尽的英法等协约国像被注射了一针强心剂，美国的雄厚工业实力，不久就把战争胜利的天平压向了协约国一方。此时鲁登道夫已入主德国参谋总部多时，作为一个优秀的战略家，鲁登道夫完全知道美国参战对德国意味着什么，因此，力争在美国运够充足的兵力之前，结束在欧洲的战事。

1917年11月，俄国爆发了“十月革命”，退出了战争，德国从两面作战的窘境中解脱出来。德军的实际统帅鲁登道夫上将看见了扭转战局的一线曙光。鲁登道夫决意使1918年成为决定性的一年，他打算在西线集中他所能用的全部兵力，在美国的干预能决定结果之前，粉碎协约国或赢得有利的和平。由于俄国永久退出大战，整个冬季运兵列车滚滚向西，东线只留下几个师以保证把谷物运往德国，同时密切注意尚无足轻重的苏俄赤卫队。在1917年秋季，鲁登道夫的战术专家们提出了一种新的进攻理论——“突击群战术”，在紧跟着的整个冬季，德国一直在围绕这种新的战术，紧张地组织和训练一支由若干精锐师组成的规模不大的集团军。大约有40个师的“强击部队”得到了新式装备，补充进最优秀的军士和军官，接受了新的理论指导下的严格训练。鲁登道夫也对局势信心百倍，他的部队现在对新式进攻形式已经很有经验，而且，最重要的是，他们还有人数优势。此时，卷入革命的俄国已宣布退出战争，东部战场的士兵也可以转移至西部，鲁登道夫认为这是一个千载难逢的进攻机会，并在1918年春天发起了攻势。

面对德国人即将发动的强大攻势，协约国首脑迫切希望美国增派大批士兵。但直到1918年初，他们眼睁睁地看着37个师还在美国本土组建和训练，因此对眼前的状况颇感不快。协约国担心美国是否有能力装备和运送一支独立的野战军队，还怀疑美军指挥官和参谋人员是否有能力组织和指挥这样一支部队去抗击身经百战的德国人。实质上，协约国是想把美国部队分别编入法国和英国的现有军队编制之中。1918年3月西部战线看上去很平静，但是英军司令官黑格认为这是德国一场大规模进攻之前的暂时平静，恳求增加兵力，但是首相劳合·乔治和他的战时内阁却无意将更多的部队投入一条已经白白消耗了英国许多精锐部队的战线。劳合·乔治希望在巴勒斯坦捞取收获，至于欧洲的西部战线嘛，只要能守住就行了。削弱黑格的兵力会迫使他保持守势，从而可以保全许多人的生命。再说了，在西线战场上，少去几个英国人，自有别国人去顶上，英国人是会算这笔账的。

在胜利是必然的这一点上，德国高级人物中，很少有人例外，冯·霍尔岑多夫海军上将向帝国军事委员会保证德国潜艇不会让一个美国士兵在西欧登陆。但是，即使一长列一长列的火车运来俄国谷物，也不能抵消协约国封锁对德国人民所造成的影响。关键性的食物短缺烦扰着德国，许多德国人呆呆地面对着他们战时的第四个冬天，在物资匮乏的情况下，有些人的耐心已逐渐丧失。然而德国所面临的形势也潜藏着重大的不利因素，除了精锐的强击部队，德军中的其他部队普遍缺少装备、给养和进行新式战争所必需的训练。再者，其优秀的军士和军官都集中在强击部队，势必造成其他部队战斗潜力的明显削弱。这样，鲁登道夫将不得不抢在美国人到来之前，主要依靠他少量的强击部队取胜，否则德军中的其他部队将不能支撑长期战争。美国远征军司令潘兴是一位雄心勃勃、为人严厉、政治上十分老练的军官，他无意使自己的部队接受协约国的调遣。在首批远征军到达巴黎后，他决定将部队集结在凡尔登和摩塞尔河之间的洛林地区。潘兴的参谋部推断，对这些目标发动一次进攻，就可以拦腰斩断横贯法国的德军防线，并迫使德国接受协约国的和平条约。

尽管德军整体士气低迷，尽管他们在战争中以失败告终，但其像图中机枪部队这样的作战单位还是坚持到了最后。

到了1918年2月，鲁登道夫在西线摆开了178个师，但比协约国的173个师在数量上并不占多大优势。而协约国的空军力量比德国将近强三倍，好在德国战术家在他们需要的地方集中使用他们的飞机，因而抵消了这种优势。在1917年的整个冬季，德国士兵接受了渗透战术的训练，该战术曾被设计出来用于夺取里加的战斗，鲁登道夫向威廉皇子解释说："我们打开一个缺口，其余部队跟踪而进，我们在俄国就用这种方法。"英国远征军司令黑格曾提出了一种纵深防御的策略，这种策略是对付鲁登道夫的"突击群战术"比较有效的方法，但是他的指挥部提供的情况证明，要将他的那种系统连贯的理论传达到整个英国远征军是不可能的。在大部分英军的防御阵地，步兵一直处于敌人炮火轰击下的前沿阵地上，炮兵与步兵之间缺乏协调配合，黑格和他的参谋人员明显缺乏实际指挥能力。而德军这些部队均由一些战斗经验丰富、年轻力壮的精干人员参加，按预定计划，在战斗开始前就利用协约国防御部队的间隙和薄弱部分，突入到协约国防御纵深之处，战斗打响后，由大部队向正面之敌发起攻击，而渗透部队则从后面割断其防御体系，再夹击已成孤立据点的前线防御阵地。

英国和法国部队驻扎在旧的索姆河战场阿拉斯和拉菲尔之间的地区，鲁登道夫将选择此地作为进攻点，决定采取突袭的进攻方式。英军接受了保卫法军边境阵线的任务。3月21日，持续5小时的炮轰拉开了进攻序幕。在薄雾、毒气和烟幕弹掩护下，进攻如火如荼地展开。从3月10日开始，德军炮轰香巴尼的法国防御工事，并对凡尔登和兰斯两地发动牵制性突击。那天英国的空中观察员报告，有大批敌军乘火车或经公路向与英国第三和第五集团军对峙的防区运动。德军发起的代号“米夏埃尔行动”的进攻，旨在打击作为协约国防御柱石的英军，在接近 100 公里长的前线，英军和德军的 65 个师展开了生死较量。在这次战役中，德国再次使用了毒气。在第一天的进攻中，渗透战术发挥了作用，经过特别训练的德军突击部队运用“胡蒂尔战术”，穿过浓雾向前涌进。德军以炮火压制英军的炮兵阵地和观察哨阵地，步兵紧随移动弹幕实施渗透前进，绕过强点，这些阵地将留给后续部队予以清除。德军迅速突破了英军的第一道防线，英第四军团惨败，在战线上形成了一个缺口，迫使英军退到索姆河一线。同时，德军另派出一个师，径取法国首都巴黎，由于德军缺乏足够的后备力量中途而返。但这次代号为“米夏埃尔行动”的战役，还是被誉为步兵作战技术的典范。

鲁登道夫在 1918 年的第一次攻势，是作战技术的杰出范例，他的军队在 8 天中前行了 64 公里，这在长期的静态防御战争中是创纪录的。在战斗中首当其冲的英军，约有 17 万人伤亡，法国方面是 8 万。英法的被俘人员共计 7 万人，被夺去的野炮在 1100 门以上。当迅速前进的德军缴获了他们的 200 万瓶威士忌酒时，通常沉默寡言的英国人也震惊了！ 德国依然幻想着早些取得战争的胜利，决定不给协约国部队以喘息之机，随即于 5 月 27 日在佛兰德斯发动了攻势，并在另一个叫作谢曼德达姆的地方采取佯攻。佯攻开始不到一个小时，德军就突破了守军的防线，朝法军的后方挺进。没想到担任佯攻的部队进展如此顺利，鲁登道夫更改了原计划，命令德军在谢曼德达姆的进攻由虚转实，继续挺进。势如破竹的德军又推进到几年前他们败走的地方——离巴黎只有 60 公里的马恩河畔，但他们的攻势最终还是被赶到战场的美军给挡住了。

当最后的大型攻势纷纷搁浅时，德军离最后的战败已经不远了。突击队战术没能冲破协约国军队的反抗，其坦克让德军感觉压力沉重，士兵军心涣散——这是德军行将覆灭的征兆。

德国的猛攻最终被协约国遏制。

尽管黑格表示反对，高夫还是被英国政府撤职，他溃散的第五军团被罗林森的第四军团司令部接管。英国第五集团军在战场上的失败，迫使协约国作出了建立一个统一指挥部的决定，以便能够迅速地调配部队。福煦被任命为在法国的所有协约国军的总司令。而此时的德军虽然取得了几场胜利，但鲁登道夫也损失了 25 万受过高度训练的部队，德国的人力严重不足，而美国部队却源源而来，鲁登道夫第一次开始失望了，他发现“敌军抵抗的力量超过了我们的力量，我们决不能被拖进一场消耗战中去”。6 月，德军又向协约国军队阵线发动两次袭击，结果却被法国和美国军队所牵制。当时的协约国军队用战机和大炮猛烈轰击德军占领的桥梁，摧毁其补给线。鲁登道夫气数已尽，他的士兵已经没有再继续奋战的勇气和意愿。而在协约国军队方面，每个月却还将有 30 万美军持续增援。7 月，潘兴以 8 个美军师编成了一个军，由他指挥独立作战，当 7 月 18 日协约国的埃纳－马恩河反攻开始时，美国远征军首次以主力部队的姿态出现。到了 8 月，美国远征军已发展成为由 16 个师组成的第一集团军。8 月 8 日，在薄雾的遮蔽下，约 500 辆坦克和英国、加拿大、澳大利亚等国的步兵在炮火掩护下前进，等待着穿过亚眠的索姆河南面。防守薄弱的德军阵线很快便土崩瓦解，退后了 13 公里。由于士气低落，德军头一天便被俘虏了 1.2 万人，他们只是象征性地抵抗了一下，接着便扔掉武器，处于守势的德军开始全线崩溃。人力和财力均感疲乏的德国统帅部，在国内动员了青少年和年纪较大者加入战斗也无济于事，德军意识到，不要说胜利，就是争取到比较有利于德国的停战谈判也是不可能了。8 月 21 日，英国第三军团继续强行往北推进，第四军团也重新恢复了前进。协约国军队同时进行的连续进攻看来是打垮德军的关键，英军把渗透战术运用得跟德军一样卓有成效，确保了战场上一往无前的挺进。

美军初试身手

——贝莱奥森林争夺战

1918 年初，对于德国来说，战争进入了更为艰难的一年，虽然俄国的“十月革命”使俄国退出了战争，使东线的德军得以解脱，但美军的介入，对德国所构成的威胁，却要比俄军对德国造成的威胁要大得多。为了赶在美军主力参与欧战前打垮法、英军队，1918 年 3 月，德军在西线倾其全力对协约国发起了猛烈进攻，并试图在夏季胜利结束战争。

鲁登道夫认为，只有通过一次沉重的打击，才能够彻底改变战局，当他把在东线脱身的德军全部调到西线之后，就开始在英法联军的阵地上选择突破口。鲁登道夫准备在佛兰德斯发起打击。但那个地区的英法联合部队非常强大，足以击退德军在那里的任何进攻，为此鲁登道夫设计了一个方案，设法把一部分法国兵力吸引到别的地方去，从而使佛兰德斯地区的战场形势能够对德国人有利。在这场攻击的正面，是法国著名的埃纳河，埃纳河发源于马恩省圣梅内乌尔德附近的森林，先向北然后向西流去，最后在贡比涅注入瓦兹河，全长约300公里，埃纳省因此而得名。鲁登道夫所选择的战场，就在埃纳河的北岸24公里长的山脊上那条联系法国北部埃纳河和埃莱特河之间的“贵妇之路”。鲁登道夫仔细周到地制订他的作战计划，要攻占这座高达90多米的山脊之前，他的部队首先得要渡过埃莱特河，并穿越其周围到处都是积水弹坑的沼泽地带。在攻占山脊后，德军下一步的目标就是渡过60多米宽的埃纳河，并在协约国的援军到达之前夺取南岸。这次战役要想取胜，关键是要靠突袭。为了达成突袭之目的，德国人精心避开了协约国天天飞行在头顶上的侦察飞机，开向前线的部队都在夜间行进，白天都隐藏在路边的丛林中。

当然，法军参谋部对这个地方也不是没考虑的，法军总参谋长贝当也曾一度担心德国人可能会攻占那些陡峭的山脊，但德军成功的伪装，最终打消了贝当的担心，于是防守这一地区的法军大多被调往其他战场，只有几个受过重创的英国师在那里进行休整。就在这次战役爆发的前两周，潘兴手下的战地情报官哈伯德少校曾提出过警告，德军的下一目标将会是埃纳河防区。但福煦和贝当都把哈伯德看作一个未经战斗考验的新手，一个新手竟敢在复杂的情报专业方面进言，这本身就使法军统帅部很感到不快，更何况当时的法军统帅对美军心中还存在着杂念，所以哈伯德少校的告诫未能引起统帅部的重视。

1918年5月27日午夜，德军的攻击开始了，4000门德国大炮同时开火，整

图中的美军正在用法制75毫米口径野战炮进行炮击。当时美国远征军使用的大炮基本都不是本国产的。

1918年5月下旬，美国军队陆续抵达战场前线。

个埃纳河防区被炸成了一片火海，空气中弥漫的毒气使人窒息。由于法军把主要的部队都部署在了第一线上，所以在德军最初的炮火打击下损失惨重，仅一天，德军就向前挺进了近18公里。在随后在三天中，德军势如破竹，突破了“贵妇之路”上的英军防线，一举攻到了离巴黎只有约60公里的马恩河地区，巴黎又一次受到直接的威胁。在这关键时刻，法国总理克里孟梭为激励国人而发表了慷慨激昂的演说：“德国人或许会攻占巴黎，但这并不能阻止我们继续进行这场战争。我们将在卢瓦尔河岸边作战，我们将在加龙河岸边作战，我们甚至将在比利牛斯山区作战。如果最后我们被赶出比利牛斯山区，我们将在海上继续这场战争。”

情急下的贝当只好向正在160公里以外的美军求援，虽然在这之前他还力主将这些“缺乏战场经验”的美军分散到英法的各部队中去。美国远征军总司令潘兴接到贝当的求援电报后，马上派正在接受基本军训的3个美国师赶往马恩河地区。这些美军是刚成立的队伍，毫无战斗经验，他们所面对的是久经沙场的德军，但士气旺盛的美军愣是把德军阻止在了马恩河的对岸。

在这些前往增援的美军中，美国第二师的第四海军陆战旅被派往贝莱奥森林战区援助那里的法军。6月3日，他们遇到正从战场上溃退下来的法国部队，一位法军少校好心地告诉威廉斯上尉前方的形势，并劝他要赶紧撤退，威廉斯上尉听到法国人要他撤退的建议后，脱口说了一句：“退却？他妈的！我们刚到这里！”据说这句话很快就传遍了整个美军部队。这个颇具美国西部牛仔风度的美军海军陆战队的指挥官一边骂着粗话，一边率领着他的弟兄们冲向已被德国人占领了的贝莱奥森林。树木茂密的贝莱奥森林，遍布岩块和大砾石，德军用三重堑壕把这座森林布防起来，到处都是可以互相支援的机枪掩体和一排又一排的铁丝网。一份错误的法国情报，使海军陆战旅指挥官哈伯德错误地以为贝莱奥森林除东北角外是没有德军的，从而忽视了对这个地区的搜索。6月6日拂

1918年中期，在西线战场运动战复苏的过程中，美军在使用155毫米口径野战炮。

晓，美国海军陆战队开始了进攻，他们遭到了德军机枪和狙击手的凶狠攻击，成片成片地倒下，然而美国军人拼死向前，一块一块地与德军争夺森林中的每一个角落，经过20多天的苦战，海军陆战队以伤亡近1万人的重大代价，终于夺取了这片森林。对美军英勇顽强的作战风格，就连与他们作战的德国士兵，都不得不感到佩服，把美军称为“魔犬”。

当然，如果只是单纯从军事角度来看，贝莱奥森林之战的成果并不大，或者可以说它是一场得不偿失的战斗，但打败经验丰富的德第十八军团的部队，仍然鼓舞了协约国军的士气。此战对德军心理上的打击是巨大的，它意味美军将作为一只强有力的对手出现的战场上。在这次战役之后，德军在协约国军队的联合打击下，一步步走向了失败。“一战”结束后，为了表彰美国海军陆战队在贝莱奥森林的英勇表现，法国政府把这座当时被炮火打成了秃山的森林命名为“海军陆战队森林”，并在名义上归美国政府所有。现在这片森林又重新长起，成为了纪念在“一战”中美军在欧洲大陆阵亡将士的纪念地。英法两国原本以为刚组成的美军没有战斗经验，在这之前还一直要求将美军分散到英法的军队中去，但美军的初战告捷，令英法从此对美国军人改变了看法。在这次战役以后，潘兴激动不已，他致电美国国防部：“我坚信，我们的军队在欧洲首屈一指，我们的参谋人员不比任何军队逊色。”他甚至拍案怒斥：“谁胆敢再问我美国人会不会打仗，我就对他不客气！”

潘兴开始意识到，美军的战斗力并不比英法联军差，他担心被法军“暂时借用”的几个美军师会变为永久性安排。为了加强对美国参战各师的统一指挥，潘兴成立了美国驻欧洲远征军司令部。进入7月后，抵达西线的美军已越来越多，德军在7月15日再次试图强渡马恩河，并希望通过此役决定最后胜负。但协约国的军队不仅以密集的炮火挡住了德军的攻势，而且还从7月18日起对德军发起了反击，在协约国7月18日的埃讷－马恩河反攻开始后，美国远征军终于以一支独立自主的主力部队出现在欧洲的战场上。

昙花一现的“霸主”
——“巴黎大炮”

“巴黎大炮”是由克虏伯380毫米舰炮发展来的，“巴黎大炮”的真实性能现在已经没人清楚，在协约国军队反攻时，“巴黎大炮”被撤退的德军炸毁，所有资料也被销毁，除了一个座圈部件被美军缴获，没有任何部分残存下来。事实上，关于“巴黎大炮”的很多数据都是猜测，包括其性能和总共发射的次数。随着战争艰难地进入1918年，白天空袭巴黎成为自取灭亡，因为这里和敌军战线之间的防御地带，遍布着经过改进的高射炮群和高速战斗机。用戈塔式轰炸机进行夜袭逐渐增多，但除月明之夜外，准确性几等于零。城市不但灯光熄灭，而且

“巴黎炮”的试射。由于每次发射时炮弹都会对炮管造成轻微的磨损，所以后来发射的炮弹尺寸都是一个比一个大的，每个炮管在发射过60发炮弹后就得换掉了。

遍布高射炮，进袭者只能高飞，而对于目标也就瞄不准确了，而且在飞机来到前，有效的警报系统使每个人早已有了充分的准备。

1914 年秋天，德军统帅部制定了一个异想天开的作战计划，即沿法比两国边界地区建立基地，从那儿用远程火炮炮击英国，要求火炮的射程至少在 37 公里以上，后来又提出将射程延长到 120 公里。许多人认为这是根本不可能的，罗森伯格力排众议，极力主张并积极组织研制。1917 年夏，第一批远程火炮终于制成，德军将三门大炮的阵地选择在克雷彼。那里树木茂密，利于隐蔽，即使敌机飞临上空也不易发现。1918 年 3 月 23 日，一声巨响突然在法国巴黎塞纳河畔响起，伴随着滚滚浓烟，从睡梦中惊醒的巴黎市民四处奔逃。之后，每隔 20 分钟就有爆炸声在巴黎城内响起。当天黄昏，法国的电台广播了这样一则消息："敌人飞行员成功地从高空飞越法德边界，并攻击了巴黎。有多枚炸弹落地，造成多起伤亡。"可是，对于电台的说法，巴黎市民并不相信，因为他们既没有看到飞机，也没有听到飞机的轰鸣声。原来，这是德国的三门巨型火炮从巴黎 120 公里以外的圣戈班森林地区发射来的炮弹。为了取悦当时的德皇威廉二世，该炮起初命名为"威廉火炮"。因为这种火炮首次轰击了巴黎，后来人们就叫它"巴黎大炮"。"巴黎大炮"射程之远、威力之大一下子轰动了整个欧洲和世界。

"巴黎大炮"是由德国克虏伯兵工厂制造的。该炮的口径只有 210 毫米左右，可是它却显得又高又大，堪称火炮中的"巨人"，其炮管长近 37 米，倘若把它竖起来，足足有十几层楼高。3 月 29 日，德军的一发炮弹击中了巴黎市中心的圣热尔瓦大教堂，造成 91 人死亡、100 多人受伤的惨剧。巴黎市民人心惶惶，纷纷议论是否德国人已经攻入了巴黎。就在人们惊慌失措的时候，法国的特工在靠近法德边界的克雷彼发现了德国的一种远程大炮，并认定轰炸是从这里发起的。但当时普通大炮的射程最远不过一二十公里，而克雷彼距离巴黎 120 公里之遥，不要说法国人，就是不明就里的德国人也认为这是无稽之谈。从 3 月 23 日至 8 月 9 日，三门"巴黎大炮"从三个不同的位置向巴黎共发射了 300 多发炮弹，其中有 180 发

一群好奇的旁观者在检视由"巴黎炮"发射的巨型炮弹造成的部分损坏。

落在市区，其余的落在了郊外，造成了200多人死亡，600多人受伤。尽管炮轰巴黎是德国春季进攻战略的一个组成部分，但它并未产生重大的战略影响，更挽救不了行将土崩瓦解的同盟国。

随着战场形势急转直下，德军匆忙将剩下的两门大炮运回克虏伯兵工厂，重新投入熔炉。“巴黎大炮”刷新了火炮发展史上的多项纪录：最大、最重、射程最远，但同时也是最短命的。因为这种炮的炮管寿命只有50发左右，使用到一定程度后，炮身要送到工厂去扩充内膛，于是口径越来越大。此外虽然其射程远得令人吃惊，但其命中精度也差得令人伤心。在第一次世界大战中此炮发射了180发炮弹，竟没有一发炮弹击中战略目标，如此尴尬的事实使得昙花一现的“巴黎大炮”在140天之后便“寿终正寝”了。

“巴黎大炮”口径大，杀伤力弱，而且120公里以外的弹着点散布，令瞄准已经毫无意义，指望它去打中一个钢筋混凝土的重炮炮台，要么是打不中，要么是打中了也啃不动，所以“巴黎大炮”只是一种威慑性武器，而不是实际有战术价值的火炮。实际上，在你死我活的战争中，伦敦曾被德国空军夷平了，英国人民都没有丧失斗志，更别说区区几百发炮弹了。无疑“巴黎大炮”的命运是可悲的，因为它的设计指标远远脱离了当时的工艺水平和打仗的需求，盲目追求射程，使得这个被人们寄予厚望的“明日霸主”，在亮相不久即变成了“昔日英雄”。“一战”结束后，因为看到了“巴黎大炮”的杰出表现，固执的德国人一直没有放弃研制新的超级巨炮。1942年，克虏伯兵工厂造出了一种800毫米口径的超级巨炮，把它命名为古斯塔夫·格拉特火炮，但德国炮兵都叫它“大多拉”炮。德国的“大多拉”炮从性能上比“巴黎大炮”更加威猛，但也陷入了和“巴黎大炮”同样的命运，德国人也为他们的“执着”而付出了代价。

意大利战场的最后会战

——奥匈濒临崩溃

当阿芒多·迪亚兹将军被任命为意大利参谋总长之后，他最先的意图是要对奥匈的军队发动一个攻势，但是快到1918年5月中旬的时候，当他知道奥军也正在着手准备进攻之后，决定不再先发制人，而是要等候让敌人先动手。

1918年6月，对奥匈帝国的军队而言，是个不幸的开始，因为它的靠山德军将要它自己作战了，鲁登道夫决定将在意大利战线上的德军转移到西线，并坚决

阿芒多·迪亚兹将军从1917年11月开始担任意军总司令。

主张由奥军独自打败意军，他的理由是明摆着的，因为俄国已退出了战争，现在奥匈帝国的对手只有一个，那就是意大利。此时奥匈军队在意大利方面共有两条战线，一条是特伦提诺战线，另一条是皮亚韦河战线。

前奥匈帝国的陆军参谋总长康纳德元帅，现在正在特伦提诺战线上指挥着奥军第十和第十一两个军团，他强烈主张攻击的重点应放在阿赛果高原上，而在皮亚韦河战线指挥第六军团和伊松佐军团的波罗耶维奇将军，则应向派夫河下游进行佯攻。可是波罗耶维奇却不愿意担任康纳德的助手，所以他提出了一个完全相反的要求，现在他们两个都要求增援兵力以实施自己决定性的行动。然而奥匈帝国的兵力是有限的，现任的奥匈帝国的参谋总长是艾尔兹将军，与其说他是一位参谋总长，还不如说他是卡尔一世皇帝的副官。这个毫无决断力的人决心做和事佬，结果是两个计划都被采用，而不分所谓主攻和佯攻。奥匈帝国可使用的预备队被分为两部分，一人一半。卡尔一世选这样的人做参谋总长岂能不败？由于特伦提诺战线和皮亚韦河战线之间的山区地形没有横向的交通公路，康拉德和波罗耶维奇这两个人之间难以互相支援，这就造成这两支力量要各自为战的局面，最终的结果就是导致了两方面都没有充足的力量以扩大他们刚开始所取得的胜利。

16月中旬，两路奥军同时发起了攻势，康纳德的攻击目标是要越过布仑塔河，迅速通过山地，包围在派夫河后面的意军。波罗耶维奇的攻击是指向特瑞维索—米斯特里，而以巴齐格里昂河为第一目标。当决定了这个攻势之后，由于奥军方面不断有流亡者逃到意军战线里去，他们给意军指挥部带去了许多情报，此外英军的电话窃听也获得了许多详细情报。迪亚兹从奥军逃兵那里事先得到奥军的计划后，早已是严阵以待。战役一开始，在皮亚韦河方面，奥军在托纳莱山口的牵制性进攻就被击退，随后康拉德的第十一军团进攻意军的第六和第四军团，在取得微小的进展后，很快即被意军的反击阻止并打退。

6月17日，波罗耶维奇沿着皮亚韦河下游再次实施进攻，他强渡该河，并突破了意军第三军团约5公里的防御阵地，但当意料不到的洪水和意军的空中轰炸摧毁了奥军的供应线时，他成功的美梦破灭了。到18日，奥军的进攻完全停顿。

从6月19日起，意军开始发动反攻，一直对奥军进击到7月6日为止，此时在派夫河西岸已经不再留有一个奥军士兵了。总的来说，奥军此次战役攻击是完全失败了，一共损失了15万人——包括死伤及被俘者在内。而这时迪亚兹还保留有一个完整的意大利预备队军团——第九军团，他立即通过横向集结，阻止了两支奥军之间的联系。由于波罗耶维奇不能从康拉德那里获得增援兵力，只好在6月22日夜间退出了战场。但令福煦气恼的是，迪亚兹竟然没有实施追击。

奥军的这一次失败，可以算是“世界上决定性会战”中之一个，下面发生的维托利奥–威尼托会战就是以此为基础出现的。当时德国人在西线正希望能获得奥军的增援，这一战果使他们的希望彻底断绝了。兴登堡只要求奥匈调6个师到西线去增援，但艾尔兹首先是拒绝，接着又表示同意，最后说要向奥匈皇帝请示，末了却告诉鲁登道夫说，他要先和他的妻子商量一下。

1918年7月后，意军对奥匈的反攻一直是裹足不前，直到确信协约国军在其他战线上即将取得最后胜利以后，迪亚兹才准备发动两路进攻。意军第四军团将突破奥军防线的中部，意军第八军团在新组建的第十军团和第二十军团的支援下，准备在维托利奥–威尼托强渡皮亚韦河。作出这样的部署，是因为奥匈军队士气低落并陷入混乱，其国内政府则已分崩离析，正向协约国请求停战。

1918年6月，奥军穿越皮亚韦河的行动失败了。图为行动中丧生的奥军士兵。

两名意大利军官在一门指向皮亚韦河的中型炮伪装炮台前合影。

德国驻奥军总部的总代表克拉蒙对6月间发生的意奥之战评价说："6月间的这场会战对于奥国的国内局势，具有最严重的后果，不仅是这个失败本身，而且还有奥军所受到的严重损失。在匈牙利的国会中，已经引发了一片谴责声，他们要求撤回匈牙利的军队，不让他们受毫无良心的奥国将领的指挥。奥国人民也公开指责皇帝和皇后通敌卖国。"一言以蔽之，这就是奥匈帝国崩溃的开始。

1918年10月23日，蒙特格拉帕之战中，防守中部战线要点的奥军贝卢诺集团显示出了出人意料的顽强性，经殊死奋战终于打退了意军第四军团的疯狂进攻，并使之遭受重大损失。11月初，维托利奥－威尼托之战，奥军第六军团将意军第八军团阻止在皮亚韦河防线。但由法国将军格拉齐亚尼指挥的第二十军团中的法军部队于10月末时，在皮亚韦河的左岸夺取了一个立足点。

在派夫河会战之后不久，许多人都认为奥军的士气已经到了即将崩溃的阶段，所以只要大举进攻，即可以使这个二元制帝国自动崩溃。但是迪亚兹却不肯冒这个险，他是一个十分谨慎的军人。自从7月1日起，福煦元帅已经获得了授权，可以协调整个协约国的军事行动，于是力劝迪亚兹进攻，但他还是坚决拒绝。直到9月26日，联军在法国发动了最后一个伟大攻势之后，他和意大利的首相奥兰多才开始勉强接受了福煦的意见。

与此同时，由英国将军兰伯特指挥的第十军团中的英军部队在右翼夺取了一个大型桥头堡，并打退了奥军第五军团的一部，分割了奥军防线。第二天，意军的增援部队利用不断扩大的缺口发动进攻，奥军的抵抗崩溃了。从11月起，意军进至贝卢诺并进抵塔利亚门托河。随后在西线作战的第六军团中的英法部队突至特伦特，约30万名奥军士兵被俘，此时的奥匈军队，早已是到了最后崩溃的边缘了。

若不是在10月5日，德国和奥匈帝国已经向美国威尔逊总统提出了休战的要求，意大利军队可能还只是在迟疑不前呢。他们为什么会突然不再迟疑，而决定进攻呢？其原因是害怕战争马上就会结束，若是意大利没有一次值得称道的胜利记录，则它在和会中的地位将大受影响。

海上轻骑

——“一战”中的意大利MAS鱼雷艇

第一次世界大战爆发时，世界各主要海军强国都急于检验自己这些年来在战列舰项目上所取得的成就，然而在亚得里亚海，那里的海战主动权却出人意料地掌握在小型、快速、敏捷的意大利MAS鱼雷艇手中。在1916 ~ 1918年的那些传奇性交战中，意大利MAS艇的表现从令人惊讶到使人敬畏，它不仅对奥匈帝国

这些摩托艇的鱼雷发射管都将口开在艇身后侧，每次发射后，小艇都必须立刻掉头撤离，以免遭到敌舰的反击。

的主力舰构成了巨大威胁，而且为后世的鱼雷艇作战确立了规范。

鱼雷艇是一种小型快艇，它主要用于在近岸海区与其他兵力协同作战，以编队对敌大、中型水面舰船实施鱼雷攻击，也可用于反潜、布雷等。鱼雷艇的优点是航速高、体积小、造价低，攻击威力大，尤其是几艘鱼雷艇的集群攻击，对大中型军舰能形成很大威胁，故此被誉为“海上轻骑”。世界上第一枚鱼雷的发明权归于英国工程师罗伯特·怀特黑德，它名字的意思“白头”在相当长一段时间里都是鱼雷的代名词。1877 年，英国建成了世界第一艘鱼雷艇“闪电”号。这艘全长 26 米、宽 3.3 米的小艇一时间成了海军会议的热门话题，当时的英国报纸评论道：“英国海军部很快就会拜倒在鱼雷艇的石榴裙下。”然而不久人们就发现了鱼雷艇的先天不足，于是它被抛到了一边，不再被各国海军所看好了。

意大利的第一批两艘摩托鱼雷艇于 1915 年下水，是威尼斯船厂建造的武装摩托艇。它们都是木质结构，刚开始时它采用与英国相同的尾部抛射鱼雷的方式，但是这种装置很不方便，于是意大利人发明了另外一种更方便的环式鱼雷发射器。这种装置是用两个很像钳子的环把鱼雷固定在艇的甲板上，按动手柄，雷环就打开，于是鱼雷落入水中，自己朝着目标冲去。雷环使得鱼雷艇在航行甚至停泊时都可以发射鱼雷，这种艇叫 MAS 鱼雷艇。小小的鱼雷快艇存在着许多先天不足，因为只有瘦长的艇身才能保证足够的速度，但它窄小的船身难以经受住远洋风浪的考验，作为主动力的汽油机也是麻烦不断。为了能够跟上大型战舰的速度，这些快艇的汽油机要不停地保持高速运转，这样就导致故障频发，而且过小的艇身也使它们无力远航。挑剔的英国报纸很快改变了自己的观点，他们开始贬称鱼雷艇为“海军的小小玩具”，但意大利 MAS 艇的问世实际上恰到好处，它改变了人们对鱼雷快艇的认识。

意大利 MAS 艇长度在 20 米左右，航速约 25 节，乘员一般是 8 人，他们进行过专门训练，一般是成双成对地追猎敌人。第一次成功的冒险是在 1916 年 6 月 7 日夜，当时两艘意大利 MAS 艇由一艘驱逐舰牵引，用最慢的速度穿过杜拉佐港的防御网，用鱼雷攻击了一艘奥地利的运输船“洛克鲁穆”号，运输船被炸毁。6 月 26 日，还是这两艘艇，再次钻进杜拉佐，击沉两艘蒸汽轮船“萨拉耶沃”号和“卡里泽亚”号。和法国、德国等国一样，意大利的鱼雷艇制造也是从仿制英国的“闪电”号开始的，意大利海军刚开始时对这种快艇基本上没有什么兴趣，它之所以在 1915 年向威尼斯海军造船厂订购两艘 MAS 快艇，完全是因为反制德国和奥匈潜艇的手段有限，海军想用这种廉价和生产快捷的小艇去反潜和布雷而已。意大利海军在战前的目光同样盯在大型战舰上，他们也不曾想到小小的 MAS 鱼雷艇竟会成为他们最有力的武器。

后来奥匈海军逐渐了解了 MAS 鱼雷艇的战术，他们在海岸上安装了速射炮和探照灯，经常派驻一些巡逻艇，并且用更复杂的防护栅把各港湾的入口隔断，因而偷袭行动不那么容易了。1916 年 11 月，一艘 MAS 鱼雷艇进入法萨那锚地，花了两个小时寻找“费迪南德·马克斯”号战列舰，但没有找到，于是在 180 米的距离上对“马兹”号战列舰发射两条鱼雷，但是被防雷网挡住了，MAS 鱼雷艇只得逃之夭夭。由于 MAS 鱼雷艇用得顺手，意大利海军很快又向威尼斯船厂定购了 20 艘，之所以一口气定购这么多，完全是因为 MAS 鱼雷艇的制造既廉价又快捷，在意大利海军看来，MAS 鱼雷艇是木结构的，这样就不会占用建造大型军舰所需的宝贵钢材，而且 MAS 鱼雷艇可以在那些制造渔船、拖船和内河小艇的工棚中生产，而不会给已经负担过重的热那亚和斯培西亚的海军造船厂增添负担。

1917 年 11 月，两艘 MAS 鱼雷艇在薄雾的掩护下，向行进中的奥匈帝国“维也纳”号和“布达佩斯”号两艘战列舰发射鱼雷，虽然没有命中，但迫使战列舰中途转回了的里雅斯特。1918 年 6 月，意大利海军上尉里佐指挥的 MAS 鱼雷艇在晨雾的掩护下，一举击沉了奥匈帝国的“圣·伊斯特万”号战列舰，这是第一次世界大战中最后一个月所创造的最成功的记录。在“一战”临近结束的最后一年里，奥匈帝国海军被协约国的海军逼到亚得里亚海东岸的波拉港不能动弹，而协约国海军也无法冲进防范严密的普拉港内消灭它们，双方就这样僵持下来。为了袭击保卫严密的波拉港，意大利海军特地建造了 4 艘像平底船一样的 MAS 快艇，它们带有履带，能够爬过防御网。4 月 13 日，两艘这种艇首次袭击波拉港，但没有成功。5 月 14 日，“格里拉”号爬过了三道防御网，却被一艘战列舰的炮火击中，乘员都被俘虏。虽然偷袭没能成功，但 MAS 快艇如此的多功能使用，也着实令它的对手们胆战心惊。

在两次世界大战中，鱼雷快艇都取得了较大战果，从此令各国海军对它刮目相看，虽然它很小，却也从此在海军的战舰中占有了一席之地。随着现代化探测和作战手段的日益发展，鱼雷艇隐蔽出击的作战优势日益降低，导弹艇出现后，鱼雷艇的作用有所下降。但鱼雷艇具有打击威力大、建造周期短、造价低等优点，加之鱼雷性能不断提高，舰艇隐身技术不断发展，鱼雷艇仍为不少国家作为近海防御的有力武器而被予以保留和发展。

奥匈帝国时代的结束

——维托利奥—威尼托之战

从奥地利官方编辑的战史中显示，1918 年 10 月 29 日对于奥匈帝国来说是具有决定意义的一天，由于奥匈帝国内部的混乱和其陆海军的加速解体，奥匈帝国的当局者已经得出了一个一致的结论，那就是他们承认已经没有能力再把战争继续打下去了。

29 日这一天，意大利军的总参谋长迪亚兹从来自空中侦察的报告中得知，奥军已在派夫河正面战场上作全面撤退，于是他调动了他 4 个骑兵师配合意军的第三、第八和第十这三个军团向沙西里以北的利文扎河岸推进。就在这一天黄昏来临时，奥匈帝国皇帝卡尔一世从奥地利东北部城市巴登维也纳向正在维尼提亚与协约国军队对垒的波罗耶维奇元帅发出了指令，要他撤出维尼提亚，并且指明，只对追兵作必要的抵抗即可。不过这道命令还是来晚了，因为当这个命令到波罗耶维奇元帅的指挥部时，奥匈帝国的第六军团和伊松佐军团的北翼早已经在全面败退之中了。

在协约国军队空军和陆军的猛烈攻势下，此时的奥匈帝国军队已经失去了抵抗的意志，在 10 月 29 日夜间，奥军全部撤到了维托利奥以北的地方，南面的奥

1918 年，意大利战场上为数不多的美军部队正在朝奥军阵地投掷手榴弹。

这是行进中的塞族部队。11 月 1 日，他们光荣地解放了祖国的首都贝尔格莱德。

军则一直退过了布鲁格尼拉。意大利军队的追击是从 10 月 30 日开始的，尽管败退中的奥军很少抵抗，可意军的追击还是缓慢的，迪亚兹似乎并不急于让他的军队赶上奥军。当意军推进到利文扎河时，发现河上的桥梁都已经被奥军炸毁了，而这条河没有桥梁是过不去的，所以意大利军队只好停下来等待后方架桥人员的到来。

对于撤退中的奥军来说，虽然意军的追击暂时摆脱了，但来自协约国空军的打击却如影随形，疲惫不堪的败军塞满了道路，他们成了英国飞机肆无忌惮攻击的最好目标，受到无情的轰炸和扫射。英国空军不过只有几个中队，可这时的奥军已无还手之力，只好任凭英国飞机攻击，在短短的两天中，超低空飞行的英国飞机向奥军发射了数不清的枪弹和近 4 吨的炸弹，使得大道的两旁到处都是死人、死马和放弃了的炮车，呈现出一派悲惨凄凉的景象。10 月 31 日，意军在利文扎河上的桥已经架成，在迪亚兹的命令下，意军对奥军的追击开始了，此时的奥军只是忙于逃命，所以意军的追击没有遭到抵抗。

此时的奥匈帝国曾经多次做出努力，希望能够从战争中退出。自从奥匈帝国的新皇帝卡尔一世继位之后，他所接手的是一个摇摇欲坠的帝国，由于协约国的封锁，奥匈帝国的经济已处于崩溃状态之中，食物缺乏，人们已经得不到最基本的生活保障，罢工现象接连不断，前线又是败仗连连，奥匈这个二元帝国已经无法维持下去了。在整个欧洲战场，同盟国的败局已定，所以卡尔一世最大的目的，就是怎样能够尽可能有利地退出这场战争。

还在10月初时，同盟国就曾联名向美国总统威尔逊提出了关于停战谈判的要求，但威尔逊总统的答复是除非同盟国从它们所占领的土地上全部撤出才算是有停战的诚意，否则就不能考虑谈判的问题。卡尔一世得知了威尔逊的这个观点后，马上就命令在前方的弗朗茨·康拉德元帅和波罗耶维奇元帅从意大利的北部撤出。当协约国的胜利显而易见时，接受协约国所宣扬的民族主义是必走之路了。为了讨好威尔逊，又根据威尔逊所提出的十四点原则中关于民族自决的要求，卡尔一世轻率地向其臣民们发布了一个宣言。在这个宣言中，他给了奥地利的每个民族组织自治政府的权力，他以为这样做可以在确保每个民族独立的基础上使他们共同维护奥匈的共同利益。可是他把问题看得太简单了，要知道民族独立的口子一开，紧跟着的必然是国家的分裂。威尔逊给卡尔一世的是一颗政治性的炸弹，它不仅不能使奥匈帝国的人民团结一致，反把这个二元帝国炸得粉碎。此时的奥匈帝国已经是四分五裂了，再也无法将众多民族联合在一起，各民族都成立了自己的自治政府，中央政权的权威已然是荡然无存了。

11月初，根据卡尔一世的命令，奥匈帝国开始与意大利进行谈判，在无条件地接受了意大利所提出的停战条件后，奥匈帝国的皇帝卡尔一世已经不再有任何权力了，11月12日，卡尔一世被迫退位。他曾表示只要保留皇位，可以放弃一切政治活动，但新建立的奥地利共和国不再需要这个皇帝，他和全家被驱逐出境，举家逃亡到了瑞士。奥匈帝国从此变成了历史上的遗迹，哈布斯堡王朝600多年的统治到此寿终正寝了。

1919年9月，战胜国同战败国奥地利在巴黎附近的圣日耳曼宫签订《圣日耳曼条约》。主要内容是：奥地利承认匈牙利、波兰、捷克斯洛伐克、塞尔维亚–克罗地亚–斯洛文尼亚王国的独立；奥地利将克赖纳和卡林西亚两省的部分地区以及古斯滕兰和南提罗尔割让给意大利；布科维纳、特兰西瓦尼亚划归罗马尼亚。到此，奥地利不仅驱逐了它的皇帝，连它的国土基本上也被瓜分完毕了。

彻底击败保加利亚

——解放巴尔干

在巴尔干地区无所事事的协约国部队被戏称为“萨洛尼卡园丁”。但在战争结束前的几个月里，他们却突然发威大举进军，并最终成功地迫使保加利亚部队

1918 年末，萨洛尼卡前线上，受了轻伤的士兵乘坐卡车从急救站转移到其他地方。

投降。

巴尔干地区的协约国部队自从 1915 年进入萨洛尼卡后，就一直在苦苦挣扎中处于一种半死不活的状态。1917 年 12 月 10 日，新巴尔干战区总司令马利·吉约马到任，巴尔干的局面也随之焕然一新。在那一段时间里，由于协约国最高指挥部调了不少部队和装备到其他战场去打仗，所以吉约马一直没有机会发动大规模进攻，但这位法国将军也没因此而闲着。首先，他发现了部队士气的低迷，于是便着手鼓舞士兵的斗志；接着，他又尽力化解了英法之间曾经存在的矛盾，并制定了一次大规模攻势的计划。

1918 年 6 月，吉约马被调回法国，取代他的是同样来自法国的路易斯·弗兰切·艾斯普雷，而吉约马那贯穿巴尔干东西两头的大计也终于在艾斯普雷手中得以实施。按照吉约马的设想，协约国部队将在东起爱琴海、西至阿尔巴尼亚边境之间的极长战线上大举进兵。同年初，德国驻巴尔干地区的大批部队已被抽调到西线战场，留下来的基本都是保加利亚部队。此时，得到了希腊援军支持的协约国部队不仅在人数上已经能与对方抗衡，而且在武器装备方面具有显著的优势。

9 月 15 日，瓦达河之战的枪声一响，法塞两军就以锐不可当之势推进了 24 千米，而协约国在巴尔干地区的最后一波攻势也随之开始了。18 日，在保加利亚部队被迅速逼退的同时，英希联军也在多兰湖附近取得了优异的战绩。被打得只剩半条命的保加利亚部队忙不迭地开始求和，但弗兰切·艾斯普雷却不肯罢休，并于 25 日命令部队继续压进；同一天，英军开进保加利亚国境；29 日，法军部队占领了塞尔维亚南部的乌斯库伯。

由于意大利战场等地吃紧，奥匈帝国只好在巴尔干地区的阿尔巴尼亚、黑山和塞尔维亚等地收缩军队，这也使得保加利亚愈发孤立无援。9 月 26 日，保加利亚再次请求停战；两天后，双方在萨洛尼卡进行谈判；30 日中午 12 点，保军正式停火。

但这并不表示协约国在巴尔干地区的行动就此结束。此时，弗兰切·艾斯普雷的部队已向四面八方散开：塞族部队在进军过程中解放了自己的祖国，并顺便搭救了邻国黑山；法军开入塞尔维亚并将触手深入保加利亚西部；英军继续向东深入，在侵袭保加利亚海岸的同时，向着君士坦丁堡的方向穿过了土耳其属于欧洲的部分国境；驻扎在阿尔巴尼亚南部的意军也来凑热闹，从溃退的奥军手中夺下了奥国北部。

11 月 1 日，塞族部队解放了从 1915 年末就被占领的塞尔维亚首都贝尔格莱德，胜利之光在士兵们脸上熠熠生辉。11 月 4 日，停火协议生效，此时协约国部队已经沿多瑙河及塞尔维亚与奥匈帝国和罗马尼亚交界处密密麻麻排了一溜。罗马尼亚从 1917 年开始就不断被同盟国蹂躏，他们还曾与德军于 1918 年 5 月签署了《布加勒斯特协议》，但在协约国部队的最后一战中，罗马尼亚却不顾协议内容倒戈一击，在 11 月 10 日再次对德宣战——这正好是第一次世界大战停火总协议生效的前一天。

第十五章

大局已定

——协约国军队的反攻

横空出世

——航空兵的诞生

1903年12月17日，世界上第一架有动力的飞机诞生了。当设计、制造和试飞者莱特兄弟沉浸在巨大的喜悦之中时，他们绝对想不到一种新的战争武器将由此问世。飞机出现后最初十几年，基本上是一种娱乐的工具，主要用于竞赛和表演。但是当第一次世界大战爆发后，这个“会飞的机器”逐渐被派上了用场。到第一次世界大战爆发前夕，距第一架飞机成功飞行的历史仅仅有11年。战争爆发之时，作战飞机多为木、布结构的三翼机，装备数量也较少。德、法、英等国共有作战飞机2000多架。大战期间，飞机由试验型发展为批量生产，其外形发展到双翼机，并逐渐向单翼机过渡，动力装置由单发动机发展为双发动机、多发动机等多种型号，机体逐渐改用半金属结构，螺旋桨由推进式转变为拉进式。

作为德军首位王牌飞行员，有“里尔之鹰”称号的马克思·殷麦曼，在德国受到了英雄式的崇拜。

1914年8月，交战国的参谋总部认为飞机只有有限的作用。法国对航空的兴趣，只在少数民间运动员中持续下去。霞飞和福煦都对飞行没有一点信心，后者在几年前就不予考虑，认为飞行“对运动来说一切都很好，但对军队来说没有什么用处”。英国军事当局对飞机作为一种武器的威力，也同样抱怀疑态度。如果说空战最初未给将军们留下深刻印象，它却很快抓住了公众的想象，空中力量在那时还不能成为胜利的决定因素，但它却有军方预见不到的提升士气价值。德国最高统帅部首先认识到航空英雄能使平民很兴奋，航空功绩被突出地加以报道，报纸上的宣传运动则鼓励民间与王牌驾驶员通信。根据一切军事上的考虑，德国在空军方面是远远领先的，德国人为准备战争，已经把他们的资源编入预算了，

福克 D–Ⅷ型战斗机的最高时速可达 200 千米，拥有两挺可以向前开火的机关枪。但此类飞机鲜见服役。

然而，即使是德国最高统帅部，也不过把飞机看作是个观察哨，在通信兵中只给予空军一个无足轻重的地位。1911年，德国有两个虽小而发达的飞机公司，制造用优良的达伊姆勒和梅赛德斯水冷式发动机发动的阿尔巴特罗斯飞机和阿菲亚蒂克飞机，还有十多所私立飞行学校。

在“一战”中，飞机先是用于侦察，为陆军部队做耳目，继而装上机枪，专门进行空中格斗，后来又带上炸弹，去轰炸敌方的地面阵地，还有的飞机专门执行对地面部队攻击的任务，这样在大战的硝烟中，便诞生了一群“铁鸟”——侦察机、战斗机、轰炸机、强击机和教练机。

在 1914 年，空中士兵的生活是愉快的，飞越敌区是愉快的插曲，那时敌对的驾驶员相互会轻快地招招手，哪一方都没有能力做更多别的事情。9 月的一天，一位驾驶员认识到战争是残酷的游戏，拔出他的手枪，向一架飞过去的敌机射击，而不是招招手。此后不久，双座飞机的法国观测员开始携带步枪，甚至用砖块去扔对方的螺旋桨和驾驶员。很快，飞机上的射击武器由手枪、步枪发展为机枪，由偶然的相互射击发展为空中格斗，轰炸武器由手投炮弹、手榴弹发展成由投弹架投放的专用航空炸弹，机上开始装备无线电、各种仪表，并为飞行员配备降落伞，作战飞机的飞行速度、高度、航程等性能都有很大提高，装备飞机的数量大大增加。1915 年 9 月，德国空战能手殷麦曼驾驶“福克”战斗机首次击落一架偷袭杜埃机场的英国轰炸机，这是军用机向争夺制空权迈出的头一步！从此，飞机不只用于击落侦察气球，也用于击落敌方飞机。不久“福克”战斗机开始大量击落协约国的飞机，空战形势发生了有利于德国的呈一边倒的变化。英军于 1916 年惊呼：“如今，我们须用三架飞机为一架侦察机保驾护航，才能完成既定的作战任务。”

战斗机是为了限制敌侦察机的活动而出现的，在“一战”的战场上，最早各国的飞机都是用于侦察和观察战场动态，飞往敌方阵地上空进行空中侦察是当时军方使用飞机的主要任务。随后人们就把侦察与轰炸结合到了一起，在飞机的腹部装上机枪，并安排一个副驾驶用手向下投掷小型炸弹和手榴弹。为了阻止对方飞机执行这些任务，把令人讨厌的敌方的飞机撵走，一种可将敌机驱逐出己方阵地上空的作战飞机应运而生，当时称为驱逐机，后来发展成为战斗机，飞行性能和作战能力都有很大提高，可执行近距支援、空中格斗等更加复杂的空中作战任务。当时的战斗机多为活塞式发动机的螺旋桨拉进式双翼机，代表性的有英国的“索普威思”和“布里斯托尔”系列，法国的“斯帕德”和“纽波尔”系列，德国的“容克”和“福克”系列等。安东尼·福克是位怀才不遇的年轻飞机设计师，大战中，福克飞机厂制造了许多种很成功的飞机，英国人曾向福克书面提出，如果他到英国去设计飞机，就送他 1000 万美元，但直到战后福克才知此事，原来德国情报机构截获并扣留了此信。

安东尼·福克研制的“福克”飞机是“一战”中德国空军使用最多的战斗机，它的最大特点是枪弹能够穿过前方螺旋桨的旋转面，因而提高了射击的精确度，它的机枪装在机头上部，易于瞄准射击，是第一次世界大战中有名的战斗机，给协约国造成了极大的损失，历史上称为“福克灾难”。为了对抗“福克”飞机，尽管没有射击同步协调器，英法还是想了许多办法。由于战争的需要，使参战各国加速了作战飞机的研制和生产，先后推出了许多性能良好的战斗机，这些飞机的陆续投入使用，使协约国的空中势力得到了加强，逐渐恢复了空中主动权，直到“一战”结束。

从无到有
——“一战”中的美国空军

1903 年，美国的莱特兄弟造出了一个约有 12 马力的四缸发动机，他们将助推器安装在机翼后方作为推力，制成了人类史上的第一架飞机。12 月 17 日，奥维尔做了试飞，尽管他只成功地飞行了 12 秒，飞行距离也只有 37 米，但这毕竟是飞机的首次成功飞行，人类从此向飞行迈出了意义重大的一步。但莱特兄弟的成功试验，在当时的美国并没引起人们的重视，在飞机出现后的前十几年中，飞机基本上是一种娱乐的工具，主要用于竞赛和表演，直到第一次世界大战爆发后，这个“会飞的机器”才逐渐被派上了用场。

美国空军的前身是陆军航空兵，1907 年 8 月，美国在陆军通信兵团内设立了最初只有 3 个人的航空科，这就是美国最早的空军机构。随着航空技术的不断发展，陆军通信兵团航空科于 1914 年 7 月 18 日正式扩充为航空处。第一次世界大战前夕，美国航空兵的发展水平远远落后于欧洲，在1917年4月美国对德国宣战时，只有一个成建制的作战中队和50多架飞机。出于战争的需要，美国陆军开始扩编它的航空处，并对它进行现代化改建，1916年"珍妮"号在改造后被重新命名为"JN-4"号。通信兵部队开始定制"JN-4"号，主要用于飞行培训，其中一些还安装了机关枪和炸弹架，用于高级培训。尽管有了作战意识，但美军航空部门也只有131名军官、1000多名现役人员和不到300架的飞机，这在军事航空的各个方面都落后德军至少两年，根本不适宜欧洲战场上的空战。

美国王牌飞行员爱德华·"爱迪"·里肯巴克是1917年受训成为飞行员的。1918年，他加入了第98精英飞行中队"Hat in the Ring"，后来还成为了该队的领导人。

在当时的美国，人们对飞行的安全还普遍怀有恐惧，在最初的48名飞行员中，两年中就有12名死于飞行事故。1916年，美国航空队参加墨西哥边界的冲突行动，6架飞机没有一架完成任务。有一架还被一位骑着马的墨西哥人用猎枪打了下来，飞行员也被活捉入狱。这样高的风险率，使陆军感到它是一个负担，个别人甚至建议把航空队从通信兵团分出去，但飞行员们却怕失去依靠，坚持认为航空力量还没有发展到可以单独作为一个独立兵种的程度。这时的欧洲战场上，交战各国中没有人真正想到飞机是一种作战的武器，只是把它作为陆军或海军的眼睛而用于侦察，双方的飞行员每天都要在前线上空拍摄敌情。1914年8月22日，德军大举进攻法国，侦察机提供的情报使英国远征军得以组织撤退，因而挽救了无数人的性命。一周后，当德国人转攻巴黎时，法国空中侦察机提供情报，使得法国军队及时部署兵力攻击德军侧翼，遂使第一次马恩河战役告捷，将德军阻截在距离巴黎40公里之外。

"一战"爆发之初，长期主宰战场的是欧洲各国的陆军和海军，他们对那些用木头和布料制成的歪歪扭扭的空中怪物并没多大的兴趣，而当时的飞机的确也不是专为军用而设计的。那时的飞机大多数是双翼机，飞机的机身全都用木头制造，机身和机翼上覆盖着涂上胶的布料，没有任何武器装备。在法国战壕的上空，协约国的飞行员可以自由地报告敌方编队情况、军需仓库位置以及增援部队的动向。有些飞行小分队利用投下大捆沉重的包裹和地面联系，还有些通过飞机队形变化自创信号系统。直到1915年，在飞机的标准设计中才包括了传递信息的无线电报装置。这些设备使飞机得以飞得更低，也就成为更容易被袭击的目标，因此开始有了负责护卫的护航战斗机，当空中格斗为战斗所需时，歼击机便应运而生了。在这之前，英国和德国的飞行员们在空中相遇时，彼此并不交战，而是专心致志于各自的侦察任务，顶多挥挥拳头以示敌对。由于飞机上没有专门的攻击性武器，所以飞行员和侦察员们在执行任务时往往带一支手枪或一支卡宾枪。但并非人人都带，也不是每次都带。

1917年，战火在欧洲大陆熊熊地燃烧，协约国与同盟国军队的交战陷入了胶着状态，大批投入战场的爱国男儿慷慨赴义，在无情的战场上牺牲了生命。此时，美国政府依旧保持着中立，迟迟未宣布加入战争，这引起许多美国热血青年的反对，他们于是决定自愿前往法国参军，贡献自己的一份力量。这些在法国的美国飞行员申请组建他们自己的中队，并命名为“美国飞行分队”。1916年5月13日，这个飞行分队首次执行任务。其中的凯芬·洛克威尔击落了一架德军侦察机，取得了飞行分队的首次胜利。后来有38位志愿者想要学会开着梦想之翼在天空翱翔，他们组成了一支颇具传奇色彩的特别空军飞行队，这就是历史上著名的“拉斐特飞行小队”，最终德军抗议协约国使用这个美国人组成的飞行分队，因为美国是中立国。1917年4月6日，在威尔逊的要求下，国会通过了对德宣战的议案。国会批准了6.4亿美元的预算用于空军培训和制造飞机，这在当时是最大的单笔军事拨款。通信兵部队司令官乔治·斯奎尔少将帮助策划了这一拨款法案，在他的任期内，航空处扩大到1.2万名军官和14万名士兵。

此时的飞机已不仅仅是陆军的“眼睛”了，它还是一种有效的作战武器。飞机上安装了刘易斯式轻机枪，这种机枪是美国人艾萨克·刘易斯上校于20世纪初设计的一种轻型气冷式机枪，它轻便实用，法军飞行员约瑟夫·弗朗茨和机械员兼观察员路易·凯诺中士驾驶一架瓦赞飞机在己方阵地上空巡逻时，就第一次用这种机枪进行了空战，并成功击落了一架德国飞机。美国陆军通信兵航空处在这段迅猛发展的日子里，设立了过分乐观的目标，这些目标设立的基础是由陆军航空兵高级飞行官员福洛伊斯少校领导的一个小组所提出的建议，这个小组建议组建350支飞行中队，包括2.3万架飞机。这种轻率的作风在协约国中很快蔓延开来，英国军需部长温斯顿·丘吉尔承诺要用武器代替人员作战，用他的话说，就是“飞机之多要遮云蔽日”，而事实上这些想法不过是空中楼阁。在第一次世界大战中，飞机开始被广泛运用于空地协同作战。在1917年底进行的康布雷战役中，英军派出了1000余架飞机参战，这些飞机以低空盘旋的噪音来掩盖坦克开进的隆隆声，以对地轰炸和机枪扫射来支援地面部队的行动，还轰炸了德军的炮兵和指挥部。

当飞机在欧洲上空大显身手时，美国的飞机制造却由于纠缠于专利纠纷而延后了许多年。需要数以千计的零件组装而成的飞机可远非组装汽车那么容易，不过美国的确生产出了拥有400马力的十二缸自由式发动机，性能强于所有同类产品，美国也采用了双人驾驶的英式“德哈维兰–4”号飞机的设计。这种“DH–4”号飞机有一个绰号，叫“燃烧的棺材”，这是因为此种飞机的燃料箱安装在两个座舱中间，很容易被敌军火力击中。欧战爆发时，因为欧洲的空军发展得很快，美军曾派米切尔上校到欧洲考查英法等国的航空兵的发展使用情况，通过观察和学习，米切尔的观点逐步形成，向美国远征军司令潘兴上将提出了建立航空队以争取制空权的建议。米切尔的建议具有很强的说服力，并最后成了美国远征部队空军的正式计划，米切尔也因此担任了美国第一集团军的空军指挥官。

1917年9月，第一个派往欧洲的美国飞行小分队到达法国，福洛伊斯被委任为美国远征军航空兵司令。虽然更多的飞行中队陆续抵达，但他们全是生手，都需要培训。这些初出茅庐者驾驶的是法国设计制造的“布莱格特”轰炸机，也驾驶另一种法国的“纽波特28”号战斗机。“纽波特”很易操作，但是它在垂直俯冲时有裂开的趋势，即使机翼没有折断，机体表面构造也会剥离出去，所以这是一种很危险的飞机。在这一时期，德国人在飞机配合陆军作战方面处于领先地位，他们专门生产了有装甲的J级飞机和轻型CL级飞机用于攻击地面目标。德国的J级“容克”式飞机是现代强击机的雏形，它的机身全部用铝合金制造，飞机腹部装有下射机枪，座舱周围装有5毫米厚的钢板，飞机携带有集束手榴弹和手抛轻型炸弹，可有效地执行对地攻击的任务。1917年冬，约2500名美国飞行员接受了高级培训，其中有65人留在了意大利，和意大利飞行员并肩作战，担任执行美国空中部队战斗轰炸机的首批作战任务，包括侦察机和战斗机在内的所有类型的飞机都用来轰炸。但是意大利的“卡普洛尼”轰炸机的射程非常远，可以确保穿透敌军的防御，预防空中袭击，从后方输送炸弹。这种复翼飞机有3个发动机，可以负载545千克的重量飞行4小时之久。

美国第一批参战的是一支空军志愿大队，即成立于1916年的拉斐特大队。1918年8月圣米耶尔战役时，美国航空兵前线指挥官米切尔集中大约1500架飞机，用500架支援地面作战，其余用于突击德军后方交通要道，有力地配合了地面进攻战役。截至战争结束，在前线服役的美国航空兵共有45个中队，近800名飞行员和700多架飞机。1918年2月，美国吸纳前拉斐特飞行小分队的飞机、设施和飞行员，组建了第103航空中队。由于它在参战时听命于法国的指挥，从而当之无愧地成为美国第一支参与空战的飞行小分队。拉斐特飞行小分队使用的是法国设计的“斯帕德七”号战斗机，这种飞机可以高速俯冲，这是躲避攻击的一招绝技。利用这种飞机，小分队击落57架敌机及其9名飞行员。

美国对德宣战时，当时航空处只有130多名军官、1000多名士兵、55架飞机和一个成建制的作战中队。为了适应战争需要，航空处在组织结构上做了一些相应的变革，将航空处从通信兵团分离出来，成立两个独立的机构——飞机生产管理局和军用航空处。前者负责管理飞机、发动机及航空器材的生产，后者负责训练和作战，同年5月24日陆军部又将两个机构合并组成陆军航空局。在法国，未经实战检验的美国飞行中队被派往图尔北部经受战斗洗礼。德军派出16支飞行中队在法国图尔迎战刚刚到达的对手。1918年4月，温斯洛中尉和坎贝尔中尉各自击落了一架德国战斗机，成就了美国第一个属于空军的胜利。两位飞行员都安全返航。像他们两个这样的飞行员，都是在实践中才真正学会了空战中的生存技巧，从而将自己接受的大多数培训临场发挥出来。战前人们谁也不会料到飞机会在这次战争中得到突飞猛进的发展，然而事实却向人们证明，空中作战的许多样式是在这场战争中播下的种子，从此以后，空中作战思想就开始萦绕在世人的脑海中，并进而改变了整个战争的面貌。

在欧洲西线的战场上，步兵只能蜷缩在堑壕里，而飞行员却可以在空中尽情表演绝技，这种强烈的对比造就了战场上一个不朽的神话——“空战骑士”。在所有这些“骑士”中，最为著名的就是那些“王牌飞行员”了，他们都曾经击落过5架以上的敌机。美国最著名的王牌飞行员是艾迪·瑞肯贝克尔中尉，战争结束时总共击落敌机26架，成为歼敌最多的美国飞行员。在马恩河战役中，美国飞行小分队驾驶着英国设计的“索普威思－骆驼”战斗机投入战斗，这是一种由英国飞机设计师托马斯·索普威思研制的战斗机，这款战机之所以被叫作“骆驼”，是因为这种飞机的顶盖酷似骆驼的驼峰。“索普威思－骆驼”战斗机于1917年中期进入英国陆军航空队和英国皇家海军航空队服役，一举成名。非同寻常的平衡性能为其带来意想不到的机动性，因此这款战机非常适合富有经验的飞行员驾驶，不过对新兵来讲它就是自杀式武器。它的驾驶难度非常高，在训练中牺牲的飞行员要多于牺牲在战场上的人数。但如果驾驶娴熟，它的飞行高度可达3600多米，很难被击中，更别说战败了。

战场上最可怕的德国“哥达”轰炸机可以携带半吨炸弹，它的个头是“骆驼”

的两倍不止，但在“骆驼”的打击下几乎无还手之力，几个月之内，这种笨拙的轰炸机就只能去有限地执行夜袭任务了。在一次战役中，美国空军遭遇了德国一号空中杀手——被称为“红男爵”的冯·里希特霍芬和他的“里希特霍芬飞行特技队”，在战斗中，里希特霍芬被击落。在随后的圣米耶尔战役中，米切尔指挥1500架飞机配合地面作战，其中就包括了在法国的全部美国飞行员。协约国航空部队轰炸了德军集结地，投弹30余吨，并空袭了德军防线后方的交通要道和军事设施等目标，有效地配合了地面部队的进攻行动。这种联合行动开了战略轰炸学说之先河，此战后荣升为准将的米切尔的麾下集结了战斗中最为优秀的空中部队，其中以26支来自美国、61支来自法国以及3支来自意大利的飞行中队作为主力，以9支来自英国的飞行中队作助攻，其飞机总数达到了1500架，这一战术确保了协约国在战场上的空中优势。

“红男爵”里希特霍芬

在整个“一战”中，参战的美国空军大约进行了150次轰炸突击任务，投掷140吨炸弹。据美国统计，总共击落敌机近800架、气球70多个，涌现王牌飞行员不下70名；自己损失飞机300架、气球50个，牺牲官兵237名。11月10日，第94飞行中队的麦克斯韦尔·科尔比少校击落了一架福克尔战斗机，这是美军在“一战”中最后一次歼敌。第二天停战条约正式开始生效，美国这场“为结束战争而进行的战争”结束了。美国空军转而接受了在和平时期的任务，并在和平年代得到了飞速发展。在20年后发生的第二次世界大战中，美国的空军已经成为了一只强大的独立军种，并在战争中起了决定性的作用。

最后一次高加索之战

——土耳其的统治宣告结束

俄国的退出并没有终结高加索战场上的厮杀。自1917年后，土耳其、德国和英国的部队还一直在争夺此地的控制权，战火就这么一直烧到了大战结束时。

1917年3月爆发的“二月革命”几乎掐掉了俄国在第一次世界大战剩余时间

图为在巴库附近的一名英国邓斯特军成员和一名亚美尼亚士兵。

里的所有戏份，在高加索地区与俄军鏖战良久的土耳其部队还以为终于可以喘一口气、换一个地方打打仗了——譬如去美索不达米亚平原或者巴勒斯坦地区什么的。可惜，事与愿违，高加索战场的战火不仅没有熄灭，反而牵扯了更多的势力进行角逐，除了俄国和土耳其之外，英国、德国以及当地的民族主义者也都搅进了斗争的旋涡之中。

在土耳其的血腥统治之下，亚美尼亚人过着地狱一般的生活。他们当中有60万人在第一次世界大战爆发后由于饥荒和缺水而死亡，而更多人则在1916年中期到1918年5月之间被屠杀。土耳其政府无视亚美尼亚民族主义者的救国热情，而俄国出于利用亚美尼亚地区作为对土耳其作战缓冲区的现实考虑，则表示愿意为其提供帮助。与亚美尼亚毗邻的格鲁吉亚和阿塞拜疆也同样面临着民族主义热情落空的问题。“二月革命”之后，亚美尼亚方面于1917年8月间在格鲁吉亚首府第比利斯与两省代表进行会谈，商讨成立一个统一的国家。尽管这三地在之前曾是敌对关系，但在共同的理念之下，三地代表协议在9月17日成立外高加索人民共和国。

虽然亚美尼亚已经于1917年下半年与土耳其方面进行了和解，但仍无法阻止土军利用德俄两国在1918年3月签署的《布列斯特·立托维斯克条约》捞取好处——该条约明文确认了土耳其对高加索地区各省的控制权。在小股德军的协助下，土耳其战争部长恩维尔·帕夏派出了一支5万人的部队再次进入高加索地区和波斯北

亚美尼亚的新兵在接受步枪训练。之后，他们就将对阵来犯的土军部队。

邓斯特军的炮兵特遣队队员在美国部队的协助下向土军阵地开火。

部。不过，由于这支部队的负责人指挥不力，此次入侵的效果并不明显。4月15日，土耳其占领了格鲁吉亚在黑海海岸的巴统港；5月26日，土耳其与亚美尼亚签署了《巴统协议》。随后，亚美尼亚宣布独立，外高加索联盟宣告瓦解。土耳其的野心还在膨胀着，企图通过巴统港向东面的巴库进军——此地位于阿塞拜疆的里海海岸，石油储备非常丰富。

1918年初，巴库曾被俄国革命军占领，后又落入格鲁吉亚民族主义者之手。在土耳其1.4万人的部队往巴库挺进的时候，这个小镇周围却只有装备非常落伍的一支万人部队把守。守军向英国求助，不久（8月24日）即迎来了他们的帮手：由亚美尼亚籍指挥官领导，人数不多但作战却非常灵活的“邓斯特军”。土军准备于9月15日夜袭击巴库，使得邓斯特军在该港沦陷后陷入孤军作战的境地。

巴库的失守标志着土军在高加索地区及波斯北部大型军事行动的结束。1918年10月31日，交战各方签署停战协议，英军在1919年8月的正式撤退之前曾短暂地回到巴库。然而，外高加索各部的独立并没维持多久。1919年11月，格鲁吉亚被重新收归俄联邦；1920年4月末，俄国占领巴库；同年9月，俄国和土耳其占领亚美尼亚。

“迈克尔行动”

——功亏一篑的困兽之斗

1917年春，从东线战场上解放出来的战斗力给德国最高指挥部打了一剂强心针，让他们可以趁着协约国还没有取得决定性进展时，在西线布置一次足以决定鹿死谁手的攻势。

1917~1918年之间的那个冬天，面对着英军日益紧密的海上封锁以及源源不断流入欧洲的美国部队，德军实际上的最高指挥鲁登道夫意识到自己的部队已经

多次进攻后，7.2 万英军中有一小部分被俘虏。

时日无多。如果德国想要取胜，或者至少留住一些议和的本钱，他就必须于 1918 年初再次发动进攻。此时，德军正好有一大批人刚从东线战场上撤下来，而其新的训练制度也已锻造出了一支可以绕开防守据点快速作战的暴风突击队——这两拨人很自然地就成了鲁登道夫寄予厚望的对象。

这位最高指挥认为，英法两国在西线战场上的作战策略很不一样，这会使得他们在各自面临一系列大规模进攻的时候无法互相支援。此外，根据他的分析，法国人必定会把巴黎作为防守核心，而英国人则会死守英吉利海峡的沿岸港口。最终，他选择了原来由法国布防，但新近交由英国看管的一个“防御盲点”作为进攻的对象。

此次进攻定于 3 月 21 日执行，代号为“迈克尔行动”，袭击对象是在阿拉斯和拉斐里之间的一条长达 96 千米的防线，此防线由休伯特 · 高夫将军率领的英国第五集团军和朱利安 · 宾的第三集团军镇守。进攻前，德军安排了一次长达 5 个小时，无论是复杂程度还是惨烈程度都前无古人的预备炮击；接着，来自三支德国部队的暴风突击队员在大雾的掩护之下迅速推进。高夫的人马当时分散在 40 千米长的前沿阵地上，没多久即被击溃，但北段防线上，宾的部下则依靠极深的战壕有效地遏制住了德军的进攻。在小股法军的支援下，陆军元帅海格命令所有后备力量即刻填住防线漏洞。

德国的猛攻最终被协约国遏制。

4 月 5 日，鲁登道夫叫停“迈克尔行动”。此时，德军已推进了 64

千米，但由于协约国反应迅速，特别是其地面部队有强大的空军协防，所以德方并没有获得任何有价值的进展。此外，造成德军行动失败的原因还有三点：一是其占领的地区对英军而言都无足轻重，而进攻部队本身的粮草供应不足；二是其机动性不足，没能及时拓展既得区域；三是炮兵部队跟不上暴风突击队的作战脚步。德军和协约国部队在此次对抗中各自都折损了约 24 万人，但英军至少用惨重的代价换回了相对的优势，而德军就真是白忙活了。

“迈克尔行动”不仅证明了英军在西线战场的空中优势，也让英法两国实现了前所未有的团结作战。3 月 26 日，协约国最高战争委员会任命费迪南德·福煦为英法两军的统筹人；4 月 3 日，他又被升为联军总司令。虽然此时的美国由于政治原因还不算英法的盟友，只能算是他们的协作势力而已，但身处法国的美军司令官约翰·潘兴也承认了福煦的职权。

◎布鲁克姆勒的弹幕

“迈克尔行动”的预备炮击由陆军上校乔治·布鲁克姆勒负责。布鲁克姆勒是一个杰出的炮术家，他在此次仅有 5 个小时的炮击中共动用了 6500 门大炮和 3500 门堑壕迫击炮，并预计发射 160 万枚炮弹。他将这场旋风一般的轰炸分为 7 个独立的阶段，持续时间从 5 分钟到 2 小时不等，并最终成功地完成了任务。这个战法的发明者也因此得了一个新绰号：“突破姆勒”。

德军的最后一次大规模攻击
——第二次马恩河战役

第二次马恩河战役或称雷姆斯战役是第一次世界大战西线发生于 1918 年 7 月 15 日至 8 月 6 日的战役，战役初始德军使用了胡蒂尔的“突击群战术”，取得了极大的成功，使英法联军遭到了沉重的打击，但在英、法、美军队的联手反击下，后继无力的德军遭到了决定性的失败，从此一蹶不振，再也无力发动大规模的进攻了，所以说这次战役是西线中德军最后一次发动大规模攻击的战役。

在 1918 年 5 月发动的埃讷河攻势中，德军深入协约国军前线达 12 公里，围歼了协约国 4 个师的防御部队，另外 4 个师仓皇溃散。第二天，德国人的攻势丝毫不减。鲁登道夫敦促后续部队继续推进，进攻的锋芒直指巴黎，企图以此夺取

来自塞内加尔和印度这些殖民地的部队也是英法两国在第一次世界大战中的重要武装力量。

战争的胜利。但鲁登道夫这个想法实际上是无益的，因为即使攻占了巴黎，也并不代表战争就会结束。但不管怎么说，这场攻势还是给协约国造成了相当大的混乱。5月20日下午，德军占领了距离巴黎不到40公里的马恩河，慌乱中的法国政府再度准备撤离到波尔多，法国陷入一片恐慌之中。为了抵御德军势如潮水的攻势，法国第四、第五和第六集团军采取了纵深梯次配置以组织防御，拖延德军进军的速度，并准备在适当的时候转入反攻。7月15日，法军出其不意地对即将发起进攻的德军实施猛烈的炮火反攻，当日凌晨，德军的第一和第三集团军经3个多小时的弹幕攻击后，在兰斯以东发起进攻，突破了法军第一道阵地，但在第二道阵地前被猛烈炮火所阻。

对于德军来势汹汹的攻势，法军总参谋长贝当始终保持着镇定，战斗开始的第一天，他就调了16个师开往马恩河，他要自己的部下和政治家们明白，英法军队必须坚持数月以等待美国援军的到来。事实上，美国已经开始向其处境艰难的盟友提供大量的有效援助。6月4日，美军在法军的支援下，在沙托蒂也里打了一场漂亮的阻击战，遏止了德军的进攻。尽管美军在战术上还显得不够成熟，但他们高昂的士气和充沛的精力极大地鼓舞了法国人的斗志。德第七集团军在若尔戈讷、圣埃弗雷兹地段突破法第五、第六集团军防线，推进约8公里，并强渡马恩河。法军航空兵和炮兵轰炸马恩河各渡口和桥梁，迟滞德军前进。协约国军队在防御过程中增调部队准备反攻。联军总司令福煦决心由法军第十和第六集团军从马恩河突出部西侧对当面德军实施主攻，法第九和第五集团军从突出部东侧实施助攻，以解除德军对巴黎的威胁。

为这场战争的最后一次大规模进攻，德军消耗重大，使原本士气低落的德军更加疲惫不堪。虽然在战术上取得了很大的成功，但这场战役几乎耗掉了德军所有的人力，孤注一掷的鲁登道夫仍瞄准着兰斯，打算实施他的最后打击，他始终确信，他能够依靠一场大规模的攻势打垮美军。他给这场箭在弦上的进攻一个代号——“友好风暴攻势”。由于再次预先得到警告，协约国最终完成了纵深防御的准备，德军的最后一次进攻比1917年对法国人发动的里维尔春季攻势遭到了更大的损失。7月18日清晨，法第十和第六集团军在徐进弹幕射击掩护下，未经炮火准备即在贝洛至丰特努瓦60公里正面上向德军发起反攻，当日推进8公里。19日，法军第九和第五集团军从东面发起反攻。伤亡惨重的德军被迫于21日向马恩河北岸撤退。8月2日，协约国军队收复苏瓦松，至8月4日，协约国的军队肃清了马恩河突出部的德军，双方的战线在埃讷河和韦勒河地区暂时趋于稳定。

鲁登道夫的不断进攻拖垮了整个德国军队，并把它带到濒于崩溃的边缘。与此同时，协约国的实力却由于几十万美军的到来而迅速加强。8月8日，澳大利亚、加拿大等英联邦部队在大量英国坦克的支援下，对阿米恩斯附近毫无准备的德军发起了猛烈的攻击。坦克掩护步兵穿过死亡地带，德军有6个师被歼，鲁登道夫在战后承认，8月8日对德国军队来说，是“开战以来最倒霉的日子”。第二次马恩河战役，协约国军队损失14万人，但德军损失要大于协约国，约有17万人被歼，并且战线最终被协约国军队推进了40公里，协约国达成了战役目的，并由此完全掌握战略主动权。德军这次失败的主要原因是兵力和物资不足，后继无力，并且他们过高估计了自己的力量。协约国方面自美国参战后力量大大加强，逐渐掌握绝对优势。

最后冲刺

——兰斯战役

1918年7月，德军为了迅速攻占法国首都巴黎，在统帅鲁登道夫的部署下，从两面包围巴黎的“门户”——兰斯城，想一举攻克兰斯，长驱直入巴黎。为了实现这个计划，采取了高度保密的策略，德军在皇储威廉率领下，庞大的集团军群秘密地进入阵地，在行军过程中，连车轮也用布包裹起来，以避开法国侦察兵的耳目。鲁登道夫计划在7月12日从两面包抄兰斯城，在兰斯城以西发动的进攻是想跨过马恩河，拉长战线，直逼蒂耶里堡。这将危及巴黎。鲁登道夫写道：“在这次行动之后，我们就立即集中大炮、战壕迫击炮和几个中队的飞机向佛兰德斯阵地发动进攻，而且可能在两周之后就发动这次进攻。”

法国第四集团军司令古罗将军根据战争的态势，认为德军即将对兰斯发动进攻，法军情报部门派出一股精干的小分队，连夜闯入敌营，活捉一名俘虏，获悉德军将于0点10分发起炮击。古罗马上做出反应，命令炮兵部队提前开火。0点10分，一声令下，2000多门各种口径的大炮同时向德军开火，铺天盖地的炮弹划出道道光亮呼啸着射入德军阵地，顿时火光一片，空前规模的兰斯之战，在隆隆炮声中拉开帷幕。德国人的总攻也开始了，整条战线都喷射着火焰。凌晨4点30分时，德军36师的第五掷弹团和其他一些部队开始把隐蔽在芦苇荡和灌木林中的铁舟驶出来，双方炮击产生的毒气和浓烟同早晨的雾结合在一起，形成了浓烟雾。在德国人凭借浓烟雾到达河中心时，美国第三师的人便发现了这些装满了步兵和机枪手的德国船只，立即朝那些船只进行猛烈射击，德军正渡至中流，猝不及防，有几十艘小艇被击沉，损失惨重，但仍奋战渡河，终于以惨重的代价涌过对岸，并迅速占领了一个制高点，向美军进行反击。美军三十八步兵团越战越勇，坚守住阵地，与德军抗衡，整个战场一片硝烟弥漫。但是在别的地方，德国人涌过马恩河南岸去攻占美国的前哨，还爬上了通向巴黎–梅茨铁路后面的主要防线的小山。在这里，尽管伤亡惨重，但是美国人还是坚守了阵地。在第三十八步兵团两侧的法国人开始后撤了，但这些美国人坚决不撤。

在兰斯西面，德军聚集了6个师，以强大的优势兵力，突破了意大利第八师的防线，并迅速把他们逼到第二道防线去，进展较为顺利。上午9点30分，情况发生了变化。德军以人海战术，把从马恩河畔的多尔芒到兰斯高地的协约国防线，往后挤压成一个十分危险的楔子形。但这仅仅是暂时的，不大一会儿，有军官报告说，他们的部队在第二道防线前面受到协约国军队的猛烈阻击。兰斯以东大约80公里处，美国彩虹师参谋长道格拉斯·麦克阿瑟正站在主要防线上密切地注视着这场战斗。在德军向已被放弃了的前线战壕猛扑过来的时候，他们看见美军的炮火像雪崩一样向他们压过来，但是他们还是继续前进，因为他们在轻而易举地攻占了头几道战壕以后，胆子变得更大了。到了下午，战斗异常激烈，整条马恩河都被鲜血染红了，德军总司令鲁登道夫仍督促将士发起进攻，为占领兰斯投下最后一注。德军发疯了，似乎都不怕死，前边一批批倒下，后面又涌了上来，但靠这样的人海战术，到傍晚时分才前进了不到5公里。而协约国的炮兵则以逸待劳，整整一天都在接连不断地炮击河对面的德军后备部队，这样前击后炸，处处开花，眼见德军攻势渐渐削弱。

虽然德军现在已经在多尔芒的两边抢占了马恩河对岸许多桥头堡，但是皇储威廉还不满意。他看到报告说，敌人已按计划撤出防线，法军的计划是避开我们的打击，因此，我们的准备性炮击所摧毁的战壕几乎是完全没人的战壕，而且战事没有取得什么进展。部队在敌人的第二道防线前面受阻了，皇储下令准备再次炮击敌人的第二道防线。到了这种地步，鲁登道夫只得下令皇储的第六集团军补充战斗力，准备把这支后备力量投到前线。但是皇储没有接到命令，眼见大势将去，只得于当晚停止了冲过马恩河的行动，并且还停止了兰斯东面的攻击。这下鲁登道夫只得靠马恩河和兰斯之间的两个军准备第二天重新发起攻击。鲁登道夫仍然希望可以突破敌人的防线，他对手下一个军官说：“如果对兰斯的进攻现在就可以获得成功，那么这场战争我们就打赢了。”他对被阻止在兰斯东面的第三集团军的进展情况感到不满，便打电话给这个集团军的参谋长，他大声问道:“你们的进攻为什么毫无进展？”冯·克勒维茨中校沉着地回答说:“集团军司令下令停止进攻，因为法国人已经把他们的炮兵撤走很远了，法国人正在嘲笑我们的毁灭性炮火。”就在这时，在兰斯附近的茫茫森林中，24个整编师的协约国部队正集结待命，准备来日向德军发起全面进攻，而此时的德军，不仅在数量上少于对方，在士气上更是低沉，而且这些后备力量多数是从东线调过来的，疲军西进早已力竭，更是不堪一击。协约国则让英勇善战的摩洛哥师担任主攻，右侧是美国第一师，左侧是第二师，可谓全是精兵强将，装备精良。

从法国撤退的德军士兵抛弃了他们从 1914 年起就占为己有的阵地。

那天下午的战斗打得十分激烈，加上天气炎热，使战斗更加折磨人，德军毫不畏惧地跟着往上冲，疯狂地叫着喊着，但是致命的炮火使他们不得不躲在玉米地里。到傍晚时分，他们令人失望地只前进了5公里，不得不在那一块玉米地的另一边挖战壕自卫。上级对他们的要求超过了他们的能力，对他们来说，末日已经到了。第二天，天刚亮，只见在平坦的田野上，大大小小的坦克隆隆地向前推进，喊杀声震耳欲聋，双方刚一接触，德军就乱了方寸，纷纷退却，面对强大的攻势，德军大部纷纷投降，只有少数部队坚守阵地继续抵抗，但很快就被打退。德军见大势已去，只好扔下长枪，不断地喊道：“结束战争！”在河的另一边的屠杀更为残忍，协约国炮兵整整一天都在炮击河那边的后备部队，使德军伤亡惨重。皇储没有接到最高统帅部的命令，所以那天晚上他不仅停止了冲过马恩河的攻击，而且还停止了在兰斯东面的攻击，只有在马恩河和兰斯之间的两个军准备于第二天发起进攻。虽然地面部队抵敌不住，但在战场上空，一批批德国飞机仍不断地向地面的协约国部队进行一次次俯冲扫射，给协约国军队造成很大伤亡。协约国空军驾机升空，迎击敌机，双方在浓烟滚滚的兰斯上空，进行激烈的空战，战斗进行到上午 11 时，皇储威廉和鲁登道夫意识到局势严峻，因为所有的后备力量全已用上，而占领兰斯长驱直入巴黎的希望已然化作泡影。

法军芒让的部队集结在香巴尼突出部的东端，位于维莱–科特雷正西北的大森林。在这个地区的德军素质很差，其中许多人是从俄国调过来的，缺乏对付坦克的经验。而芒让计划大量使用坦克，7 月 18 日晨，炮声隆隆，协约国军队发起了总攻，皇储威廉意识到，左右侧的几个师都被击退了，作为后备军的几个师也参战了。皇储不相信他的部队能阻挡敌人的进攻，命令部队从马恩河南面的桥头堡撤出来。经过一个下午的激战，强大而英勇的协约国军队终于占领了这座险要的峡谷，德军已失去战斗的信心，一批批撤出战场，仓皇地向后退去，夕阳照射下，站在雷斯森林里18米高瞭望塔上的协约国前线总指挥芒让将军，终于露出了微笑。

兰斯保卫战，虽然协约国付出惨重的代价，总计伤亡达5000 人，但这是协约国从防御转入反攻的转折点，是结束第一次世界大战的关键战役。这次战役的规模与第一次马恩河战役虽然不可同日而语，但其结局却意义重大。德军因在此次战役中受挫，从此便完全丧失了主动权，无力再发动进攻，而法军不仅通过胜利反攻再次解除了德军对首都巴黎的威胁，而且还由此把战场上的主动权牢牢掌握在了自己手里。兰斯战役，德军所有后备军都已投入了战斗，这意味着，鲁登道夫想占领兰斯从而迫使黑格从佛兰德斯派出更多的增援部队的希望破灭了。在三天的时间里，他对香巴尼的所有希望都破灭了，敌人正在对他构成威胁，这是一种难以置信的转折，部下劝鲁登道夫让部队后撤，出于政治原因他拒绝了，在绝望之下，鲁登道夫说，他将不得不考虑辞职。

压垮骆驼的一根重要稻草

——亚眠战役

第一次世界大战打到第五个年头，德国为首的同盟国已相当吃力。1918 年夏天，协约国准备发动总攻，作战的突破口选在德军防线的亚眠。参战的兵力，英法美澳加等总计 21 个师、2000 多门火炮、1000 多架飞机。面对的德军是其第二集团军，其防御阵地的工事十分薄弱，只有840门火炮和106架飞机。8月8日凌晨，亚眠一带起了大雾，浓雾中，2000多门火炮齐鸣，几百辆坦克率领10万步兵，排山倒海向德军防线冲去。至日落前，已向德军防御阵地纵深推进11公里，一天之内，德军伤亡达2.8万人，损失火炮400多门。在这次战役中，协约国还调集了近600辆坦克和装甲车辆。这种新式武器，1916年在索姆河首次使用，只有十多辆，1917年的康布雷会战则出动了近400辆，取得较大战果，如今，协约国首脑又把坦克作为撕开德军防线的利器。浓雾中出现的坦克，依然给德军带来了巨大压力。坦克装备的轻型火炮和机枪并没有杀伤多少德军，但许多坦克不惧枪弹、势不可挡冲来的气势却让德军胆战心惊，在英军的强大攻势下，驻守该地的德军六七个师纷纷逃跑。

鲁登道夫被这突如其来的失败惊得目瞪口呆，在统帅部里，他沮丧地大嚷道：“8月8日是德军在这次大战史上最黑暗的一天。”为了做最后的抵抗，鲁登道夫立即下达一道严厉的命令，要求前线德军不惜一切代价死守阵地。同时，他还从其他地段调来6个预备队师，紧急增援亚眠守军，另外7个整编师也奉命前去增援。8月8日这一战对联军而言也是马恩河会战之后的最伟大胜利。攻方所付出的代价总共为1.2万人，但却杀伤了德军1.3万人，俘虏了1.5万人和火炮400门，并且突破了敌军正面。现在联军所要做的，就是对他们的初步成功加以猛烈扩张。但因坦克损耗较大，进攻力度也渐渐减弱，进展缓慢，逐渐变为局部性战斗。黑格知道等德国的援军赶到亚眠后，进攻就要困难许多，因此，他于10日亲自赶到前线，指挥联军向德军发起顽强的攻击。黑格一面下令投入更多的后备兵力，英军、法军、加拿大军、澳大利亚军一律参加战斗，一面下令加宽进攻正面，将全部兵力集结在从阿尔贝尔到瓦兹河长达75公里的战线上，以增加德军防守的难度并减弱其抵抗力。

战斗中，协约国曾想用坦克和骑兵配合作战，事实证明这是个败笔。因为当时骑兵的速度比坦克快，但面临机枪扫射时，骑兵又不敢跟着坦克上前。在战斗中，两个不同兵种根本无法配合。相反，一辆在行动中与骑兵失去了联系的坦克，得以自由发挥，先消灭了一个德军炮兵阵地，接着协助友军杀伤60名敌军，后来又连续击毁了几个敌军运输纵队，充分说明了装甲部队单独行动所展现的强大威力。联军虽然这时已打得筋疲力尽，但因美国新增89万部队的参战和大量物资补充，联军战斗力大大加强。而德军则因连续作战且得不到多少补给，战斗力迅速衰退。联军瞅准时机，于12日清晨组织了对德军强有力的攻势。德军顽强抵抗，但终因实力悬殊而渐渐不支。至黄昏时分，德军不得不退出亚眠，撤至阿尔贝尔、佩龙纳及索姆河上游一线以东的地区。在澳大利亚军攻占了利翁后，大约正午时，德军首先发出沉重的炮声，接着就在达莫里和弗克斯库尔之间发动了一连串坚决反攻，虽然被击退了，但这却是会战即将结束的确实讯号。到此时，黑格已经明白，全线的攻势都已接近尾声。为了结束进攻和在更北面的地方重新展开攻势，黑格命令停止攻击，12日，骑兵军也撤回充当预备队，这样，亚眠会战正式结束。9月，德军撤至德法边境上的“兴登堡防线”。

亚眠战役标志着德国的最后衰落，从此，德军士气急剧下降，开小差的现象大量发生，士兵们经常聚集在一起高喊：“我们不愿为百万富翁打仗！”几乎所有的德国军事将领都开始明白，胜利的希望已经破灭，继续战争已毫无指望，必须采取非常措施。鲁登道夫无可奈何地说道：“现在，我们已无力再击垮敌人，坚持防御以求和平也不可能，眼前的出路只有一条，用和平谈判结束战争！”随后，协约国军又发动了多次攻击，联军的反击战迅速展开。在潘兴指挥下，美国第一军团在9月对默兹河－阿尔贡地区发起进攻，法国人收复了色当。9月底，协约国军开始发动总攻。“兴登堡防线”全面崩溃，德军已无力反抗。随着德军在西线的崩溃，协约国军在巴尔干战线也开始了反攻，突破了保加利亚的防线，保加利亚宣布投降。它的溃败，使同盟国的整个阵线被打开了一个缺口。

自从兴登堡防线被突破后，德军最高指挥部陷入一片恐慌。此时德国国内反战呼声越来越高，已经陷入了混乱的状态之中，鲁登道夫确信，他被人从“背后插了一刀”。德国领导人开始考虑停火，向美国总统威尔逊寻求和平谈判，但威尔逊声称自己绝不会跟一个军事独裁国家谈判。英军则在10月份继续加强进攻，突破了德军在塞尔河的防线。10月27日，鲁登道夫辞职。两天后，德国公海舰队发生叛乱，德国人的不满终于爆发，最终使德国在11月11日签约停火投降，第一次世界大战以协约国的胜利而告终，其中，亚眠的坦克战无疑是压垮骆驼的一根重要稻草。

在第一次世界大战的最后几天，美军工兵在清理德军遗留下来的铁丝网。

最后的战役
——默兹－阿尔贡攻势

当战争进行到1918年8月时，在协约国的反攻下，德军连连败北，这使得协约国方面的联军总司令福煦对胜利能够在1918年取得已是深信不疑，在这之前，他本以为战争会延续到1919年。现在，协约国的作战任务是要瓦解从伊普雷东北的海岸延伸到瑞士边界的“兴登堡防线”。这条防线是德国西线指挥官兴登堡为防御协约国军队而在1917年构建的防御工事，也叫“齐格菲防线”。

“兴登堡防线”更直、更短，筑有更多的防御工事，当尼韦尔的军队跃出壕沟发动攻击时遭受了巨大的失败。这条防线使得协约国蒙受了40万人的伤亡，而德国只有25万人。在第一次世界大战期间，战争的特点是防御性的武器优于进攻性武器，传统的进攻方式是大批步兵在炮火掩护下发起冲锋，但是这种冲锋在深壕沟、巧布的地雷和机枪掩体相结合的防御设施面前没有多大效果。现在，协约国计划在9月发动一场攻势，打算夺取或切断德军赖以调动部队和补给的铁路线，只要使德军丧失了它的运输系统，那么前线上已经削弱的德军的战斗力势必进一步被削弱。

这个计划是由英国远征军司令黑格元帅提出来的，在英国远征军胜利的鼓舞下，黑格建议对德军形成一个巨大的包围圈。包围圈的一翼为英国远征军，向东横扫比利时和法国北部；另一翼将是美第一集团军和法国军队，向北穿过默兹河和阿尔贡森林区。如果协约国的第一右翼部队能突破德军的五道防线，就能切断色当和梅济耶尔的德军主要铁路供应干线，迫使德军沿崎岖的阿登地区两侧后撤。法国的福煦元帅采纳了黑格的建议，准备在9月底发动默兹－阿尔贡攻势。

为了发起这次战役，在圣米耶尔攻势结束后一周，美国远征军司令官潘兴利用夜间的时间，通过不是很充足的公路和铁路网，将他的军队迅速布置到新的进攻地区。这是美军历史上最大规模的行动，60万名美军和5000门大炮从80公里以外的地方调往前线，在战线的后边储备了数万吨的弹药和其他补给品。9月26日清晨5时，天刚刚亮，潘兴指挥的美军第一军团的三个军一齐开始实施进攻，与此同时，古罗指挥的法军第四军团也开始了全线进攻。行动受到清晨的浓雾、数千个弹坑、有刺铁丝网、滑脚的沟壑和密林的阻碍。黄昏以前，第一道防线已被美军攻下，美军还大规模进攻蒙福孔两边远离主阵地的突出部，并在第二天中午前由第五军的第七十九师占领它。

在协约国发起这场进攻之前，鲁登道夫就已认识到，在协约国的快速猛攻下，他的部队根本不可能指望有秩序地通过列日那拥挤的隘道撤退，为了能够减缓协约国进军的速度，德军对已经戒备森严的默兹－阿尔贡地区继续加强防备，每一个树林和村庄都变成了敌军进军的障碍物，并且在前方阵地的后面又修建了好几道防线，以用于对敌人的步步阻击。这次分派给美军负责进攻的德军防区里，铁路线比较靠近前线，面对该防区，德军已经构筑了纵深十多里的堑壕防御系统。美军的作战地带必须横跨默兹河谷，包括左侧的阿尔贡森林、艾尔河谷和默兹河两侧的高地。防守该地区的德军部队，东边是加尔维茨的集团军，西边是德国皇储的部队，德军巧妙地利用崎岖不平、植被茂密的地形构筑了三道严密的防线。

对于美军来说，这次攻势并不是一帆风顺的，发起攻击的部队中仅有4个师进行了激烈战斗，还有4个师根本没有与炮兵密切合作。虽然在右翼的进攻完成了大部分任务，但中路和左翼的部队很快就被困在密林和深谷之中，或者在开阔的丘陵地带受到机枪和密集炮火的猛烈射击。经过两天的艰苦进攻，美军未能攻到德军防御的主阵地前。与此同时，鲁登道夫将8个师的德军紧急调到了防线上。德军的有利条件，在于默兹－阿尔贡地形是天然适合防御的，在默兹河的东面，是陡峭高地，这是优良的炮兵射击阵地，并且是进攻者几乎攻不破的障碍；阿尔贡的峭壁和有很深裂缝的山丘，由在防线之间来回迂回的几公里长的有刺铁丝、混凝土机枪掩体、重机枪和各式各样障碍物连成了一个极难攻破的防御阵地。

美军在最初的几天中推进得还是很快，但是当德军的增援部队赶到后，美

◎费迪南德·福煦

福煦（1851~1929）是一名公认的军事理论家。他在1914年战争爆发时即采取了积极的应对措施，并于8月24日升任法国第九集团军总司令。当年10月，他成为了法国最高指挥集团的一员。但自从罗伯特·尼维尔于1916年12月成为最高司令之后，他即被排除在了决策核心之外。1917年，为了应对德军在意大利发动的卡波雷托攻势，他被任命为英法联军的统筹人；1918年，他终于走上了协约国最高司令的宝座。在这个对于领导力和协调力要求极高的位置上，他一手缔造了协约国的胜利神话，并于1918年8月6日升为元帅。

1918年的协约国军队首脑——费迪南德·福煦元帅

美军士兵驾驶雷诺 FT–17 型坦克，前去发动默兹 – 阿尔贡攻势。

军的进攻在阿尔贡森林和蒙福孔之前慢了下来。10 月 3 日，美军在突破德军两道阵地之后，由于德军的顽强抵抗，遏止住了美军的大规模进攻，在德军的阿普勒蒙 – 布略勒防线之前美军的进攻势头被遏止。在此决定战争结局的最后时刻，潘兴既不愿丧失美军的独立性，也不能放弃美国远征军艰苦作战赢得的左右战争进程的影响力，因此，潘兴以其参加过圣米耶尔战斗而有经验的部队替换了原先的攻击部队，新的攻势于 10 月 4 日开始，美军再次发起了进攻。而德军的增援部队也同样是身经百战的劲旅，由于战场上没有机动的余地，两军短兵相接，硬打硬拼。美第一军团不得以代价高昂的正面攻击，缓慢地向前推进。由于美军拥有占压倒优势的炮兵的支援，德军的阵地一个个被攻破，德军的主要堡垒崩溃了。

在美军发动攻势的第二天，英军开始猛攻兴登堡防线，10 月 5 日，英军在实施了一系列代价高昂而辉煌的攻击之后，终于突破兴登堡防线最后一道阵地。鲁登道夫采取以空间换取时间的办法，设法指挥德军实施退却。令黑格吃惊的是，他无法达成完全的突破，在德军巧妙的防御面前，英军进攻的锐势丧失了，并慢慢停了下来。

在这场决定性的战役中，为了对付协约国的部队，德军只能集结起 200 个师，其中直接用于一线的只有 120 个师，80 个师被用作后备军。现在的德军和刚开战时已是大不相同了，除兵力的严重缺额外，来自国内饥饿的传闻，已加剧了部队自身日益增长的厌战情绪。

10 月 12 日，潘兴将美军的参战部队改编为两个军团，新组建的第二军团由布拉德指挥，准备在默兹河和摩泽尔河之间向东北方向进攻，与此同时，第一军团在利格特的指挥下继续向北面实施缓慢的攻击。克里孟梭对美军缓慢的推进极为不满，但福煦了解德军防御的实际情况，他也清楚地知道，美军的进攻威胁着德军防线上至关重要的一部分，德军不得不四处抽调可使用的预备队投入该处的防御，到 10 月结束之时，美军第一军已突破德军第三道也是最后一道防线的大部。

在向德军全线发起的进攻中，默兹 – 阿尔贡仅仅是其中一个战区，同时有比利时军和英军在佛兰德斯进攻，法军在香巴尼进击。协约国合起来的兵力有 220 个师，在制定行动计划时，福煦提出的战斗口号是“人人作战”。由于美军在默兹–阿尔贡地区的进展，德军的全线撤退已经成为必然。鲁登道夫希望在德国的西部边界建立一道新的防线，并在整个冬季实施坚强的防御，以此争取协约国给予较宽大的停战条款。但由于协约国军继续在全线保持强大的压力，鲁登道夫的希望破灭了。10 月 17 日，协约国军队再次发动进攻，英军的第四军团突破德军在塞勒河的防御。3 天后，英军第三军团在下游地区强行渡过塞勒河，抓获了 2 万名德军战俘。10 月 31 日，阿尔贡森林被美军攻占了，美军一直向前推进了 10 多公里。同一天，法国部队也到达了离出发阵地 20 多公里的埃纳河。美军进攻所造成的压力，迫使鲁登道夫动用他所剩下的 30 个最精良的后备师，以增援摇摇欲坠的默兹–阿尔贡战线。美军吸引了这么多的德国部队，因此大大减轻了在其他方向上的盟军身上的负担。

战役进行到了 11 月份，潘兴以休整过的师部替换了疲惫的一线部队，随后再次发动了进攻，突破德军最后一道防御阵地，由利格特中将指挥的美国第一集团军这时已经在德军的防线中杀开了一条血路，从 11 月 1 日起直到停战前的一系列进攻中，这支部队连战连捷。进入开阔地区以后，美军攻击箭头直指默兹河上游地区，并横扫试图最后顽抗的德军部队，于 11 月 6 日，抵达色当城前的默兹河畔，并占领了色当附近俯视默兹河的高地，以火炮猛烈轰击梅济耶尔至蒙梅迪的铁路线。美军第一集团军的几个师在色当东面强渡了默兹河，这时美军的实际作战地带已扩大到包括默兹河东岸地区，阿尔贡森林已被清除，从而为左侧的法军第四军团向埃纳河挺进创造了条件。在部署于美军附近的几个法国师的配合下，美军第一师主动对色当发起攻击，但被来自高层的命令制止。因为协约国要将攻占色当的荣誉让给法军，以洗刷法军在 1870 年普法战争的惨败中所遭受的耻辱。11 月 10 日，布拉德的第二军团向蒙梅迪发动了最后一次进攻，第二天，一纸停战协议结束了所有敌对状态，第一次世界大战到此结束了。

突破兴登堡防线

——德军崩溃的标志

德国的兴登堡防线是一个设计复杂、“防护到牙齿”的防御工程，无论从任何角度来说都是固若金汤的。但就是面对这样的防守，英军仍然只花了几天时间就取得了突破——1918 年 9 月下旬，兴登堡防线被粉碎。

在第一次世界大战的最后几周里，协约国在西线战场北部一共发动了三次进攻。9月下旬，英法师级部队在北段的阿尔芒蒂耶尔和比利时海岸之间整装待发；南段的拉斐里和艾菲之间有英法美三军的师级部队驻守；来自英国第一和第三集团军的27个师级部队则集结在中段艾菲和兰斯之间的地带。

图为运动战重现西线战场时的英国骑兵部队。

9月27日，中段的英军发起总攻。陆军元帅海格知道自己的部队面前正是兴登堡防线中防守最为严密的一段，因此早就做好了打一场硬仗的准备。但他的顾虑却似乎有些多余，因为整个兴登堡防线居然在10月9日就被全面攻破了。接着，福煦元帅下令开始最后的进军，比利时军队杀入德军重要潜艇港口之一的布鲁日，而英国远征军则向着莫伯日和蒙斯挺进——自从1914年第一次接受战火洗礼之后，蒙斯还没有爆发过战斗。

9月28日，协约国作战组团开始袭击弗兰德斯，并在从伊普雷向东挺进的过程中小有斩获。10月1日，协约国部队占领高地。但由于作战情况十分艰苦，巴伐利亚王储利奥波德带领的德国守军又十分顽强，所以北线军团的攻势至此陷入停滞。10月中旬，战况终于有了转机：17日，英军攻陷了里尔，比利时部队则占领了奥斯坦德；两天后，比军又打下了泽布勒赫和布鲁日，为其他协约国部队解除了德军的潜艇威胁。直到荷兰边境为止的所有比利时海岸地带已尽数纳入协约国掌中，战事随即转向南段。

法军在战争后期对德军进行了大反击。

在突破了兴登堡防线之后，英国远征军即开始向桑布尔河和斯凯尔特河进发。10月17~20日，远征军似乎是为了预习一般，先跨过了赛尔河，11月1日又推进到了法比交界地带，并于次日占领了瓦朗谢纳。德军的守势至此已被严重削弱。

11 月 4 日，英国远征军发动了他们在第一次世界大战中的最后进攻——桑布尔河攻势。除了意外遭遇的顽强抵抗外，英军没花多大力气就顺利挺进了。11 月 10 日，加拿大部队再次进入蒙斯，而英军的进发则由于停火协议从次日起开始生效而中断了。

从 8 月 8 日的亚眠之胜开始，英军在第一次世界大战最后的一百天里的表现可圈可点。但从当年 1 月开始，英军共有 95.2 万人伤亡、染疾、被俘或失踪，而其盟友的境遇也好不到哪里去。法国的伤亡人数超过百万，美国远征军折损 28 万人，比利时和意大利则分别损失 3 万和 1.46 万人，1916 年才加入战场的葡萄牙伤亡最少，只有 6000 人。德军的损失也差不多，在 10 月和 11 月的决战之前就折损了 150 万人。

◎圣昆廷运河

协约国针对兴登堡防线上防守最为严密的一段展开的进攻，无疑是第一次世界大战最后几周里最为重要的一环。1918 年 9 月 28 日，协约国部队以澳新军团为先锋，开始对有运河隧道穿过的狭窄地带发动猛烈攻击，但攻势很快就在惨重的伤亡之下陷入停滞。困境之中，英军部队依然坚持跨过了贝尔吉利斯段运河，深深地插入了德军的防线，使其再也无险可守。

指挥官们对英军第 46 师成功地跨过圣昆廷运河表示祝贺。

德国海军哗变

——内外交困

1918 年末，已经输掉了战争的德国却还在为前线的兵变及后方的动乱而头疼。政局的动荡使得无论是在城市、乡村，还是部队内部，人们都选择了叛乱和暴力来发泄不满。

1918年11月，带着武器走在柏林市中心的海军叛兵。

1914年8月，德国的实际决策者、操纵内阁又把持军权的德皇威廉二世，以抵抗俄法入侵为名，号召臣民们联手作战。这一说辞使得整个德国群情激昂，甚至也得到了右翼社会民主党这种反对派的认可；而其国内长期对立的党派之间也因此而达成暂时“休战”的协议，决定一致对外。1917年7月，德国国会中的领导核心及左翼势力沆瀣一气，强制通过了“和平决议”，表示德国既不想吞并别人，也不想付出赔款，并要求在这一前提下结束战争。这一举动激怒了右翼党派和军队高层，并宣布两大势力间的“休战协议”失效，德国团结一心的局面到此终结。

1918年，随着英国的海上封锁日益严密，德国民众的日常生活也每况愈下，群众暴乱愈发频繁。当年1月，约有100万工人走上街头表示抗议，受到德国政府的镇压，德国社会民主党领袖弗雷德里希·艾伯特则暂时被拘留。

接下来的几个月里，局势更加混乱了。陆军元帅兴登堡和鲁登道夫从“休战协议”失效开始执掌国政。9月，为了进一步镇压动乱，并将溃败之责转嫁给政客，最大可能地维护自己的声誉，他们决定将政权交还国会。10月3日，巴登王子马克思出任总理，包括了一定数量社会民主党人士的联合政府开始执政。10月26日，鲁登道夫被解职，兴登堡亦宣布退休。

1919年，社会主义激进分子罗萨·卢森堡被右翼军事分子杀害。

由于有太多根本问题需要进行彻底的改变，所以新政府的成立这一点小小的进步并没能遏制住整体局势的恶化。头一年的布尔什维克革命在席卷俄国的同时，也鼓舞了德国的斯巴达克斯党，使之在这次动乱中表现得特别活跃。德国皇家海军也没能在革命的热浪中作壁上观，11月3日，由于布尔什维克分子在军中散布“军队高

威廉·格罗那在 1918~1919 年间平息了德国的动荡。

层将让海军舰队执行自杀式任务”的谣言，基尔港里早就对缺衣少食极度不满的水手们一怒之下发动哗变，并与罢工工人联名要求结束战争，改革内政。很快，哗变就在其他海军港口蔓延开来，甚至连乡村和城镇也变得更加躁动了。

而德国政府对这一切的反应则表现得迟钝而保守。11 月 9 日，新政府总理马克思王子在没有得到授权的情况下宣布德皇威廉二世退位，并进一步越权将国政交给了艾伯特打理。随后，副总理菲利普·沙伊德曼又在没有获得艾伯特允许的情况下，宣布德国为共和国。但这一切也没能阻止动荡的深化。慢慢地，艾伯特的临时政府渐渐发觉，和平诉求及粮食问题都已经沦为了激进分子推动改革和创建布尔什维克政体的工具。

于是，艾伯特求救于德军总参谋长、右翼分子威廉·格罗那将军。随后，格罗那和内阁成员古斯塔维·诺斯克一起开始制定平叛策略。陆军部队和由右倾退伍军人组成的临时小队“义勇军”开始对革命进行血腥镇压。从 1919 年 1 月开始，他们着力打击人数骤增的斯巴达克斯党，并谋杀了该党的两位领袖——卡尔·李卜克内西和罗萨·卢森堡。同年 4 月，最后一波抵抗势力也被铲除。

◎凿沉德军舰队

1918 年 11 月，作为停火协议条款的一部分，德国皇家海军被移交给了以英国为首的协约国阵营。11 月 21 日，包括 9 艘战列舰和 5 艘战列巡洋舰在内的各式战舰从德国出发，次日起被扣留在奥克尼郡斯卡帕湾的英国港口。部分不肯下船的舰长和船员决定：宁可凿沉自己的战船，也不要按照《凡尔赛和约》的规定把它们交给英国。1919 年 6 月 21 日，凿船令下达。

第十六章

尾声

——战争的后果

一百零一响礼炮
——渐渐熄灭的战火

当春季攻势的收获到9月丧失时，鲁登道夫的权威消逝了，1918年9月26日，正当默兹－阿尔贡进攻发动的时候，保加利亚退出了大战，这对他是一个双重的打击。两天后，鲁登道夫在精神上垮掉了。本来开始时是例行的参谋人员检讨军事形势的会议，却变成了一场场悲叹会议，鲁登道夫在会上为德国的困境，责备除他自己以外的每一个人。9月29日，鲁登道夫要求政府赶紧在军队尚能坚持的情况下，主动倡议停战与媾和，9月30日，赫特林伯爵及其内阁辞职。10月4日，德国自由党的巴登亲王被任命为首相兼外相，取得了中央党、进步党、社会党的支持，同日，德、奥两国向美国总统威尔逊呼吁停战，接受“十四点”作为和平基础。

与此同时，德国的同盟国都垮了，协约国在西线的前进，使希腊人、意大利人、罗马尼亚人和塞尔维亚人又有了希望，他们在自己的不同战线上出击。土耳其这时也是岌岌可危，英军在巴勒斯坦击溃了土军，土军完全丧失了战斗力，士兵自动放弃阵地，拒绝作战。土耳其苏丹投降，10月，土耳其同协约国签署了停战协定，退出了与协约国之间的战争。协约国通过与土耳其签署的《色佛尔条约》，彻底瓜分奥斯曼土耳其的领土，后来的土耳其共和国只剩下伊斯坦布尔、其附近小部分领土及小亚细亚的部分。得到协约国部队增援的意军进击皮亚韦河，迫使奥军退出意大利。奥匈帝国在协约国的打击下土崩瓦解，不满情绪蔓延在整个哈布斯堡帝国，国内民族解放运动高涨，非德意志民族纷纷宣布独立，处于革命动乱中的奥地利，于11月3日同协约国签订了《圣日耳曼条约》，无条件投降，奥匈帝国被划分为多个民族国家。

10月6日，当德军在战线上开始崩溃之时，德国的新首相巴登亲王向威尔逊总统发出照会，要求在威尔逊《十四点和平纲领》的基础上达成停战协议。10月23日，美国在与德国交换的照会中表明了威尔逊总统坚定的立场，即美国不会和现存的军事独裁政府就停战协议进行谈判。10月27日，鲁登道夫辞职，10月28日，基尔的德国舰队发生兵变，打了几年了，很多将士疑惑为什么而战，战争的目的是什么，得出结果是：我们的战争毫无意义，只是杀戮人民而已。将士们拒绝执行海军上将舍尔的一系列巡洋舰袭击计划，兵变迅速蔓延到汉堡、不来梅，很快蔓延到德国西北全境。其实当将士问“为什么要打仗”时，战争实际上就已经结束。

除了承认战败，德国政府别无选择。在战争的最后几个月，德国损失了50多万人，11月9日，兴登堡在比利时斯帕的德皇总部告诫他的君主，德国军队现在已经没有力量保护他，并说：“我必须劝告陛下退位，并前往荷兰。”在不到48小时内，震惊的威廉接受了劝告，这位利用智慧与勇气从俾斯麦手中夺回所有权力的德国皇帝突然间失去了意志，他以一纸下野诏书宣布退位后，随即逃亡到了荷兰。在兴高采烈的协约国军能够集结起来侵入德国之前，一个共和国宣告诞生。

两天后，以德国外交大臣为首的代表团揣着白旗越过前沿阵地，来到位于巴黎东北50公里处的贡比涅森林——协约国联军总司令福煦元帅的司令部所在地。法国元帅福煦在他自己的专用火车车厢里，接见了以埃尔茨贝格为首的德国停战委员会。获悉德国人的来意后，法国人立即用他的傲慢来享受着这份来之不易的胜利：“可是我们没有提过任何停战建议，先生们，我们很愿意继续打下去。”协约国提出的条件是要使德国彻底垮掉，并保证接受协约国和平条款，条件苛刻，但德国只得接受。1918年11月11日，德国与协约国签订了第一次世界大战停战的条约。停战的条约是十分苛刻的，总的来说，德国失去了1/3的领土、1/10的人口还有数额巨大的战争赔款。

战火缓慢地熄灭了，上午11时，整个西线吹起了停战喇叭，与此同时，巴黎上空响起了101响礼炮声，它表明，经过4年3个月零8天的艰苦奋战，第一次世界大战以法国所属的协约国的最终胜利而宣告结束。在高地上、斜坡上、堑壕里，德国士兵三三两两地走了出来，伸出双手，微笑着，交头接耳着，向法国人、英国人和美国人走来。协约国的士兵们，也终于认识到，战争真的结束了，他们也走出阴暗潮湿的堑壕，像朋友一样与德国士兵相见，仿佛忘了几分钟前他们还是敌人。他们握手，交换纪念品、照片和香烟，一起欢呼，不是为了胜利，而是为了他们还活着。德国的全部潜

在德荷边境上等候的德皇威廉二世（左三）此时不过是一个难民，他的余生都将在流亡中度过。

1918 年 11 月，庆祝和平的伦敦群众不过是欧洲成千上万欢乐城镇的一个缩影。

艇都已经投降、被禁锢或者被凿沉了。德国公海舰队无可奈何地处于停泊在斯卡帕湾的英国大舰队的大炮监视下，直至 1919 年 6 月被德国水兵凿沉。数以千计的火炮和机关枪已经交给协约国军队，德国人的倔强是徒劳无益的，进一步向德国本土进军的威胁足以迫使他们屈服。

战争结束了，如何分享这些胜利果实呢？战胜了的协约国开始筹划分赃了。1919 年 1 月，由英、美、法控制的和会在巴黎凡尔赛宫开幕，缔结了第一次世界大战胜利的和约，被称为《巴黎凡尔赛和约》，苏俄没有受到邀请，德国作为战败国也被拒之门外。如同一切用鲜血达成的妥协历史一样，《巴黎凡尔赛和约》鼓励在德国建立民主政府即魏玛共和国，但是把罪责、赔款和一大堆麻烦加在它的头上。和约对德国的军事工业做了诸多限制，直到 1933 年 1 月 30 日，一名穿褐色衬衣的独裁者阿道夫·希特勒，一个第一次世界大战中作战勇敢的奥地利军下士，僭取了比德皇曾经享有的权力更大的个人权力，彻底撕毁了这个条约。

代号“彩虹行动”

——德国大洋舰队的归宿

1918 年 11 月 11 日，德国政府在停战书上签了字，宣告了第一次世界大战的结束，响彻欧洲大陆长达四年之久的枪炮声终于止息了。按照停战协议的第十三款规定，德国的舰队必须留滞在德国港内，置于协约国的严密监视之下，听候发落；同时德国必须将最先进的舰只拱手交由战胜国拘留处置，其中包括 10 艘战列舰、6 艘战列巡洋舰、8 艘巡洋舰、50 艘驱逐舰以及整个潜水艇舰队。原本决定解除武装的水面舰只在中立国就地扣留，可没有一个中立国愿意自己的港口成为德国舰队的拘留所，日后成为是非之地。最后，战胜国选择了英国的斯卡帕湾，认为那里是拘留德国舰队最安全的地方。

斯卡帕湾，苏格兰东北海岸不远处奥克尼群岛中的一个天然海港，是英国海军舰队的基地，由于其特殊的地理位置，成为皇家海军遏制德国舰队冲击北大西洋的轴心，在大战中起到了极为重要的作用。然而，相对于其在海军史上留下的闪耀印记而言，斯卡帕湾这个名字更多的却是代表着一段极具悲剧色彩的回忆——这里见证了一支强大舰队的毁灭和一个时代的终止。在世界海战史上，因迫于种种困境，而将自己的军舰全部沉入海底的历史悲剧屡见不鲜，在国家面临覆亡的危机时，真正的海军军人们往往会选择这种宁为玉碎、不为瓦全的惨烈方式来进行最后的抗争。"一战"战败后，德国的大洋舰队用自沉的方式终结了自己，也终结了德国人的海洋之梦。

德国公海舰队创始于19世纪末，从其创建那天起，就带上了悲壮的色彩。1889年8月，刚刚登基的威廉二世接受英国邀请，以海军名誉元帅身份率领一支德国舰艇分队，出席了盛大的英国皇家阅舰式。英格兰南部怀特岛外洋面上浩大壮观的皇家海军战舰群，令威廉二世所挑选的"德国海军最好的"战舰相形见绌，盛大的典礼强烈刺激了威廉二世的自尊心，皇家海军的霸主气势使其羡慕不已，他下了决心，要建立一支能与英国皇家海军相媲美的德国舰队。对海洋的热衷让他对传统海上霸主英国发起了挑战，而德国可怕的工业实力让他几乎在瞬间就拥有了一支庞大的舰队。实际上，德国海军当时在世界上已经成为仅次于英国皇家海军的强大海军。在第一次世界大战之前的海军竞赛中，德意志第二帝国以倾国之力，在最短的时间内打造出了一支世界上规模第二的远洋海军——"大洋舰队"，凭借着强大的工业实力和严谨的作风，德国人不但拥有了一流的战舰，更训练出了素质一流的水兵！

"大洋舰队"拥有战列舰40艘、超级战列舰4艘、巡洋舰7艘、驱逐舰及鱼雷艇144艘、潜艇28艘，它们是德国海军的主力，尽管这支"大洋舰队"已完全被英国皇家海军围困在海港中，不过在第一次世界大战结束前，它依然还是一支具有强大打击力量的大舰队。1916年，英国本土舰队倾巢而出，和德国的大洋舰队在日德兰半岛附近海域展开了人类历史上规模空前绝后的海战，德国的大洋舰队不仅全身而退，而且取得了战术上的胜利——击沉了英国海军3艘战列巡洋舰、3艘轻巡洋舰和8艘驱逐舰，吨位达12万吨。1918年11月11日，德国政府在停战书上签了字，欧洲大陆享受到了4年零3个月以来的第一次平静。德国庞大的舰队离开威廉港踏上最后的航程。

11月21日，74艘德国战舰在由协约国海军组成的超过250艘舰船的庞大舰队的押解下，缓缓驶入斯卡帕湾。这是辉煌的公海舰队的绝唱，也许是海军史上绝无仅有的华丽集合。这些德国军舰由舰队司令冯·鲁伊特指挥。德国人被迫将那支"大洋舰队"的精华集结到英国的斯卡帕湾海军基地，等待正式签署和约之日，

这是战列巡洋舰“兴登堡”号被其船员凿沉之后的情景。

向英国海军移交。由于德国海军上将弗朗茨·冯·希佩尔拒绝率领舰队前去投降，负责这次行动的就落在了德国海军少将路德维希·冯·罗伊特的肩上，据说他并不是接到命令而是接到要求来负责这一勉为其难的任务的，他当时的心情是可想而知的。是啊，率领舰队去投降，这是何等的国耻！可他是个军人，军人的天职就是服从。

英国大舰队和配属的美国“无畏”级战舰在福斯湾滩头外的海面上排成阅兵队列，德国舰队中的最好的军舰慢慢驶进、抛锚，并降旗表示投降——这是一支没有战败的海军，但却是一个战败国的海军。在这个耻辱的时刻，对于德国海军的官兵来说，不仅意味着一个事业的完结，也表明他们为之献身的一种传统的完结。按照英国皇家海军将领贝蒂的命令，德国公海舰队以一字形单列队形，鱼贯驶入预定的海域，在此待命押运的战胜国庞大的舰队如临大敌，虽然知道德国舰只武装已被解除，但协约国的舰只依然荷枪实弹严阵以待，以防万一出现的突发事件。这是一支战时令人生畏、降时令人感叹的舰队！英国海军将领贝蒂写道：“此情此景令人伤感，实际上，我应该说这是可悲的一幕。”

1919 年，拟定凡尔赛和约的谈判十分不顺利，原本双方和谈的基础是美国总统提出的“十四点”和平主张，但当德国人真的解除了武装以后，协约国的态度也就变了，不再是和平谈判了，而是无条件投降。德国人认为并没有输掉战争，把和谈看成争取权利的最后机会，然而英国却不这样认为，英国政府向德国政府下达最后通牒——要么全盘接受，要么再次面临战争。此时的德国人也只能屈服了。虽然德国已经战败，但在这些曾于日德兰重创英军的德国海军军官的心目中，他们并不是失败者！随着谈判的进行，协约国方面对德国的盘剥让这些年轻的军官们愤懑不已，面对协约国方面“不签字，就战争”的最后通牒，为了不让协约国将这些德国军舰用于对德国的战争，德军官兵决定凿沉战舰！他们这时已没有大炮用来战斗，也没有燃料用来逃脱，为了防止舰队落入敌人手中，挽救德国海军荣誉的唯一机会，只有在敌人行动之前自行将其凿沉。

1919 年 6 月 21 日，随着旗舰“埃姆登”号巡洋舰上发出的信号，每一艘战舰上都升起了被禁止悬挂的舰队旗和战旗，这表示这支舰队进入了战斗状态，所有军舰上的德国水兵同时打开水密门，随着阀门和水密舱门的开启，“腓特烈大帝”号战列舰首先沉没，其余军舰也一艘艘相继没入水中，最后沉没的是战列巡洋舰“兴登堡”号。英国舰队想尽各种办法试图补救，但是根本无法阻止如此大规模的集体自沉行动。包括10艘战列舰和5艘战列巡洋舰在内的51艘德国军舰全部沉入了苏格兰斯卡帕湾冰冷的海底，吨位为被扣押舰队总吨位的95%，曾进水5000吨而不沉的“不沉之舰”“塞德利茨”号战列巡洋舰，在斯卡帕湾找到了自己的归宿！在英国人阻止德舰自沉的过程中，有9名德国水兵被打死，他们成为了大战中最后牺牲的士兵，被埋葬在奥克尼郡的海军基地附近的一个海军公墓中。

这对德国人来讲是一个失败中的胜利，用德国海军将领希尔的话来说：“它洗刷了投降的耻辱，向世界表明舰队的精神永存，这场最后的战斗是德国海军光荣传统的最好体现！”而对英国人来讲，这却是一种耻辱，这一行动引起英法公众舆论的极大愤怒，因为在他们的眼中，这些宝贵的战舰早已是他们的财产了。作为应得的惩罚，德国被迫又交出它剩下的5艘轻型巡洋舰、30万吨的浮船坞和4.2万吨的挖泥船、拖船和起重船——这实际上是它寂静的港口中所有的船只。

在斯卡帕自沉行动后不久，英国皇家海军便对公海舰队的沉船进行了打捞，由于自沉及打捞时往往会导致龙骨受损、舰体扭曲，而将其校正又极费时间和金钱，所以打捞上来的德国战舰大多拆卸回炉，变成了废钢铁。从“一战”结束以来，经过多次打捞，公海舰队如今只有7艘大型军舰留在湾底，因为有着众多有名的沉船，斯卡帕湾现在成为潜水爱好者的天堂。20年后，经过卧薪尝胆，重新崛起的德国海军在第二次世界大战失败后，又一次上演了自沉战舰的历史悲剧。当德国海军元帅邓尼茨在投降书上签字的同时，由他一手创建的德国潜艇部队的官兵没人肯听从交出战舰的命令，就在正式受降的那一天，全部德国潜艇先以上浮形式表示投降，随即一声令下，220艘潜艇一齐自沉于深海之中——这也成为了德国海军的传统衣钵。

胜利者的分赃

——播种战争的“巴黎和会”

1918年11月11日凌晨5时，在巴黎东北贡比涅森林的雷通车站，德国以外交大臣为首的代表团走上联军总司令、法国元帅福煦乘坐的火车，签订了第一次世界大战停战的条约。历经四年的战争终于结束了，下面各列强要考虑的是要如何分享胜利果实了。尽管饱受战争创伤，但法国毕竟处在了获得胜利的一方，更由于法国朝野上下还普遍把法国视为最为主要的战胜国，在法国统治集团看来，最终清算德国这一宿敌以及独霸欧陆的时刻已经来到了。在法国的极力争取下，1919 年 1 月 18 日，在法国巴黎的凡尔赛宫召开了分赃的丑剧——巴黎和会。

1919 年的巴黎是世界的首都，举世瞩目的巴黎和会正在这里召开，来自世界各地的调停人员齐聚一堂。战后的巴黎悲伤而美丽，刚刚结束的大战的迹象无处不在，比如来自北部废墟的难民、缴获的德国大炮、德军炸弹所到之处成堆的瓦砾和用木板遮挡的窗户。一个巨大的弹坑印在杜拉瑞宫玫瑰园。由于人们把树砍了当柴火，林荫大道两旁成排的板栗树不时出现空缺。人们情绪低沉，神情悲哀，但妇女依然显得格外优雅。“一战”结束后，胜利的协约国集团为解决战争所造成的问题以及确立战后由美、英、法等主要战胜国主导的国际政治格局，在巴黎举行讨论战后问题的国际会议。参加的有英、法、美、日、意等 27 国，苏俄未参加。会议名义上是拟定对德和约，建立战后世界和平，实际上是帝国主义宰割战败国、重新瓜分势力范围。巴黎和会上签订了处置德国的《凡尔赛和约》，同时还分别同奥、匈、土等国签订了一系列和约，它们构成了凡尔赛体系。

本来英美都不希望和会在巴黎召开，他们认为在交战国首都的氛围中“公正的和平”很难达到，法国人易激动，由于遭受的苦难太多，对德国深恶痛绝，所以很难营造和会需要的冷静的氛围。威尔逊一直希望在日内瓦举行，而法国总理克里孟梭坚决要求和会在巴黎召开，这使得前来开会的英国首相劳合·乔治非常恼火，他说：“我从来不想在他的首都举行和会，我们都认为在中立国举行会更好，但这个老家伙哭哭啼啼，反复抗议，使我们不得不让步。”

1871 年，普鲁士国王威廉一世就在这个镜厅举行加冕典礼，并迫使法国缔结德法条约，让法国把阿尔萨斯和洛林割让给德国，并向德国交纳 50 亿法郎的战争赔款。法国一直把此条约视为耻辱，现在德国战败了，并将被迫签订屈辱的投降条约。为了发泄郁积多年的对德国的愤懑，法国特意选择凡尔赛宫和 1 月 18 日作为和会的开幕地点和时间。

1919 年 1 月 18 日下午 3 时，巴黎和会在法国外交部大厅宣告开幕，在巴黎和会的开幕式上，身为东道国的总统，普恩加莱在主持开幕式时宣称德意志帝国“生于不义，自当死于耻辱”。借东道主之利，法国在和会上不仅扮演了主要角色之一，其总理克里孟梭还坐上了大会主席的交椅。参加巴黎和会的和谈者都是举足轻重的国际要人，实际上是由美国总统威尔逊、英国首相劳合·乔治、法国总理克里孟梭在主导和会的进行。他们天天会晤，谈判时辩论不休、争吵不断，但最终总能言归于好。他们互做交易、制订条约、创建新国家和组织，甚至一起吃饭，一起去剧院看戏。从1月到6月的半年中，巴黎一跃成为世界的政府、上诉法庭和国会，同时也是人们恐惧和希望的所在。

为了便于操纵会议，英、法、美、意、日等主要战胜国对会议的开法做了许多不平等的规定。首先，是把出席会议的国家分为几等，最高会议由美、法、英、意、日五强首脑和外长组成，一切重大问题都由其讨论决定。后来十人会议又演变成美、英、法三国首脑组成的三人会议。专门会议由有关国家代表和专家组成，只审议最高会议指定的专门问题。全体大会由所有与会国代表组成，但整个会议期间只举行了7次全体大会，而且都是只准举手通过决议，根本不想让其发挥作用。从一开始，巴黎和会就因组织、目标及运作混乱而受人诟病，英、法、意、美举行了前期会议，就和会即将提出的条约达成共识，然后召开全体会议与战败国谈判。这时问题就出现了，其他协约国何时能发表意见？最终四强妥协了，加进了一个全体会议，但这个全体会议仅是徒有虚名，会议的真正结果竟是在四强和日本私下举行的非正式会议上产生的。几个月过去了，原本是预备的前期会议却成为了真正的主体。

图为在凡尔赛宫镜厅签署《凡尔赛和约》的景象。

1919年威尔逊来到巴黎参加巴黎和会。作为第一次世界大战后实力最强国家的元首，威尔逊满怀信心，希望能够建立国际新秩序，避免下一次战争。但威尔逊这位当时世界上最有影响的人在和会期间的举止自相矛盾，他所带来的“十四点和平方案”成为了一纸空文，最后制定的《凡尔赛和约》一方面对德国大肆勒索，一方面没有彻底防止德国重新武装，同时在各战胜国中制造了新的矛盾。在这次巴黎和会上，以法国首席代表的身份当选为大会主席的克里孟梭对德国怀有强烈的复仇情绪，他的主要目标是最大限度地削弱德国，以建立法国在欧洲大陆的霸权。为此，他提出法国不仅要收回阿尔萨斯和洛林，还要将法国的边界东移到莱茵河，并主张将莱茵河左岸的德国各省合并成一个独立国家，并向德国索取高达2000多亿金法郎的战争赔款。但法国的要求与立场却在巴黎和会上遭到昔日的同盟者英美两国的联手抵制，英美两国之所以反对过分削弱和肢解德国，主要是因为它们向来在欧洲大陆奉行“均衡”政策，英美两国既想保持德法之间的力量平衡，又想利用德国对抗苏俄，因而都反对这种过分削弱德国的建议。虽然以“老虎”总理为首的法国代表团在巴黎和会上使出了浑身解数，但面对美英两国的共同抵制，仍未能实现法国的全部意图。

在巴黎和会上签订了处置德国的《凡尔赛和约》，同时还分别同奥、匈、土等国签订了一系列和约，它们构成了凡尔赛体系，确立了“一战”后由美、英、法等主要战胜国主导的国际政治格局。和会持续了半年之久，美英法日意等战胜国都想多分到一些赃物，削弱战后与自己争霸的对手，所以彼此间矛盾重重，钩心斗角，经常闹得不可开交。法国为了称霸欧洲大陆，力图彻底削弱德国，而美英想让德国继续保持一定的实力来牵制法国称霸，就竭力加以反对，并且迫使法国在德国问题上对美英作出让步。三个主要的协约国的目的是不相同甚至存在矛盾的，虽然三国都做出了让步最终达成了一致，但结果是各方都做出了妥协，没有任何一方完全达到了自己的目的。而德国没有被彻底削弱也没有得到安抚，这个结果预示着无论是对战胜国还是战败国，以至于整个欧洲甚至全世界，都是一个不安定的因素。

和谈人员在巴黎的几个月中“硕果累累”：签订了对德和约，确立对奥地利、匈牙利及保加利亚和平条约的基础，在中欧和中东重新划定国界。但不得不承认，他们的许多工作成果并不公正，也并不持久。有关1919年的和平方案非常失败并直接导致第二次世界大战的说法非常普遍。4月30日，德国代表团被叫到巴黎，先被“晾”了一个礼拜之后，才于5月7日被召到凡尔赛。克里孟梭在交付和约草案时先羞辱了德国人一番，他说：“现在清算的时间终于到了。你们不是向我们请求和平吗？这就是我们同意给你们的和平。”并表明，德国对该草案不许做任何争辩，只允许在15天内提出书面意见。德方曾试图对和约的条件做有利于德国的修改，但被协约国方断然拒绝，在协约国的胁迫下，德国统治集团经过激烈斗争，最后于6月27日决定接受这个最后通牒。6月28日，德国外长米勒和司法部长贝尔在凡尔赛宫镜厅签署和约，至此，第一次世界大战宣告正式结束。

6月28日是巴黎和会的最后一天，也是全体战胜国在和约上签字的一天。经过5个月的激烈争吵，德国代表终于被迫在440条的《凡尔赛和约》上签字。但作为战胜国的中国代表拒绝签字，原来和约里有三条是关于中国的，中国在“一战”中参加了协约国一方，曾支援协约国大量粮食，还派出18万名劳工，牺牲了2000多人。作为战胜国的中国，索回德国强占的山东半岛的主权，这是顺理成章的事。但英美法却做主把德国在中国的殖民地转送给日本，这是拿中国的利益做他们之间的交易，实在叫中国人民忍无可忍，终于爆发了轰轰烈烈的五四运动。在这之前，美国总统威尔逊发表了著名的“公理战胜强权”的演说，说什么“对殖民地之处置，须推心置腹，以绝对的公道为判断，国无大小，一律享同等之利权”，人们几乎不假思索就掉进了威尔逊“公理战胜强权”的迷雾中，并对美国

法国仪仗队迎接前来的代表，这些代表将就对匈《特里亚农协议》进行最后的商讨。

产生极大的幻想。但事实让人们清醒了，什么“公理战胜强权”？有的只是分赃，外带上强盗的逻辑。

一年前，当时尚处在胜利中的德国最高统帅部在布列斯特强迫战败的俄国接受一个和约，这个和约剥夺的俄国领土几乎有奥匈帝国和土耳其加起来一般大，此外，俄国还得付给德国60亿马克的赔款。德国人高兴得太早了，第二年，即1919年，德国受报应的日子终于来到了，协约国逼它签订的条约更甚于《布列斯特条约》。协约国未经与德国协商，就将《凡尔赛和约》的条件于5月7日在柏林发表。《凡尔赛和约》共15部分，440条。除第一部分是《国际联盟盟约》外，其余全是处置德国的条款。处置德国的条款十分苛刻，内容主要涉及疆界、赔偿、殖民地和限制军备四个方面。根据条约规定，德国要丧失掉原有领土的1/8和人口的1/10，以及16%的煤产地、半数的钢铁工业和所有的海外殖民地。在军事工业以及军队组成上也对德国做了严格的限制，以防止德国的东山再起。在关于德国的赔偿问题上，确定德国总共应赔款1320亿金马克，在此之前应先交付200亿金马克等，并且德国要负担其境内外国占领军的维持费用。

《凡尔赛条约》对于到最后一刻钟还沉溺在幻想中的德国人民来说是个惊人的打击，愤怒的群众纷纷举行集会，对和约表示抗议，要求德国政府拒绝签字。德国临时政府也公开声称，和约条款是“不能实现和不能负担的”，谢德曼总理更是指责《凡尔赛和约》是“可怕的、谋杀性的魔锤”，并高声诅咒道：谁签这个条约，他的手就会烂掉。但现实摆明了协约国是想打下去的，而此时的德国根本无力再战，面对着协约国拥有110个后备师，德国却只有18个后备师的客观事实，在距协约国最后通牒的限期只差19分钟时，德国终于通过了签订和约的决议，4天后，在凡尔赛宫的镜厅签了字。次日，德国右翼报纸不约而同地在第一版加上了刺目的黑框，以暗示所有的德国人要为复仇做准备。

战胜国与其他战败国亦分别签署了条件苛刻的和约。战胜国与奥匈帝国的奥地利签署《圣日耳曼条约》，奥匈帝国被划分为多个民族国家；与保加利亚签署《纳依条约》，保加利亚失去爱琴海出海口，并须赔款4.5亿美元；与匈牙利签署《特里亚农条约》，匈牙利领土大幅减小；与土耳其签署《色佛尔条约》，彻底瓜分奥斯曼土耳其的领土，后来的土耳其共和国只剩下伊斯坦布尔其附近小部分领土及小亚细亚部分。

1871年5月10日法国与德国为结束普法战争而签订了《法兰克福条约》，条约主要内容为法国割让阿尔萨斯和洛林东部给德国，赔款50亿法郎，分三年付清，赔款付清前德军留驻巴黎和法国北部诸省。由于《法兰克福条约》条件苛刻，令战败的法国与德国从此结怨，引起了法国的复仇主义，埋下了第一次世界大战最早的起因。现在的《凡尔赛条约》与当年的《法兰克福条约》何其相似，它埋下的是“二战”的种子。巴黎和会并没有解决帝国主义之间争夺殖民地的矛盾，《凡尔赛和约》是在美、英、法、意、日等国操纵下缔结的，是帝国主义列强重新瓜分殖民地和划分势力范围的掠夺性条约。历史无情地嘲笑着巴黎和会。1939年9月，希特勒再次在欧洲掀起大战，距巴黎和会正好是20年零2个月！从此，世界人民再次陷入灾难和痛苦中。